MÍSTICA CRISTÃ E LITERATURA FANTÁSTICA EM C. S. LEWIS

Dados Internacionais de Catalogação na Publicação (CIP)
(Câmara Brasileira do Livro, SP, Brasil)

Vasconcellos, Marcio Simão de
  Mística cristã e literatura fantástica em C. S. Lewis / Marcio Simão de Vasconcellos; sob coordenação de Waldecir Gonzaga – Petrópolis, RJ : Editora Vozes ; Rio de Janeiro : Editora PUC, 2020. – (Série Teologia PUC-Rio)

Bibliografia.
ISBN 978-65-5713-037-7 (Vozes)
ISBN 978-65-888310-2-1 (PUC-Rio)

  1. Cristianismo 2. Espiritualidade 3. Literatura cristã 4. Misticismo – Cristianismo 5. Misticismo na literatura 6. Lewis, C. S. 1898-1963 – Religião 7. Teologia sistemática I. Título II. Série.

20-47276   CDD-230

Índices para catálogo sistemático:
1. Teologia sistemática : Cristianismo 230

Maria Alice Ferreira – Bibliotecária – CRB-8/7964

Marcio Simão de Vasconcellos

MÍSTICA CRISTÃ E LITERATURA FANTÁSTICA EM C. S. LEWIS

SÉRIE **TEOLOGIA PUC-RIO**

© 2020, Editora Vozes Ltda.
Rua Frei Luís, 100
25689-900 Petrópolis, RJ
www.vozes.com.br
Brasil

Todos os direitos reservados. Nenhuma parte desta obra poderá ser reproduzida ou transmitida por qualquer forma e/ou quaisquer meios (eletrônico ou mecânico, incluindo fotocópia e gravação) ou arquivada em qualquer sistema ou banco de dados sem permissão escrita da editora.

CONSELHO EDITORIAL

Diretor
Gilberto Gonçalves Garcia

Editores
Aline dos Santos Carneiro
Edrian Josué Pasini
Marilac Loraine Oleniki
Welder Lancieri Marchini

Conselheiros
Francisco Morás
Ludovico Garmus
Teobaldo Heidemann
Volney J. Berkenbrock

Secretário executivo
João Batista Kreuch

©**Editora PUC-Rio**
Rua Marquês de S. Vicente, 225
Casa da Editora PUC-Rio
Gávea – Rio de Janeiro – RJ
CEP 22451-900
T 55 21 3527-1760/1838
edpucrio@puc-rio.br
www.puc-rio.br/editorapucrio

Reitor
Pe. Josafá Carlos de Siqueira SJ

Vice-Reitor
Pe. Anderson Antonio Pedroso SJ

Vice-Reitor para Assuntos Acadêmicos
Prof. José Ricardo Bergmann

Vice-Reitor para Assuntos Administrativos
Prof. Ricardo Tanscheit

Vice-Reitor para Assuntos Comunitários
Prof. Augusto Luiz Duarte Lopes Sampaio

Vice-Reitor para Assuntos de Desenvolvimento
Prof. Sergio Bruni

Decanos
Prof. Júlio Cesar Valladão Diniz (CTCH)
Prof. Luiz Roberto A. Cunha (CCS)
Prof. Luiz Alencar Reis da Silva Mello (CTC)
Prof. Hilton Augusto Koch (CCBS)

Conselho Gestor da Editora PUC-Rio
Augusto Sampaio, Danilo Marcondes, Felipe Gomberg, Hilton Augusto Koch, José Ricardo Bergmann, Júlio Cesar Valladão Diniz, Luiz Alencar Reis da Silva Mello, Luiz Roberto Cunha e Sergio Bruni.

Coordenação da série: Waldecir Gonzaga
Editoração: Programa de pós-graduação em Teologia (PUC-Rio)
Diagramação: Raquel Nascimento
Cotejamento: Alessandra Karl
Capa: WM design

ISBN 978-65-5713-037-7 (Vozes)
ISBN 978-65-888310-2-1 (PUC-Rio)

Editado conforme o novo acordo ortográfico.

Este livro foi composto e impresso pela Editora Vozes Ltda.

Sumário

Prefácio, 9

Introdução geral, 15

PARTE 1: A inter-relação entre mística cristã e literatura na contemporaneidade: fundamentos, 21

Capítulo 1 | Pós-modernidade como lugar da reflexão teológica, 23

1.1. Discussões conceituais sobre pós-modernidade, 31

1.2. Da "morte de Deus" à libertação da metáfora na linguagem teológica, 38

1.3. Da secularização ao retorno do religioso, 44

1.4. Do racionalismo dualista ao raciovitalismo integrador, 51

1.5. A valorização da experiência na pós-modernidade, 55

Capítulo 2 | Mística cristã na contemporaneidade, 62

2.1. Mística como condição antropológica do ser humano , 66

2.2. Mística cristã: conceito e características, 72

2.3. O lugar da experiência mística na prática teológica, 90

2.4. Contribuições da mística para a vivência da fé cristã numa cultura pós-moderna, 96

Capítulo 3 | Mística cristã e literatura, 101

3.1. Revelação e a linguagem simbólica da teologia, 102

3.2. Bíblia como literatura: conceituações e implicações para sua leitura e recepção, 108

   3.2.1. Os lugares hermenêuticos de sentido: autor, texto e leitor, 116

   3.2.2. Perspectivas recentes de interpretação das narrativas bíblicas, 122

3.3. A relação entre teologia, literatura e mística, 124

PARTE 2: Ensaios de literatura fantástica e mística cristã a partir de C. S. Lewis, 135

Capítulo 4 | Mística cristã em C. S. Lewis: experiência pessoal e literatura, 137

4.1. A experiência mística de C. S. Lewis, 138

4.2. Encontro com a Alegria: Phantastes e a Alegria que surpreende, 151

4.3. O *regresso do peregrino*: olhar curado pelo encontro com o Deus-Mistério. A experiência mística e o desenvolvimento de um novo olhar sobre a vida, 165

4.4. Reflexões sobre a oração e o encontro místico com Deus: *Cartas a Malcolm* e *Lendo os Salmos*, 169

4.5. Anatomia de uma dor: a noite escura da alma. Mística cristã e o sofrimento humano, 176

Capítulo 5 | A literatura fantástica de C. S. Lewis como expressão da mística cristã, 180

5.1. O grande abismo: "uma realidade mais sólida que as coisas do mundo". A inefabilidade da experiência mística cristã, 181

5.2. A *Trilogia Cósmica*: a noosfera e a Grande Dança. A concepção panenteísta da fé cristã, 198

   5.2.1. Além do planeta silencioso, 202

   5.2.2. Perelandra, 205

   5.2.3. Uma força medonha, 207

   5.2.4. A mística cristã na *Trilogia Cósmica*, 210

5.3. *Cartas de um diabo a seu aprendiz*: individualidade e encarnação da experiência mística, 227

5.4. As crônicas de Nárnia: o canto de Aslam e as novas terras. Criação como espaço salvífico experimentado na relação mística com Deus-Criador e aberta ao futuro, 233

    5.4.1. O sobrinho do mago, 234

    5.4.2. A última batalha, 237

    5.4.3. A mística cristã em O *sobrinho do mago* e A *última batalha*, 239

Capítulo 6 | Literatura fantástica como lugar da mística cristã, 244

6.1. Literatura fantástica: definição, características e limites, 244

6.2. A literatura fantástica como possibilidade de *locus* teológico e místico, 253

6.3. O fantástico como forma de mística, 268

6.4. Do fantástico à experiência mística: contribuições da literatura fantástica de C. S. Lewis para a compreensão da mística hoje, 283

Conclusão, 295

Bibliografia, 303

Prefácio

A mística pode ser definida como experiência do mistério de Deus ou, simplesmente, experiência de Deus. Este caráter existencial faz com que refletir e teologizar sobre ela signifique aproximar-se da vida humana em suas aspirações mais profundas, experiências mais determinantes, atuar mais motivado e escritos limítrofes. Afinal, é a experiência do que dá a motivação última do projetar e amar, recomeçar e perdoar, esperar e confiar, morrer e viver. Em uma palavra, Deus.

No cristianismo, a mística tem a especificidade de adentrar nas motivações e características da vida animada pela fé no Deus criador-salvador revelado em Jesus Cristo, que assume a condição humana e histórica, com sua limitação e fragilidade, para abrir caminhos de vida nova e, no Espírito, tudo levar à plenitude. Com ele, um sentido insuspeitado irrompe do interior do cosmos criado pelo amor de Deus e da existência humana marcados pelo tempo e pelo espaço.

Uma palavra de salvação ecoa no mistério das relações e interconexões entre os humanos, entre si e entre esses e o cosmos, entre o abismo interior de cada um e a realidade única de cada ser sobre a terra. Aventura, glória, drama e tragédia se entrelaçam porque a palavra de salvação chega em corações e sociedades cujas histórias de destruição e dominação são tais que mal conseguem fazer ecoar esta alegria e realização divinas. Os místicos, no entanto, como profetas que são – atentos aos sinais de Deus, enraizados em seu tempo e penetrados do Espírito –, eles sim, têm olhos e ouvidos para ver e ouvir a palavra divina benfazeja e fazê-la ecoar em suas ações e por diferentes meios, não sem antes passar por intensa conversão pessoal. Deixam o registro deste eco divino em suas obras e as entregam nas mãos da humanidade, para interpretações as mais diversas.

Por ocupar-se com testemunhos tão relevantes, a reflexão sobre a mística tem se mostrado uma das principais tarefas da teologia cristã. E, especificamente, revela-se como caminho privilegiado para a revisão da própria noção de Deus. Sabemos que a noção geral-comum de Deus o concebe unilateralmente como ser Onipotente, Supremo, Soberano Absoluto, Todo-poderoso, infinitamente Outro, porém, sem relacionar esta noção com o Deus revelado por Jesus Cristo, que se esvazia de sua glória (Fl 2,7) e assume nossa fragilidade. Na espiritualidade cristã, a noção geral-comum de Deus não raro é relacionada com poder arbitrário, distância afetiva, pouca valorização da liberdade humana e sentimento de medo. Dependente desta noção de Deus, vem a expectativa, sempre reinventada nas novas gerações, de uma ação intervencionista divina que emanaria a partir de fora do cosmo e da história humana, semelhante à atuação de um grande mágico. O efeito, para a teologia e espiritualidade cristãs, é devastador. Por isso, é urgente a conversão da noção do Deus cristão em direção à sua revelação e encarnação na plenitude dos tempos (Gl 4,4). A reflexão sobre a mística e a escuta dos místicos podem, em muito, contribuir nesta tarefa.

Mística e teologia dogmática se articulam. A primeira possibilita à dogmática um contato com aquilo que é a razão da própria teologia, Deus em sua relação conosco e com suas criaturas, que excede todo conhecimento (Ef 3,19) e é maior que o nosso coração (1Jo 3,20). Por sua vez, a teologia auxilia a hermenêutica da experiência mística, concede instrumentos críticos vindos da própria revelação, para que a experiência não seja sequestrada pelas forças cegas do inconsciente, do fanatismo, da fuga irresponsável do mundo ou da vontade de domínio. Acreditamos que a relação entre mística e teologia seja fundamental na revisão da imagem de Deus e que ambas devem se considerar mutuamente em seu proceder.

Além desta tarefa de ajudar a refazer a noção mesma de Deus, a reflexão sobre a mística tem se mostrado, dentro da teologia cristã, uma das mais capazes de dialogar com os diversos campos de conhecimento. Porque fala da vida e de Deus, encontra chão vital comum com a literatura, filosofia, história, psicologia... e mesmo com as ciências da vida e da terra, como a biologia e a física. Tarefa necessária e fascinante, mas nem sempre fácil, com os desafios que o diálogo entre diferentes possa apresentar. Porém, na interdisciplinaridade é possível contribuir com o conhecimento a partir da complexidade real dos eventos humanos, como é a própria mística.

Neste contexto, o livro de Marcio Simão de Vasconcellos, *Mística cristã e literatura fantástica em C. S. Lewis* adquire importância, valor e brilho. A obra, que ora apresento, empreende, com muita felicidade, o caminho do diálogo da teologia mística cristã com a literatura e, nessa, a particularidade da literatura fantástica de C. S. Lewis.

O diálogo entre mística cristã e literatura fantástica é original e inovador. Para o Prof. Marcio Vasconcellos, uma e outra "percorrem caminhos que ultrapassam os limites do racionalismo e, sem rejeitar a razão humana, são capazes de desbravar novas fronteiras e espaços vitais e necessários à existência". Faz sentido explorar os limites da razão, embora esta proposta pareça paradoxal, porque o desejo, a imaginação e a criação fantástica expandem estes limites e entreveem novas lógicas e composições explicativas daquilo que faz viver.

O Prof. Marcio Vasconcellos nos faz ver, com originalidade, como o fantástico está em relação e, inclusive, presente na mística cristã, pois fornece categorias – cores, imagens e sensações – para expressá-la naquilo que ela possui de maravilhoso e insólito. E isto, ao contrário de obscurecer a inteligência, a redime e integra às demais dimensões da vida. Ambos, a mística e o fantástico, oferecem linguagens e experiências originais, ainda não encarceradas pelo discurso teológico. Possibilitam que realidades da revelação cristã como a encarnação, a graça e o amor divino atuantes no mundo sejam descritas de outra forma, em ambientes e âmbitos que ultrapassam os apenas religiosos. Assim, proclamando o mistério de Deus na vida, a literatura fantástica pode contribuir para a revisão da imagem de Deus e para a comunicação teológica significativa, especialmente nos tempos da chamada pós-modernidade.

Dado saboroso da obra são as epígrafes que antecedem cada capítulo, sempre muito bem escolhidas. Em geral, a primeira é relativa a um documento ou estudo de teologia sistemática; a segunda, a um autor ou personagem da literatura fantástica. A inter-relação entre elas é uma descoberta que, com gosto, o leitor ou leitora farão.

Marcio Vasconcellos divide a obra em duas grandes partes. A primeira é dedicada à apresentação dos fundamentos da inter-relação entre mística cristã e literatura. Isto faz com que o leitor tenha em mãos um ótimo texto que balize estas temáticas no contexto atual. Com profundidade e leveza, o autor traz até nós as condições da pós-modernidade que abrem espaço à metáfora na linguagem teológica e proporcionam à mística um ambiente favorável ao seu desenvolvimento, estudo e incidência cultural. Conceitua a mística cristã e a insere no fazer teológico, bem como na espiritualidade de nosso tempo. De forma competente, formula o estado da questão da relação entre teologia e literatura, enquanto fontes interpretativas da vida, dos sentimentos e da experiência de Deus. Mostra como o diálogo entre ambas vem percorrendo consistentes caminhos na atualidade.

A segunda grande parte do livro é dedicada à literatura mística a partir de C. S. Lewis. A capacidade de Lewis em vincular fé e imaginação criativa em seus escritos fornece-lhe lugar de destaque quando se deseja refletir sobre a relação entre teologia, mística e literatura fantástica. Aqui, o Prof. Marcio Vasconcellos mostra o seu grande conhecimento do autor estudado e de suas obras. Com sensibilidade e arguta bússola teológico-espiritual, constrói um estudo inédito da experiência mística do escritor C. S. Lewis a partir da articulação entre a sua autobiografia, *Surpreendido pela alegria*, e outros textos, tanto lewisianos quanto de importância pessoal para o autor, cuidadosamente selecionados. Experiência de conversão, alegria e prazer, morte e dor são a matéria fina da descoberta de uma realidade nova e divina que, de diferentes maneiras, Lewis traduzirá em seus livros fantásticos e serão o objeto da privilegiada percepção do Prof. Marcio.

Não passa despercebido como, no estudo das obras *O grande abismo*, *Trilogia cósmica*, *Cartas de um diabo a seu aprendiz* e *As crônicas de Nárnia*, Marcio Vasconcellos empresta olhos ao leitor para ver a teologia por detrás dos fantásticos acontecimentos narrados. C. S. Lewis mostra uma percepção à frente das formulações teológicas do seu tempo histórico, a primeira metade do século XX. A antropologia mostra-se mais integrada; a noção de Deus, de salvação e da criação, mais relacionada ao fato da encarnação. Ênfase é dada na afirmação da ética e da mística como relações mais adequadas para perceber a incidência da fé na realização humana, no presente e com abertura ao futuro. A literatura fantástica de C. S. Lewis articula realidades antropológicas como razão e espiritualidade, alma, intelecto, corpo e espírito e tudo integra na proposta do mundo bom de Deus. Uma teologia crítica ao árido racionalismo subjaz às tramas e personagens, aos heróis e lugares mágicos. Bem como o convite a uma experiência amorosa de sentido e felicidade.

Muito interessante se faz perceber que a literatura fantástica, como modo literário, não pode ser simplesmente associada ao que carece de realidade, favorece o escapismo e, por isso, deve ser descartada como mediação de experiências existenciais fundamentais. Ao contrário, na literatura fantástica, como na de C. S. Lewis, há um princípio de realidade que a fundamenta e à qual o fantástico retorna, para transformá-la. Não falamos aqui de uma realidade ideal e asséptica, mas aquela que assume os elementos insólitos, inexplicáveis, impossíveis e inquietantes da existência. Não os deixa no limbo da linguagem, porque o fantástico não está à margem da vida, ao contrário, enriquece-a com mais humanidade, encantamento e significado.

Finalmente, o Prof. Marcio Vasconcellos afirma a literatura fantástica como lugar teológico e místico. Pergunta-se e nos convence do elemento fantástico presente em vários textos bíblicos, como nos mitos da criação, em narrativas como a do êxodo e da sarça ardente, nos milagres de Jesus, no Livro do Apocalipse. Afirma que a literatura fantástica manifesta a riqueza do comum, do prosaico e do ordinário. Por ela, pode ser explicitada a maravilha de Deus que penetra a realidade para nela inserir os sinais de sua presença e de seu amor. Um Deus cuja grandeza maior é assumir nosso mundo, nossa carne e inserir, a partir de dentro da criação, um caminho benfazejo e salvador. Que expande as possibilidades criativas do humano feito cocriador de realidades novas. A cocriação dá-se, também, através da imaginação que instiga os olhos para ver estes luzeiros que são os mundos e as experiências que nunca tivemos – fantásticas – para assim vislumbrar uma novidade na real realidade e caminhar com esperança. Nada há de fuga do mundo, ao contrário, o fantástico capacita a enfrentá-lo. Ora, não seria assim também a mística? Conclui o autor.

Em boa hora nos chega este estudo do Prof. Marcio Vasconcellos. A edição da obra possibilita aos leitores terem em mãos um ótimo guia para a literatura fantástica, para C. S. Lewis, para a mística e mesmo para a dogmática. Estudo que tive a honra e a felicidade de orientar e que, certamente, abrirá caminhos mais criativos para a reflexão teológica.

Prof[a].-Dr[a]. Lúcia Pedrosa-Pádua
PPG – Teologia da PUC-Rio

Introdução

> *E se quereis conhecer a Deus, não procureis transformar-vos em decifradores de enigmas. Olhai, antes, à vossa volta e encontrá-Lo-eis a brincar com vossos filhos.*
>
> Gibran Khalil Gibran

Vivenciamos um momento singular na história humana: uma mudança de paradigma que alcança e transforma todas as dimensões da vida. A teologia certamente sofre as consequências de tal transformação. Neste momento-chave da história, novos desafios e oportunidades surgem no horizonte das comunidades cristãs, que ensejam reflexões conscientes e reelaboradas a fim de que o centro da fé cristã – a saber, o encontro com o Deus que se revela em Jesus – seja vivido integralmente em outros e novos tempos. Nesse sentido, urge (re)aprender a dialogar com este novo cenário no qual se vive a fé.

Esta postura dialógica e dialética, aliás, constitui, desde cedo na história da teologia, prática fundamental para a vivência da fé cristã em novos paradigmas histórico-culturais. Como diz Alfonso Garcia Rubio, por exemplo, já nas épocas patrística e medieval, "encontramos uma abertura dialógico-crítica ao mundo filosófico grego".[1] Tal abertura reafirmou o dinamismo da fé cristã em seu encontro com a cultura.

> Nessa abertura crítica ao mundo cultural greco-romano, prevaleceu, em termos gerais, o dinamismo que articula a coragem (para se abrir e acolher o mundo cultural dos outros) e o discernimento (para saber distinguir o

---

1. RUBIO, A. G., A teologia da criação desafiada pela visão evolucionista da vida, p. 18.

que pode ser assimilado da outra cultura e o que deve ser rejeitado, em nome da identidade profunda da fé cristã).²

Esta união salutar entre coragem e discernimento conduz à redescoberta da experiência de Deus como o centro da fé e da vida. A experiência assume, cada vez mais, um papel central na existência humana. Assim, vai se superando, aos poucos, o risco de render-se a uma rigidez dogmático-doutrinária, incapaz de viver a fé em Jesus de forma plena e integral. Esse risco, aliás, sempre esteve presente na história da Igreja. Um breve retrospecto histórico do desenvolvimento do pensar teológico revela um distanciamento crescente entre experiência e doutrina, sendo esta estabelecida a partir de pressupostos metafísicos e limitadores da pluralidade natural à experiência da fé em Deus, culminando na lógica cartesiana fortemente influenciada pelo positivismo.³ Sob esta égide, a teologia afastou-se gradativamente da dimensão mistagógica, correndo um sério risco de compreender seu discurso como ídolo substitutivo do Deus-Mistério, ou de fazer surgir "noções idolátricas de Deus" que "geram espiritualidades destrutivas".⁴

É por causa da percepção da urgência de nosso tempo, que nos conduz a novas reflexões sobre a vivência da fé cristã num mundo de intensos desafios e oportunidades, que também podemos afirmar a necessidade de se pensar sobre a mística como fonte primária da teologia. Nesse sentido, a pergunta pela dimensão mística da fé e da experiência mística cristã é premente. Pensar a mística como matriz da teologia reafirma a própria teologia como a ousada ação de dizer o que não pode ser dito, reconhecendo, por outro lado, a limitação de seu próprio discurso. Isso gera uma prática teológica humilde, mais próxima da *kênosis* divina, e consequentemente uma eclesiologia, uma missiologia e uma liturgia mais humanas e produtoras de humanização.

Não se trata, obviamente, de uma negação à dogmatização da teologia nem da sistematização doutrinária de suas experiências histórica e culturalmente situadas, mas antes da abertura clara e consciente ao fôlego da vida de Deus, ao vento que sopra onde quer (Jo 3,8), ao Espírito de Cristo que sempre sabe, melhor que nós, o que deve ser mantido e o que deve ser extirpado em nossas propostas teológicas e eclesiásticas. Retornando à metáfora como meio de expressão da

---

2. RUBIO, A. G., A teologia da criação desafiada pela visão evolucionista da vida, p. 18.

3. A respeito desse distanciamento crescente entre experiência mística e formulações teológico-sistemáticas e a(s) possibilidade(s) de superação: ROCHA, A., Experiência e discernimento. Recepção da palavra numa cultura pós-moderna, (p. 101-173); ROCHA, A., Teologia sistemática no horizonte pós-moderno (p. 63-165); BOFF, C., Teoria do método teológico, (p. 100-151); TILLICH, P., Perspectivas da teologia protestante nos séculos XIX e XX, (p. 56-151).

4. PEDROSA-PÁDUA, L., Evolucionismo e espiritualidade, p. 222.

linguagem teológica, poderíamos considerar as teologias sistemáticas, elaboradas no decorrer da história cristã, como castelos de cartas, sensíveis ao sopro da *ruah* divina que é criativo e dinâmico.⁵ Destarte, as teologias sistemáticas não são construções absolutas ou eternas; antes, sua vocação é a fragilidade que se reconhece como incapaz de dizer, de forma plena, o Deus que se autocomunica ao mundo.

Esta reflexão sobre a dimensão mística da fé cristã constitui um caminho necessário à realização da difícil tarefa de comunicar a experiência da fé em novos paradigmas histórico-culturais. Esta postura possibilita reencontrar ou ressaltar uma fé mistagógica, que conduz ao mistério de Deus e que, por isso, não tem como objetivo último elaborar explicações sobre Deus, mas sim experimentá-lo como Emanuel, Deus conosco em meio às alegrias e dores, conquistas e percalços da vida humana. É a partir de tal proposta que nos movemos nesta pesquisa.

Nosso objetivo específico na presente tese é refletir sobre a literatura fantástica⁶ e a sua importância para a vida. A partir disso, propomos uma questão importante: qual a relação entre teologia, mística cristã e literatura fantástica? Seria possível estabelecer essa relação? Se sim, quais seus limites, benefícios e riscos? A literatura fantástica pode ser lugar teológico e da experiência mística cristã?

Nossa hipótese é que é possível responder positivamente a essas questões, ou seja: afirmamos existir relações possíveis entre a teologia, a mística cristã e a literatura fantástica. Este gênero literário apresenta-se como lugar bastante fecundo para situarmos a experiência mística cristã. Ambas percorrem caminhos que ultrapassam os limites do racionalismo e, sem rejeitar a razão humana, são capazes de desbravar novas fronteiras e espaços vitais e necessários à existência. O fantástico, presente tanto na literatura como na experiência mística, fornece ao mundo cotidiano novas cores, imagens e sensações que trazem à tona relações (im)possíveis entre aquilo que é considerado realidade e o insólito e maravilhoso que invadem a vida. Tal invasão bem-vinda é capaz de redimir a racionalidade humana, integrando-a às demais dimensões da vida.

---

5. HILBERATH, B. J., Pneumatologia, p. 410. Num trecho significativo, este autor ressalta que o vocábulo hebraico *ruah* faz clara referência ao vínculo entre Espírito e vida, que vivifica toda a criação, como um útero materno onde se gera a vida. "Deus como *ruah* revela-se de modo particular nos papéis maternos da criação, manutenção e proteção da vida. (...) O Deus *ruah* da Bíblia é um Deus que está constantemente em relação com a vida e a faz surgir como o faz uma mãe" (HILBERATH, B. J., Pneumatologia, p. 410).

6. Literatura fantástica constitui um conceito bastante difícil de ser definido. Veremos essa questão, com maiores detalhes, no capítulo 6. Ainda assim, importa apresentar uma breve definição do termo que já torna mais claro vislumbrar relações entre este tipo de literatura e a experiência mística. Podemos compreender literatura fantástica como um gênero literário que produz uma sensação de maravilhamento diante do cotidiano, isto é, uma literatura "na qual o modo fantástico é usado para organizar a estrutura fundamental da representação e para transmitir de maneira forte e original experiências inquietantes à mente do leitor" (CESERANI, R., O fantástico, p. 12). Voltaremos a essa questão posteriormente.

A relação entre literatura fantástica e experiência mística também se revela na maneira com que ambas dialogam com aspectos teológicos ainda não enquadrados pelo discurso sistemático da teologia. Esse elemento auxilia na revisão da imagem de Deus a partir da afirmação da encarnação, da graça e do amor divinos presentes e atuantes no mundo. Isso possibilita enxergar a novidade da vida de Deus em ambientes outros que não apenas os religiosos. Nesse sentido, a literatura fantástica, porque fala da vida, também fala de Deus, tratando do ser humano e do sentido de sua existência.

Para estabelecer essa relação, a tese refletirá sobre a mística cristã a partir da experiência pessoal e literária de C. S. Lewis (1898-1963), escritor irlandês, cujo nome dispensa apresentações aos que já se aventuraram nas dimensões do fantástico, do insólito e da fantasia na literatura, especialmente a infantojuvenil.[7] Em todas essas áreas, Lewis foi um escritor brilhante, cujas obras ainda começam a ser conhecidas no Brasil.

Em que pese todas essas informações, há uma faceta de C. S. Lewis que ainda é pouco explorada, ao menos no Brasil, em análises sobre este autor: sua dimensão mística.[8] Esta dimensão surge tanto em seus escritos autobiográficos como nos seus textos de ficção que revelam sua compreensão sobre este tema. Na verdade, podemos afirmar que toda a vida de Lewis e praticamente toda sua produção literária (incluindo-se os textos de fantasia) trazem esse traço de uma experiência mística como elemento estruturador de seu pensamento. Vale observar que esta leitura de C. S. Lewis e de suas obras, a partir da sua experiência e intencionalidade místicas, é, ainda, pouco explorada em terras brasileiras. Portanto, esta tese pretende preencher esta lacuna dentro dos estudos lewisianos.

A capacidade de Lewis em vincular fé e imaginação criativa em seus escritos fornece-lhe lugar de destaque quando se deseja refletir sobre a relação entre teologia, mística e literatura fantástica. Em Lewis, a fé cristã foi revestida por

---

7. Sobre C. S. Lewis e a relação entre sua literatura fantástica e a teologia (VASCONCELLOS, M. S., Teologia e literatura fantástica, p. 157-221).

8. Especialmente nos Estados Unidos, há certa quantidade de textos abordando C. S. Lewis e suas obras do ponto de vista da mística, alguns dos quais já traduzidos para o espanhol (por exemplo: CUTSINGER, J. S.; C. S. Lewis: apologista y místico, CUTSINGER, J. S.; C. S. Lewis: apologista y místico, p. 20-70, segundo a qual a mística e a imaginação se encontram em relação na vida e obra de C. S. Lewis. Em artigo de 2006, Michael Ward, capelão na Universidade de Cambridge, afirma: "sua confiança [de Lewis] de que ninguém o chamaria de místico acabou sendo malfundamentada. Dois homens que o conheceram bem, Dom Bede Griffiths e George Sayer, fracassaram nisso, o primeiro observando que 'não há dúvida de que ele tinha um profundo tipo de intuição mística', o último comentando que *O regresso do peregrino* alcança 'alturas místicas'. E vários críticos de Lewis chegaram a conclusões semelhantes: Michael Christensen observa suas 'tendências místicas'; Robert Houston Smith observa que Lewis encontrou 'um lugar para o misticismo em seu pensamento'; Leanne Payne chega ao ponto de afirmar que Lewis era 'um místico cristão notável'" (WARD, M., Lewis as mystic, p. 1 – tradução do autor. A partir de agora, esse termo será indicado pela abreviatura T.A.).

narrativas de fantasia e ficção científica. E isso, longe de desfigurar a fé, tornou-a mais profícua, mais capaz de relacionar-se existencialmente na vida das pessoas, e mais vinculada à sua dimensão mistagógica.

Aos dezessete anos, Lewis encontrou um livro que mudou radicalmente sua visão de mundo e o empurrou à tomada de uma decisão sobre sua fé em Jesus como Filho de Deus. Trata-se de *Phantastes*, obra do escritor escocês George MacDonald (1824-1905). Autor de contos de fada e romances de fantasia, MacDonald serviu de fonte de inspiração para diversos outros autores modernos e contemporâneos, como J. R. R. Tolkien (1892-1973), autor da trilogia *O Senhor dos Anéis* e de livros relacionados à Terra Média, universo criado por ele; G. K. Chesterton (1874-1936), autor inglês, jornalista, poeta, filósofo, teólogo e crítico literário, conhecido por seu personagem de ficção: o sacerdote e detetive Padre Brown; além, obviamente, do próprio C. S. Lewis. O que é interessante destacar nesse momento a respeito disso é que Lewis teve o processo de conversão à fé cristã iniciado graças a uma obra de literatura fantástica.

Metodologicamente, além da introdução geral e da conclusão, a tese está dividida em duas grandes partes. A PARTE 1 – A inter-relação entre mística cristã e literatura na contemporaneidade: fundamentos – subdivide-se em três capítulos.

No capítulo 1, apresentamos uma discussão sobre a pós-modernidade, seus desafios e possibilidades, compreendendo esse momento em que vivemos como espaço de libertação da metáfora na reflexão teológica e de busca por um tipo de racionalidade que ultrapasse os reducionistas apresentados anteriormente.

No capítulo 2, refletimos sobre a mística cristã, apresentando seus conceitos, características e possibilidades para a vivência da fé de forma integradora na contemporaneidade.

Por sua vez, no capítulo 3, buscamos tecer as primeiras análises sobre as relações possíveis entre mística cristã e literatura, tendo como ponto de partida a constatação de que a Bíblia é literatura.

A PARTE 2 – A literatura mística a partir de C. S. Lewis – também é composta por três capítulos. No capítulo 4, apresentaremos a literatura de C. S. Lewis, concentrando-nos em seus textos de caráter autobiográfico e em algumas de suas obras que trazem elementos da mística cristã.

No capítulo 5, abordaremos alguns dos principais textos ficcionais de Lewis, objetivando encontrar neles esses aspectos vinculados tanto à reflexão teológica como à mística cristã.

No capítulo 6, relacionaremos, de forma mais direta, a literatura fantástica e a mística cristã, entendendo a primeira como meio de expressão da mística. Apresentaremos, mais uma vez, a obra de C. S. Lewis como confirmação dessa hipótese.

Desta forma, intencionamos demonstrar a inter-relação entre mística cristã e literatura fantástica, percebendo nestas possibilidades hermenêuticas e teológicas que demonstrem, em suas narrativas, a experiência de Deus, que é elemento central à qualquer reflexão teológica.

PARTE 1

A inter-relação entre mística cristã e literatura na contemporaneidade: fundamentos

Nesta primeira parte da tese, refletimos sobre as relações entre o conceito de mística cristã e a literatura no contexto da pós-modernidade. O caminho desta reflexão encontra-se dividido da seguinte forma:

No primeiro capítulo – *Pós-modernidade como lugar da reflexão teológica* – apresentamos discussões sobre o conceito de pós-modernidade na tentativa de identificar suas principais características. Analisamos quatro perspectivas que se inter-relacionam mutuamente: a "morte de Deus" anunciada por Nietzsche que abre novos espaços à metáfora na linguagem (inclusive a teológica); o retorno do religioso ao universo supostamente secularizado da modernidade; a superação de um racionalismo dualista e redutor em prol da adoção do raciovitalismo integrador; e a valoração da experiência nas relações interpessoais e na vivência da dimensão metafísica da existência.

O segundo capítulo – *Mística cristã na contemporaneidade* – aborda o lugar da mística para a constituição antropológica do ser; as características da mística numa perspectiva cristã bem como seu desenvolvimento histórico no cristianismo e sua pertinência à reflexão teológica contemporânea. O objetivo é identificar a contribuição da mística cristã para a vivência da fé num contexto pós-moderno.

O terceiro capítulo – *Mística cristã e literatura* – trata do texto bíblico como literatura, reconhecendo suas possibilidades e condicionamentos bem como as implicações dessa percepção para a leitura, recepção e interpretação das narrativas bíblicas. Também relacionamos teologia, literatura e mística a fim de construir o fundamento epistemológico para as discussões na segunda parte da tese.

PARTE I

A inter-relação entre linguística crítica e literatura contemporânea

Capítulo 1 | Pós-modernidade como lugar da reflexão teológica

> *Para desempenhar tal missão, a Igreja, a todo momento, tem o dever de perscrutar os sinais dos tempos e intepretá-los à luz do Evangelho de tal modo que possa responder, de maneira adaptada a cada geração, às interrogações eternas sobre o significado da vida presente e futura e de suas relações mútuas. É necessário, por conseguinte, conhecer e entender o mundo no qual vivemos, suas esperanças, suas aspirações e sua índole frequentemente dramática.*
>
> Constituição Pastoral *Gaudium et Spes* nº 4

> *O mundo mudou; posso sentir na água; posso sentir na terra, posso cheirar no ar...*
>
> Fangorn, em *O Senhor dos Anéis*, de J. R. R. Tolkien

O mundo em que vivemos a fé é radicalmente diverso daquele em que as primeiras comunidades cristãs se estabeleceram como gente do caminho. As alterações paradigmáticas que vivenciamos atualmente são tão profundas e velozes que acabam se revelando difusas e complexas às análises que não levam em consideração tal complexidade. Trata-se, como afirmamos na introdução, de um momento-chave da história, no qual múltiplas combinações de novos desafios e novas oportunidades são apresentadas à teologia e à fé cristã. À luz desse novo cenário, é preciso questionar sobre as maneiras que se vive a fé em Jesus Cristo e os sentidos que essa fé pode trazer aos homens e mulheres que nos cercam.[9]

---

9. Abordando os avanços científicos ocorridos na época moderna e os impactos que isso produziu na interpretação bíblica e na maneira como a própria teologia se relaciona com o mundo, Andrés Torres Queiruga afirma que "essa mudança implica nada menos que uma mutação radical na maneira de situar a presença de Deus em nossa vida. O grave é que nem a liturgia nem a teologia se deram suficiente conta disso, para

A virada do século XIX para o XX trouxe consigo um otimismo palpável para a sociedade europeia. Vivia-se com algumas certezas muito bem fundamentadas no pavimento da razão, crendo que a história caminhava a passos largos para um futuro melhor. Esperava-se a elaboração de uma sociedade mais justa, que se livrasse das desigualdades sociais praticadas durante o século XIX; aguardava-se a instituição da liberdade plena; da ideia de uma paz permanente, na qual o diálogo harmonioso entre as nações impediria as guerras; enfim, havia uma expectativa sempre presente de um progresso científico e tecnológico em constante ascensão, capaz de garantir ao ser humano um bem-estar social, econômico e cultural cada vez mais elaborado. Estabelecida sobre esse firme fundamento da racionalidade, a humanidade havia alcançado o seu apogeu, o seu ápice, firmado na razão autônoma, libertada dos cárceres da religião.

Auguste Comte, considerado um dos principais representantes do Positivismo racionalista do século XIX, compara o crescimento humano em direção à maturidade física com um espelho do caminho de progresso que a sociedade como um todo deveria seguir.

> Ora, cada um de nós, contemplando sua própria história, não se lembra de que foi sucessivamente, no que concerne às noções mais importantes, teólogo em sua infância, metafísico em sua juventude e físico em sua virilidade? Hoje é fácil esta verificação para todos os homens que estão no nível de seu século. (...) É impossível imaginar por que outro processo nosso entendimento pudesse ter passado das considerações francamente sobrenaturais às considerações puramente naturais, do regime teológico ao regime positivo.[10]

Nessa lógica, "o espírito positivo vem por fim aos estados teológico e metafísico, constituindo-se apto para criar a harmonia mental".[11] Descrevendo esse tempo com rara precisão de palavras, Libânio afirma: "a razão se fez adulta e confia em si. Não necessita mais de guardiães de fora".[12] Esta autonomia da razão possibilitaria a criação de uma sociedade igualitária e idealizada na qual não haveria necessidade dos apelos metafísicos oferecidos pelas diversas religiões.

---

ajudar a discernir o lugar e o modo verdadeiros da ação divina. O resultado normal é que Deus ou fica relegado a uma referência vaga, infantil e incompreensível, ou então simplesmente desaparece dos lugares onde costumava ser encontrado. No limite, pode instalar-se o ateísmo. Não foi isso que aconteceu com uma boa parte da cultura moderna e contemporânea?" (QUEIRUGA, A. T., Esperança apesar do mal, p. 98).

10. LIBÂNIO, J. B., Teologia da revelação a partir da modernidade, p. 117-118.
11. LIBÂNIO, J. B., Teologia da revelação a partir da modernidade, p. 118.
12. LIBÂNIO, J. B., Teologia da revelação a partir da modernidade, p. 118.

Estas expectativas foram frustradas logo no início do século XX. A variedade de crises políticas, econômicas, sociais, religiosas e de sentido, experimentadas nas primeiras décadas do século XX, transformaram a Europa e, consequentemente, o mundo. A Primeira Guerra Mundial, ocorrida entre 1914-1918, por exemplo, devastou a Europa, afetando a vida de todos os países ao redor do mundo. A Revolução Bolchevique, em 1917, apresentou ao mundo novas formas de se organizar como sociedade. A crise socioeconômica, provocada pela queda da Bolsa de Valores de Nova Iorque, em 1929, tornou miseráveis milhares de pessoas. O desemprego assumiu números catastróficos, e as filas para o pão e a sopa eram imensas. E em 1939, iniciou-se um segundo e mais sangrento conflito mundial, a Segunda Guerra Mundial, cujo fim foi marcado pela detonação de duas bombas atômicas, nas cidades de Hiroshima e Nagasaki, em agosto de 1945.

Na segunda metade do século XX, o mundo viu-se atordoado pela descoberta dos horrores dos campos de concentração e pelos "Gulags do mundo comunista, onde o ser humano foi tratado como verdadeiro animal por outros não menos animalizados".[13] A possibilidade da autodestruição em massa, tanto por armamentos nucleares como pela escassez dos recursos ambientais necessários à vida, aliada à lógica mercadológica a partir da qual a maior parte do Ocidente se constituiu, representa uma grande crise que se manifesta em várias dimensões da vida.

A aposta racionalista também cobrou seu preço em outras perspectivas. A ênfase dada à razão como único critério para julgar o mundo sensível acabou tornando, em maior ou menor grau, ilegítimas outras formas de acesso à realidade. De fato, "a afirmação da superioridade da razão frente às demais capacidades cognitivas humanas é o fruto mais amadurecido do cartesianismo. O *cogito ergo sum* de Descartes estabeleceu um novo padrão para a relação do homem com seu meio: relação sujeito/objeto".[14] Nessa perspectiva, a própria existência é vista como objeto passível de dissecação em prol da promessa de um progresso sem limites. Em outro sentido, a razão na modernidade expulsou o Sagrado da vida, tendo-o como desnecessário para explicar o mundo. Contudo, o desaparecimento da religião (no Ocidente, especificamente o cristianismo) pode nos expor ao risco do fim apocalíptico descrito por ela mesma; a retirada da religião do cenário moderno – como se fosse "pensamento alheio à natureza humana, alguma coisa qualquer que chega como coação, como amarra, algo que pode ser nocivo à saú-

---

13. LIBÂNIO, J. B., Deus e os homens, p. 30.
14. ROCHA, A., Experiência e discernimento, p. 38.

de"[15] – sobrecarrega o ser humano com uma responsabilidade enorme diante da manutenção da vida no mundo, deixando-o sozinho na luta contra o mal e o sofrimento.[16]

> Ao mesmo tempo, embora sabendo disso, fazemos pouco caso dos textos bíblicos, como o Apocalipse, quando deveríamos ao contrário levá-los a sério, uma vez que no Apocalipse o fim do mundo está ligado precisamente ao cristianismo. Porque o judaísmo e o cristianismo estão conscientes de que, se procuramos fazer pouco caso de todas as proibições, dos limites que as religiões arcaicas impunham, estamos colocando em risco não apenas a nós mesmos, mas a inteira existência do mundo. É dessa consciência que de fato nascem as religiões arcaicas. Pelo contrário, nós hoje nos movemos como se fôssemos os donos do mundo, como se fôssemos os senhores da natureza sem qualquer mediação ou arbitramento, como se tudo o que fazemos não pudesse ter repercussões negativas. (...) É bonito imaginar que tudo seja possível, mas na realidade cada um de nós sabe que existem limites. Se os seres humanos, as nações, continuam a fugir dessas responsabilidades, os riscos se tornam enormes.[17]

Por tudo isso, é possível afirmar que o mundo ocidental do pós-guerra vivencia uma crise de sentido e plausibilidade, uma "mudança de época", como afirma Joel Portella Amado.

> Por essa expressão, entende-se o fato de que as balizas norteadoras de etapas históricas anteriores, algumas até bem recentes, já não são capazes de responder às questões mais importantes do ser humano, quer em nível individual, quer em nível universal. Deixam a descoberto o caráter obsoleto de certos alicerces, mas abrem espaço para novas referências, capazes

---

15. GIRARD, R.; VATTIMO, G., Cristianismo e relativismo, p. 31.

16. A resposta cristã a essa questão e a esse trauma de solidão humana diante do mal é reforçar o caráter do Deus que se revela em Jesus de Nazaré, e que, por isso, participa conosco dos dramas da vida. "A Encarnação", propõe Jean Delumeau, "pressupõe que Deus, tornado homem como você e eu, tenha colocado entre parênteses sua 'onipotência' durante todo o tempo de sua missão terrestre. O que nos conduz a enunciar duas proposições contraditórias do ponto de vista de nossa situação humana: Deus é ao mesmo tempo o Todo-Poderoso que está na origem do 'céu e da terra' e o Não-Poderoso do qual os frágeis relatos evangélicos nos deixaram traços. O Deus para o qual os cristãos oram todos os dias 'gemeu em um berço', segundo a fórmula de Lutero e cresceu em um meio modesto. Adolescente e jovem adulto, ele trabalhou com suas próprias mãos. Tendo se tornado um profeta, ele foi um errante, às vezes sem 'uma única pedra para descansar a cabeça'. Ele jejuou no deserto. Sofreu tentação. Chorou na sepultura de Lázaro. Lavou os pés de seus discípulos. (...) Eis o Deus proclamado pelo cristianismo: um profeta desarmado... desarmado frente ao mal." (DELUMEAU, J., À espera da aurora, p. 109-110).

17. DELUMEAU, J., À espera da aurora, p. 32.

de dialogar com os novos desafios. Trata-se, portanto, de um momento histórico em que é preciso trabalhar pelo surgimento de novas referências. São períodos, ao mesmo tempo, desconcertantes, mas também profundamente férteis.[18]

A palavra-chave que descreve esse novo ambiente é paradigma. Esse termo aplica-se, a princípio, ao universo das ciências e pode ser compreendido como estruturas reconhecidas universalmente "que, durante algum tempo, fornecem problemas e soluções modelares para uma comunidade de praticantes de uma ciência".[19] Segundo Kuhn, a alternância entre paradigmas é o motor que põe em movimento o desenvolvimento das ciências em sua forma amadurecida.[20] Vale ressaltar a inevitável relação entre um paradigma e a cultura na qual ele é desenvolvido o que, por sua vez, caracteriza um paradigma como algo instável, que não pode ser padronizado de forma absoluta.[21]

Hans Küng utiliza essa definição de Kuhn para compreender o momento que a teologia passa. Segundo ele, "a crise da teologia atual não era uma crise de sintomas isolados, e sim uma crise dos fundamentos",[22] isto é, uma crise de paradigmas.

> Um paradigma é antes de tudo uma referência teórica global que se impõe progressivamente aos indivíduos e grupos, propiciando a análise e o conhecimento de uma realidade. Mas paradigma é também um modelo explicativo, num sentido muito abrangente, abarcando valores, percepções, práticas, visão da sociedade, do ser humano e do mundo. É todo esse amplo espectro que possibilita a sociedade organizar-se e enfrentar seus problemas.[23]

Assim, aplicado ao universo da Teologia, o termo paradigma pode ser denominado como "esses grandes modelos hermenêuticos globais de compreensão da teologia e da Igreja, diante das profundas transformações de época (...) E a substituição de um antigo modelo hermenêutico por um novo pode ser chamada de mudança de paradigma".[24] Nesse contexto, a hermenêutica torna-se um termo central. De fato, às mudanças histórico-culturais correspondem hermenêuticas

---

18. AMADO, J. P., Entre Deus e Darwin, p. 84.
19. KUHN, T., A estrutura das revoluções científicas, p. 11.
20. KUHN, T., A estrutura das revoluções científicas, p. 32.
21. KUHN, T., A estrutura das revoluções científicas, p. 69-70.
22. KÜNG, H., Teologia a caminho, p. 150.
23. MOSER, A., Mudança de paradigma e crises na teologia, p. 211.
24. KÜNG, H., Teologia a caminho, p. 152.

específicas que precisam ser reconhecidas em seus desafios e potencialidades a fim de possibilitar a comunicação do sentido da fé no mundo contemporâneo. Em contexto latino-americano, tal percepção requer uma postura de autocrítica constante por parte da teologia que auxilie no desenvolvimento de uma teologia "fonte" que supere a mera "cópia ou imitação do pensamento e da ação pastoral desenvolvidos em outros contextos", e isso só será possível "à medida que a teologia e a atividade pastoral sejam capazes de levar a sério as realidades humanas dos países latino-americanos".[25]

À percepção de que não há um caminho fixo, dogmático, unívoco e já estabelecido no horizonte, une-se a fé no Deus que caminha junto do ser humano na vida, o que transforma esse caminhar em busca de Deus em algo que "vai se fazendo caminho, pois não existe um roteiro traçado de antemão".[26] Essa perspectiva requer coragem e discernimento no processo de se abrir ao mundo e aos seus desafios e crises, enxergando nesse mundo a presença e ação de Deus. Além disso, implica abrir-se ao dinamismo do Espírito de Cristo, que sopra onde quer e sabe, melhor que nós, o que pode ser mantido e o que deve ser extirpado de nossas práticas espirituais, teológicas, litúrgicas e eclesiológicas.

Nesse sentido, a liberdade cristã constitui o pavimento desse caminho em direção a Deus e ao outro, relação inseparável na espiritualidade e fé cristãs. Assim, somos "livres para amar",[27] como afirma Gutiérrez, libertos para "a comunhão e a participação"[28]. Ou ainda, nas palavras de Dietrich Bonhoeffer: "sou livre apenas na relação com o outro".[29] Por outro lado, isso também implica levar a sério o chão histórico, social, cultural, político e econômico em que pisamos:

> No contexto da luta pela libertação, em busca do amor e da justiça entre todos, nasce na América Latina um caminho para o seguimento de Jesus. Espiritualidade germinal que, por isso mesmo, escapa à apreensão definitiva.[30]

Numa realidade contemporânea de sofrimento, de anti-Reino de Deus, de desumanizações promovidas pela injustiça, pela fome, pela pobreza e pela indiferença política, econômica e religiosa, é preciso fazer encarnar a fé de tal maneira

---

25. GARCÍA RUBIO, A., Unidade na pluralidade, p. 76.
26. GUTIÉRREZ, G., Beber em seu próprio poço, p. 115.
27. GUTIÉRREZ, G., Beber em seu próprio poço, p. 116.
28. GUTIÉRREZ, G., Beber em seu próprio poço, p. 116.
29. GUTIÉRREZ, Beber em seu próprio poço, p. 116.
30. GUTIÉRREZ, G., Beber em seu próprio poço, p. 117.

que ela gere sentido e esperança para a vida. Constitui tarefa da teologia enfrentar o mal, denunciar a falta de compaixão, compartilhar "as alegrias e as esperanças, as tristezas e as angústias dos homens de hoje, sobretudo dos pobres e de todos os que sofrem",[31] como defende a constituição pastoral *Gaudium et Spes*, resultante do Concílio Vaticano II.

A consequência prática disso é reconhecer o pecado como ruptura com Deus e com o outro em suas estruturas sociais e concretas.[32] Pecado não se reduz à moralidade. A ruptura é o primeiro passo para a desumanização do ser e para a negação da relação mais profunda e íntima: a relação com Deus. "Rechaçar o outro", como afirma Gutiérrez, "– possibilidade que nos é dada por nossa liberdade – significa, em última instância, rechaçar o próprio Deus".[33] Ora, nesse sentido, nosso tempo é marcado pelo pecado da omissão: o "silêncio covarde, que se dissimula com mil justificativas sutis, diante dos sofrimentos dos pobres é hoje uma falta particularmente grave para o cristão latino-americano".[34]

A dor e o mal estão presentes na vida. A cada ato de violência, a cada estupro, a cada assassinato, a cada ato de intolerância, a cada catástrofe da natureza etc., tornamo-nos mais conscientes de sua presença. Essas questões nos apavoram, pois exigem uma resposta que, em nós, nem sempre se revela coerente ou eficaz. Não há, aqui, espaços para teodiceias. Na verdade, nossas defesas de Deus o ofendem; ofendem também os que chegam até nós com corações sangrando pela dor, pelo medo, pelo pecado, pelo sofrimento, pela injustiça, pela morte. Ao pai que perdeu sua única filha por uma doença incurável, adquirida sem explicações desde o nascimento; à mãe que vê seu filho se autodestruindo nas drogas, sem chance visível de recuperação; à família que vê uma enchente repentina destruir todas as suas posses; aos muitos Aylans que morrem às centenas nos mares fronteiriços da Europa, longe dos olhares das câmeras e da espetacularização midiática; às milhares de crianças brasileiras, subnutridas, que literalmente buscam no lixo o pão de cada dia; aos projetos de Lei que defendem os poderosos e oprimem os mais necessitados; aos que se vendem e aos que os compram, em relações desumanas; a todos esses e a muitos mais, geralmente só é oferecido um protesto interior que acaba se revelando como verdadeira indiferença. Indiferença esta que mal disfarça nosso acelerado processo de desumanização, incapaz de se reconhecer como cuidador de Abel, nosso irmão (Gn 4,9). Estas experiências de sofrimento se tornam

---

31. GS, n. 1.
32. GUTIÉRREZ, G., Beber em seu próprio poço, p. 120-123.
33. GUTIÉRREZ, G., Beber em seu próprio poço, p. 120.
34. GUTIÉRREZ, G., Beber em seu próprio poço, p. 121.

perguntas que, como o grito de Jesus na cruz, engasgam na garganta de quem ousa formulá-las. Nem sempre também somos capazes de expressá-las. "Não sabemos orar como convém", afirma o apóstolo; mas também não sabemos escolher as palavras corretas para traduzir, em oração angustiante ou em confissão titubeante, nossa dor diante do Deus que nos foi apresentado como Amor. Porém, é preciso abraçar a dor a fim de possibilitar a esperança e a cura.[35] A mística cristã fornece um caminho para isso, como veremos no capítulo seguinte.

A conversão, como proposta de ruptura com o pecado humano, deve ser integral, isto é, deve "levar em conta essas duas dimensões: a pessoal e a social".[36] Propor a conversão de pessoas e, igualmente, de suas estruturas socioeconômicas, eis a vocação da Igreja na América Latina.

> Efetivamente, não é possível lutar contra a injustiça prescindindo de uma análise adequada de suas causas e do eventual tratamento. As afirmações dos meros princípios são ingênuas e, com o tempo, enganosas, pois são uma forma de evasão da história, isto é, do lugar onde se dá, no presente, nossa fidelidade ao Senhor.[37]

Urge, portanto, um discernimento teológico que auxilie na análise do período em que vivemos e que faça surgir uma prática pastoral lúcida, integral e humanizadora. Para tanto, é preciso identificar com clareza o paradigma que subjaz à reflexão teológica. Dessa forma, esta reflexão de caráter dialógico e dialético depende diretamente da compreensão do novo cenário que nos cerca.[38] Sendo assim, é possível afirmar que a teologia contemporânea encontra-se numa encruzilhada: ou abre-se às questões do paradigma atual buscando responder a elas por meio da atualização da fé em Jesus e tornando o cristianismo "capaz de se tornar novamente significativo para os homens de hoje ou se, pelo contrário, voltará aos quartéis de inverno, ao refúgio interior, surdo perante os novos fenômenos culturais".[39]

---

35. A mística cristã oferece uma possibilidade de resposta para essa questão, como veremos no capítulo seguinte.

36. GUTIÉRREZ, G., Beber em seu próprio poço, p. 122.

37. GUTIÉRREZ, G., Beber em seu próprio poço, p. 132.

38. O diálogo pressupõe uma abertura ao outro que, embora seja de fato abertura, não significa a perda da própria identidade. Tratando do tema, João Manuel Duque afirma que a revisão da modernidade deve ser assumida como um desafio por parte da teologia. "Em realidade", continua, "trata-se de uma atitude que se encontra em perfeita continuidade com a grande tradição teológica ocidental, cujas posições mais equilibradas e mais férteis sempre se pautaram por uma forte vontade de diálogo crítico, e não propriamente por condenações ou aceitações globais, a priori e sem análise crítica" (DUQUE, J. M., Para o diálogo com a pós-modernidade, p. 23).

39. CASTIÑEIRA, A., apud DUQUE, J. M., Para o diálogo com a pós-modernidade, p. 23.

Neste capítulo, abordaremos conceitualmente o tema da pós-modernidade, na tentativa de identificar os traços que a caracterizam. O percurso será delineado pela perspectiva histórica, filosófica, epistemológica e teológica. Revelar esse chão existencial pós-moderno constitui-se postura fundamental para a teologia pois, a partir daí, poderemos refletir sobre o papel e presença da reflexão teológica na contemporaneidade e propor uma prática pastoral, vinculada à relação entre a fé cristã e a sociedade, mais coerente com a vida e ministério de Jesus de Nazaré.

1.1. Discussões conceituais sobre pós-modernidade

Uma aproximação ainda que superficial ao tema da pós-modernidade revela a amplitude dos conceitos que procuram definir esse momento histórico-cultural. De fato, mesmo o termo pós-modernidade não é utilizado sem críticas ou questionamentos por parte de diversos autores para os quais o prefixo "pós" não é capaz de descrever, de maneira inequívoca, a ideia de superação ou quiçá ampliação da modernidade. "A polêmica que se tem estabelecido gira em torno da questão sobre o fim da modernidade e se a expressão 'pós-modernidade' pode ser adequada para caracterizar o que se percebe como uma nova fase na história, na cultura, na expressão estética".[40] Ou ainda, nas palavras de João Manuel Duque:

> Primeiro de tudo, importa eliminar do conceito de pós-modernidade a pretensão de se constituir numa "época" histórica – a par, eventualmente, das idades antiga, medieval ou moderna. Tal pretensão pareceria ser evidente, por se tratar de um conceito relativo à época dita moderna. Contudo, já dessa relação nasce demasiada confusão. Tratar-se-á, na pós-modernidade, apenas de uma superação ou eliminação da modernidade? Ou estarão em jogo relações bastante mais complexas? Por outro lado, estaríamos ainda demasiado próximos – se não ainda no seu interior – da época que pretendemos já classificar, o que torna precisamente inviável qualquer classificação desse gênero.[41]

---

40. ROCHA, A., Experiência e discernimento, p. 44-45.

41. DUQUE, J. M., Para o diálogo com a pós-modernidade, p. 7. De igual forma, o sociólogo francês Michel Maffesoli afirma não ser possível definir o termo: "Eu não gostaria de apresentar uma definição de pós-modernidade porque penso não ser possível. Nós podemos dizer o que é a modernidade. Ela já passou do ponto de vista temporal, foi bem delimitada, temos referenciais e, portanto, condições de defini-la. (...) Temos de tomar muito cuidado para não transformar a pós-modernidade em uma chave para todos os problemas, preenchendo todos os buracos" (MAFFESOLI, M., Um guia para entender a pós-modernidade, p. 132-133).

Mesmo a ausência de debates sobre a nomenclatura não quer indicar um consenso sobre o tema, mas, antes, apenas uma possível "trégua".[42] Talvez seja possível concordar com Luiz Roberto Benedetti:

> Não há nada mais ambíguo do que o termo Pós-Modernidade. (...) Essa ambiguidade constitui, entretanto a sua marca. Ela é o pós-moderno da Modernidade: indefinível, fluído e inconsistente. Ninguém ousa definir a Pós-Modernidade. A tentativa de definição é, por si só, uma atitude que contraria seus cânones (se é que existem).[43]

Da diversidade de nomenclaturas à multiplicidade de argumentações dos muitos autores que se debruçam sobre o tema, conceituar pós-modernidade revela-se tarefa bem complexa. Por si só, isso demonstra um dado do pensamento contemporâneo: estudar a pós-modernidade exige não apenas adotar a relatividade como forma de ver o mundo, mas também a adoção de uma perspectiva específica, o que, por sua vez, revela uma intencionalidade que não pode ser rejeitada ou negligenciada. A esse respeito, afirma Alessandro Rocha:

> Partindo da afirmação do princípio da pluralidade encontramos a primeira exigência do exercício de discutir o pós-moderno numa perspectiva conceitual: a explicitação do lugar assumido, que ao mesmo tempo demarca e evidencia nossas escolhas e metodologias. Num ambiente onde a diversidade é a atmosfera comum, o posicionamento da investigação não deve ser apenas a relativização do discurso, mas, também, a assunção da perspectiva como forma de assumir consequentemente um discurso que tem lugar próprio e, portanto, um ponto de vista com suas representatividades e limitações.[44]

De fato, a assunção tanto da relatividade como da perspectiva relacionam-se mutuamente na percepção do mundo contemporâneo. A descrição da pós-modernidade exige ainda a aceitação de certa ambivalência. A pós-modernidade "antes que filosofia ou sistema racional, é uma experiência e um estado

---

42. A respeito: ADELMAN, M. A., Visões da pós-modernidade, p. 186.

43. BENEDETTI, L. R., Pós-modernidade, p. 53. O mesmo autor apresenta um retrospecto histórico de desenvolvimento do termo. Segundo ele, o termo nasceu no campo da estética, no mundo hispânico, por meio do seu uso por um poeta nicaraguense chamado Rubén Darío. Posteriormente, o termo reapareceu na Europa pelos escritos de Arnold Toynbee, contudo com curta duração. Em 1952, o termo pós-moderno foi usado por Wright Mills para descrever uma sociedade "cega, conformista, vazia", na qual "tinham morrido as ideias tanto do liberalismo quanto do socialismo", antecipando em pelo menos uma década as críticas à sociedade de consumo da segunda metade do século XX. O termo ganhou força na arquitetura, especialmente por meio de Robert Venturi, e, posteriormente, recebeu "cidadania intelectual" através do filósofo francês François Lyotard. A respeito: BENEDETTI, L. R., Pós-modernidade, p. 54-57.

44. ROCHA, A., Experiência e discernimento, p. 39, 42-43.

de ânimo".⁴⁵ Por essa razão, ela pode representar elemento positivo ou desafiador. Do ponto de vista epistemológico, ela parece representar, como veremos adiante, um momento de ruptura com as condições socioculturais da modernidade, que traz novas possibilidades, sobretudo hermenêuticas, de leitura do mundo e das ciências (inclusive, obviamente, a teologia). Em tal perspectiva, ela é avaliada positivamente e indica uma importante abertura epistemológica para a reflexão teológica, especialmente na perspectiva da transdisciplinaridade e da valoração da existência como lugar dessa reflexão. Nesse sentido, a pós-modernidade denuncia os sinais de esgotamento da racionalização dualista e hierárquica proposta pela modernidade.

> O que a pós-modernidade traz a lume é que a modernidade, que se sustenta sobre as bases da razão autônoma – racionalização – e da ideia do progresso, está agonizando. Sua epistemologia construída sobre o hierarquizado princípio do sujeito-objeto encontra-se num esgotamento que vai paulatinamente abrindo espaço para outras epistemologias, mais complexas e inter-subjetivas.⁴⁶

Porém, a pós-modernidade também apresenta seus desafios sobretudo expressos nas relações humanas no cotidiano. Uma maneira possível para compreendê-la, aliás, é justamente "na busca de uma concepção propriamente pós-moderna de sociedade, ou seja, ver os fundamentos da vida social não mais na perspectiva da sociologia clássica (Durkheim, Weber e Marx), mas no cotidiano vivido e expressivo".⁴⁷ Nessa análise, salta aos olhos a ambiguidade característica do nosso tempo. Apenas para citar um exemplo, as diversas invenções tecnológicas e científicas, que são fruto da tecnologia racionalista e que contribuem para a melhoria de vida de muitas pessoas, convivem lado a lado com a destruição constante do meio-ambiente e com a ênfase mercadológica que caracteriza as relações interpessoais.

Lida em tal chave hermenêutica, a pós-modernidade anuncia um tempo de muitos desafios que se presentificam em diversas áreas. Trata-se de um tempo em que não há solidez: tudo sofre um processo ininterrupto de transformações. No dizer de Maffesoli, "a pós-modernidade engloba um mundo fragmentado e uma multiplicidade de valores que se colocam uns ao lado dos outros. (...) Essa fragmentação explica ao mesmo tempo a desordem e a perplexidade dos intelec-

---

45. BENEDETTI, L. R., Pós-modernidade, p. 54.
46. ROCHA, A., Experiência e discernimento, p. 71.
47. ROCHA, A., Experiência e discernimento, p. 71.

tuais diante da situação, não somente para pensar, mas para agir sobre ela".[48] Nesse sentido, qualquer verdade é uma verdade provisória; as formas sólidas e "seguras" dão lugar às formas amorfas cujas principais características são a fluidez e a flexibilidade. Para Zygmunt Bauman, esta fluidez ou liquidez são "como metáforas adequadas quando queremos captar a natureza da presente fase, *nova* de muitas maneiras, na história da modernidade"[49]. As instituições, anteriormente fixas e imutáveis, sofrem um acelerado processo de desconstrução para, então, reagruparem-se em novos formatos que, contudo, mantêm sua dinâmica líquida.

> Chegou a vez da liquefação dos padrões de dependência e interação. Eles são agora maleáveis a um ponto que as gerações passadas não experimentaram e nem poderiam imaginar; mas, como todos os fluidos, eles não mantêm a forma por muito tempo. Dar-lhes forma é mais fácil que mantê-los nela. Os sólidos são moldados para sempre. Manter os fluidos em uma forma requer muita atenção, vigilância constante e esforço perpétuo – e mesmo assim o sucesso do esforço é tudo menos inevitável.[50]

Aplicada ao âmbito das inter-relações, seja com o próximo ou com Deus, esse estado de coisas gera uma valorização do "eu" em detrimento do "nós". Relacionamentos tornam-se superficiais, pois não existe lugar para compromisso com o outro numa sociedade individualista. Mais uma vez o sociólogo polonês Zygmunt Bauman auxilia em ilustrar essa questão citando um livro de autoajuda, escrito por Melody Beattie, que vendeu mais de cinco milhões de cópias desde sua publicação em 1987, no qual ela fornece o seguinte conselho: "A maneira mais garantida de enlouquecer é envolver-se com os assuntos de outras pessoas, e a maneira mais rápida de tornar-se são e feliz é cuidar dos próprios".[51]

> Uma vida assim fragmentada estimula orientações "laterais", mais do que "verticais". (...) A virtude que proclama servir melhor os interesses dos indivíduos não é a conformidade às regras (as quais, em todo caso, são poucas e contraditórias), mas a flexibilidade: a prontidão em mudar repentinamente de tática e de estilo, abandonar compromissos e lealdades sem arrependimento – e buscar oportunidades mais de acordo com sua disponibilidade atual do que com as próprias preferências.[52]

---

48. MAFFESOLI, M., Um guia para entender a pós-modernidade, p. 133-134.

49. BAUMANN, Z., Modernidade líquida, p. 9.

50. BAUMANN, Z., Modernidade líquida, p. 14-15.

51. BAUMANN, Z., Modernidade líquida, p. 77.

52. BAUMANN, Z., Tempos líquidos, p. 9-10.

As últimas décadas também viram o crescimento do consumismo num ritmo desenfreado. Compra-se, contudo, não para preencher o vazio de um desejo claramente estabelecido, mas sim pelo próprio ato de comprar. O desejo em nossa sociedade moderna não pode ser satisfeito. A imagem do desejo, veiculada pelos meios de comunicação em massa, torna-se muito mais valorizada que a própria vida, real e com seus problemas concretos. Na relação mercado-consumidor, desponta a necessidade moderna de se exorcizar os seus terrores: o medo, a insegurança, o erro. Compra-se para se sentir seguro e, curiosamente, para se sentir único (embora todos queiram consumir as mesmas coisas). A suposta segurança do consumismo é uma resposta atual ao medo paralisador diante do mal, do sofrimento e da morte. Como afirma Maria Clara Bingemer:

> Enquanto isso, o ser humano, cada vez mais sedento de fruir e aproveitar uma vida que ele sente ameaçada e não sabe quanto durará, necessita de "experiências-cume". E essas experiências, não sendo mais oferecidas e providas pela religião institucional – através das práticas de ascese, de retiro do mundo e suas atrações –, migraram para o terreno das seduções mundanas, para o desejo de bens terrestres; e se desenvolve como força motriz de uma intensa atividade consumista.[53]

A supervalorização do novo e o desprezo pelo "ultrapassado" criam condições para a formação de um mundo-mercado, no qual os próprios seres humanos foram transformados em mercadorias passíveis de serem rejeitadas; tornaram-se descartáveis segundo a ótica mercadológica que preza pela satisfação instantânea e não pelos longos investimentos.[54] Investir num relacionamento duradouro é coisa cada vez mais rara em tempos pós-modernos. Aliás, os idosos são os primeiros a sentir essa lógica mercantilista que busca o lucro a qualquer custo; tornaram-se, segundo essa perspectiva diabólica,[55] "objetos" descartáveis, abandonados em

---

53. BINGEMER, M. C., O mistério e o mundo, p. 99

54. A lógica de mercado valoriza seres humanos somente enquanto estes são parte do mercado e cooperam para sua manutenção. Ao serem "desligados" da competitividade comercial, tornam-se subumanos, sendo abandonados à margem da sociedade. "Quando a acumulação da riqueza passa a ser o objetivo maior de um grupo social, a lógica econômica passa a ser o centro da vida e o principal critério de discernimento para as questões morais. (...) O que não podemos esquecer é que 'consumidor' não é sinônimo de cidadão ou de ser humano. Consumidor é o ser humano que tem dinheiro para entrar no mercado. Aqueles que não têm não são consumidores e estão fora do mercado. As mercadorias não são destinadas à satisfação das necessidades e desejos da população, mas sim dos consumidores." (SUNG, J. M.; SILVA, J. C., Conversando sobre ética e sociedade, p. 56.59).

55. O uso do termo é extraído da argumentação de Leonardo Boff. Segundo ele, diabólico significa literalmente "lançar coisas para longe, de forma desagregada e sem direção; jogar fora de qualquer jeito.

asilos cujo suposto conforto disfarça a solidão de quem percebe sua aparente inutilidade para o mundo.

Tudo isso atinge em cheio a consciência do ser humano que se forma à luz deste estado de coisas. Os relacionamentos se desintegram ou tornam-se fragilizados e superficiais; os referenciais de identidade necessários para a formação de uma pessoa são descartados, pois não há espaço para a alteridade; a afetividade, seja no nível familiar, seja no social ou profissional, tende a desaparecer, sendo substituída por um mundo competitivo, egoísta, solitário, e privado, no qual a solidão esmaga e desumaniza o ser. Neste "admirável mundo novo", a confiança nos relacionamentos afetivos é trocada pela desconfiança mútua de quem se une já tendo em vista a possibilidade (a escolha) de se separar; os absolutos são rejeitados ou até mesmo demonizados sob a ótica do relativismo. "Não encontramos mais certezas ou verdades absolutas. Estamos em meio a uma pluralidade onde nada é categoricamente afirmado e o chão foge sob nossos pés".[56]

Ainda assim, também é nesse horizonte cultural, delineado na pós-modernidade, que utopias são reconfiguradas apontando novos caminhos para a vida humana. Com o fim das metanarrativas, as utopias fragmentaram-se e assumiram um caráter privatizado. Contudo, sempre haverá utopias na vida humana.

> Não se pode dizer que as utopias morreram ou que realmente conheceram um inabalável "fim". Se a utopia é o motor da história, ela sempre habitará o coração e a mente humanas. Agora, porém, veste outra roupagem e se apresenta com rostos diferentes. É o que acontece hoje, e com essa mudança vem o desafio de perceber que novas utopias se apresentam após a queda das antigas.[57]

Essas utopias, portanto, "são o motor da história porque fazem aparecer a possibilidade de uma alternativa para a maneira em que hoje ela se configura".[58] São, num certo sentido, o clamor da esperança e da superação de paradigmas que já não fazem sentido ao ser humano. Sobre a crítica e superação desse paradigma gerado na modernidade, escreve Carlos Mendoza-Álvarez:

> No cenário da crise da modernidade tardia, uma das soluções propostas é a de contramodernidade, baseada numa leitura alternativa à racionalida-

---

Dia-bólico, como se vê, é o oposto do sim-bólico. É tudo o que desconcerta, desune, separa e opõe." Essas duas dimensões estão presentes na vida humana, seja em suas relações com o cosmo, seja nos encontros com o outro. BOFF, L., O despertar da águia, p. 12-13.

56. BINGEMER, M. C., O mistério e o mundo, p. 41.

57. BINGEMER, M. C., O mistério e o mundo, p. 35.

58. BINGEMER, M. C., O mistério e o mundo, p. 31.

de ocidental anterior ao Iluminismo. (...) O movimento contramoderno se consolida no Ocidente na segunda metade do século XX para denunciar que a civilização inaugurada com os triunfos de razão científico-técnica tem pés de barro, já que foi construída sobre bases errôneas, em particular no referente à definição da verdade e à rejeição explícita de Deus como princípio e finalidade da humanidade e da criação.[59]

Isso traz graves consequências para a vida humana. O mundo pós-moderno "assimilou e se apropriou da chamada queda das utopias de uma forma que objetivamente favoreceu a expansão e a predominância do modelo neoliberal".[60] A desigualdade socioeconômica entre os países mais ricos e as nações mais pobres do mundo cresce a cada dia. Na perspectiva religiosa, o mundo tornou-se desencantado. A natureza perdeu sua "aura sagrada", tornando-se mero objeto que pode ser dominado e explorado sem respeito, pudor ou cuidado pela criação. Como diz Rubem Alves:

> Nem os céus proclamam a glória de Deus, como acreditava Kepler, nem a terra anuncia seu amor. Céus e terra não são o poema de um Ser Supremo invisível. É por isso que não existe nenhum interdito, nenhuma proibição, nenhum tabu a cercá-los. A natureza é nada mais que uma fonte de matérias-primas, entidade bruta, destituída de valor. O respeito pelo rio e pela fonte, que poderia impedir que eles viessem a ser poluídos, o respeito pela floresta, que poderia impedir que ela viesse a ser cortada, o respeito pelo ar e pelo mar, que exigiria que fossem preservados, não têm lugar no universo simbólico instaurado pela burguesia. Seu utilitarismo só conhece o lucro como padrão para a avaliação das coisas. Até mesmo as pessoas perdem seu valor religioso.[61]

O mundo ocidental do pós-guerra, portanto, vivencia uma crise de sentido e plausibilidade. Dessa forma, torna-se necessário repensar a espiritualidade cristã e sua compreensão sobre a revelação de Deus como autocomunicação divina ao mundo criado. O espaço para a vivência da fé é este no qual nos encontramos, e não outro, idealizado. Portanto, exige-se uma teologia capaz de refletir a partir deste chão que caminhamos.

Portanto, parece certo que a teologia teria um papel principal por desempenhar nesta hora da modernidade tardia, sem ter de reintroduzir necessaria-

---

59. MENDOZA-ÁLVAREZ, C., O Deus escondido da pós-modernidade, p. 87.
60. BINGEMER, M. C., O mistério e o mundo, p. 35.
61. ALVES, R., O que é religião?, p. 47-48.

mente uma vontade imperativa nem uma inteligência ingênua da história. Mas um pensamento crítico, enraizado em seu húmus de gratuidade para além do mimetismo e da rivalidade – para anunciar aí o cumprimento da promessa, não sem ambiguidade, mas motivado por uma preocupação com a verdade autêntica –, implica propor um relato de interpretação e de ação que daria testemunho de uma possibilidade de existência para além dos ressentimentos e da violência.[62]

Mas que características podem ser apontadas na pós-modernidade que auxiliam nessa postura reflexiva? Uma possível resposta se encontra no caráter ambíguo da própria pós-modernidade, pois suas características podem ser compreendidas como espaço fecundo e produtivo para novas maneiras de se vivenciar a fé cristã. Vejamos algumas delas.

1.2. Da "morte de Deus" à libertação da metáfora na linguagem teológica

"Deus está morto". A frase de Nietzsche representa um marco para a reflexão sobre a religião no Ocidente, especificamente o cristianismo. Rejeitada por muitos cristãos – muito mais por desconhecimento ou ignorância intencional do que por análise reflexiva a respeito do conteúdo expresso nela – a afirmação de Nietzsche detecta uma clara alteração no universo simbólico e religioso do final do século XIX se prolongando até o início do século XX. Para compreendê-la melhor, é interessante apresentarmos seu contexto. Em *A Gaia Ciência*, Nietzsche afirma:

> – Não ouviram falar daquele homem louco que em plena manhã acendeu uma lanterna e correu ao mercado, e pôs-se a gritar incessantemente: "Procuro Deus! Procuro Deus!"? – E como lá se encontrassem muitos daqueles que não criam em Deus, ele despertou com isso uma grande gargalhada. Então ele está perdido? Perguntou um deles. Ele se perdeu como uma criança? Disse um outro. Está se escondendo? Ele tem medo de nós? Embarcou num navio? Emigrou? – gritavam e riam uns para os outros. O homem louco se lançou para o meio deles e trespassou-os com seu olhar. "Para onde foi Deus?", gritou ele, "já lhes direi! Nós os matamos – vocês e eu. Somos todos seus assassinos!"

---

62. MENDOZA-ÁLVAREZ, C., O Deus escondido da pós-modernidade, p. 87.

"Mas como fizemos isso? Como conseguimos beber inteiramente o mar? Quem nos deu a esponja para apagar o horizonte? Que fizemos nós ao desatar a terra do seu sol? Para onde se move ela agora? Para onde nos movemos nós? Para longe de todos os sóis? Não caímos continuamente? Para trás, para os lados, para frente, em todas as direções? Existem ainda 'em cima' e 'embaixo'? Não vagamos como que através de um nada infinito? Não sentimos na pele o sopro do vácuo? Não se tornou ele mais frio? Não anoitece eternamente? Não temos que acender lanternas de manhã? Não ouvimos o barulho dos coveiros a enterrar Deus? Não sentimos o cheiro da putrefação divina? – também os deuses apodrecem! Deus está morto! Deus continua morto! E nós o matamos!" (...) Nesse momento silenciou o homem louco, e novamente olhou para seus ouvintes: também eles ficaram em silêncio, olhando espantados para ele".

"Eu venho cedo demais", disse então, "não é ainda meu tempo. Esse acontecimento enorme está a caminho, ainda: não chegou ainda aos ouvidos dos homens. O corisco e o trovão precisam de tempo, a luz das estrelas precisa de tempo, os atos, mesmo depois de feitos, precisam de tempo para serem vistos e ouvidos. Esse ato ainda lhes é mais distante que a mais longínqua constelação – e no entanto eles cometeram! – Conta-se também no mesmo dia o homem louco irrompeu em várias igrejas, e em cada uma entoou o seu Réquiem *aeternaum deo*. Levado para fora e interrogado, limitava-se a responder: "O que são ainda essas igrejas, se não os mausoléus e túmulos de Deus?"[63]

Na leitura de Nietzsche, portanto, a morte de Deus se identifica com o "fim de uma metafísica determinada",[64] isto é, aquela que dominou os espaços da reflexão filosófica e teológica durante toda a Cristandade. Em outras palavras, Nietzsche não propõe uma metafísica ateísta (como se seu discurso objetivasse comprovar a inexistência de Deus) pois isto corresponderia, em última instância, a substituir o Deus da metafísica cristã por outra metafísica igualmente "divina".

O anúncio de Nietzsche, segundo o qual "Deus morreu", não é tanto, ou principalmente, uma afirmação de ateísmo, como se ele estivesse dizendo: Deus não existe. Uma tese do gênero, a não existência de Deus, não poderia ter sido professada por Nietzsche, pois do contrário a pretensa verdade

---

63. NIETZSCHE, F., A gaia ciência, aforismo 125.
64. DUQUE, J. M., Para o diálogo com a pós-modernidade, p. 59.

absoluta que esta encerraria ainda valeria para ele como um princípio metafísico, como uma "estrutura" verdadeira do real que teria a mesma função do Deus da metafísica tradicional.⁶⁵

Afirmar, portanto, a não existência de Deus como um absoluto pressupõe a mesma metafísica que, para Nietzsche, já se tornou desnecessária. Assim, o seu anúncio é tão somente a afirmação de que não existe um fundamento definitivo.

O significado do anúncio nietzschiano da morte de Deus é algo que todos conhecem bem. A crença em Deus foi um fator poderoso de racionalização e disciplina que permitiu ao homem sair da selva primitiva do *bellum omnium contra omnes*, além de ter favorecido a constituição de uma visão "científica" do mundo, que abriu caminho à técnica, com seus efeitos de assegurar e facilitar a existência.⁶⁶

Essa visão tecnicista do mundo, juntamente com sua epistemologia, é afirmada como superada pela morte de Deus anunciada por Nietzsche.

Esta é a razão pela qual, segundo Nietzsche, foram os fiéis que mataram Deus. Todavia, muito mais do que neste sentido literal, tal afirmação deve ser interpretada com base no fato de que foi a atenuação generalizada do peso que se impunha sobre a condição humana – determinada pela racionalização da existência que, em origem, havia sido relacionada à crença em Deus – a tornar inútil e obsoleta a "hipótese extrema" de um Ser Supremo, fundamento e finalidade última do futuro do mundo.⁶⁷

De fato, a pós-modernidade reúne em si mesma, de forma muito paradoxal, a destruição da metafísica como "unidade fundamentadora transcendente"⁶⁸ e o retorno do Sagrado sob novas formas. Em outras palavras, "vive entre o constante regresso dos deuses e a morte de Deus".⁶⁹ Tal realidade traz inúmeras implicações à reflexão filosófica e teológica contemporâneas. Quais são elas?

Antes de tudo, importa ressaltar que o anúncio de Nietzsche da morte de Deus – compreendendo-se com essa afirmativa não o "sepultamento de um ser eterno",⁷⁰ mas sim a "morte de uma estrutura epistemológica linguístico-religio-

---

65. VATTIMO, G., Depois da Cristandade, p. 9.
66. VATTIMO, G., Depois da Cristandade, p. 9.
67. VATTIMO, G., Depois da Cristandade, p. 9.
68. DUQUE, J. M., Para o diálogo com a pós-modernidade, p. 28.
69. DUQUE, J. M., Para o diálogo com a pós-modernidade, p. 28.
70. ROCHA, A., Uma introdução à Filosofia da Religião, p. 150.

sa sobre a qual foram erigidos os cânones da teologia cristã, sobretudo a dogmática"[71] – é o anúncio da possibilidade de se rever uma determinada forma de se fazer teologia que, historicamente, separou as diversas dimensões do humano, divorciando experiência e sua sistematização.

> A constatação da morte de Deus é, portanto, uma grande bênção para a teologia e a espiritualidade, à medida que liberta seu discurso das amarras da metafísica platônica, que, cristalizada, gestou tão somente uma discursividade excludente.[72]

Assim, essa constatação da morte de Deus é propulsor da reflexão teológica e da vivência da espiritualidade, à medida que descortina os riscos de se enfatizar tão somente a metafísica neoplatônica nos discursos teológicos. Se absolutizado, este tipo de discurso gesta uma discursividade excludente e dualista, características que, em certo sentido, foram propostas pelo racionalismo da modernidade. É preciso reconhecer que, em muitos períodos de sua história, a teologia cristã praticou esse tipo de prática, cerceando e perseguindo discursos distintos da ortodoxia, não apenas no que diz respeito ao conteúdo, mas também à forma com a qual tais discursos foram apresentados. Contudo, a racionalidade positivista aplicada ao discurso teológico enfraqueceu, na prática, este discurso como fonte de vida, direcionamento e consolo para a vida concreta de homens e mulheres históricos. Apoiada na absolutização da metafísica, o discurso teológico serviu como instrumento de aprisionamento e arma simbólica e, por vezes, literal, invocados sempre que se colocava em disputa algum dogma da Igreja. Com isso, o discurso era inteiramente controlado[73].

Segundo Foucault, a imposição de regras serve para elitizar o discurso, impedindo o acesso daqueles que não satisfizerem certas exigências pré-estabelecidas. Em suas palavras, "há as 'sociedades de discurso', cuja função é conservar ou produzir discursos, mas para fazê-los circular em um espaço fechado, distribuí-los somente segundo regras estritas, sem que seus detentores sejam despossuídos por essa distribuição".[74] A base para tal controle era a metafísica apoiada numa imagem de Deus bem diferente da apresentada no texto bíblico. Com a "morte de

---

71. ROCHA, A., Uma introdução à Filosofia da Religião, p. 148-149.

72. ROCHA, A., Uma introdução à Filosofia da Religião, p. 150. A este respeito, também: ROCHA, A., Teologia sistemática no horizonte pós-moderno, p. 127ss.

73. O problema, obviamente, não é a metafísica em si, uma vez que a teologia parte desse pressuposto para sua reflexão. O que se critica aqui é um discurso tornado absoluto em nome da defesa de uma perspectiva metafísica. O discurso teológico e dogmático importa, tanto por sua sistematização como por sua eficácia em refletir a fé cristã a partir de novos contextos históricos e culturais.

74. FOUCAULT, M., A ordem do discurso, p. 36-37.

Deus" e o consequente fim da metafísica, por outro lado, os múltiplos discursos se veem livres para serem ditos, mesmo que isso signifique esforços multiplicados para discerni-los à luz da fé cristã.

> Com o fim da metafísica, o escopo das atividades intelectuais não é mais propriamente o conhecimento da verdade, mas antes aquela "conversação" na qual cada argumento tem o fundado direito de buscar um acordo sem recorrer a nenhuma autoridade. O espaço que a metafísica deixou vazio não deve mais ser preenchido por novas filosofias que tenham a pretensão de exibir um fundamento estranho à "conversação".[75]

Reafirmemos ainda outra vez: caso a teologia se renda ao discurso dogmático enquanto expressão de poder teológico-eclesiástico, perderá sua vocação *kenótica* e seu vínculo com o Amor. Vale lembrar o que afirma Dietrich Bonhoeffer, referindo-se ao Verbo encarnado:

> *Ecce homo* – vede que ser humano! Nele aconteceu a reconciliação do mundo com Deus. O mundo é vencido não pela demolição, mas pela reconciliação. Somente o amor perfeito de Deus, não ideais, programas, consciência, dever, responsabilidade, virtude, pode enfrentar a realidade e vencê-la. Mais uma vez, não é uma ideia genérica de amor, e sim o amor de Deus realmente vivido em Jesus Cristo que realiza isto. Este amor de Deus ao mundo não se retrai da realidade para dentro de almas nobres e apartadas do mundo, mas vivencia e sofre a realidade do mundo da forma mais impiedosa. O mundo extravasa seu ódio no corpo de Jesus Cristo. O martirizado, porém, perdoa ao mundo seu pecado. Assim se cumpre a reconciliação. *Ecce homo*.[76]

---

75. VATTIMO, G.; RORTY, R., O futuro da religião, p. 33.

76. BONHOEFFER, D., Ética, p. 44. Este amor de Deus é pleno em si mesmo e incondicional, mas só é assim porque Deus conhece nossa estrutura e sabe que somos pó (Sl 103,14). Como afirma Queiruga: "... não se trata de uma visão adocicada de Deus. Ele ama e se compadece, exatamente porque compreende: porque é 'Deus e não homem' (Os 11,9) e sabe de que barro fomos feitos... tanto as vítimas como os verdugos. Por isso convém ter cuidado com certas acusações de excessiva brandura, pensando que isso 'desmobiliza' e que é preciso ameaçar com a 'justiça' de Deus, quando não com a sua ira ou, pior, com a sua vingança. No fundo, isso seria um terrível antropomorfismo, que mede o amor divino com a estreita medida dos nossos medos e ressentimentos, ignorando que não existe força mais invencível que a do amor, nem compaixão mais ativa. Deus não precisa odiar para rejeitar o mal com a santidade infinita do seu ser; nem sequer deixa de amar o verdugo, mas com toda a força da graça continua trabalhando-lhe o coração para o converter. E a respeito de nós tampouco existe chamado mais exigente que o do amor quando de verdade se trata de o compreender, acolher e viver, evitando degradá-lo ou manipulá-lo, transformando-o em ódio ou em conformismo" (QUEIRUGA, A. T., Repensar o mal, p. 236). Nesse sentido, a teologia e a Igreja se perdem do Evangelho quando usam argumentos ou artifícios estranhos ao Amor de Deus, como se o amor fosse insuficiente, como se precisasse ser "corrigido" pela justiça, pela ira ou pela vingança. Vale lembrar que tal desconfiança do amor revela um profundo medo, e onde há medo, o perfeito amor ainda não chegou (1Jo 4,18).

"Deus deixa que ele seja expulso do mundo e seja pregado numa cruz", continua Dietrich Bonhoeffer, "Deus é impotente e fraco no mundo e somente assim está conosco e nos ajuda. Mt 8,17 indica claramente que Cristo não nos ajuda por sua onipotência, mas por sua fraqueza e seus sofrimentos".[77] É na fraqueza da *kênosis* divina que a fé cristã encontra sua maior força e é por meio dela que a teologia reencontra seu lugar no mundo: ao lado dos crucificados pelas mãos de impérios desumanos e opressores que, ainda hoje, subsistem entre nós.

De fato, o problema da comunicação bloqueada pelas estruturas de poder não pode ser resolvido senão pelo chamado a um princípio transcendente de comunicação realizada. Esse princípio é afirmado justamente pelo cristianismo segundo a lógica da *kênosis* do *Logos* divino: para que a comunicação com o outro se realize respeitando sua diferença, é necessário um *ato de ultrapassamento de si*, cujo protótipo se realizou historicamente pela encarnação do Verbo de Deus.[78]

Por tudo isso, podemos concordar com Vattimo: "Assim que tentarmos dar conta de nossa condição existencial, que nunca é genérica, metafísica, mas sempre histórica e concreta, descobrimos que não nos podemos colocar fora dessa tradição aberta pelo anúncio do Cristo".[79] Dizer presença histórica e concreta requer que se desloque o lugar da teologia para o ordinário da vida, e não mais se pretenda fazer uma suposta teologia universalista, vinda de cima para baixo, incapaz de levar a sério as particularidades humanas.

> Com base nesta superação do pensamento fundante (que procura um fundamento último para a realidade), Vattimo propõe um discurso filosófico ou um pensamento "débil", que assume a abdicação da procura do fundamento último como algo de positivo e a única forma possível de viver a realidade atual, de forma libertadora.[80]

Tal postura devolve a voz aos comumente desprezados pela história. Ou, no dizer do próprio Vattimo:

---

77. MENDOZA-ÁLVAREZ, C., O Deus escondido da pós-modernidade, p. 200.
78. MENDOZA-ÁLVAREZ, C., O Deus escondido da pós-modernidade, p. 205.
79. VATTIMO, G.; RORTY, R., O futuro da religião, p. 75.
80. DUQUE, J. M., Para o diálogo com a pós-modernidade, p. 64.

Derrubada a ideia de uma realidade central da história, o mundo da comunicação generalizada explode como uma multiplicidade de racionalidades "locais" – minorias étnicas, sexuais, religiosas, culturais ou estéticas – que tomam a palavra, finalmente já não silenciadas e reprimidas pela ideia de que só exista uma única forma de verdadeira humanidade a realizar, com prejuízo de todas as peculiaridades, de todas as caracterizações limitadas, efémeras, contingentes.[81]

Isso não implica abandonar critérios de julgamento. Implica, antes, dar vez e voz à diversidade humana tendo como ponto de partida a afirmação da própria fé cristã a respeito da multiforme sabedoria de Deus (Ef 3,10). Que riquezas a teologia cristã fará surgir caso adote tal postura? Essa pergunta junta-se a outra de igual importância: se os diversos locais humanos e culturais são espaços para vivência e reflexão teológica, a partir do reconhecimento dessa diversidade quase ilimitada, não seria possível encontrar teologia em outras formas de se expressar, como as Artes?

1.3. Da secularização ao retorno do religioso

Os prognósticos da modernidade de um mundo não religioso não se cumpriram. Embora as críticas à religião propostas pelos "Mestres da Suspeita" – Karl Marx, Friedrich Nietzsche e Sigmund Freud – tenham certo sentido em seus contextos históricos e culturais, o fato é que suas predições quanto ao futuro da religião não se concretizaram. Pois, contrariando as expectativas da modernidade que anunciavam o fim da religião, "o século XXI está aqui e é *religioso*".[82] Essa "civilização inaugurada com os triunfos de razão científico-técnica tem pés de barro",[83] como afirmou Carlos Mendoza-Álvares.

O sociólogo norte-americano Peter Berger desenvolveu um tema importante para a sociologia da religião que é o da secularização. Berger entende secularização não como um tempo sem Deus ou sem religião, mas como um momento em que "se suprime o domínio das instituições e os símbolos religiosos de alguns setores da sociedade e da cultura".[84] Para Berger, essa secularização seria uma das principais marcas da pós-modernidade. Como resultado direto disso, há hoje uma crise de credibilidade das religiões, não apenas no cristianismo. Cada vez mais, as

---

81. VATTIMO, G., A sociedade transparente, p. 15.
82. MENDOZA-ÁLVAREZ, C., O Deus escondido da pós-modernidade, p. 31.
83. MENDOZA-ÁLVAREZ, C., O Deus escondido da pós-modernidade, p. 87.
84. BERGER, P.; LUCKMANN, T., A construção social da realidade, p. 71.

instituições religiosas perdem espaço diante de novas propostas de espiritualidade mais intimistas, mais subjetivas, mais individualistas, num processo crescente de privatização. "Secularização da consciência"[85] é o termo usado por Berger.

> Se há uma coisa em que os comentaristas da situação contemporânea da religião concordam é a evasão do sobrenatural do mundo moderno. (...) A evasão do sobrenatural foi recebida com as mais variadas disposições de espírito – com ira profética, em profunda dor, com alegre triunfo, ou simplesmente como um fato incapaz de provocar qualquer emoção. Mas o porta-voz da religião tradicional que troveja contra uma era sem Deus, o intelectual "progressista" que saúda sua vinda e o analista frio, que simplesmente o registra, tem em comum uma coisa: o reconhecimento de que esta é realmente a nossa situação – uma era em que o divino, pelo menos em suas formas clássicas, se retraiu para o fundo da preocupação e consciência humanas.[86]

No entanto, o próprio Berger, num artigo posterior, critica sua percepção de um mundo secularizado, sem religião. Diz Berger: "Argumento ser falsa a suposição de que vivemos em um mundo secularizado. O mundo de hoje, com algumas exceções (...) é tão ferozmente religioso quanto antes".[87] De fato, a presença do Sagrado – para usar um termo cunhado por Rudolf Otto[88] – se manifesta em múltiplos espaços humanos. Movimentos de resgate de antigas tradições culturais ameríndias e afro-brasileiras disputam espaço com tradições religiosas de caráter mais tradicional ou historicamente presentes na sociedade em que vivemos. Experiências religiosas de âmbito oriental adentram o universo secular e mesmo acadêmico. No campo da fé cristã, é crescente o sincretismo religioso pelo qual elementos oriundos do universo mágico de tempos antigos são inseridos na prática de fé de muitas comunidades, especialmente neopentecostais.[89]

De fato, os sinais de transcendência são percebidos entre e nos seres humanos; não são alienígenas, estranhos a toda experiência humana, mas refletem-se nela. Não foram extirpados pela ideologia da modernidade, mas so-

---

85. BERGER, P., Um rumor de anjos, p. 16.

86. BERGER, P., Um rumor de anjos, p. 13-14.

87. BERGER, P., A dessecularização do mundo, p. 10.

88. OTTO, R., O sagrado, p. 40-41.

89. Tratando da polissemia da linguagem religiosa conforme vivenciada na pós-modernidade, Mendoza-Álvarez afirma: "Com efeito, os movimentos religiosos carismáticos se multiplicam em todas as religiões no momento presente, de modo que as mediações tradicionais para a comunicação da mensagem religiosa foram ultrapassadas por novos instrumentos de transmissão." (MENDOZA-ÁLVAREZ, C., O Deus escondido da pós-modernidade, p. 38).

brevivem a ela e ainda se fazem presentes no mundo. Há, aqui, uma clara alusão à doutrina cristã da Encarnação que constitui, num mesmo momento, a mundanização de Deus e a santificação do mundo. Para a fé cristã, o verdadeiro sinal de transcendência no mundo se deu numa manjedoura em Belém, elemento absolutamente humano e divino ao mesmo tempo. No final do ministério de Jesus, mais uma vez a transcendência se revela no ordinário: pão e vinho, alimento do cotidiano, que, oferecidos por Cristo na Eucaristia, são os sinais da Nova Aliança.

Voltaremos a esse ponto posteriormente,[90] mas vale a pena acompanhar a argumentação de Berger a respeito do tema. Segundo ele, há sinais de transcendência que podem ser descobertos "no âmbito da situação humana empiricamente dada. (...) há *gestos humanos prototípicos* que podem constituir tais sinais".[91]

> Por sinais de transcendência quero significar fenômenos que se encontram no domínio da nossa realidade "natural", mas que parecem apontar para além desta realidade. Em outras palavras, não estou aqui usando transcendência no sentido filosófico técnico, mas no sentido literal, como transcendendo ao mundo normal do dia a dia, identificado por mim anteriormente com a noção de "sobrenatural". Por gestos humanos prototípicos quero significar certos atos ou experiências repetidas que aparecem como expressão de aspectos essenciais do ser humano, do animal humano como tal.[92]

Para Berger, tais gestos não se referem aos arquétipos *jungianos*, mas a fenômenos que "não são 'inconscientes' e não têm que ser desenterrados das 'profundezas' da alma; eles pertencem à consciência ordinária do dia a dia".[93] O desejo/expectativa pela ordem, por exemplo, constituiria um desses sinais de transcendência. "Na propensão humana observável de colocar ordem na realidade", continua Berger, "há um impulso intrínseco de dar um alcance cósmico a esta ordem, um impulso que implica não somente o fato de que a ordem humana corresponde de alguma maneira a uma ordem que a transcende, mas que esta ordem transcendente é de uma característica tal que o homem pode confiar-lhe o seu ser e o seu destino".[94]

---

90. Veja no capítulo 6 desta obra.
91. BERGER, P., Um rumor de anjos, p. 74.
92. BERGER, P., Um rumor de anjos, p. 74-75.
93. BERGER, P., Um rumor de anjos, p. 75.
94. BERGER, P., Um rumor de anjos, p. 79.

Neste quadro de referência, o mundo natural dentro do qual nascemos, amamos e morremos, não é o único mundo, mas somente o primeiro plano de um outro mundo, no qual o amor não é aniquilado na morte e no qual, portanto, a confiança no poder do amor em banir o caos é justificada. Assim, a propensão ordenadora do homem encerra uma ordem transcendente e cada gesto ordenador é um sinal desta transcendência.[95]

Os sinais desta transcendência também se revelam na esperança que teima em subsistir, mesmo em meio ao caos crescente do mundo. Os gritos contra a injustiça que persistem em existir na sociedade contemporânea só têm sentido porque demonstram, numa linguagem que não precisa necessariamente de palavras, a força da esperança como elemento ordenador do mundo e como fé que, conscientemente ou não, aguarda pelo melhor. Aliás, a espera pelo novo abre nosso olhar e pavimenta nosso caminho rumo ao horizonte. "Mas o novo já vive aqui, o outro com o qual se sonha",[96] afirma Ernst Bloch. E, mais adiante: "Composições significativas da fantasia do sonho diurno não produzem bolhas de sabão: elas abrem janelas e, por trás destas, o mundo do sonho diurno é no mínimo uma possibilidade a que se pode dar forma".[97] Esse novo, relacionado por Bloch à Arte como fomentadora de sentidos novos e repletos de esperança, também é contemplado nas reflexões de Adolphe Gesché quanto ao sentido. "A imanência",[98] diz este autor, "não pode bastar para definir o ser humano". Em suas palavras,

> [..] é preciso uma paixão de esperança, a qual somente é possível se conduz para uma destinação, um além (qualquer que seja) da vida do dia a dia. Trata-se, no fundo, de "passear com o Absoluto pelas ruas da cidade", de convocar a transcendência para o caminho de nossa imanência, como em Emaús.[99]

De fato, "a existência humana está sempre orientada para o futuro".[100] Como tal, ela pressupõe uma crença neste futuro vindouro como melhor, mais justo e fraterno. Falar da esperança é falar do que nos motiva a caminhar rumo ao horizonte. Em perspectiva especificamente cristã, ela fornece sentido para o

---

95. BERGER, P., Um rumor de anjos, p. 79.
96. BLOCH, E., O princípio esperança, p. 29.
97. BLOCH, E., O princípio esperança, p. 100.
98. GESCHÉ, A., O sentido, p. 99.
99. GESCHÉ, A., O sentido, p. 99.
100. BERGER, P., Um rumor de anjos, p. 85.

viver com tal intensidade que o morrer transforma-se numa entrega confiante nas mãos do Pai.[101]

> [A esperança] insere o homem em uma perspectiva tal que o impede de ficar prisioneiro do instante passageiro, quer seja ele um instante fácil, quer seja difícil, ao mesmo tempo que seu interesse particular é centralizado no panorama de uma globalidade que lhe abre novas possibilidades de avaliação e lhe permite reencontrar um caminho certo e efetivo em meio às desordens da vida.[102]

E, agora nas palavras de Berger:

> Num mundo onde o homem está cercado de todos os lados pela morte, ele continua um ser que diz "não!" à morte – e através deste "não!" é levado à fé num outro mundo, cuja realidade valida sua esperança como algo diferente da ilusão. (...) Em todo o caso, o argumento da esperança segue a direção lógica da indução a partir daquilo que é empiricamente dado. Começa com a experiência, mas toma a sério aquelas implicações ou finalidades dentro da experiência que a transcendem – e as toma novamente como sinais de uma realidade transcendente.[103]

Por tudo isso, podemos reconhecer nosso tempo como um período de (re)descoberta da espiritualidade – embora de uma espiritualidade com "contornos muito diferentes do que seria o campo religioso pré-moderno".[104] Nessa realidade, o ser humano vivencia sua fé à luz diáfana de fronteiras não fixadas, de peregrinações por campos religiosos distintos (e, até mesmo, contraditórios), criando novas composições religiosas "com elementos de uma e outra propostas".[105]

É a esse ambiente histórico e cultural que o Evangelho é proclamado e no qual a Igreja cumpre sua prática pastoral. O retorno do Sagrado na pós-modernidade revela um desejo de experiências de Deus que não podem ser ignoradas mas que, por outro lado, nem sempre correspondem à fé no Deus revelado em Jesus.

---

101. "Pai, nas tuas mãos entrego o meu espírito" (Lc 23,46), afirma Jesus em seu momento de crise mais intensa. Uma declaração como essa não deixa de ser desafiadora para traduzir a esperança cristã em tempos de desesperança e dor. "Nesse sentido", afirma Piazza, "a esperança percorre a estrada da obediência. Ela ouve um pedido e torna-se um ato de confiança que entrevê o futuro onde ele parece estar sendo negado pela evidência dos fatos. Ela se concretiza como abertura para um amanhã que se torna opaco, mas que, pelo contrário, se oferece ao homem em toda a sua grandeza e extensão: ela se torna memória de futuro" (PIAZZA, O. F., A esperança, p. 67).

102. PIAZZA, O. F., A esperança, p. 66.

103. BERGER, P., Um rumor de anjos, p. 85.

104. BINGEMER, M. C., O mistério e o mundo, p. 91.

105. BINGEMER, M. C., O mistério e o mundo, p. 91.

Pois, de fato, "a pós-modernidade resgatou o Sagrado, mas se trata de um Sagrado sem absolutos e sem rosto, não podendo ser posto em posição de paridade com o conteúdo da experiência de fé tal como a entende o cristianismo".[106] Como bem expressa Mendoza-Álvarez:

> Dessa maneira, o espiritual, sob uma gama diversa de expressões, empreende a revanche na hora incerta dos escombros para assinalar uma saída para o impasse criado após a derrubada dos mitos da modernidade, que tiveram a mesma sorte dos próprios da Cristandade. Mas esse tempo se converteu, de maneira paradoxal, na ocasião propícia para o renascimento dos fundamentalismos e o anúncio do fim da história, onde se inclui o apocalipse social e ecológico.[107]

O próprio termo "religião" precisa ser devidamente identificado em nosso tempo, pois nem sempre é sinônimo de espiritual.

> Mas, muito pelo contrário, representa com frequência seu abafamento, seu disfarce ou, ao menos, seu mascaramento segundo o *páthos* do sentimento aloucado, da emoção irracional e da certeza de uma suposta manifestação divina no meio da banalidade do cotidiano, experiência que o faz explodir para além de seus próprios limites.[108]

Por essas razões, a secularização, tal como proposta pela modernidade, constitui um risco capaz de gerar, por um lado, a "impotência do Evangelho frente a sistemas políticos violadores dos direitos humanos, em nome da autonomia do contexto político; por outro lado e como reverso da medalha, um fideísmo crasso, em nome da autonomia do contexto crente".[109] Assim, conforme afirma Mendoza-Álvarez:

> Para habitar esse espaço, será necessário compreender de maneira adequada o jogo de linguagem próprio da mística, enquanto experiência do umbral do divino, a dos pés nus que acariciam a terra santa, a dos lábios impuros purificados pelo carvão do outro, a das feridas que nada exigem do verdugo, senão que antes lhe oferecem o coração: todas elas metáforas poderosas de Cristo enquanto mistério desse autoultrapassamento cum-

---

106. BINGEMER, M. C., O mistério e o mundo, p. 94.
107. MENDOZA-ÁLVAREZ, C., O Deus escondido da pós-modernidade, p. 33.
108. MENDOZA-ÁLVAREZ, C., O Deus escondido da pós-modernidade, p. 33.
109. DUQUE, J. M., Para o diálogo com a pós-modernidade, p. 30.

prido de maneira feliz num momento crucial e definitivo para a humanidade inteira.[110]

O cenário atual constitui, portanto, uma possibilidade hermenêutica de reavaliar o processo teológico e a leitura da própria vida e da experiência de Deus. Uma autocrítica dessa natureza, aliada à possível superação de uma epistemologia moderna racionalista e redutora, abrem espaços para que a mensagem evangélica tenha sentido para homens e mulheres de nosso tempo. Assim, à pergunta "Como falar de Deus hoje?" aliou-se outra questão essencialmente importante: "Quem é o Deus do qual falamos?" Portanto, além de refletir sobre o tempo que vivemos, é preciso aprofundar-se no âmago da mensagem cristã, a saber: o Deus que anunciamos é o Deus-encarnado, revelado em Jesus de Nazaré.

A partir da lógica da Encarnação – autocomunicação de Deus ao mundo – é possível repensar a prática teológica por um viés kenótico e mistagógico. Nesse sentido, como veremos no capítulo seguinte, *kênosis* e mística simbolizam dois movimentos de reflexão e práticas necessários à Igreja de nosso tempo.[111]

De todo modo, ocorre uma revisão do tipo de separação entre sacro e profano estabelecido pela secularização da modernidade e, na pós-modernidade, tal separação tem sido denunciada e percebida como artificial. "A generalizada concepção de que determinados âmbitos nada têm a ver com outros começa a desaparecer das mentalidades holísticas atuais, que cada vez mais tomam consciência da estreita interligação de todos os âmbitos da vida".[112] Ora, essa intercomunicação indica uma superação da perspectiva sectária e fragmentada do conhecimento tal como a modernidade compreendia. No lugar dessas divisões artificiais, têm surgido percepções mais integrais e amplas da realidade, capazes de levar em consideração a multiplicidade da vida humana em suas múltiplas dimensões. É o que veremos a seguir.

---

110. MENDOZA-ÁLVAREZ, C., O Deus escondido da pós-modernidade, p. 215-216.

111. *Kênosis* é o termo grego traduzido no Novo Testamento como esvaziamento. O apóstolo Paulo trata desse assunto em sua carta aos Filipenses, na qual afirma que "Ele [Jesus] não usurpou o ser igual a Deus, mas esvaziou-se a si mesmo [*kênosis*] tomando a forma de servo, tornando-se semelhante aos homens; e achado na figura humana, humilhou-se a si mesmo, tornando-se obediente até a morte, e morte de cruz" (Fl 2,6-8). Esse tema, central à teologia do Novo Testamento, também constitui importante base teológica para nossa reflexão.

112. DUQUE, J. M., Para o diálogo com a pós-modernidade, p. 29.

1.4. Do racionalismo dualista ao raciovitalismo integrador

A superação do discurso metafísico também abre novas portas para o reconhecimento dos limites do conhecimento humano. Se há espaço para a multiplicidade de discursos, então não pode haver uma univocidade discursiva que se apresente como absoluta e único critério para juízo das demais. Como todo conhecimento humano é condicionado do ponto de vista histórico, cultural, social e linguístico, então não pode haver neutralidades em nenhum discurso.

> O conhecimento científico já é uma forma de interpretação e tentativa de articulação racional da realidade. (...) entende-se a centralidade da linguagem na elaboração do problema ontológico. Segundo as interpretações de M. Heidegger, conclui-se que tudo é um jogo de relações, que se estabelecem entre o ser e o mundo com suas respectivas buscas de significados. Toda experiência humana do mundo é mediada pela linguagem. O mundo é, em primeiro lugar, um evento linguístico, um discurso onde ocorre um diálogo com perguntas e respostas. Segundo uma expressão de H.-G. Gadamer, "o ser só pode ser compreendido enquanto linguagem". O ser se faz na história da linguagem.[113]

Tal possibilidade epistemológica de abertura ao diálogo entre dimensões distintas do saber humano só se torna concreta quando se realiza num ambiente desvinculado de uma visão de mundo positivista, característica do século XIX e início do XX. No lugar de uma espécie de saber totalitário, em grande parte influenciado por um "espírito enciclopedista",[114] que foi a marca do século XIX, abre-se espaço a uma visão mais integradora. Os saberes "recortados" do século XIX são reunidos, primeiramente, numa proposta interdisciplinar.

> A racionalização se crê racional porque constitui um sistema lógico perfeito, fundamentado na dedução ou na indução, mas fundamenta-se em bases mutiladas ou falsas e nega-se à contestação de argumentos e à verificação empírica. A racionalização é fechada, a racionalidade é aberta. A racionalização nutre-se das mesmas fontes da racionalidade, mas constitui uma das fontes mais poderosas de erros e de ilusões. Dessa maneira, uma doutrina que obedece um modelo mecanicista e determinista para considerar o mundo não é racional, racionalizadora.[115]

---

113. SCOPINHO, S. C. D., Filosofia e sociedade pós-moderna, p. 128-129.
114. YUNES, E., A narrativa em Câmara Cascudo, p. 79.
115. MORIN, E., Os sete saberes necessários à educação do futuro, p. 23.

Ainda assim, essa perspectiva não impediu que cada disciplina se posicionasse acima das outras, numa hierarquia velada que solidificou suas fronteiras diante das outras ciências.[116] Portanto, tornou-se necessário ir além de uma interdisciplinaridade; abriu-se possibilidade à transdisciplinaridade a partir da qual cada disciplina, em sua área específica, abre-se para as demais em mútua e constante relação. É nesse sentido que o pensamento complexo de Edgar Morin pode nos auxiliar no processo de enxergar essa teia de relações que nos cerca. Em suas palavras,

> Precisamos, portanto, para promover uma nova transdisciplinaridade, de um paradigma que, decerto, permite distinguir, separar, opor, e, portanto, dividir relativamente esses domínios científicos, mas que possa fazê-los se comunicarem sem operar a redução. (...) É preciso um paradigma de complexidade, que, ao mesmo tempo, separe e associe, que conceba os níveis de emergência da realidade sem os reduzir às unidades elementares e às leis gerais.[117]

Como metodologia do pensamento complexo proposto por Morin – de fato, uma nova filosofia do conhecimento – estabelece-se a transdisciplinaridade. Este percurso, que perpassa a dimensão físico-biológica, sociocultural e antropológica e ontológica do ser humano, impede "a doença do intelecto – o idealismo –, que crê que o real se pode deixar fechar na ideia e que acaba por considerar o mapa como o território, e contra a doença degenerativa da racionalidade, que é a racionalização, a qual crê que o real se pode esgotar num sistema coerente de ideias".[118] Isto é assim por uma razão inescapável: por ser em relação com o outro (pessoas, meio-ambiente, Deus-Mistério), o ser humano não pode ser destrinchado numa análise redutora supostamente científica. Análises redutoras desse tipo geralmente produzem a morte, do mesmo modo como ocorre com rãs dissecadas em laboratórios de escolas. Sob esta perspectiva reducionista, o preço do conhecimento é a vida! E ainda: negligencia-se que toda neutralidade na análise é uma impossibilidade humana, pois todo ato do conhecimento, da reflexão, do sentir, do agir, do falar e do ser de homens e mulheres é sempre intencional, ainda que às vezes tal intenção esteja camuflada sob camadas de um discurso tipicamente positivista.

---

116. MORIN, E., Ciência com consciência, p. 135.
117. MORIN, E., Ciência com consciência, p. 138.
118. MORIN, E., Ciência com consciência, p. 140.

Por outro lado, quando se reflete de forma holística a respeito da racionalidade humana, se criam as condições para que todos os discursos e linguagens criadas pelos seres humanos possam servir para a expressão da vida e, pode-se dizê-lo, do Deus da vida.

> Se esta é a estrutura da experiência religiosa, também o é da fantasia do homem. A ideologia do cientificismo positivista encurtou por demais a dimensão da razão humana, reduzindo-a somente a seu aspecto analítico e repetidor do real. A razão humana é também fantasia, imaginação criatividade, antecipação do inexistente. Não retrata fria e simplesmente a realidade, mas sabe senti-la, colori-la, dar-lhe temperatura, transmitir-lhe sentimento e emoção. Pertence à condição humana, como dado primário de seu existir, o desejo. Este desejo entra continuamente em conflito com o real, empurrando o vetor da história para paragens mais belas e aprazíveis. Açulando a fantasia, leva-a a conceber o ideal, criticando o real, acrescentando-lhe novidades imprevistas. (...) Não se trata de nenhuma função compensatória ou desesperada e alienada, mas afirmação clara de ser humano.[119]

Nesse sentido, a experiência de ser humano não pode ser contida em leituras racionalistas, que consideram a realidade em perspectivas estéreis nas quais subsiste uma ausência da imaginação e da fantasia. Ao contrário, se o desejo faz parte da constituição humana, está pressuposta a necessidade do imaginário na construção de toda a realidade. Por isso, os limites do racionalismo redutor devem ser reconhecidos e, em seu lugar, pode-se propor, como já afirmamos, um raciovitalismo,[120] capaz de apresentar ao ser humano uma lente integradora na crítica e na (re)construção do mundo. Se é produção humana a partir da experiência divina que integra a vida toda, então a teologia deve ser pavimentada também por essa lógica integradora, reunindo a dogmática e a experiência mística, a teologia acadêmica e a espiritualidade, num mesmo e indivisível ato.

> A verdadeira racionalidade, aberta por natureza, dialoga com o real que lhe resiste. Opera o ir e o vir incessante entre a instância lógica e a instância

---

119. LIBÂNIO, J. B., Deus e os homens, p. 36.
120. A respeito do termo: MAFFESOLI, M., Elogio da razão sensível, (p. 28-64); ROCHA, A., Experiência e discernimento, (p. 104-116).

empírica; é o fruto do debate argumentado das ideias, e não a propriedade de um sistema de ideias. O racionalismo que ignora os seres, a subjetividade. A afetividade e a vida são irracionais. A racionalidade deve reconhecer a parte de afeto, de amor e de arrependimento. A verdadeira racionalidade conhece os limites da lógica, do determinismo e do mecanicismo; sabe que a mente humana não poderia ser onisciente, que a realidade comporta mistério. Negocia com a irracionalidade o obscuro, o irracionalizável. Não é não só crítica, mas autocrítica. Reconhece-se a verdadeira racionalidade pela capacidade de identificar suas insuficiências.[121]

E ainda:

Essa razão unificadora teria que assumir a sua realização concreta em racionalidades parciais, sem que nenhuma dessas se afirme dominadora das outras. Trata-se daquilo a que se poderia chamar uma razão transversal ou, ainda melhor, multidimensional, superador, portanto, da moderna razão monolítica e unidimensional. (...) As dimensões da realidade humana são, antes, distintas dimensões da própria racionalidade.[122]

Isso tudo implica uma "conversão na concepção de subjetividade" que possibilite um "auscultar" capaz de penetrar nos recônditos mais profundos do pensamento alheio, não para negá-lo ou destruí-lo, mas para compreendê-lo. Somente a compreensão permite a construção do conhecimento. A obviedade desta afirmativa é, comumente, ofuscada pelas tentativas de silenciar discursos alheios. Como afirma Alessandro Rocha:

Descentrar-se é um convite a um encontro mais profundo como outro, que em última análise acaba por cooperar para um maior conhecimento do próprio eu. É uma relação que tem início na própria interioridade, mas que só se mantém à medida que se abre à alteridade. Este seria o passo limiar para a construção de uma racionalidade mais aberta, que consiga integrar outras dimensões da existência humana no processo de conhecimento da realidade.[123]

Esta abertura ao outro deve se fazer acompanhar por uma abertura a si mesmo. Dito de outra forma, olha-se melhor para fora depois que se enxerga o próprio interior, pois, como afirma a Sabedoria judaica, "do coração provém as

---

121. MORIN, E., Os sete saberes necessários à educação do futuro, p. 23.
122. DUQUE, J. M., Para o diálogo com a pós-modernidade, p. 39.
123. ROCHA, A., Experiência e discernimento, p. 95.

saídas da vida" (Pr 4,23). Interioridade e alteridade são parceiras inseparáveis no processo de humanização de homens e mulheres na vida.

1.5. A valorização da experiência na pós-modernidade

A sociedade pós-moderna valoriza a experiência como uma das principais fontes de explicação do mundo. "O meio de expressão privilegiado hoje", afirma Maria Clara, "não é mais o *logos* (relacionado ao falar, ao dizer) por meio do qual se expressava a verdade. Mas é o que se vê, a imagem, o que impacta sensorialmente. Normalmente, é uma imagem direcionada e carregada de intencionalidades outras, que põe em perigo ou pode até mesmo liquidar o símbolo, aberto e permeável à interpretação e à significação".[124]

Tal valoração da experiência, contudo, apresenta perspectivas positivas. Ela pode levar a sério, caso seja honesta em sua leitura do mundo, a rica diversidade que caracteriza os seres humanos. Também pode servir como antídoto à transformação de experiências humanas, inclusive as religiosas, em algo insípido e sem graça.

> Encarar a tarefa da racionalidade nesses termos é descer ao chão concreto da existência e assumi-lo como o único lugar possível onde podemos viver e a partir de onde podemos perceber a realidade, não em perspectiva última e definitiva, mas tal como ela se nos revela e nós nos revelamos a ela. Esse difícil, mas necessário caminho do universal abstrato ao local concreto, nos lança à topografia onde se pode realizar uma racionalidade aberta e integradora: a vida.[125]

Nesse sentido, é preciso mais uma vez ressaltar a necessidade de se alterar a lente com a qual se vê o mundo. Em outras palavras, é preciso passar "do axioma 'penso logo existo' à concepção vitalista 'penso porque existo'".[126] A existência não é restringida à reflexão racional, mas abarca a inteireza do ser que experimenta o mundo e a Deus no mundo. Inclusive a epistemologia é alterada por essa visão; como diz J. M. Mardones: "A incerteza epistemológica pode ser considerada uma das consequências de maior contribuição do conhecimento do século XX. Isto é, o conhecimento dos limites do conhecimento".[127]

---

124. BINGEMER, M. C., O mistério e o mundo, p. 42.
125. ROCHA, A., Experiência e discernimento, p. 107.
126. ROCHA, A., Razão e experiência, p. 23.
127. ROCHA, A., Experiência e discernimento, p. 76.

Tudo o que foi dito até aqui reforça a integralidade do espaço da criação e o valor da experiência como lugar da revelação de Deus. De fato, para a fé cristã, a plenitude da autocomunicação de Deus aos seres humanos se deu num ser humano: Jesus de Nazaré, o Verbo feito carne. Para a comunidade cristã primitiva, o Verbo da vida – Cristo – é experimentado com os sentidos: mãos que tocam, olhos que enxergam, ouvidos que escutam a voz do Deus-Emanuel (1Jo 1,1-3). A relação possível com um ser humano como Jesus é o da experiência. Por isso, como bem afirma José Mª. Castillo, "não se conhece a Deus elevando-se acima do humano ou fugindo da humanidade, mas procedendo exatamente no sentido contrário. Deus é conhecido e encontrado no que é próprio do ser humano";[128] o Mistério de Deus só é alcançável "por aqueles a quem Jesus o dá a conhecer".[129] Por isso, "conhecemos a Deus no humano",[130] meio escolhido pelo próprio Deus para se revelar ao cosmo. Pois "não podemos respeitar Deus devidamente se não respeitamos o meio mediante o qual Deus quis estabelecer relação e comunhão conosco. Esse meio foi a encarnação de Deus (...), a encarnação de Deus é a humanização de Deus".[131]

As consequências dessa afirmação permitem enxergar em todas as dimensões da vida humana espaços nos quais se dá a revelação de Deus. Deus se fez humano em Jesus. A Encarnação revela-se, portanto, como um dos mais importantes (senão o mais importante) assunto da teologia. "Deus vem a nós primordialmente na história de Jesus e seus feitos",[132] frase que implica levar muito a sério a encarnação do Cristo de Deus. Como afirma Maria Clara Bingemer,

> Em Jesus Deus mesmo e não outro é quem se aproxima do ser humano. A humanidade de Jesus é lugar de encontro de Deus com o ser humano. Trata-se de um Deus humano, um Deus feito carne, encarnado, que vem a nosso encontro, que não pretende isolar-se em uma morada inacessível, desde a qual atuaria através de intermediários.[133]

"Afirmar que Jesus é Deus", continua a autora, "significa que uma parte de nossa história, precisamente a de Jesus de Nazaré, entrou em Deus de maneira tão

---

128. CASTILLO, J. M., Deus e nossa felicidade, p. 29.
129. CASTILLO, J. M., Deus e nossa felicidade, p. 26.
130. CASTILLO, J. M., Deus e nossa felicidade, p. 29.
131. CASTILLO, J. M., Deus e nossa felicidade, p. 88.
132. BOSCH, D. J., Missão transformadora, p. 41.
133. BINGEMER, M. C. L., Jesus Cristo, p. 143.

irreversível que constitui um só ser com o de Deus".[134] Ora, isso fornece uma dimensão de integralidade à história humana, pela qual eternidade e tempo se mesclam numa única e mesma história de salvação. Assim, não é preciso render-se ou reduzir-se a um racionalismo estéril e mesquinho. Deus, vale lembrar, deve ser amado com todo o coração, com toda a alma, com todo o entendimento e com todo as forças (Mt 22,37). A fé cristã não rejeita o mundo mas também não se limita ao tempo.[135]

Jesus não usurpou o ser igual a Deus, mas antes esvaziou-se a si mesmo assumindo figura humana (Fl 2,5-8). Dessa forma, é o próprio Deus que está presente em Jesus, cuja companhia e amizade foram desfrutadas pelos(as) discípulos(as).[136] O caminho, a verdade e a vida (Jo 14,6) são, nesse sentido e antes de tudo, uma Pessoa: Jesus de Nazaré, o próprio Deus encarnado. A teologia torna-se enfraquecida quando resume essas categorias à fórmulas racionalistas pré-estabelecidas. É preciso lembrar que de Deus "só se pode balbuciar e falar de uma maneira muito indireta".[137] Por isso, falando da encarnação como o centro da fé, Karl Rahner pode afirmar:

> Para que em cada caso o cristianismo se faça realidade no sentido pleno, necessário e autêntico da palavra devem ocorrer ainda muitas coisas: o encontro deste acontecimento primordial cristão com sua própria aparição *histórica* em Jesus Cristo, em quem este Deus inefável "está realmente presente" para nós na história, na palavra, no sacramento e na comunidade que confessa, que chamamos de Igreja. Mas este cristianismo expresso, refletido

---

134. BINGEMER, M. C. L., Jesus Cristo, p. 143.

135. Há uma dimensão escatológica que deve ser levada a sério na prática cristã. A escatologia interfere tanto na eclesiologia como no cumprimento da Missio Dei. A presença da esperança escatológica na esfera da vida cristã concede à prática evangélica uma dimensão de esperança sem a qual ela é descaracterizada. A vinda do Reino de Deus, trazido por Jesus, também implica orar pela sua plenitude, como o Senhor mesmo nos ensinou em sua oração (Lc 11,2). Como bem afirma Bosch, "Precisamos de uma escatologia para a missão que esteja, concomitantemente, voltada para o futuro e orientada para o aqui e agora. Ela tem de ser uma escatologia que retenha, em tensão criativa e redentora, o já e o ainda não, o mundo do pecado e da rebelião e o mundo amado por Deus, a nova era que já foi inaugurada e a velha que ainda não terminou, a justiça e a justificação, o evangelho da libertação e o evangelho da salvação. A esperança cristã não brota do desespero em relação ao presente. Temos esperança devido àquilo que já experimentamos. A esperança cristã é, simultaneamente, posse e anelo, sossego e atividade, chegada e peregrinação. (...) A história da salvação não constitui uma história à parte, um fio separado que de desdobra no interior da história secular. Não há duas histórias, mas duas maneiras de compreender a história. (...) A escatologia cristã perpassa, logo, todos os três tempos: o passado, o presente e o futuro. O reinado de Deus já veio, está vindo e virá em plenitude." (BOSCH, David J., Missão transformadora, p. 606-607). Partindo dessa lógica, o mundo não é mais visto como problema, obstáculo ou inimigo, mas como desafio ao qual o cristão deve engajar-se na fé e na força do Espírito Santo.

136. RUBIO, A. G., O encontro com Jesus Cristo vivo, p. 162.

137. RAHNER, K., La gracia como libertad, p. 26.

e institucional, necessário e santo, só alcança seu sentido, só deixa de ser a mais sublimada das idolatrias, quando realmente indica e inicia aos homens na entrega confiada e amorosa ao mistério santo e sem nome; entrega que realiza a liberdade, assim que se deixa dar por esse mesmo mistério silencioso e, desse modo, nossa resposta procede da "palavra de Deus".[138]

Este esvaziamento da divindade, essa *kênosis*, revelou a face divina aos seres humanos. Face que só pode ser compreendida porque ela mesma se abre e se revela às claras. Mas também face que permanece misteriosa, segredo relacional preservado no quarto fechado, quando se ora ao Pai sem olhares outros senão o do próprio Amor que nos convida à comunhão mística. Daí a linguagem para Deus ser forçosamente metafórica e simbólica, ambígua até. Deus Pai, como belamente expressa Rahner, é "seriedade que ama alegremente, o começo que é nosso futuro, o soberano santo que leva a cabo sua obra com grande paciência, sem pressa, sem medo de nossas queixas desesperadas nem de nossas acusações impacientes".[139]

Dessa maneira, a encarnação revela o modo de ser do próprio Deus. A relação entre o Pai e Jesus é tão íntima e perfeita que todos os que enxergam a Jesus também encontram, Nele, o Pai revelado (Jo 14,9-10), o Pai de amor da parábola do filho pródigo (Lc 15,20-24), o Pai santo e justo da oração sacerdotal (Jo 17,11.25), o Pai que não faz acepção de pessoas, pois faz nascer o seu sol sobre bons e maus e vir sua chuva sobre justos e injustos (Mt 5,45). É por meio dessa revelação encarnada, aliás, que conhecemos os lugares de Deus, isto é, os locais de sua manifestação que fornecem sentido e conteúdo à vida humana.

> Conhecemos os lugares de Deus perguntando-nos pelos lugares do Deus de Jesus Cristo, lugar revelador de Deus, lugar por excelência da busca e do encontro com Deus, a partir de sua decisão de Encarnação. Buscar os espaços de transcendência a partir da experiência cristã de Deus significa procurar a Deus ali onde Ele se doa e da maneira como Ele quer ser conhecido.[140]

Esses lugares de transcendência, diga-se de passagem, nem sempre são os mesmos estabelecidos pela religião como templos sagrados e espaços de culto. Em

---

138. RAHNER, K., La gracia como libertad, p. 29.
139. RAHNER, K., La gracia como libertad, p. 33.
140. PEDROSA-PÁDUA, L., Espaços de Deus, p. 24.

pouquíssimas ocasiões, Jesus foi encontrado no Templo em Jerusalém. E mesmo nesses momentos, sua presença ali trazia denúncia e juízo.[141]

Na Encarnação, o Deus feito homem se alegra com a vida que Ele mesmo fez, pois tudo era "muito bom" (Gn 1,31). O Deus encarnado enxerga as flores do campo e as aves do céu como espaço litúrgico para falar da Sua providência para com Sua criação (Mt 6,26-30); convida à Sua mesa gente de reputação duvidosa, fornecendo-lhes a graça do arrependimento (Lc 5,29-32). Também visita casas de chefes da sinagoga, onde reina a morte e a putrefação, e lá fornece a força e a vida da Sua ressurreição: "menina, levanta-te!" (Lc 8,54). O Deus encarnado também participa de casamentos, regado a bom vinho fornecido até a última hora, festejando com amigos o fato de que o homem deixa sua mãe e seu pai e se une à mulher tornando-se uma só carne (Gn 2,23-24; Jo 2,1-11). Também chora pela morte de um amigo querido, mas não se rende ao desespero da dor; antes, ressalta a esperança da ressurreição (Jo 11).

Será essa a imagem de Deus que os evangelhos oferecem por meio do Cristo encarnado? Um Deus que ama a vida? Que exulta quando percebe que as maravilhas do seu reino são reveladas aos pobres e pequeninos (Lc 10,21-24)? Um Deus que vê sua própria criação como quadro hermenêutico para falar da realidade de vida do seu reino?

Por sua vez, o ser humano participa da vida divina. Encontra-se face a face com o Pai nos olhos do Filho (Jo 14,9). Agora é considerado amigo, e não mais servo, além de ser capaz de dar frutos permanentes (Jo 15,15-16). É restituído à sua dignidade de filho amado, mesmo tendo dissipado toda sua herança (Lc 15,21-24). É buscado e cuidado no deserto, onde havia se perdido (Lc 15,3-7) ou mesmo nos recantos de uma casa escura (Lc 15,8-10). É perdoado de seus pecados (Mt 9,1-8); é restaurado em sua visão e pode reconhecer, com seus próprios olhos, o Filho do Homem e adorá-lo (Jo 9). É aliviado de sua carga em troca de um fardo leve e suave, auxiliado pelo próprio Mestre (Mt 11,28-30), e é convidado a aguardar, com esperança e fé, pela morada que o próprio Deus encarnado está preparando (Jo 14,1-3).

Como, então, separar Deus e o humano se é o próprio Deus, por meio da encarnação, quem decidiu santificar o mundo? Não consideres impuro o que Eu santifiquei, diz o Senhor (At 10,15). É a humanização de Deus que eleva o mundo,

---

141. "O gesto de Jesus", afirma José Antonio Pagola, "é mais radical e total. Anuncia o juízo de Deus não contra aquele edifício, mas contra um sistema econômico, político e religioso que não pode agradar a Deus. O templo se transformou em símbolo de tudo quanto oprime o povo. Na 'Casa de Deus' acumula-se a riqueza; nas aldeias de seus filhos cresce a pobreza e o endividamento. O templo não está a serviço da Aliança." (PAGOLA, J. A., Jesus, p. 431). Não se trata, portanto, de mera purificação do Templo, mas antes de sua destruição para que a relação com Deus verdadeira e sadia pudesse brotar.

dando-lhe sentido e significado. Esse sentido para a existência, aliás, é o que o texto bíblico denomina vida eterna. Aliás, esta qualidade de vida ocorre na existência humana quando se conhece a Deus como o único Deus verdadeiro e a Jesus Cristo como o enviado divino, o Salvador (Jo 17,3). Como diz Alessandro Rocha, "esse esvaziamento, essa livre-renúncia à majestade, operou uma doação de sentido à História. O Filho que se rebaixa, quando o faz, dá de si a homens e mulheres que podem encontrar em suas histórias a salvação".[142] Porque desceu – "das alturas do ser absoluto no tempo e espaço – até a humanidade"[143] – o Filho pode "subir de novo e trazer com Ele o mundo arruinado".[144]

Dessa forma, podemos concluir que a teologia fala não somente de Deus, mas também do humano.[145] Tal afirmativa é a base sobre a qual é possível pensar a formação da identidade humana a partir da identidade do Deus que se revela a nós. Se falar de Deus implica falar do humano – afirmação que, embora ousada para muitos, revela-se como fundamento da própria atividade teológica – então nossa antropologia (e tudo relacionado a ela) refletirá as características da imagem de Deus que desenvolvemos em nossa vida de fé. Dito de outra maneira: a nossa forma de ver a Deus implicará uma forma específica de ver o ser humano. Ou, como afirma enfaticamente Gesché: "a ideia que fazemos do homem revela com toda certeza a ideia que fazemos de Deus (e, sem dúvida nenhuma, a recíproca também é verdadeira)".[146]

Dessa forma, à identidade divina, corresponde uma identidade do ser humano, pois Deus e ser humano se intersignificam em uma relação de alteridade. Sendo assim, Deus "nunca é encontrado 'em estado puro', se assim podemos dizer, mas sempre nos sinais, sacramentos, mediações, ao menos no âmbito do conhecimento"[147]. E ainda, nas palavras de Lúcia Pedrosa-Pádua: "na ordem histórica, pela lógica da Encarnação, que se une à lógica da criação e da revelação, ele [Deus] se entrega *por* e *em* uma mediação".[148] Por essa razão,

> A teologia, portanto, encontra inevitavelmente o ser humano em seu caminho e não pode fazer de outra maneira, ao menos indiretamente, senão

---

142. ROCHA, A., Espírito Santo, p. 97.
143. LEWIS, C. S., Milagres, p. 105.
144. LEWIS, C. S., Milagres, p. 105.
145. GESCHÉ, A., O ser humano, p. 30.
146. GESCHÉ, A., Deus, p. 103.
147. GESCHÉ, A., O ser humano, p. 30.
148. PEDROSA-PÁDUA, L., Espaços de Deus, p. 24.

falar dele ao falar de Deus. Poderíamos até mesmo perguntar se ela poderá, depois desse primeiro momento, continuar fazendo algum discurso sobre Deus que não passe obrigatoriamente e de parte a parte por esse sacramento do ser humano.[149]

Ao final deste capítulo, podemos afirmar a necessidade de conhecer o tempo em que vivemos a fé em Cristo. As crises e as novas oportunidades propostas pela pós-modernidade devem ser encaradas como desafios-possibilidades que permitem à Igreja cristã assumir a si mesma como parte da história humana. À luz desse cenário, investigaremos no capítulo seguinte a mística cristã, suas características e implicações para a vivência da fé em nosso contexto de pós-modernidade.

---

149. GESCHÉ, A., O ser humano, p. 31.

Capítulo 2 | Mística cristã na contemporaneidade

Crer em Deus não é pensar Deus. Crer em Deus é sentir Deus.

Blaise Pascal

Todo nosso ser, por sua própria natureza, é uma grande carência: incompleto, preparatório, vazio e, ao mesmo tempo, desordenado, clamando por Aquele que é capaz de desatar os nós e atar os que estiverem em dispersão.

C. S. Lewis

As reflexões sobre os desafios e possibilidades que a teologia enfrenta no contexto de mudança cultural que vivenciamos têm sido abordadas por muitos teólogos, pertencentes tanto ao universo católico como ao protestante. Por causa de sua tarefa de comunicar a experiência de fé a homens e mulheres de nosso tempo, a teologia necessita da utilização de mediações culturais variadas que produzam sentido em novos momentos culturais. Nesse sentido, saber ler e interpretar corretamente a relação entre a autocomunicação de Deus ao mundo (cerne da própria teologia) e a recepção desta revelação, histórica e culturalmente situada, é de profunda relevância.

Neste capítulo, apresentaremos a mística cristã como caminho da reflexão teológica capaz de resgatar a dimensão mistagógica da fé em Cristo. Aliás, é justamente por causa da percepção da urgência de nosso tempo – que nos conduz a novas reflexões sobre a vivência da fé cristã num mundo de intensas e constantes transformações que alcançam todas as áreas da vida humana – que também podemos afirmar a necessidade de se pensar sobre a mística como fonte da teologia. Nesse sentido, a pergunta pela dimensão mística da fé e pela experiência mística cristã é premente. Pensar a mística como lugar da teologia reafirma a própria teologia como a ousada ação de dizer o que não pode ser dito, reconhecendo, por outro lado, a limitação de seu próprio discurso. Isso gera uma prática teológica humilde, mais próxima da *kênosis* divina, e consequentemente uma eclesiologia, uma missiologia, uma liturgia, uma espiritualidade, e, a bem da verdade, tudo o mais que se relaciona à fé cristã, mais humanas e humanizadoras.

Não se trata, obviamente, de uma negação da dogmatização da teologia nem da sistematização doutrinária de suas experiências histórica e culturalmente situadas, mas antes da abertura clara e consciente ao fôlego da vida de Deus, ao vento que sopra onde quer (Jo 3,8), ao Espírito de Cristo que sempre sabe, melhor que nós, o que deve ser mantido e o que deve ser extirpado em nossas propostas teológicas e eclesiásticas. Abre-se espaço, aqui, à metáfora como meio de expressão da linguagem teológica, através da qual a pluralidade das experiências religiosas se revela. A relevância da metáfora para a teologia está na sua "capacidade de produzir significado no interior de grupos que partilham os mesmos signos e comungam de um mesmo universo de significação".[150] Como pano de fundo dessa questão permanece ainda uma contraposição entre a linguagem literal e a metafórica. Abordada dessa perspectiva, a relação entre esses tipos de linguagem revela o fundamento da reflexão e prática teológicas como sustentando-se na essência ou na existência.

> Por um lado, a linguagem literal pretende um discurso unívoco fundado numa perspectiva essencialista das coisas. Por outro, a linguagem metafórica permite uma equivocidade no discurso teológico, que se fundamenta na existência múltipla das coisas. Em suma, para ser relevante e verdadeiro, o discurso teológico deve fundamentar-se na essência ou na existência? Se na essência, a linguagem deve ser literal, capaz de identificar o discurso com a realidade, produzindo a univocidade da verdade. Se na existência, a linguagem será metafórica, compreendendo a teologia como ciência hermenêutica aberta à equivocidade e, por assim dizer, ao caráter provisório de seu discurso.[151]

Tal provisoriedade encontra eco no discurso *kenótico* que pode auxiliar à teologia cristã em sua reflexão e prática no mundo. Nesse sentido, como afirmamos na introdução, é possível ressaltar o aspecto dinâmico, criativo e vivificador que deveria caracterizar as teologias sistemáticas, elaboradas no decorrer da história cristã, sensíveis ao sopro da *ruah*[152] divina que é criativo

---

150. ROCHA, A., Teologia Sistemática no horizonte pós-moderno, p. 46.
151. ROCHA, A., Teologia Sistemática no horizonte pós-moderno, p. 47. Ao tratarmos, no próximo capítulo, da Bíblia como literatura, aprofundaremos essa questão da pluralidade hermenêutica como fruto da metáfora.
152. HILBERATH, B. J., Pneumatologia, p. 410.

e dinâmico. A dogmática é profundamente importante para a vivência da fé,[153] mas não pode ser considerada um universo de construções absolutas ou eternas, impermeabilizadas à ação de Deus; antes, sua vocação é a fragilidade que se reconhece como incapaz de dizer, de forma plena, o Deus que se autocomunica ao mundo. É preciso ressaltar: não se trata aqui de rejeição à teologia dogmática, nem tampouco de enfatizar uma dimensão supostamente pneumatológica que não seja cristológica. Pois a pneumatologia cristã é profundamente cristológica.

Esse tema, especialmente desenvolvido por Yves Congar, é essencial à nossa reflexão: qualquer discussão sobre o tema da relação teologia e mística cristã precisa se guiar por uma cristologia pneumatológica e por uma pneumatologia cristológica. Manter essa relação entre Jesus Cristo e Seu Espírito se traduz em implicações significativas. Em primeiro lugar, percebe-se que não pode haver qualquer separação entre a cristologia e a pneumatologia: o Espírito é o Espírito de Jesus Cristo, encarnado, morto e ressuscitado pelo poder deste mesmo Espírito. "Assim, só chegamos ao Pai pelo Filho no Espírito!"[154]

Em segundo lugar, a pneumatologia de Congar é trinitária, pois "Jesus revela o Pai e o Espírito recorda nos cristãos o que Jesus é e fez".[155] Nesse sentido, a missão própria do Espírito se relaciona com Jesus e sua missão salvífica, atualizando a revelação trazida por Cristo para a Igreja de todos os tempos. Aliás, talvez essa dimensão reveladora do Espírito seja o que traz um certo desconforto à Igreja cristã. Porque, se por um lado o Espírito "não traz um ensinamento novo, mas presentifica o ensinamento de Jesus",[156] testemunhando do Filho como revelador do Pai, por outro a revelação que o Espírito traz não é um pacote fechado de doutrinas, mas sim dinamismo constante que guarda a fidelidade à mensagem do Filho ao mesmo tempo em que está aberto à dimensão da história. Em outros termos, a revelação do Espírito é vida, como sopro de Deus que dinamiza e orienta a caminhada cristã. Assim, o Espírito não revela coisas novas, mas atualiza a revelação. Isso ocorre porque

---

153. Dentre tantas razões, podemos ressaltar o fato da dogmática auxiliar no processo de evitar que a mística se torne "apócrifa", desenvolvendo elementos estranhos ao Espírito de Jesus que anima e orienta a Igreja.

154. MORAES, E. A. R., A experiência do Espírito Santo vivida pelo Concílio Vaticano II e por Yves Congar, p. 200-201.

155. MORAES, E. A. R., A experiência do Espírito Santo vivida pelo Concílio Vaticano II e por Yves Congar, p. 200-201.

156. HILBERATH, B. J., Pneumatologia, p. 439.

> A verdade na qual o Espírito da Verdade nos conduz não é coisa feita e acabada, mas a compreensão certa de cada novo momento. Ele nos guia na plenificação da verdade, porque Jesus viveu em um determinado momento, mas o Espírito que ele envia é para todos os momentos. E ele nos conduz pelo caminho da verdade plena – o caminho de Deus – não por conta própria, mas porque ele é um com Jesus e o Pai.[157]

A partir de tudo isso, podemos apresentar um critério especialmente importante para discernirmos a atuação do Espírito e sermos capazes de ouvir a sua voz: "o Espírito que se manifesta nas comunidades com tanta força e tanta variedade não é outro a não ser o Espírito de Jesus".[158] Eis um importante critério que serve de verdadeira bússola para o discipulado cristão e para a reflexão teológica. Mística cristã e teologia dogmática são companheiras de jornada rumo a Deus. Assim, se a mística lembra a dogmática que o objetivo é Deus mesmo, esta também ajuda a mística a não se perder em literaturas apócrifas ou distantes do Cristo de Deus.

> A mística lembra à teologia dogmática esta necessidade de elaborar uma palavra sobre Deus que seja relevante para a fé dos cristãos, ou seja, para o ato de acolher pessoal e comunitariamente a Palavra revelada. Se Deus puder ser experimentado como alguém que ama e chama a pessoa a uma relação amorosa e solidária, ele poderá ser dito de maneira sempre renovada. A mística traz uma percepção da realidade divina e de sua relação com a pessoa humana de que a dogmática nem sempre se lembrou.[159]

Esta reflexão sobre a dimensão mística da fé cristã constitui um caminho necessário à realização da difícil tarefa de comunicar a experiência da fé em novos paradigmas histórico-culturais. Esta postura possibilita reencontrar ou ressaltar uma fé mistagógica, que conduz ao mistério de Deus e que, por isso, não tem como objetivo último elaborar explicações sobre Deus, mas sim experimentá-lo como Emanuel, Deus conosco em meio às alegrias e dores, conquistas e percalços da vida humana.

---

157. KONINGS, J., Evangelho segundo João, p. 342.
158. MESTERS, C., Descobrir e discernir o rumo do Espírito, p. 41.
159. PEDROSA-PÁDUA, L., Santa Teresa de Jesus, p. 23.

2.1. Mística como condição antropológica do ser humano

O termo "mística" não é uma criação do cristianismo; ao contrário, "nasce em contexto não cristão".[160] De fato, lida em sua perspectiva mais latente, a experiência mística revela a insuficiência das palavras para descrever o encontro com o Sagrado nas diversas tradições religiosas.

> Em termos gerais, a experiência mística pode ser compreendida como a experiência fruitiva, interior e imediata da união do fundo do sujeito com o todo, o universo, o absoluto, o divino, Deus ou o Espírito. Esta experiência é realizada de maneira consciente, mesmo que transborde os esquemas da consciência que regem a experiência ordinária, e provoca na pessoa profunda alteração.[161]

Porque o ser humano possui uma dimensão antropológica voltada ao Mistério que, obviamente, não pode ser acessado de forma absoluta,[162] a experiência mística revela-se fundamentalmente necessária para a percepção das experiências religiosas.

Abordando a mística na perspectiva da fenomenologia da religião, podemos compreendê-la como "um conjunto de fenômenos que, embora possuam traços comuns, mantém uma relação com o resto dos elementos dos sistemas religiosos nos quais se inscrevem, impossibilitando um 'discurso universal' sobre a mística".[163] De fato, a mística provém da experiência particular de quem a vivencia em sua especificidade religiosa e cultural sem que, com isso, ela se reduza à mediação cultural na qual se expressa. Há um núcleo da experiência de Deus que se mantém como fonte-origem das expressões místicas. Assim, a mística se expressa "na intencionalidade experiencial que une o místico, como iniciado, ao absoluto,

---

160. PEDROSA-PÁDUA, L., Mística, mística cristã e experiência de Deus, p. 347.

161. PEDROSA-PÁDUA, L., Mística, mística cristã e experiência de Deus, p. 345.

162. A respeito: HAUGHT, J. F., Cristianismo e ciência, p. 41-46. Para Haught, "(...) o mistério subsiste e (...) nossa existência ainda está presa a ele, mesmo quando tentamos escapar-lhe. A tendência ao mistério é traço fundamental da existência humana." (HAUGHT, J. F., Cristianismo e ciência, p. 42). A partir do pensamento de Karl Rahner, Anselm Grün também afirma: "Quem está aberto ao mistério está aberto a Deus, mesmo que não equipare e identifique o mistério com Deus. Na sua incompreensibilidade, Deus permanece o mistério, mesmo se obtivermos muitos conhecimentos teológicos ou até profundas experiências místicas. O ser humano vive essencialmente diante do mistério." (GRÜN, A., Livrar-se de Deus?, p. 47).

163. PEDROSA-PÁDUA, L., Mística, mística cristã e experiência de Deus, p. 346. Tratando basicamente do mesmo tema, Charles André Bernard afirma: "se compararmos a vida mística cristã com as outras disciplinas místicas que se impõem à atenção dos historiadores das religiões e dos que são sensíveis às aspirações espirituais que solicitam os homens de hoje, devemos mostrar grande prudência diante da tentação de argumentar a partir de ideias gerais" (BERNARD, C. A., Teologia mística, p. 49).

como mistério; na linguagem com que, num segundo momento, anamnético e reflexivo, a experiência é dita e se oferece como objeto a explicações teóricas várias".[164]

Nesse sentido, vale ressaltar mais uma vez que existe no ser humano a presença de um desejo pelo mistério como condição antropológica anterior a todas as coisas. Aliás, é nesse voltar-se ao mistério que a teologia encontra seu papel de responder às questões-limite: sofrimento, dor, angústia existencial e morte. Portanto, em que pese as condições culturais contemporâneas, o mistério ainda fala à consciência humana. Mas de que forma? Caso essa questão fique sem resposta, caso não possamos "sustentar ou resgatar uma poderosa impressão de que o mundo e nossas vidas ainda são habitadas pelo infinito mistério, então a fé cristã, e com ela evidentemente todas as demais tradições religiosas, se revelará vazia e ilusória".[165]

Contudo, "a tendência ao mistério é traço fundamental da existência humana, e não apêndice alternativo, próprio dos retardatários pré-científicos".[166] Faz parte da natureza humana essa inquietude diante da vida, essa busca pela plenitude do ser como resposta à revelação divina. Em formas variadas, as religiões manifestam esse desejo humano pela transcendência. A abertura a esse mistério, horizonte antecipado que fascina o ser humano, é, ao mesmo tempo, reveladora da banalidade do mundo cotidiano, descortinado como realidade parcial, e geradora de sentido para a existência, que se revela inclusive na criação de "mundos alternativos, sob a forma quer de contos de fadas, quer de utopias, quer de escatologias".[167] Em outras palavras, há no ser humano uma inquietação que o leva a assumir um ímpeto visionário que "pode estar ligado ao fato de que, em alguma instância de nosso ser e de nossa consciência, já fomos tomados por infinito mistério"[168]. Daí a maneira tão poeticamente correta de Santo Agostinho dirigir-se a Deus em suas *Confissões*: "fizeste-nos para ti, e inquieto está o nosso coração, enquanto não repousa em ti"[169].

> Quando os homens, ao longo de sua história, prestaram atenção ao melhor de si mesmos, escutaram suas vozes mais íntimas, perceberam que elas

---

164. BERNARD, C. A., Teologia mística, 2011, p. 49.

165. HAUGHT, J. F., Cristianismo e ciência, p. 42.

166. HAUGHT, J. F., Cristianismo e ciência, p. 42.

167. HAUGHT, J. F., Cristianismo e ciência, p. 47-48. Tanto C. S. Lewis como J. R. R. Tolkien, escritores de literatura fantástica, identificam o processo imaginativo e criacional, presente na ficção, como ecos da própria revelação divina ao mundo. Veremos esse ponto com maiores detalhes no capítulo 4.

168. HAUGHT, J. F., Cristianismo e ciência, p. 48.

169. AGOSTINHO DE HIPONA, Confissões, p. 15.

eram o eco de uma voz anterior. Dessa percepção temos expressões em todas as culturas. Sem nenhum tipo de exagero, poder-se-ia dizer que todas elas surgiram da necessidade que o homem sente de experimentar e fazer seu um mais além de si mesmo que busca alcançar e com o que não pode coincidir. Com efeito, dessa desproporção interior, dessa verticalidade irrefreável, dessa *anagogia* irreprimível surge a dimensão simbolizadora que se expressa na linguagem, na arte, nos mitos, que constituem a raiz do mundo humano plasmado nas diferentes culturas.[170]

Mas que características podemos identificar nessa experiência mística própria do ser humano em sua relação com o Mistério?

Antes de tudo, a experiência mística é *inefável*, misteriosa. A linguagem que busca expressá-la é insuficiente. A experiência mística não cabe nas gramáticas teológicas e dogmáticas porque é resultante do encontro com o Sagrado, essa dimensão que, como bem afirma Rudolf Otto, "não é inacessível e inconcebível apenas porque o meu conhecimento relativo a este objeto tem limites determinados e inultrapassáveis, mas porque me debato com algo 'totalmente outro', com uma realidade que, por sua natureza e essência é incomensurável e perante a qual recuo, tomado de estupefacção".[171] Nesse sentido, a mística nos ajuda a reconhecer os limites da linguagem para referir-se ao transcendente.

Esse transbordamento para além das possibilidades da palavra, aliás, é o que torna a mística um elemento integrador, capaz de superar dualismos antropológicos e racionalistas dos mais variados tipos. Incapaz de descrever plenamente a experiência de encontro com o transcendente que o interpela – como presença divina que subitamente envolve a totalidade do ser – o místico precisa adotar a metáfora como meio de linguagem. Faz isso não devido a um suposto desvanecimento da experiência, como se esta fosse uma névoa que se dissipa com o tempo e o brilho do sol da "realidade", mas antes pela insuficiência das palavras em descrevê-la.[172]

A realidade com a qual o místico tem contato é, por assim dizer, uma realidade mais real que aquela que o cerca e que é percebida pelos sentidos. É uma realidade mais surpreendente e encantadora que revela a inesgotabilidade da existência somente naquilo que se percebe com os sentidos. Em outras palavras, o

---

170. VELASCO, J. M., A experiência cristã de Deus, p. 23-24.

171. OTTO, R., O sagrado, p. 40-41.

172. Como veremos no capítulo 5, esse mesmo tema é abordado por C. S. Lewis em uma de suas obras ficcionais: *O grande abismo*.

místico é aquele que sabe que "o mundo visível não esgota a realidade",[173] e que experimenta uma "espécie de rompimento e ruptura do mundo inteiro; a vivência de algo inteiramente novo: luz ou fogo, ardor de amor, ou 'nada' ou um 'tu'".[174]

Trata-se, portanto, de um encontro com Algo que é "mais real do que a cadeira em que está sentado o místico, mais real do que tudo o que este considera realidade".[175] Encontro que despedaça toda e qualquer imagem representativa de Deus, por mais importante e significativa que esta seja, pois é encontro com uma outra realidade que supera mas não nega aquela em que se vivencia a experiência. Em certo sentido, portanto, a mística é profundamente iconoclasta.

Em *segundo lugar*, a experiência mística marca o sujeito no mais íntimo de seu ser. Não é experiência periférica ou abstrata, mas antes algo que afeta o místico tanto física como psicologicamente. Não são incomuns relatos de fenômenos extraordinários – visões, levitações, experiências de êxtase, jejuns prolongados etc. – que fornecem à mística uma dimensão de corporalidade integradora. O corpo é visto não como prisão da alma, a partir de uma antropologia pessimista fruto de uma concepção neoplatônica, mas como morada de Deus.[176]

> Essa habitação confere uma mística à existência humana. Os corpos de homens e mulheres são capazes de Deus, não somente daqueles que aderem a instituições religiosas, mas de todos os homens e mulheres. Essa mística encontra sua culminância no encontro desses corpos. O amor celebra a plenitude da possibilidade de Deus no Humano. O amor é a oração mais eficaz. Ele é a expressão mais clara da humanização/santificação dos homens e mulheres.[177]

Antes de avançarmos, é necessário ressaltar que, do ponto de vista da fé cristã, esses fenômenos extraordinários, por si mesmos, não podem ser critério exclusivo para comprovar a fonte divina de tais experiências místicas. Há outras maneiras – psíquicas, químicas, físicas etc. – para promover fenômenos dessa natureza. É preciso lembrar também que Jesus não disse aos seus discípulos que seu

---

173. VELASCO, J. M., El fenómeno místico, p. 297.

174. SCHILLEBEECKX, E., História humana, p. 101.

175. SCHILLEBEECKX, E., História humana, p. 102.

176. Esse tema será aprofundado nos tópicos seguintes, ao falarmos da compreensão paulina da experiência de Deus e Seu Espírito de acordo com a fé cristã.

177. ROCHA, A., O corpo nosso de cada dia, p. 30. Como veremos no capítulo 4, C. S. Lewis compreende a oração de forma muito semelhante à exposta aqui.

discipulado seria reconhecido por meio destes fenômenos extraordinários, mas sim pelo amor que exerciam em suas inter-relações (Jo 13,35).[178]

Em *terceiro lugar*, a mística gera alteridade, tanto em nível pessoal como cósmico. O senso de identificação com o(a) outro(a), de partilhamento de vida e irmandade, é comum em muitas tradições místicas, tanto do Oriente como do Ocidente. A partir das reflexões de Martin Buber, Josef Sudbrack cita duas maneiras de tal experiência de alteridade ocorrer: a primeira, bastante comum em religiões orientais, descreve um momento de "desautomatização dos conteúdos da consciência", por meio do qual são "rompidas todas as diferenciações na percepção da consciência: reservas, fixações, limitações; em suma, todos os fenômenos 'objetivos' são desligados; a consciência mergulha numa ausência radical de objetividade e se aproxima da própria origem, anterior a toda diferenciação".[179] A outra forma é a dialógica, por meio da qual a união mística não funde as consciências, destituindo a identidade pessoal; antes, a preserva e a fortalece através da experiência. Uma relação de amor entre duas pessoas pode ilustrá-la:

> (...) esse encontro e esse amor humano como experiência de unidade total para além de todo "objetivo" não dissolvem a individualidade dos dois parceiros, mas fortalecem-na na sua profundidade. Nessa experiência Buber torna compreensível a relação mística com Deus, a *unyo mystica*, como encontro: só de olhar para Deus, ou em sua ânsia por Ele, o místico fica tão seduzido que tudo, até ele mesmo, passa a segundo plano e é esquecido, tornando-se até um "nada", apesar de justamente com isso as forças do eu se fortalecerem.[180]

Do ponto de vista cósmico, este encontro do Sagrado na vida cotidiana conduz o místico a uma atitude de espanto que seduz e o sensibiliza à presença do mistério que percebe à sua volta, como presença real na existência, mas que não

---

178. Para Santa Teresa, essas graças extraordinárias não deveriam ser alvo das buscas dos discípulos e discípulas de Cristo. Em sua obra *Castelo Interior ou Moradas*, Santa Teresa apresenta cinco razões para sustentar suas afirmações: "A primeira é que, a condição para alcançá-los [os fenômenos extraordinários] antes de mais nada, é amar a Deus sem interesse algum. A segunda, porque não deixa de ser pouca humildade pensar que, por nossos miseráveis serviços, havemos de merecer tão alto favor. A terceira, porque a verdadeira preparação para estes favores é o desejo de padecer e imitar o Senhor, e não aspirar aos gostos divinos [...] A quarta é que Sua Majestade não está obrigado a conceder-nos tais graças. [...] A quinta razão é porque seria trabalhar inutilmente. Esta água divina não vem canalizada por aquedutos, como a precedente. Brota do manancial, de pouco servem nossos esforços. Quero dizer: por mais que meditemos e por mais que nos esforcemos e derramemos lágrimas, esta água não vem por meio de tais encanamentos. Só jorra quando Deus quer e para quem ele quer, muitas vezes quando a alma está descuidada." (SANTA TERESA, Castelo Interior ou Moradas, p. 84-85).

179. SUDBRACK, J., Mística, p. 26-27.

180. SUDBRACK, J., Mística, p. 28.

pode ser assumida como posse. Como vimos, essa experiência sempre ocorre com uma dimensão incomensurável, impossível de ser abarcada em totalidade, inesgotável. "Na autorrealização pelo amor a Deus", afirma Sudbrack, "que parece ser uma experiência do próprio nada, transparece também a experiência do mundo e seus anseios, que são vivenciados como 'nada'. Mas eles não são dissolvidos numa unidade com o absoluto, no encontro do místico com o absoluto, porém vivenciados mais profundamente na veracidade do seu ser".[181]

Vários autores ressaltaram a diversidade do termo "mística".[182] Por ser uma palavra "submetida a usos tão variados, utilizada em contextos vitais tão diferentes",[183] o termo mística precisa ser abordado a partir do reconhecimento da polissemia e ambiguidade conceitual. De fato, a "falta de precisão, para não dizer a confusão, no vocabulário místico constitui a dificuldade maior de qualquer estudo que se queira científico".[184] Como bem afirma Friedrich Heiler, "há tantas definições de mística quantos são os seres humanos que se ocupam dela seriamente".[185] Essa pluralidade etimológica repousa no dado subjetivo da experiência mística: ela trata de questões existenciais, vinculadas ao sentido da vida.[186] Por isso, escapam às definições meramente enciclopédicas.

A pluralidade na questão da análise desse conceito também se mostra nas diferentes religiões que partilham experiências com o mistério. Aqui, antes de tudo, seria preciso perguntar: a diversidade de experiências místicas em religiões distintas apresenta um substrato comum que possa identificar tais experiências como pertencentes a uma mesma família? Mesmo dentro da tradição cristã podem ser encontradas diferentes variedades de místicos e experiências místicas. "À luz da variedade dos tipos místicos descritos", argumenta Charles André Bernard,

---

181. SUDBRACK, J., Mística, p. 29.

182. De forma quase irônica, Bernard McGinn cita autores que confirmam tal dificuldade semântica: "Nenhuma palavra em nossa língua – nem mesmo socialismo – já foi empregado mais vagamente do que 'mística'", escreveu Dean Inge em 1899. "Provavelmente não há palavra mais mal utilizada hoje em dia do que 'mística'", ecoou Cuthbert Butler em 1923. As coisas melhoraram tão pouco na segunda metade do século XX que, em 1987, Louis Dupré admitiu: "Nenhuma definição poderia ser tão significativa quanto suficientemente ampla para incluir todas as experiências que, em algum momento ou outro, já foram descritas como 'mística'". (McGINN, B., As fundações da mística, p. 383-38).

183. VELASCO, J. M., El fenómeno místico, p. 17. Ao exemplificar essa questão, Velasco lembra que mística "é um dos termos mais confusos da língua francesa atualmente." (VELASCO, J. M., El fenómeno místico, p. 17). Sua abordagem é ter como ponto de partida os variados usos da palavra mística ao longo da história, para então encontrar uma estrutura característica nesses usos que possibilite classificar o termo mais apropriadamente.

184. BERNARD, C. A., Teologia mística, p. 57.

185. SUDBRACK, J., Mística, p. 11.

186. SUDBRACK, J., Mística, p. 11.

"quem não vê que escolher um dentre eles como norma absoluta procede de uma decisão bastante arbitrária: todos têm direito de cidadania na Igreja, e suas diferenças não aparecem imediatamente redutíveis".[187] Essas diferenças, obviamente, não negam sua compatibilidade e inter-relações, mas impõem limites e caminhos específicos para a reflexão sobre a mística, especialmente vinculada ao diálogo inter-religioso.[188]

2.2. Mística cristã: conceito e características

"Provai e vede que o Senhor é bom" (Sl 34,8). Essas são as palavras que o salmista escolhe para abordar a relação com Deus. A ênfase desse texto recai nem tanto sobre as doutrinas corretas sobre o Senhor, mas antes sobre o espaço dialogal de uma relação sensorial. Na ótica do salmista, Deus não é objeto para ser analisado exegeticamente, nem discurso sistematizado em catedrais dogmáticas, e muito menos texto para ser decorado nas reuniões litúrgicas. Deus é saboreado, tal qual se prova um fruto. A experiência de Deus é, assim, e antes de tudo, encontro com a vida inteira, com a beleza que seduz.

Com a mesma ousadia, os cristãos primitivos reproduziram tal pensamento: "o que temos ouvido, o que temos visto com os nossos próprios olhos, o que contemplamos, e as nossas mãos apalparam, com respeito ao Verbo da Vida" (1Jo 1,1). Ouvir, ver, tocar... são todas dimensões da concretude da vida. Esses sentidos foram santificados pela encarnação do Cristo de Deus.[189] Para o apóstolo Paulo, o "primeiro grande místico da história do Cristianismo",[190] toda a vida é experimentada em Cristo, pois "é Cristo que vive em mim" (Gl 2,20); todos os batizados

---

187. BERNARD, C. A., Teologia mística, p. 49.

188. Do ponto de vista das Ciências da Religião, Faustino Teixeira trata das possibilidades da construção do diálogo inter-religioso a partir da experiência mística. Em suas palavras, "a experiência mística provoca necessariamente um aprofundamento de si, um despojamento e desapego que impulsionam o sujeito para a dinâmica da alteridade" (TEIXEIRA, F., O desafio da mística comparada, p. 30). Tal abertura ao outro, contudo, esbarra na inflexibilidade de instituições religiosas, sempre vigilantes contra as afirmações ousadas dos místicos cristãos.

189. A consequência litúrgica e devocional desse fato (ao qual voltaremos posteriormente) é bem expresso por Alessandro Rocha: "Todo o nosso corpo deve ser comprometido na prática de nossa fé. Esta é a grande novidade do Cristianismo: Deus assumiu nosso corpo. Em Cristo todos os sentidos humanos ganham caráter sagrado: o toque, a visão, o paladar, a audição e o olfato transformam-se em canais do cuidado e do carinho de Deus. Apresentar nossos corpos a Deus é, nesse sentido, nos converter total e conscientemente ao jeito divino de expressar-se, ao próprio estilo de vida de Jesus." (ROCHA, A., Celebração dos sentidos, p. 24).

190. STRIEDER, I., Aspectos místicos no Corpus, p. 290. Sobre o tema, é importante ler a argumentação de Bernard McGinn sobre a importância dos textos paulinos e joaninos para místicos posteriores, durante a história cristã (McGINN, B., As fundações da mística: das origens ao século V, p. 116).

em Cristo foram revestidos de Cristo (Gl 3,27); e mesmo suas experiências místicas, apresentadas de forma muito discreta, são experiências em Cristo (2Cor 12,2). A centralidade cristológica em Paulo ressalta o caráter místico do encontro com Cristo, sem, contudo, abandonar a unidade entre o Jesus dos evangelhos que proclama o reino e o Jesus ressuscitado, centro da pregação paulina[191] e, de igual forma, sem rejeitar o mundo concreto como espaço de vivência da fé. Paulo, portanto, segue de perto a proposta da Encarnação como caminho de vivência mística e de seguimento de Jesus.

> Paulo não prescreve nenhum exercício para vivenciar experiências místicas. Nem entende como vivências místicas êxtases, ou quaisquer práticas ascéticas de negação da vida no dia a dia, ou de viagens, e aconselha: "quem não quiser trabalhar que também não coma" (2Ts 3,10). Ensina que o verdadeiro culto espiritual do cristão consiste em oferecer seu corpo como hóstia viva, santa e agradável a Deus, não se conformando com o mundo, para discernir a vontade de Deus quanto ao bom, ao agradável e ao perfeito (Rm 12,1-2). A proposta mística de Paulo não é panteística, nem de negação ou fuga do mundo. Nem é uma mística quietista apocalíptica, com êxtases e exercícios piedosos. Mas é uma mística cristológica, que significa deixar que o Espírito de Cristo dinamize o fiel para uma vida em que se busca a perfeição, através do serviço comunitário benéfico.[192]

Estar no mundo e, nele, experimentar Deus constituem uma das bases da fé cristã. Porque o modelo de vida é o cristológico, os(as) discípulos(as) de Jesus na história precisam reproduzir a lógica da encarnação do Filho que se esvazia de si

---

191. A este respeito, ver o esclarecedor artigo de Verner Hoefelmann para quem, apesar de à primeira vista não haver qualquer relação entre a pregação de Paulo e a tradição sinótica sobre Jesus, estas lacunas "não deveriam impedir-nos de enxergar os numerosos pontos de contato" presentes entre os dois. Em seu artigo, Hoefelmann aborda as reminiscências históricas do ministério de Jesus presentes na pregação de Paulo: "Jesus é descendente de Davi (Rm 1,3). Veio ao mundo como filho de mãe humana e esteve inserido no mundo judaico (Gl 4,4). Possuía irmãos (1Cor 9,5), um dos quais se tornou testemunha da ressurreição (1Cor 15,7) e líder da comunidade de Jerusalém (Gl 1,19;2,9,12). Fez-se servidor dos circuncisos (Rm 15,8). Esteve cercado por um grupo de doze discípulos (1Cor 15,5), dois dos quais (Cefas/Pedro e João) são nominalmente mencionados (Gl 1,18;2,9). Na noite em que foi traído, celebrou uma ceia de despedida (1 Cor 11,23-25). Sofreu a morte ignominiosa da cruz e foi sepultado (Gl 3,1; 1Cor 2,2; 15,4). Seu comportamento terreno é fonte de estímulo ou imitação para os cristãos (1Cor 11,1; 2Cor 10,1; Rm 15,2s)"; as referências paulinas explícitas às palavras de Jesus (1Cor 7,10-11 – Mc 10,9-12; 1Cor 9,14 – Lc 10,7; 1 Cor 11.23-25 – Lc 22,19-20); e as alusões à doutrina de Jesus (1Ts 5,1 – Mc 9,50; 1Ts 5,15 e Rm 12,17 – Mt 5,38-48; Rm 12,14 – Lc 6,27-28; Rm 13,8-10 e Gl 5,14 – Mc 12,28-31; Rm 14,13 – Mc 9,42; Rm 14,14 – Mc 7,15; Rm 16,19 – Mt 10,16; 1Cor 13,2 – Mc 11,23; 1 Ts 5,2 – Mt 24,43). Além de tudo isso, para este autor, "Paulo, assim como Jesus, também encara o presente como tempo fundamentalmente marcado pela incipiente ação salvífica-escatológica de Deus" (HOEFELMANN, V., Tudo faço por causa do Evangelho: Paulo e a boa-nova de Jesus Cristo, p. 81-83).

192. STRIEDER, I., Aspectos místicos no Corpus Paulino, p. 290.

mesmo para servir, sendo obediente até a morte de cruz (Fl 2,5-8). Aliás, é este o principal fundamento da teologia cristã: a encarnação. Segundo o evangelho joanino, Deus se fez carne, construiu tabernáculo entre nós e nos possibilitou enxergar sua graça e glória numa pessoa: seu próprio Filho, Jesus de Nazaré (Jo 1,18). É necessário levar a sério esta afirmação da fé cristã: Deus se faz pessoa, com rosto, peso, cheiro, pele, gostos, lágrimas e sorrisos; enfim, faz-se plenamente humano. Como diz, poeticamente, Rubem Alves:

> Deus fez-se corpo. Encarnou-se.
> Corpo: imagem de Deus.
> Corpo: nosso destino, destino de Deus.
> Isto é bom.
> Eterna divina solidariedade com a carne humana.
> Nada mais digno.
> O corpo não está destinado a elevar-se a espírito.
> É o Espírito que escolhe fazer-se visível, no corpo.
> Corpo: realização do Espírito: suas mãos, seus olhos, suas palavras, seus gestos de amor...
> Corpo: ventre onde Deus se forma. Maria, grávida, Jesus, feto silencioso, à espera, protegido, no calor das entranhas de uma mulher.
> Jesus: corpo de Deus entre nós.
> Corpo que se dá aos homens.
> Corpo para os corpos, como carne e sangue, pão e vinho.[193]

Deus se fez menino e descansou, na noite natalina, numa pobre manjedoura. "A esperança nasceu na noite de Natal".[194] Este símbolo do cristianismo, tornado visível em muitos presépios na época do Natal, representa um dos principais traços da fé cristã: a aproximação de Deus aos lugares pobres do mundo e o seu cuidado para com homens e mulheres necessitados do básico para uma vida digna. A encarnação faz da manjedoura um lugar acolhedor para todos os pobres e necessitados do mundo. Por causa do Verbo, encarnado num bebê descansando no colo de Maria, todas as manjedouras do mundo tornam-se lugares sagrados e todos os não lugares revelam-se habitação de Deus.

A Encarnação de Deus em Jesus de Nazaré representa verdadeira mundanização divina que santifica todo o mundo que é, por definição bíblica, bom e belo (Gn 1,31). Nesse sentido, vale o questionamento de Edson Fernando de Almeida:

---

193. ALVES, R., Creio na ressurreição do corpo, p. 47.

194. PIAZZA, O. F., A esperança, p. 80.

Se valores como a justiça, o amor, a verdade, a liberdade, a solidariedade recebem continuamente da teologia um profundo tratamento mítico-simbólico, a ponto de chegarem a uma identificação com o divino, por que o mesmo não acontece com a palavra beleza? Diz-se do divino que é justo, livre, santo, outro. Por que não dizer que é belo, delicioso, alegre, amante, sedutor? Por que, com raras exceções, só a pena dos místicos foi capaz de tal ousadia no registro escrito da experiência com o inefável?[195]

Por causa da Encarnação, a mística cristã não é encontro com o abstrato teológico-filosófico de doutrinas destituídas de graça. Ao contrário, o extraordinário de Deus ocorre no ordinário da vida. É assim, aliás, que o Espírito Santo se manifestava na comunidade cristã primitiva. Descrevendo a vida no Espírito experimentada pelos cristãos, Carlos Mesters afirma:

> De um lado, [esta descrição] deixa perceber, ainda que de longe, o aspecto extraordinário da experiência do Espírito na vida das primeiras comunidades cristãs. Por outro lado, por mais extraordinário que tenha sido, a experiência do Espírito estava encarnada em ações ordinárias e comuns da vida humana: falar, rezar, caminhar, viajar, orientar, cantar, criticar, decidir, ficar alegre, crescer, anunciar, servir etc. (...) o aspecto extraordinário da presença atuante do Espírito estava escondido no ordinário da vida de cada dia e era lá que devia ser descoberto pelo olhar da fé.[196]

Este se torna um importante critério de discernimento para a experiência mística cristã: o extraordinário do Espírito de Deus esconde-se e revela-se no ordinário e quotidiano da vida humana".[197] Ou, em outras palavras, a experiência mística não afasta do mundo concreto, no qual se vive a fé. A interioridade característica da mística não se opõe a qualquer atividade externa, como se esta conspurcasse aquela. Ao contrário, "a ação responsável e a experiência interior devem vir juntas, elas são uma coisa só".[198]

> No místico cristão, porém, a experiência de Deus não exclui a história com suas exigências, mas Deus, como fundamento do aquém, exige o envolvimento no mundo presente. Afinal, ele é a realidade que se realiza no além.

---

195. ALMEIDA, E. F., A espiritualidade da beleza, p. 181.
196. MESTERS, C., Descobrir e discernir o rumo do Espírito, p. 26-27.
197. MESTERS, C., Descobrir e discernir o rumo do Espírito, p. 27.
198. SUDBRACK, J., Mística, p. 98.

Assim, o místico, justamente na sua interioridade, recebe a missão de cuidar ativamente do mundo.[199]

Este conjunto mística-alteridade-serviço revela-se, de forma muito consistente, na prática de Jesus de Nazaré. Sua vida de intimidade com Deus, por meio da oração, o conduzia ao encontro das pessoas, sobretudo as que mais sofriam. No Evangelho de Mateus, por exemplo, Jesus ora ao Pai, agradecendo pela revelação do Reino de Deus aos pequeninos e, em função disso, pode, logo a seguir, reconhecer nestes mesmos pequeninos gente cansada e sobrecarregada pelo fardo da religião, oferecendo-lhes seu descanso (Mt 11,25-30). No mesmo evangelho, a Transfiguração de Jesus – experiência mística vivenciada pelos discípulos – é sucedida pelo encontro com um pai que sofre por seu filho possesso (Mt 17,1-20). "Há, portanto, nessa mística de intimidade com Deus Pai Todo Amoroso, um simétrico comportamento amoroso entre o Pai e o Filho, entre um 'Eu e Tu' humano e divino que se fundem num só, gerando um poder capaz de restaurar vidas".[200]

Por essa razão, a mística cristã valoriza momentos de interioridade, no qual se busca ao Pai que vê em segredo (Mt 6,6), na mesma proporção em que se busca o próximo faminto, sedento, nu, preso ou enfermo, para atendê-los em suas necessidades (Mt 25,31-46).

Poderíamos dizer ainda que a mística cristã, nos evangelhos, acontece no permanecer uma tarde com o Homem de Nazaré, em sua casa (Jo 1,38-39); no pedir sua presença na moradia do caminho de Emaús e reconhecê-lo no partir do pão (Lc 24,28-32); no quedar-se a seus pés para ouvir o que Ele tem a dizer (Lc 10,39); no descansar a cabeça no colo do Mestre durante a ceia (Jo 13,23); no estar com Ele em suas tentações (Lc 22,28) e, por isso, ser considerado seu amigo (Jo 15,15). Todas essas expressões bíblicas remetem a uma experiência concreta e viva, que gera relação de amizade que se sente no toque compartilhado de uma vida em comum, e não se reduz às descrições dogmáticas ou doutrinárias. Nesse mesmo sentido, afirma Leonardo Boff:

> Espiritualidade tem a ver com experiência, não com doutrina, não com dogmas, não com ritos, não com celebrações, que são apenas caminhos institucionais capazes de nos ajudar na espiritualidade, mas que são posteriores à espiritualidade. Nasceram da espiritualidade, podem conter a espi-

---

199. SUDBRACK, J., Mística, p. 99.
200. CORREIA JÚNIOR, J. L., A espiritualidade e a mística de Jesus, p. 314.

ritualidade, mas não são a espiritualidade. São água canalizada, não a fonte da água cristalina.[201]

Assim, "nosso desafio consiste então em descobrir como passar da cabeça, onde está a doutrina sobre Deus, para o coração, onde se encontra a realidade viva de Deus. Deus está em nosso coração".[202] Esse encontro-relação que é, ao mesmo e indivisível tempo, belo e sedutor, é possibilitado pela mística cristã. Esta pode ser definida como "a *experiência do mistério de Deus*, ou experiência de Deus. Refere-se ao mistério de Deus revelado em Cristo, para toda a humanidade".[203] Lida nessa chave teológica, a mística cristã tem tudo a ver com a autocomunicação de Deus ao mundo, tornada plena em Jesus de Nazaré. Reafirmamos, portanto, um ponto decisivo para a compreensão e vivência da fé cristã: os cristãos não creem num Deus tornado livro (ainda que este livro seja a Escritura), mas sim num Deus esvaziado, que assume integralmente a forma humana (Fl 2,5-8); um Deus-Emanuel, com rosto, cheiro, suor, lágrimas e sorrisos, um Deus festeiro, amante da partilha da sua mesa.

A experiência mística nos conduz ao seguimento de Jesus. Assim, por meio dela, somos conduzidos ao *ultrapassamento* de si mesmo e ao encontro com o outro, num único e mesmo movimento. A *unio mystica* é encontro que destrói o egoísmo e propõe a alteridade reafirmadora da própria identidade. "Só de olhar para Deus, ou em sua ânsia por Ele", afirma Sudbrack, "o místico fica tão seduzido que tudo, até ele mesmo, passa a segundo plano e é esquecido, tornado-se até um 'nada', apesar de justamente com isso as forças do eu se fortalecerem".[204] Assim, a experiência de Deus vivenciada na *unio mystica* revela-se libertadora, embora ela seja intensamente sentida. A ferida da experiência mística com Deus é dor que é desejada porque é "ferida por uma tão excelente causa".[205]

> Na vida de Teresa de Jesus, tratou-se da experiência de receber subitamente uma centelha do "grande amor que o Senhor lhe tem", em oração. Fato tremendo e desconcertante. Parece que uma seta lhe foi metida no coração, no mais vivo de suas entranhas e que deixa uma "chaga" da ausência de Deus

---

201. BOFF, L., Espiritualidade, p. 66.
202. BOFF, L., Espiritualidade, p. 54.
203. PEDROSA-PÁDUA, L., Mística, mística cristã e experiência de Deus, p. 351.
204. SUDBRACK, J., Mística, p. 28.
205. PEDROSA-PÁDUA, L., Santa Teresa de Ávila, p. 112.

> (...) Deus mesmo é amor irresistível e o desejo profundo de quem ama só pode ser respondido pela força do amor de Deus.[206]

Esta libertação refere-se não apenas às estruturas de poder, mas também a uma concepção de racionalidade fechada e dualista que "reduz a tarefa de percepção da realidade a uma só dimensão da existência humana: a razão concebida como consciência e sede do ser" e que, por sua dinâmica hierarquizante, "impede em última análise que nos realizemos como seres complexos".[207]

No lugar deste racionalismo redutor, é possível propor um raciovitalismo[208] que compreende a vida como sustentadora e propulsora da racionalidade humana e que é capaz de superar reduções epistemológicas ou dualismos antropológicos na busca pela integração de todas as dimensões do humano. Afastar-se de dualismos – todos prejudiciais à vida e a fé em Deus – é o pavimento deste caminho, rumo a uma prática teológica relevante e madura, capaz de (re)unir dogmática e mística, prática teológica-acadêmica e prática devocional-litúrgica, pois ambas são oriundas da mesma experiência de Deus: a experiência mística cristã.

> Precisamente, o ir além da Cristandade é ir para o autêntico cristianismo. O chegar a um cristianismo não religioso, ou não tão religioso, significa o chegar a um cristianismo mais cristão, menos atado ao poder, ao peso das estruturas hierárquicas, e mais místico. Portanto, mais livre.[209]

Ora, nesse sentido, faz-se necessário distinguir entre fé e crença, isto é, entre o encontro místico com Deus e a expressão desse encontro, que sempre ocorre numa cultura e num momento histórico específicos.[210] E a partir dessa distinção, também é preciso questionar: como vincular experiência e teologias sistemáticas de modo que estas não se transformem em prisões para aquela? Como devolver à teologia a capacidade de nomear o inominável,[211] de expressar, ainda que de forma

---

206. PEDROSA-PÁDUA, L., Santa Teresa de Ávila, p. 113.

207. ROCHA, A., Razão e experiência, p. 19.

208. Vale ressaltar a importância desse termo e seu desenvolvimento, especialmente no pensamento de M. Maffesoli. Segundo este autor, essa nova proposta epistemológica reconhece a existência de "uma estreita ligação entre um conceito – que caracteriza um povo, uma civilização, uma comunidade específica – e a vida que o exprime." (MAFFESOLI, M., Elogio da razão sensível, p. 63). Trata-se, portanto, de uma "racionalidade orgânica." (MAFFESOLI, M., Elogio da razão sensível, p. 64).

209. BEHCHOT, M., apud MENDOZA-ÁLVAREZ, C., O Deus escondido da pós-modernidade, p. 149.

210. A respeito: HAIGHT, R., Dinâmica da teologia, p. 46-49. Importa também a análise que Tillich faz do desenvolvimento do dogma cristão e sua reelaboração para novos tempos (TILLICH, P., História do pensamento cristão, p. 18-23).

211. "A experiência teológica", afirma Alessandro Rocha, "parte do dado colocado pela experiência religiosa: 'há uma presença a ser experimentada...'. Contudo, não para nesse dado, o nomeia, mesmo que para isso tenha que ousar dizer o indizível. Ousar, portanto, significa que a teologia tenta nomear o inominável, e o faz da única forma possível: no recurso dialético da linguagem, da mediação cultural" (ROCHA, A., Caminhos da experiência rumo à morada mística, p. 68).

titubeante, o encontro real com o Sagrado sem que esta nomeação seja elevada à condição de um ídolo e sem que se perca a sua dimensão de transitoriedade?

São perguntas e reflexões necessárias. Fazê-las implica a possibilidade de restituir à teologia sua dimensão mistagógica, de encontro com o Mistério característico de toda experiência mística. Há um risco sempre presente de lidar com a reflexão científica a partir de uma análise redutora. Quando isso ocorre, a institucionalização desse tipo de reducionismo epistemológico cria um discurso fechado, que geralmente é manipulado por um determinado grupo que se torna detentor do saber e ao qual deve-se submissão. Do ponto de vista da história da teologia, este tema, por diversas vezes, esteve presente de forma muito concreta. Em variadas ocasiões, a reflexão teológica, pautada pelo direcionamento ao transcendente, ao absoluto, ao Deus-Mistério com o qual se deseja relacionar, acabou promovendo caminhos de rejeição à alteridade, em nome de uma suposta defesa apologética. E quando isso ocorre, o elemento do Mistério corre o risco de ser "aprisionado" pela teologia dogmática, criadora de um sistema fechado que acaba se tornando um fim em si mesmo. Assim, paradoxalmente, divorcia-se a experiência religiosa do Mistério que, originalmente, a gerou. Sobre esse tema, observa Leonardo Boff:

> Ao substantivar-se e institucionalizar-se em forma de poder, seja sagrado, social, cultural e militar (como nos Estados Pontifícios de outrora), as religiões perdem a fonte que as mantêm vivas – a espiritualidade. No lugar de homens carismáticos e espirituais, passam a criar burocratas do sagrado. Ao invés de pastores que se colocam no meio do povo, geram autoridades eclesiásticas, acima do povo e de costas para ele. Não querem fiéis criativos, mas obedientes; não propiciam a maturidade na fé, mas o infantilismo da subserviência. O resultado é a mediocridade, a acomodação, o vazio de profetas e mártires e o emudecimento da palavra inspiradora de novo ânimo e de nova vida. As instituições podem tornar-se, com seus dogmas, ritos e morais, o túmulo do Deus vivo.[212]

Como afirmamos, o desenvolvimento dos dogmas de fé comprova essa afirmação. Originalmente, os dogmas foram desenvolvidos como defesa da fé cristã, ameaçada pelo encontro com novos ambientes e pensamentos distintos, e, assim, consistiam em expressão de uma "realidade específica, a realidade da Igreja".[213] Esse sentido indica a vitalidade e força dinâmica que este termo deveria

---

212. BOFF, L., Espiritualidade, p. 28-29.
213. TILLICH, P., História do pensamento cristão, p. 20.

carregar consigo, pois os dogmas tratam, na verdade, de "expressões profundas e maravilhosas da verdadeira vida da Igreja",[214] que relacionam sua piedade, devoção e crenças.

Porém, em múltiplas ocasiões na história cristã, os dogmas tornaram-se sistemas teológicos fechados, incapazes de abrir-se a outras ciências e perspectivas do conhecimento; tornaram-se "poderes repressivos destinados a produzir desonestidade e fuga"[215]. Eis aqui o grande perigo de qualquer sistema teológico e da própria Teologia como um todo: transformar-se numa prisão, num ambiente sufocante e doutrinador, devido a uma identificação com o que se compreende como "resposta definitiva e final"[216] acerca de Deus e sua revelação. Segundo Tillich, quando isso ocorre, o sistema teológico pode "se separar da realidade e se transformar em algo, por assim dizer, acima da realidade que pretende descrever".[217] Em suas palavras:

> Ora, os sistemas não são feitos para permanecermos neles. Os que se prendem dentro de determinados sistemas começam a sentir, depois de algum tempo, que os sistemas se transformaram em prisão. Se vocês criarem sistemas teológicos, como eu criei a minha teologia sistemática, será preciso ir além do sistema para não se aprisionar nele. Não obstante, o sistema é necessário por sua consistência.[218]

Analisando o discurso produzido pelo Magistério da Igreja Católica, Leonardo Boff defende que a doutrina tida como infalível e divina, articulada pelo Magistério da Igreja, não abre espaço para quaisquer questionamentos que surjam da vida: "a vida, a experiência e tudo o que vem de baixo é substituído pela doutrina"[219], que torna-se critério último para julgamento de todas as coisas. A doutrina torna-se, assim, mais importante que a vida humana. Nessa perspectiva, vale mais fazer cumprir a Lei – normalmente contra o próximo – que ser misericordioso na prática cotidiana. Essa, aliás, é a proposta do dogmatismo que recusa discursos diferentes, pois

> Quem é portador da verdade absoluta, divina e *sicut opportet ad salutem consequendam* não pode tolerar outra verdade. (...) A salvação, portanto, depen-

---

214. TILLICH, P., História do pensamento cristão, p. 23.

215. TILLICH, P., História do pensamento cristão, p. 23.

216. TILLICH, P., História do pensamento cristão, p. 19.

217. TILLICH, P., História do pensamento cristão, p. 19.

218. TILLICH, P., História do pensamento cristão, p. 19. Ressaltamos mais uma vez a importância da dogmática como berço do qual surgem novas ideias e propostas para a teologia cristã em sua relação com o mundo.

219. BOFF, L., Igreja: carisma e poder, p. 73-74.

de do conhecimento da verdade ortodoxa. Discurso e ser coincidem: quem tem a verdade divina está a salvo. A verdade é mais decisiva que a bondade.[220]

Tal perspectiva também se cumpre, em maior ou menor grau, no meio protestante. Importa aqui ressaltar que a dogmática não é o mesmo que dogmatismo. Enquanto a primeira se ocupa da sistematização das experiências de fé, o dogmatismo considera os dogmas como instrumentos de defesa da univocidade do discurso teológico; este é prática presente em nosso tempo, tanto em campo católico como protestante. Nesta lógica, qualquer pessoa que critica os dogmas é indicado publicamente como "anátema" para o restante da comunidade de fé. O dogmatismo que gera a ortodoxia produz uma estrutura aprisionadora que julga os discursos teológicos alheios, um juízo punitivo de todo o diferente.

Vale dizer que a existência do dogmatismo revela a presença de determinados grupos sociais e religiosos interessados em promulgar determinadas ideias e conceitos. É o que afirma Alexandre de Carvalho Castro, em seu *A sedução da imaginação terminal*. Segundo o autor, por detrás, e servindo como base estrutural para esse tipo de pensamento repetidor e repetitivo, existem mecanismos propositadamente estabelecidos com o fim de hegemonizar o pensamento teológico, formatando-o de acordo com uma ideologia específica previamente elaborada, desenvolvendo "a sistemática da teologia controlada, selecionada, organizada e redistribuída por um certo número de procedimentos de prescrição e exclusão encontrados no discurso".[221]

A partir das teorias de Michael Foucault – que defende a intencionalidade da produção, controle, seleção e distribuição do discurso[222] – Alexandre conclui que a mera repetição de um pensamento teológico, sem inovações ou críticas, conduz a imaginação e a criatividade a um estado terminal, no qual todas as possibilidades do pensar estão fadadas a um círculo hermeticamente fechado. Em outras palavras, o pensamento fica circunscrito àquele já estabelecido como "correto" e "aceitável"; qualquer passo além disso é imediatamente menosprezado, limitado, criticado e, finalmente, posto de lado como herético diante de uma percepção redutora da teologia sistemática. Sua análise tem como alvo "a sistemática da teologia controlada, selecionada, organizada e redistribuída por um certo número de procedimentos de prescrição e exclusão encontrados no discurso".[223]

---

220. BOFF, L., Igreja: carisma e poder, p. 74.

221. CASTRO, A. C., A sedução da imaginação terminal, p. 16.

222. Segundo Foucault, a imposição de regras serve para elitizar o discurso, impedindo o acesso daqueles que não satisfizerem certas exigências pré-estabelecidas. Em suas palavras, "há as 'sociedades de discurso', cuja função é conservar ou produzir discursos, mas para fazê-los circular em um espaço fechado, distribuí-los somente segundo regras estritas, sem que seus detentores sejam despossuídos por essa distribuição" (FOUCAULT, M., A ordem do discurso, p. 36-37).

223. CASTRO, A. C., A sedução da imaginação terminal, p. 16.

Entretanto, a experiência religiosa não pode ser reduzida à doutrina, ainda que considerada ortodoxa, pois é, antes de tudo, uma experiência de encontro com uma realidade além das palavras, um encontro concreto, mas que não pode ser reduzido à concretude da letra nem cerceado por certezas absolutizadas. Essa dimensão de inefabilidade da experiência de Deus deve ser levada em consideração pela reflexão teológica. Portanto, há espaço, na teologia, para a dúvida, para a crise, para os questionamentos, para a equivocidade do discurso. Respostas prontas carecem justamente do que poderia servir aos homens e mulheres em suas crises existenciais: o elemento humano, que enxerga o ser existencialmente e não metafisicamente. Nesse sentido, a ideia de um ser humano universal deve ser rejeitada justamente por sua falta de concretude existencial. Como bem afirma Miguel de Unamuno:

> *Homo Sum; nihil humani a me alienum puto*, disse o cômico latino. Eu diria melhor: *Nullum hominem a me alienum puto*. Sou homem: nenhum outro homem considero estranho. Porque o adjetivo *humanus* me é tão suspeito quanto o substantivo abstrato *humanitas*, a humanidade. Nem o humano, nem a humanidade, nem o adjetivo simples, nem o adjetivo substantivado, mas sim o substantivo concreto: o homem. O homem de carne e osso, aquele que nasce, sofre e morre — sobretudo o que morre — aquele que come e bebe e joga e dorme e pensa e ama, o homem a quem vemos e ouvimos, o irmão, o verdadeiro irmão. Porque existe aí outra coisa, a que também chamam homem e constitui pretexto para não poucas divagações mais ou menos científicas. E vem a ser o bípede implume da lenda, o *zoom politikon* de Aristóteles, o contratante social de Rousseau, o *homo economicus* dos manchestereanos, o *homo sapiens* de Lineu, ou, se assim o quiserem, o mamífero vertical. Um homem que não é daqui ou dali, nem desta época nem doutra, que não tem sexo nem pátria, o homem pura ideia, tudo menos um homem. O nosso homem é o homem de carne e osso: sou eu; és tu, leitor; e aquele outro de mais além, somos todos nós os que pisamos a terra.[224]

Tudo o que esse tipo de teologia divorciada da vida pode produzir são consolos vazios e explicações pueris. Pois, como afirma Barcellos, "a revelação é antes uma pergunta que uma resposta".[225] Justamente por isso, a exigência da reflexão teológica contemporânea é reafirmar a metáfora como expressão de toda lingua-

---

224. UNAMUNO, M., Do sentimento trágico da vida, p. 11.
225. BARCELLOS, J. C., Literatura e teologia, p. 25.

gem humana, em especial a que se refere ao Transcendente.²²⁶ A imagem nela expressa não é capaz de esgotar o sentido daquilo que se deseja transmitir, pois caso contrário, a imagem se torna tão ou mais importante que a realidade da qual busca ser reflexo.

Como afirmamos, há uma impossibilidade linguística em definir/confinar Deus. Os escritos místicos traduzem esta realidade. Vemos isso, por exemplo, na(s) tentativa(s) de Santa Teresa descrever a sua experiência de Deus: as palavras lhe escapam, não porque a sua experiência se deu com algo abstrato demais para ser descrito, mas sim porque foi uma experiência com algo tão real e tão mais concreto que as palavras tornam-se insuficientes²²⁷.

> Teresa percebe que todas as imagens de Deus são insuficientes e incapazes de expressar adequada e apropriadamente a realidade. Todas fracassam devido à presença de Deus. No entanto, a inefabilidade não é um silêncio vazio, mas sim a escuta de uma Presença que anima e faz viver. Por mais que se fale de Deus, muito mais ainda fica por dizer, pois Deus mesmo é Presença inesgotável.²²⁸

E ainda:

> A experiência mística é *inefável*, o que faz com que o místico busque linguagem que expresse o que tão claramente entende ser verdade, mas para que, no entanto, não encontra as palavras adequadas. O recurso a expressões paradoxais é recorrente, pois a experiência extrapola o conhecimento racional-lógico da realidade.²²⁹

---

226. A este respeito, diz Lewis: "Todos estão familiarizados com este fenômeno linguístico e os gramáticos o chamam de metáfora. É, porém, um grave erro pensar que a metáfora é algo opcional que poetas e oradores podem colocar em suas obras como decoração e os que falam com simplicidade podem abster-se dela." (LEWIS, C. S., Milagres: um estudo preliminar, p. 68).

227. Dentre tantas passagens teresianas, citamos a expressão que aparece em uma de suas principais obras: Castelo Interior ou Moradas. Nela, afirma a mística doutora: "O Senhor aparece no centro mesmo da alma como apareceu aos apóstolos – fechadas as portas – e lhes disse: *pax vobis!* É um mistério tão grande, uma graça tão sublime que, num instante, Deus comunica à alma! Não sei a que compará-la. É intensa a felicidade de quem se sente inundada! Parece querer, o Senhor, naquele momento, manifestar à alma a glória do céu, de um modo mais elevado que em nenhuma outra visão ou gosto espiritual." (7 Moradas 2.3). É esta expressão tão enfática – "não sei a que compará-la" – que revela a insuficiência e o fracasso da linguagem para nomear ou definir Deus. A este respeito, afirma Lúcia Pedrosa-Pádua: "São muitos os testemunhos de Teresa que nos falam da impossibilidade da linguagem para falar de sua experiência, do amor que sente ser comunicado. Enfim, é impossível falar de Deus. Teresa não se sente capaz de fazê-lo. O objeto de sua experiência é maior do que suas possibilidades e parece impossível que haja palavras para comunicá-lo" (PEDROSA-PÁDUA, L., Santa Teresa de Jesus, p. 305).

228. PEDROSA-PÁDUA, L., Santa Teresa de Jesus, p. 307.

229. PEDROSA-PÁDUA, L., Mística, mística cristã e experiência de Deus, p. 367.

Toda imagem de Deus é, por isso mesmo, um símbolo que revela uma linguagem aproximativa, que, ao mesmo tempo que reconhece a sua insuficiência para expressar a experiência de Deus, também afirma tal linguagem como lugar desta expressão. Curioso paradoxo que é bem presente na experiência mística cristã. "Quanto maior a revelação, maior a grandeza de Deus. Quanto mais próximo de nós, maior sua transcendência. (...) Sem identificar-se com elas, Deus revela sua grandeza e seu amor nas criaturas".[230] Como afirma São João da Cruz:

> a alma se exprime, de certo modo, com a mesma abundância e impetuosidade do amor que a move e inspira, não penso agora em descrever toda a plenitude e profusão nelas infundida pelo fecundo espírito de amor. Seria, ao contrário, ignorância supor que as expressões amorosas de inteligência mística, como são as das presentes Canções, possam ser explicadas com clareza por meio de palavras. (...) Na verdade, quem poderá escrever o que esse Espírito dá a conhecer às almas inflamadas no seu amor? Quem poderá exprimir por palavras o que ele lhes dá a experimentar? E quem, finalmente, dirá os desejos que nelas desperta? Decerto, ninguém o pode. De fato, nem as próprias almas nas quais isto se passa podem exprimi-lo. Este é o motivo de empregarem figuras, comparações e semelhanças, para com elas esboçar apenas algo do que sentem.[231]

Aliás, as verdades da teologia devem, antes de tudo, ser saboreadas. Esta dimensão da ternura na experiência de Deus, do sentir-se acolhido, não por um corpo de ideias sistematizadas e tornadas inertes sob a dureza da letra, mas por um coração que pulsa, uma boca que fala, por braços que não estão encolhidos para não poder salvar e por ouvidos atentos ao clamor de quem sofre (Is 59,1), tal é a experiência de fé que alimenta e sustenta toda teologia.

Portanto, a metáfora é condição essencial à linguagem religiosa. "A verdade é que se tivermos de falar sobre coisas que não são percebidas pelos sentidos, somos forçados a usar a linguagem figurada. (...) toda conversa sobre supersensíveis é, e deve ser, metafórica no mais elevado grau".[232] Esquecer-se disso faz da teologia, enquanto discurso elaborado a partir da experiência mística, uma prisão para

---

230. PEDROSA-PÁDUA, L., Santa Teresa de Jesus, p. 307-308.

231. SÃO JOÃO DA CRUZ, Cântico espiritual, p. 11-12.

232. LEWIS, C. S., Milagres, p. 68. Para Lewis, o termo "supersensíveis" diz respeito à realidade transcendente, própria das experiências religiosas em geral e do cristianismo em particular. Em *O grande abismo*, Lewis apresenta essa mesma ideia por meio de uma ficção fantástica. Veremos isso, com maiores detalhes, no capítulo 5.

um Deus transformado em ídolo; "ao bezerro não faz falta que seja de ouro; pode ser também de ideias".[233] Por essa razão, afirma Alessandro Rocha:

> Essa mesma experiência [experiência humana de Deus] é ponto de partida, pois aquele que foi nomeado pode com muita facilidade se degenerar num ídolo, inviabilizando mais uma vez o relacionamento. Esse ponto de partida marca um momento de jornada espiritual que conduz à profundidade da experiência humana de Deus: a mística. Tal jornada é marcada pela dinâmica da desnomeação/re-nomeação. O ídolo construído precisa ir ao chão para que haja relacionamento com Deus.[234]

Nesse sentido, todas as falas humanas sobre Deus fracassam em aprisioná-lo no interior de discursos teológicos. Tal fracasso revela-se paradoxal, pois expõe, em um único e mesmo momento, não a impossibilidade de se ter relacionamento com Deus, mas sim que esse relacionamento ocorre no silêncio humano. "O mistério divino é inefável", afirma mais uma vez Panikkar, e "o silêncio é a matriz de toda palavra autêntica. Do silêncio primordial surgiu o *logos*, escreveu Santo Ireneu. O silêncio é a encruzilhada entre o tempo e a eternidade".[235] Este silêncio, que sabe escutar a voz do Espírito de Deus, demonstra, de forma mais clara que infinitas palavras, o amor e a misericórdia do Salvador que se revela a nós. Este calar diante da Palavra em si mesma é a atmosfera no interior da qual ocorre o encontro com Deus. Trata-se, pois, da dimensão mística da fé.

É esta dimensão mística que serve como ponto de contato e ponte hermenêutica entre a experiência de Deus e a teologia como palavra segunda, isto é, como expressão histórica e culturalmente situada desse encontro com o Mistério que é Deus. Pois Deus se revela ao ser humano, mas não pode ser captado em inteireza. Toda experiência religiosa é culturalmente condicionada. Justamente por isso, a cultura pode constituir uma dimensão mistagógica, que interpreta todo o cosmo como o lugar da manifestação/revelação de Deus e da recepção/interpretação humana desse desejo divino de relacionar-se com sua criação.[236] Sendo assim,

---

233. PANIKKAR, R., Ícones do mistério, p. 24.

234. ROCHA, A., Caminhos da experiência rumo à morada mística, p. 70.

235. PANIKKAR, R., Ícones do mistério, p. 47-48.

236. A possibilidade descrita acima – do reconhecimento da dimensão mística da cultura – é negada pela cultura secularizada, que, em maior ou menor grau, desenvolveu-se no Ocidente cristão nos últimos séculos. "A secularização da sociedade e da cultura", afirma Juan Martin Velasco, "eliminou determinadas formas de presença da religião em nosso mundo: sua presença como chave para a organização da sociedade, como sistema de respostas às perguntas que deixam pendentes o saber e o poder do homem, como fator aglutinador da sociedade, a algumas outras." (VELASCO, J. M., A experiência cristã de Deus, p. 20). Con-

na cultura humana surgem os lampejos da eternidade sobre o tempo. Todo o universo é, para usar a expressão de Paul Tillich, "o santuário de Deus",[237] um cosmo inundado da presença divina, na qual somos imersos, "vivemos, nos movemos, e existimos" como afirma o apóstolo (At 17,28).

A experiência mística cristã revela a nudez humana diante do Criador que convida este mesmo ser humano a passear com Ele na viração do dia (Gn 3,8). Por saber-se nu diante de Deus, é possível ser por Ele vestido com graça e pacificação da consciência. A experiência cristã de Deus coloca diante de nós um Deus que não acusa, mas que acolhe de forma misericordiosa, por meio da formulação de uma pergunta de caráter existencial e relacional: "Onde estás?" (Gn 3,9). Um universo de diálogo se esconde nessa pergunta! Trata-se de uma experiência pela qual até a morte é resignificada, não mais como abandono no ocaso do universo, mas como reencontro com o Criador que acolhe com braços de Pai.[238] Doce experiência, nunca prisioneira do horizonte hermenêutico do místico, mas sempre se servindo dele para vir à superfície da consciência humana. Expressões belas do amor divino, derramado em nossos corações pelo Espírito Santo (Rm 5,5) cujos símbolos neotestamentários – uma pomba e um fogo – relembram a paz e o ardor interior dos que são por Ele encontrados na vida.

A conclusão desse último parágrafo nos conduz às consequências da experiência mística cristã na vida, já afirmadas anteriormente: por um lado, redescobre-se a beleza da criação e da vida, resignificando a cultura como *locus* teológico. Por outro lado, reafirma-se o caráter da práxis cristã no mundo, única forma pela qual o amor, claro na experiência mística, é concretizado como elemento soteriológico. "Nós sabemos que já passamos da morte para a vida porque amamos os irmãos; aquele que não ama permanece na morte" (1Jo 3,14).

A soteriologia do Reino de Deus vincula-se aos atos de amor e cuidado expressos no cotidiano, e não se esgota na adesão a uma fé em um corpo de dou-

---

tudo, este mesmo autor reconhece o que ele denomina de "rumores de transcendência na sociedade secularizada", isto é, a afirmação de que esta sociedade secularizada "não conseguiu, contudo, eliminar todas as pegadas da presença que a vida religiosa origina e que pulsa, sob as formas mais variadas, até na vida mais secularizada." (VELASCO, J. M., A experiência cristã de Deus, p. 20). Abordando nosso contexto cultural e religioso contemporâneo, Lúcia Pedrosa-Pádua afirma: "Ele [Deus] é mais do que um sobrevivente, pois permanece vigorosamente em nosso universo cultural como aquele que é buscado. Arriscaria dizer que vivemos um momento de buscas religiosas, místicas e inter-religiosas. São muitos os 'sinais de transcendência', na expressão de P. Berger. E esta não é redutível às análises das ciências humanas, mas tarefa, também, da reflexão teológica." (PEDROSA-PÁDUA, L., Espaços de Deus, p. 22).

237. TILLICH, P., Textos selecionados, p. 52.

238. Esse mesmo tema é abordado por C. S. Lewis em suas obras de ficção, em especial *A Trilogia Cósmica* e *As crônicas de Nárnia*. Essas obras serão analisadas num capítulo posterior.

trinas ou mesmo ao cumprimento litúrgico do culto. No juízo final, a pergunta não estará relacionada a tais doutrinas ou práticas de culto, mas sim aos atos de compaixão e misericórdia expressos no cuidado para com o outro, sobretudo aos mais fracos e marginalizados (Mt 25,31-46). Por isso, a evidência da fé em Cristo não é abstrata, mas concreta e manifestada nos encontros com o outro, especialmente ao outro necessitado. Assim, dar alimento a quem tem fome, água a quem tem sede, vestir os nus, visitar os presos, e acolher ao próximo, amando-o como a si mesmo, são todas expressões da salvação de Jesus experimentada na vida. Aliás, em Jesus, a unidade mística com o Abba se dá tanto em sua espiritualidade, evidenciada em constantes e frequentes orações solitárias e em grupo com seus discípulos, bem como em sua vocação profética de denúncia da injustiça praticada sobretudo contra os pobres de seu tempo. Mística e ética, portanto, não podem ser divorciadas.

Também é importante ressaltar que o(s) fenômeno(s) que acompanham a experiência mística não servem como critério para se afirmar a experiência cristã de Deus. Pode-se alcançar determinados estados da mente e fenômenos diversos por meio de outros meios, inclusive ilícitos. Assim, o extraordinário pode acontecer, mas nem sempre provém de Deus e nem pode ser utilizado como crivo para determinar a Sua presença na experiência. A ordem de Jesus aos seus discípulos e discípulas não é que tivessem visões ou que experimentassem fenômenos extraordinários, mas que amassem uns aos outros, pois só o amor valida o seguimento de Cristo (Jo 13,34-35).

Por fim, a união mística (*unio mystica*) é encontro com Deus. Como já afirmamos, neste encontro se mantém a individualidade que é enriquecida e fortalecida pela experiência mística. Justamente por isso, as forças do eu se fortalecem. Vale fazer um paralelo dessa informação com o texto bíblico que afirma: "quem acha a sua vida, perdê-la-á; quem, todavia, perde a vida por minha causa achá-la-á" (Mt 10,39).

De igual maneira, não há unidade mística na fé cristã às custas da individualidade do místico que a experimenta. Antes, como disse Teilhard de Chardin, "a unidade do amor não dissolve a independência dos amantes, mas oferece a cada um dos parceiros uma segurança mais profunda em si mesmo".[239] A unidade trina de Deus, vivenciada em amor mútuo, é o que proporciona esta multiplicidade de "eus" no mundo criado. Esta unidade do amor não elimina a dualidade dos parceiros que a vivenciam, pois ela "aprofunda a peculiaridade dos parceiros".[240]

---

239. TILLICH, P., Textos selecionados, p. 30.
240. TILLICH, P., Textos selecionados, p. 33.

Tal experiência mística cristã, vale lembrar, não pode ser produzida. Na verdade, a relação com Deus não pode ser reduzida a parâmetros cartesianamente mensuráveis. Mas isso gera uma tensão constante entre a prática da mística e a graça do encontro com Deus, na qual "quanto mais graça ou existência Deus nos dá, tanto mais a ação humana encontra a sua própria liberdade".[241] O exercício da liberdade humana encontra seu ápice no próprio Deus que gerou espaço em si para que haja esta liberdade – Deus esvazia-se, ao criar, para que o outro exista. Assim, nas palavras de Sudbrack:

> Isso ocorre com a graça de Deus e a liberdade humana. Aqui concretiza-se o que foi mostrado pela experiência de eternidade e que surge novamente em outra conceituação: Deus, que é o próprio ser em si, corretamente entendido, não cria o mundo e o ser humano num espaço livre ao seu lado, mas em si e a partir de si. (...) Tudo o que foi criado faz parte do "ser" de Deus. O que foi criado é mais ligado ao ser, entendido existencialmente, quanto mais profundamente está no ser de Deus. Mas na sua ação livre o ser humano é totalmente ele mesmo, mais ligado ao seu ser do que em qualquer outro lugar; pois justamente nessa ação ele está totalmente inserido no "ser" de Deus.[242]

Do ponto de vista do desenvolvimento histórico da mística cristã, é interessante destacar, como afirmamos acima, que o termo mística nasce em contexto não cristão. Sua introdução no vocabulário cristão foi realizada "pelos Padres do Oriente cristão, no século III, como adjetivo".[243] Como tal, faz referência ao tema paulino do mistério de Deus que, segundo afirma o apóstolo em várias de suas cartas, se manifestou ao mundo em Cristo Jesus (Cl 1,26-27; Ef 3,9).

> A palavra "mística", que não aparece na Bíblia, só foi incorporada à Teologia Cristã por volta do século III, em Alexandria. O termo provém da língua grega, do adjetivo *mystikós*, relacionado com os verbos *myô*, que significa o procedimento de fechar os olhos e a boca para penetrar num mistério sem divulgá-lo, e *myeô*, iniciar-se nos mistérios.[244]

Nesse sentido, embora o termo não faça parte do Novo Testamento, é possível encontrar nos evangelhos e nas cartas (sobretudo as paulinas) elementos característicos da mística cristã. Aliás, uma das maneiras de Paulo retratar o relaciona-

---

241. SUDBRACK, J., Mística, p. 41.
242. SUDBRACK, J., Mística, p. 42.
243. PEDROSA-PÁDUA, L., Mística, mística cristã e experiência de Deus, p. 347.
244. CORREIA JÚNIOR, J. L., A espiritualidade e a mística de Jesus, p. 311.

mento entre Cristo e sua Igreja, na carta aos Efésios, é pela imagem do matrimônio, linguagem também típica dos textos místicos cristãos.

> Na mesma carta aos Efésios, no capítulo cinco, o termo mistério mais uma vez se refere ao casamento. (...) esse uso à primeira vista parece trazer de volta um sentimento que antes havia nos apocalipses hebraicos, no qual o termo indica a imagem particular de um elemento ou um aspecto do plano divino ainda não concluído. (...) No mistério, no qual o amor de Deus se revela, a imagem se torna realidade: é por isso que Cristo, o eterno Filho, casa a humanidade caída que ele ergue através da cruz no ápice de sua assimilação como sua criatura, e é neste casamento de sangue que a sua filiação se torna a nossa, que todos nós nos tornamos filhos com o Filho, no Filho.[245]

Assim, se por um lado, é anacrônico importar o termo para os textos neotestamentários, é correto, por outro lado, reconhecer que "o ensinamento encontrado nas epístolas paulinas também deve ser levado em conta ao se pesquisar a influência que ele teve sobre a mística cristã posterior".[246] De igual modo, "mais ainda do que Paulo, uma leitura do Evangelho de João e das cartas joaninas, especialmente 1João, revela imediatamente temas capazes de uma interpretação mística".[247]

Nos primeiros séculos, o termo mística recebe três significados distintos: 1) uma interpretação alegórica ou espiritual da Escritura; 2) uma interpretação litúrgica; 3) uma interpretação espiritual e teológica, referindo-se "à experiência mais íntima do cristão, fiel às revelações e aos dons que lhe foram concedidos. (...) Nos três sentidos descritos é mantida a relação entre mistério de Cristo e experiência, tanto comunitária como pessoal".[248]

Entre os séculos XIV e XV, o termo mística é usado pela primeira vez como substantivo, significando teologia. Lida nessa perspectiva, a teologia mística apresentou um aspecto prático e outro de caráter especulativo. Tal divisão constitui a semente de onde surgirá, a partir do século XVII, um divórcio entre mística e mistério.[249] Em certo sentido, ainda hoje é possível perceber o impacto dessa separação ocorrida séculos atrás. Em função disso, teologia e espiritualidade são vistas, muitas vezes, como irreconciliáveis.

---

245. BOUYER, L., Mysterion: dal mistero alla mística, p. 142.
246. McGINN, B., As fundações da mística, p. 118.
247. McGINN, B., As fundações da mística, p. 124.
248. PEDROSA-PÁDUA, L., Mística, mística cristã e experiência de Deus, p. 348-349.
249. PEDROSA-PÁDUA, L., Mística, mística cristã e experiência de Deus, p. 349.

O pensamento cartesiano operou uma redução no conceito da mística cristã. O divórcio entre teologia e espiritualidade que se iniciou neste período cobrou seu preço sobre ambas as dimensões da fé cristã. Separada de seu viés místico, a teologia tornou-se árida e "desencarnada"; desprovida da reflexão sistemática, a espiritualidade assumiu ares de culto popular, nem sempre coerente com a própria fé cristã.

> A partir da segunda metade do século XVII, a mística será identificada com a religião exaltada, será inserida no campo da espiritualidade "subjetiva", ou seja, devocional, fenomênica e introspectiva, reduzida a uma ascese individualista e rigorosa, desconsiderando-se os seus conteúdos teológicos, suas fontes bíblicas, patrísticas e litúrgicas e sua força profética.[250]

Tal divórcio receberá críticas cada vez mais presentes, especialmente a partir da segunda metade do século XX, quando os estudos sobre a mística cristã são assumidos com maior vigor na teologia. É o que veremos a seguir.

2.3. O lugar da experiência mística na prática teológica

O místico cristão São João da Cruz ressalta, no prefácio de sua obra *Cântico espiritual*, a importância da mística para a reflexão teológica. Defendendo seu escrito, afirma:

> Espero, portanto, que, embora se escrevam aqui alguns princípios de teologia escolástica acerca do trato interior da alma com seu Deus, não será inútil haver falado algum tanto puramente ao espírito da maneira que o fizemos; na verdade, se a V. Revma. falta o exercício da teologia escolástica com que se entendem as verdades divinas, não lhe falta, porém, o da teologia mística que se sabe por amor, e na qual não somente se sabem, mas ao mesmo tempo se saboreiam tais verdades.

Embora este seja um texto escrito no início da Idade Moderna (século XVI), nem sempre a mística cristã garantiu seu lugar nas construções teológicas. A redescoberta da importância e necessidade da mística para a teologia e a fé cristã é postura recente. "Ao longo das últimas décadas", afirma Josef Sudbrack, "a palavra 'mística' passou, de uma depreciação injusta como sentimental e anticientífica, a ponto central do interesse".[251] Isso revela uma ressignificação da própria vida humana – quase um despertar – que salienta a aridez, por vezes mortal, de

---

250. McGINN, B., As fundações da mística, p. 350.
251. SUDBRACK, J., Mística, p. 19.

uma mentalidade moderna fechada ao mistério e ao transcendente. Como bem expressa Lúcia Pedrosa de Pádua:

> Parece que, no cansado coração moderno, ocupado por uma ciência pretensamente infalível, por uma racionalidade que tudo explicaria e por uma técnica que tudo dominaria, pulsa atualmente um desejo de silêncio. E, nesse silêncio, ele escuta outras vozes que ecoam sonoramente: beleza, amor, justiça, integração, Deus... Sim, descobre, há outras razões que fazem viver. Podemos construir a realidade de forma diferente. Podemos ser místicos e assim ter olhos para ver, sob nova luz, a profundidade da vida e de nós mesmos. Podemos ter olhos para ver a presença divina em tudo.[252]

Nesse sentido, a mística constitui um caminho para um reencantamento do universo. Um espaço de vida repleta da experiência do Espírito que gesta toda a criação e que é percebido pelo ser humano, "testemunha consciente dessa realidade".[253] Trata-se, portanto, de resgatar a dimensão do panenteísmo, ou seja, a presença de Deus ilumina desde dentro toda a realidade, sem se confundir com as coisas criadas.[254] Isso confere uma dimensão mística à vida humana e fornece sentido à sua existência.

Essa reflexão também surge nos textos do teólogo e místico nicaraguense Ernesto Cardenal. Para ele, tudo no universo criado está unido pelo amor divino que se manifesta num ritmo que envolve a todas as criaturas. Tudo suspira por Deus, pois Ele é o centro de todas as coisas, e somente nele descansará o universo. Segundo Cardenal, há música e dança na criação:

> Todos os seres participam também de um mesmo ritmo cósmico. A rotação dos átomos e a circulação de nosso sangue e a seiva das plantas e as marés do mar e as fases da lua e a rotação dos astros na galáxia e a rotação das galáxias: tudo é um ritmo, tudo é um canto coral que o cosmos inteiro canta. Porque todas as leis naturais, diz o livro da Sabedoria, são como o ritmo das

---

252. PEDROSA-PÁDUA, L., Vida e significado de Santa Teresa de Jesus, p.19.

253. ROCHA, A., Espírito Santo, p. 79.

254. Este conceito traduz uma percepção própria dos místicos cristãos de unidade com o cosmos que tem sua sustentação no caráter do próprio Deus Criador. Esta percepção de unidade não dissolve o ser, mas fornece a ele um significado mais profundo e uma identidade mais bem formada e estabelecida. Segundo Sudbrack, "Deus, que é o próprio ser em si, corretamente entendido, não cria o mundo e o ser humano num espaço livre ao seu lado, mas em si e a partir de si. Diversamente, tudo que foi criado faz parte do 'ser' de Deus. O que foi criado é mais ligado ao ser, entendido existencialmente, quanto mais profundamente está no ser de Deus. Mas na sua ação livre o ser humano é totalmente ele mesmo, mais ligado ao seu ser do que em qualquer outro lugar; pois justamente nessa ação ele está totalmente inserido no 'ser' de Deus. (SUDBRACK, J., Mística, p. 42).

cordas de um saltério. E o canto dos monges e o ciclo da liturgia, de acordo com o ciclo das colheitas e das estações do ano e da vida e da morte (e a Vida e a Morte e a Ressurreição de Cristo) é parte desse ritmo cósmico, é a participação da alma do homem no ritmo do mar e da lua e da reprodução dos animais e dos astros.[255]

Eis diante da teologia uma possibilidade de reencantar-se com o universo criado que é, como diz a Escritura, "muito bom". E eis também um caminho para superar dualismos antropológicos que ora rebaixam o ser humano (devido a uma interpretação exagerada do pecado – denominado pecado original – retirando do ser humano sua dignidade intrínseca como ser criado à imagem e semelhança de Deus), ora sacralizam certos lugares e práticas específicas retirando-os do resto da vida. Se não atender a essa proposta de revisar a si mesma, a teologia continuará a destruir o humano para supostamente afirmar Deus e a, paradoxalmente, aprisionar a divindade nos templos religiosos.[256]

A relação entre teologia e mística, portanto, é essencial para a própria vida e manutenção da fé em Deus. Ambas se inter-relacionam, pontuando elementos fundamentais que autenticam a experiência da fé e a sua sistematização,[257] auxiliando tanto na vivência como no anúncio da mensagem do Evangelho. Nesse sentido, "a espiritualidade reflete a teologia que está por trás dela. O contrário também acontece: experiências e práticas – espiritualidade – confirmam, reduzem ou ampliam nossa noção sobre Deus – teologia".[258]

É na experiência mística cristã que a individualidade é afirmada sem produzir individualismos egoístas e insensíveis. Antes, na *unio mystica*, o cerne é a relação de amor entre o Deus que ama e que o faz por pura gratuidade e compaixão, e o ser humano, ao mesmo tempo alvo e reprodutor desse amor na sua existência. Ao relacionar-se amorosamente com Deus, o(a) místico(a) é vocacionado ao relacionamento com o próximo. Aprofunda-se, assim, a prática da misericórdia,

---

255. CARDENAL, E., Vida no amor, p. 133.

256. Deve-se ressaltar que essas compreensões geraram grande parte da reação ateísta a partir da modernidade. Muitos se revoltaram contra uma certa imagem de Deus que foi (e, por vezes, ainda é!) apresentada pela Igreja cristã como uma divindade intolerante, opressiva e vigilante com "olhos de lince", um Deus "infinitamente bom, que, entretanto, pune terrivelmente" para usar a expressão de Jean Delumeau (DELUMEAU. J., O pecado e o medo, p. 143). Por isso, muitos chegaram à conclusão de que o ser humano, para realmente ser, precisa rejeitar toda segurança psicológica que supostamente viria a ele a partir de sua crença em Deus. Todo teísmo, nessa lógica, conduziria a uma alienação de si mesmo; sendo assim, "é preciso, pois, que Deus morra para que o ser humano seja." (GESCHÉ, A., O sentido, p. 48).

257. A respeito: PEDROSA-PÁDUA, L., Evolucionismo e espiritualidade, p. 221-224.

258. PEDROSA-PÁDUA, L., Evolucionismo e espiritualidade, p. 223.

pois a experiência mística de Deus possui claras consequências para a vida. Ela não retira o(a) místico(a) do mundo, antes o(a) leva a experimentar o mundo e seus anseios de forma mais profunda. Leva-o à ação em prol do estabelecimento do Reino de Deus no mundo; para utilizar um conceito de Chardin, a experiência mística conduz ao "esforço em favor do crescimento da noosfera (camada humana refletida na terra)" que "contribui ao acabamento do mundo 'in Christo Jesu'".[259]

Ao experimentar Deus, abandona-se tudo e todos, mas não definitivamente. Antes, volta-se para tudo e todos, agora a partir de e com Deus, para então se reconciliar com a criação. Isso reflete um pensamento paulino muito claro, a saber, que "Deus estava em Cristo reconciliando consigo mesmo o mundo" e "nos confiou a palavra da reconciliação" (2Cor 5,19). Toda a criação é, em Cristo, reconciliada; portanto, não pode haver espaços para dualismos, mesmo em nome da experiência mística. A partir disso, pode-se chegar a uma conclusão: a espiritualidade que surge da mística cristã não é vivenciada fora do mundo, antes é encarnacional, e isto considerado até as últimas consequências. Dito de outra forma: somos mais espirituais à medida que somos mais humanos, vinculados ao próximo; "a verdadeira eternidade vive no plano do relacionamento pessoal".[260] Esse relacionamento, vale lembrar, alcança todas as dimensões do humano, tanto em sua verticalidade (relação com Deus) como em sua horizontalidade (relação com o outro).

Mais uma vez, o modelo é o próprio Jesus. Sua prática de oração em secreto (Mt 6,6) aliava-se aos encontros públicos com os que sofriam. Em Jesus, se encontram mística e serviço, comunhão com Deus e abertura ao outro, alteridade e entrega em suas dimensões mais profundas.

> Na oração Jesus cultiva a experiência mística de intimidade com o Deus do seu povo, Iahweh (...) concebido como um Deus que se faz próximo, motivado por profunda compaixão pelo sofrimento humano. Iahweh é um Deus que se aproxima do ser humano para reanimá-lo na luta por libertação pessoal e comunitária. (...) Esse Pai Todo Amoroso que quer a realização plena de seus filhos e filhas, em nível pessoal e comunitário. Daí a interface da mística de Jesus com ações concretas em prol da vida saudável, priorizando o povo sofrido das pequenas aldeias da Galileia.[261]

---

259. VASCONCELOS, A. M., Nos êxitos e nos fracassos humanos, p. 662.
260. MOLTMANN, J., O Espírito da vida, p. 30.
261. CORREIA JÚNIOR, J. L., A espiritualidade e a mística de Jesus, p. 312-313.

Sendo assim, as dimensões social, religiosa e profética da fé cristã não podem ser sacrificadas em prol da experiência da unidade mística, pois esta, sem a ética revelada na prática do bem, é exercício inútil cuja única e exclusiva utilidade volta-se para o interior do próprio ser em busca de bem-estar físico-psíquico. E, neste sentido, pode sofrer deturpações. Tratando desse tema, porém vinculado à experiência zen, Josef Sudbrack afirma:

> A experiência zen da eternidade sem a ética e a religião é "inútil". Ela pode até ser útil físico-psiquicamente, pode levar a uma nova intensificação da experiência. Mas pode também ser seriamente deturpada, mal utilizada; e em sua incondicionalidade pode se colocar no absoluto, acima do bem e do mal, como efetivamente mostram tantos testemunhos. A dissolução dos limites de toda experiência leva às profundezas do próprio "eu", o que dá força ao pleno *self*. Isso pode intensificar os valores éticos do coletivo, mas não vai além de si mesmo.[262]

Segundo Sudbrack, práticas que divorciam mística e ética são inúteis se não levarem em conta a dimensão da religião como encontro com o Sagrado. Dito de forma positiva, "só com a religião elas se tornam frutíferas no caminho para a mística de Deus".[263] Isso é ainda mais evidente na fé cristã, pois, de acordo com Jesus, esta fé, que é em sua própria natureza mística, só tem sentido e valor se intimamente associada com a prática, isto é, a ação concreta em favor de alguém. Amor a Deus que se fecha em si mesmo, sem se abrir ao próximo e às suas necessidades concretas, não pode ser verdadeiro, ainda que advogue uma intensidade mística experiencial. Daí a parábola do samaritano possuir como eixo narrativo esta ideia: meditar no templo sem atender ao homem caído na beira da estrada – na parábola, o sacerdote e o levita estavam vindo de Jerusalém; possivelmente, tinham acabado de realizar seus deveres religiosos no Templo – não produz vida nem seguimento de Cristo. Daí também o Novo Testamento possuir como chave soteriológica o amor ao próximo (1Jo 3,14).

E mais: na experiência mística cristã surge um senso de unidade com o cosmo, pois a "natureza é o amor materializado de Deus, e nós nos movemos dentro dele 'como o peixe na água', embebidos em seus dons, que também somos nós, pois somos dom para os demais".[264] Evidencia-se o amor de Deus Criador/Salvador em toda a criação e no seu cuidado e providência para com ela.

---

262. SUDBRACK, J., Mística, p. 35.
263. SUDBRACK, J., Mística, p. 36.
264. PEDROSA-PÁDUA, L., Evolucionismo e espiritualidade, p. 237.

Podemos perceber o amor-providência de Deus em seu cuidado pela Terra por bilhões de anos, pelas aves e insetos por milhões de anos, por cada um de nosso tecidos e glândulas. E Ele cuida porque está em todas as coisas. Nada, absolutamente nada acontece fora de Deus – nem a evolução nem qualquer um de nossos problemas –, Deus é providência radical em todas as coisas.[265]

Esta dimensão mistagógica da própria criação reafirma a Palavra de Deus, não como prisioneira de textos (ainda que sagrados), mas como inserida no mundo, como Palavra que rega a terra e dela faz brotar "semente ao semeador e pão ao que come" (Is 55,10). No mundo criado, ouve-se a voz de Deus que ribomba no trovão e faz tremer todo o deserto; a voz do Senhor despede chamas de fogo (Sl 29). A descrição de uma tempestade no deserto é, portanto, lugar litúrgico para o culto a Deus e sua celebração como o Deus da vida. Enxergar a criação como *locus* de Deus é levar a sério a encarnação como um dos principais (senão o principal) temas teológicos presentes na fé cristã neotestamentária. Pela encarnação, a Palavra que é Deus se faz ser humano concreto, historicamente situado, culturalmente condicionado. Este ser humano Jesus de Nazaré é capaz de enxergar na criação ilustrações vivas da realidade do Reino de Deus que Ele anuncia. Suas parábolas revelam, em imagens cristalinas, a bondade e a graça do Deus que se aproxima para salvar os seres humanos.

Pela sua palavra, Deus construiu um novo mundo, reorganizando o caos primevo. Na ordem criada, harmoniosamente relacional, Deus instala o ser humano. Como evangelizadores, somos anunciadores dessa Palavra que igualmente deseja construir um mundo novo, mais justo, um mundo conforme o Reino de Deus, no interior do qual homens e mulheres são chamados a viver em paz e harmonia. Por ser Deus relação de amor, seu reino (e seus súditos) também trazem em si essa característica. Nesse sentido, a palavra é ao mesmo tempo fala e prática. É todo o corpo que se envolve na proclamação da boa-nova de Jesus. Amamos a Deus com a integralidade de nosso ser (coração, entendimento, alma). Por que, então, viveríamos nossa fé nele baseada num racionalismo limitado, dualista e pequeno?

Sendo assim, os temas da teologia – redenção, salvação, libertação, santificação, experiência de Deus – devem ser compreendidos a partir da integralidade da criação. Este caminho é percorrido pela mística cristã. Desfaz-se, assim, qualquer dualismo antropológico na relação com Deus, pois não há lugar para

---

265. PEDROSA-PÁDUA, L., Evolucionismo e espiritualidade, p. 237-238.

semi-homens ou não homens[266] diante do Criador e Salvador de todo o cosmo. Por isso, é necessário perceber e criticar posturas dualistas, originadas pela absorção de conceitos da filosofia helênica pela fé cristã dos primeiros séculos de cristianismo. Urge retomar o tema da integralidade na vivência da fé. Dessa unidade e integralidade, aliás, trata Teilhard de Chardin em sua obra e em seu pensamento místico.[267]

2.4. Contribuições da mística para a vivência da fé cristã numa cultura pós-moderna

A experiência mística nos apresenta uma proposta muito pertinente para vivenciarmos a fé em Cristo em nossa cultura pós-moderna. Como vimos no capítulo anterior, vivemos num período de mudança de paradigma; as apostas da modernidade na razão humana como único critério para compreender a realidade foram colocadas em suspenso pelas grandes crises – econômicas, sociais, políticas, religiosas etc. – que marcaram o início do século XX. Ora, num momento como este, é preciso ouvir mais atentamente outras perspectivas, quiçá mais integradoras, que auxiliem na construção de um mundo mais justo e fraterno. Como bem afirma Leonardo Boff:

> Há dentro de nós uma chama sagrada coberta pelas cinzas do consumismo, da busca de bens materiais, de uma vida distraída das coisas essenciais. É preciso remover tais cinzas e despertar a chama sagrada. E então irradiaremos. Seremos como um sol.[268]

Em que sentido a mística cristã pode contribuir para isso? Antes de tudo, ela possibilita críticas ao racionalismo positivista que dividiu a realidade em hierarquias, privilegiando a razão em detrimento de outras dimensões da vida como a afetividade e a sensibilidade. Essa aposta na razão humana, que influenciou inclusive a produção teológica (especialmente a protestante dos séculos XVIII-XIX), revelou-se insatisfatória para a comunicação das boas-novas do Reino de Deus, seja nas relações internas ao âmbito eclesiástico, seja nas externas. Tal ênfase racionalista mostrou, ainda, sua face limitadora e cerceadora de outras dimensões da vida humana, igualmente importantes para a vivência da

---

266. Faz-se referência, aqui, ao Não-Homem Weston, personagem presente na Trilogia Cósmica de C. S. Lewis, que representa a negação da humanização e do encontro com Deus e consigo mesmo. Por exemplo, LEWIS, C. S., Perelandra, p. 172.

267. CHARDIN, T., O meio divino, p. 83-127.

268. BOFF, L., Espiritualidade, p. 83.

fé em nosso tempo. Daí a necessidade de se repensar a mística cristã como lugar da teologia.

Vimos também, no capítulo 1, que um dos traços da sociedade contemporânea é o crescente individualismo que traz à tona a superficialidade dos relacionamentos interpessoais. "Na era moderna", afirma Moltmann, "a experiência de si foi alijada da experiência do mundo".[269] Ora, como afirmamos neste capítulo, a mística cristã conduz à alteridade, ao encontro com o outro que é nomeado "irmão(ã)" sem que, com isso, se perca a própria individualidade. Sendo assim, abre-se espaço para o conhecimento de si mesmo, do próprio coração, o que torna o ser pacificado para o encontro com o outro. Isso pressupõe uma postura de auscultar atentamente a voz do Espírito de Deus. Ouvir o que o Espírito tem a dizer implica necessariamente em parar de falar, rejeitar a agitação inquieta, a produção neurótica, a prática de ações religiosas pela única razão de não suportar a si mesmo. Pois quem não ouve o Espírito e nem a si, não tem condições de preencher o vazio dos outros. Antes, só poderá transmitir "a epidemia de seu egoísmo, a agressividade de suas angústias e os preconceitos de sua ideologia".[270] Por isso, "só quem encontrou a si mesmo é capaz de se doar a si mesmo",[271] aceitando o outro sem querer dominá-lo. Isto é, conhecer o outro amando-o. Tal dimensão, vale ressaltar, é afirmada pela mística cristã.

O consumo desenfreado da pós-modernidade, aliado às injustiças socioeconômicas e políticas, produziram um mundo dividido entre uma minoria rica, vivendo de forma nababesca, e uma imensa maioria de pobres, tentando sobreviver a cada dia. Pois uma das dimensões da mística cristã que precisa ser ressaltada é justamente seu caráter dinâmico no enfrentamento das injustiças, do pecado e da maldade na realidade da vida. A experiência mística não retira o místico do mundo. Ao contrário, o insere nele mais profundamente, recriando seu olhar de tal forma que Deus mesmo é encontrado nos que sofrem. O lugar litúrgico se altera: dos templos, símbolos importantes, mas inadequados para serem considerados morada de Deus, o foco passa aos famintos, sedentos, nus, presos e enfermos nos quais Jesus deseja ser encontrado por seus discípulos (Mt 25,31-46).

A experiência mística cristã auxilia na construção de um caminho em direção a Deus e ao outro, relação inseparável na espiritualidade e fé cristãs. Assim, somos "livres para amar",[272] como afirma Gutiérrez, libertos para "a comunhão

---

269. MOLTMANN, J., O Espírito da vida, p. 191.

270. MOLTMANN, J., O Espírito da vida, p. 192.

271. MOLTMANN, J., O Espírito da vida, p. 192.

272. GUTIÉRREZ, G., Beber em seu próprio poço, p. 116.

e a participação".²⁷³ Ou ainda, nas palavras de Bonhoeffer: "sou livre apenas na relação com o outro".²⁷⁴ Por outro lado, isso também implica levar a sério o chão histórico, social, cultural, político e econômico no qual pisamos: "no contexto da luta pela libertação, em busca do amor e da justiça entre todos, nasce na América Latina um caminho para o seguimento de Jesus. Espiritualidade germinal que, por isso mesmo, escapa à apreensão definitiva".²⁷⁵

Assim, numa realidade de sofrimento, de anti-Reino de Deus, de desumanizações promovidas pela injustiça, pela fome, pela pobreza e pela indiferença política, econômica e religiosa, é preciso fazer encarnar a fé de tal maneira que ela gere sentido e esperança para a vida. Nesse sentido, a conversão, como proposta de ruptura com o pecado humano, deve ser integral, isto é, deve "levar em conta essas duas dimensões: a pessoal e a social".²⁷⁶ Propor a conversão de pessoas e, igualmente, de suas estruturas socioeconômicas, eis a vocação da Igreja na América Latina. Como diz o autor:

> Efetivamente, não é possível lutar contra a injustiça prescindindo de uma análise adequada de suas causas e do eventual tratamento. As afirmações dos meros princípios são ingênuas e, com o tempo, enganosas, pois são uma forma de evasão da história, isto é, do lugar onde se dá, no presente, nossa fidelidade ao Senhor.²⁷⁷

De fato, não pode haver fuga do mundo em nome de uma suposta santificação. E nem pode existir qualquer tipo de confinamento da experiência mística de Deus a lugares específicos, tidos como sagrados. O Senhor que não habita em templos feitos por mãos humanas (At 17,24) pode e deseja ser encontrado na vida cotidiana, nos feridos pelo caminho que estão nas estradas que descem a Jericó, nas viúvas enlutadas, nas prostitutas esmagadas pela acusação dos religiosos, nas crianças de rua às quais o Reino de Deus pertence, nos famintos, nos sedentos, nos nus, nos estrangeiros, nos prisioneiros... enfim, a experiência mística cristã conduz ao encontro do outro em sua real e concreta situação.

> É um fato que a oração é um lugar privilegiado para a experiência de Deus, em suas várias formas em que, na história, foi sendo plasmada. Mas o espaço da oração não é exclusivo. As narrativas das experiências de Deus

---

273. GUTIÉRREZ, G., Beber em seu próprio poço, p. 116.
274. GUTIÉRREZ, G., Beber em seu próprio poço, p. 116.
275. GUTIÉRREZ, G., Beber em seu próprio poço, p. 117.
276. GUTIÉRREZ, G., Beber em seu próprio poço, p. 122.
277. GUTIÉRREZ, G., Beber em seu próprio poço, p. 132.

mostram que não há um lugar único. Pode ser o mundo do trabalho ou da família. Francisco de Assis empreendeu sua jornada na sociedade e na natureza. Por sua vez, as religiões têm espaços próprios de narrativa de suas crenças. Rahner fala das experiências de Deus no meio da vida, a "mística da cotidianeidade". Mesmo os que não creem em Deus experimentam situações em que certas realidades, como a ética, se impõem à pessoa.[278]

A experiência dos místicos cristãos ao longo da história tem ilustrado esse sentimento-ação de diversas maneiras: experiência-encontro com o Deus que é mais íntimo do ser do que o próprio ser,[279] que faz voltar os olhos para dentro de si, encantado com recônditos do coração que, há muito, eram desconhecidos. Mas experiência-encontro também com o outro que nos cerca, que compartilha da vida como dom do Deus-Criador, que caminha respirando essa mesma presença divina em todas as coisas, não por lógica panteísta, mas por percepção que percebe Deus animando a vida por dentro de todas as coisas. Como afirma Juan Martín Velasco: "estamos dotados da presença de Deus, mas não é fácil nos colocarmos em condições de percebê-la".[280]

A mística é uma experiência humana. Para expressar-se, o místico precisa recorrer à linguagem, resignificando, muitas vezes, vocábulos comuns ou mesmo criando novos termos à medida que a linguagem se revela insuficiente. "Dessa criação parece sentir necessidade Santa Teresa quando fala da necessidade de 'novas palavras' para expressar algumas de suas experiências".[281] Metáforas, poesias, canções... tudo permeado pela afetividade da experiência de Deus que constitui a marca da mística cristã.

> A mística, a partir desse momento, está constituída fundamentalmente pelo corpo de escritos nos quais os místicos formularam suas experiências. Tudo, ou quase tudo, o que nos é dado a conhecer dessas experiências chega a nós através desse corpo de escritos que constituem uma forma peculiar de linguagem humana.[282]

Essa forma peculiar da linguagem – certamente distinta da linguagem filosófica ou teológica – é a linguagem de uma experiência.

---

278. PEDROSA-PÁDUA, L., Mística, mística cristã e experiência de Deus, p. 369.

279. Como afirma Santo Agostinho: "Tu estavas mais dentro de mim do que a minha parte mais íntima". AGOSTINHO DE HIPONA, Confissões, p. 71.

280. VELASCO, J. M., A experiência cristã de Deus, p. 29.

281. VELASCO, J. M., El fenómeno místico, p. 51.

282. VELASCO, J. M., El fenómeno místico, p. 50.

O místico não fala como o teólogo simplesmente de Deus. Fala de Deus que se dá a si mesmo como presente em uma experiência. Daí sua concreção, frente à abstração própria de outros registros da linguagem religiosa como é próprio da teologia. Daí também a impregnação psicológica e afetiva da maior parte dos textos místicos, incluindo os autores mais especulativos, como o Mestre Eckhart. "A linguagem mística – disse nesse sentido J. Maritain – é necessariamente diferente da filosófica (...) já que aqui se trata de fazer sensível a mesma experiência, e que experiência!, a mais inefável de todas".[283]

Nesse sentido, a linguagem da mística tem íntima relação com o quadro hermenêutico que vem se delineando no Ocidente, especialmente nas últimas décadas. O descrédito das metanarrativas aliou-se ao desenvolvimento de novas formas de ver (e, sobretudo, sentir a realidade) que se multiplicam localmente. Esse ambiente é bastante propício à linguagem mística.

Como vimos, a mística cristã constitui a fonte da teologia enquanto discurso sistemático sobre a experiência de Deus. Inserida em sua devida posição de fonte e sustento da própria reflexão teológica, a mística cristã pode nos auxiliar a não delimitar espaços, ainda que litúrgicos e/ou eclesiásticos, para a presença e ação divinas. De igual forma, é possível relacionar a mística cristã a dimensões da criação e imaginação humanas, como a literatura. Veremos, no próximo capítulo, como tal relação pode ser estabelecida.

---

283. VELASCO, J. M., A experiência cristã de Deus, p. 31.

Capítulo 3 | Mística cristã e literatura

> *Se você descrever o mundo do jeito como ele é, em suas palavras haverá muitas mentiras e nenhuma verdade.*
>
> Liev Tolstoi

> *A beleza está à espreita por toda a parte.*
>
> Jorge Luis Borges

    Como experiência mística, a experiência de Deus realizada em âmbito cristão é de tal intensidade e interioridade que exige, para ser expressa, uma linguagem metafórica. Como vimos, na tentativa de cumprir sua tarefa inerente de nomear a experiência de Deus,[284] a Teologia cristã requer o uso de mediações culturais com as quais busca sistematizar essa experiência, com o intuito de comunicá-la ao mundo. Obviamente, isso implica reconhecer as limitações de todo discurso teológico: por ser mediado histórica, linguística e culturalmente, cada discurso teológico será, em grande medida, determinado pela correta articulação entre o *Teo*, o *Logos* e o *Kairos*, expressão do núcleo da teologia.[285]

> O Teo da teologia não é, portanto, o Deus em si, mas o Deus para nós. Nesse sentido a logia, como saber humano sobre algo, precisa se voltar à revelação para a partir dali dizer sua palavra. Mas ainda nos resta pensar sobre o que é ou onde encontramos tal revelação. Pensar sobre a revelação é pensar sobre aquilo que a tradição cristã chamou de *locus theologicus* (lugar teológico).

---

284. A respeito: ROCHA, A., Caminhos da experiência rumo à morada mística, p. 68.
285. A respeito: ROCHA, A., Introdução à Teologia, p. 30.

(...) Teologia é, portanto, um saber (Logia) sobre Deus (Teo) num contexto (kairos). É Logos de Teo num Kairos.[286]

Esse pressuposto nos conduz ao reconhecimento da relação entre teologia e antropologia. Já se disse, e com razão, que toda teologia traz consigo uma antropologia e vice-versa.[287] Na verdade, a teologia fala não somente de Deus, mas também do humano. Tal afirmativa é a base sobre a qual é possível pensar a formação da identidade humana – e da teologia e da Igreja – a partir da identidade do Deus que se revela a nós. Se falar de Deus implica falar do humano – afirmação que, embora possa parecer ousada, revela-se como fundamento da própria atividade teológica – então nossa antropologia constitui *locus theologicus* por excelência. E se é assim, a produção cultural humana será também matriz que carrega dentro de si múltiplos lugares teológicos. Obviamente, a literatura representa importantíssimo elemento desta produção cultural; portanto, eis a base que possibilita, num primeiro momento, falar de uma relação entre teologia e literatura.

Neste capítulo, aprofundaremos essa relação, ampliando-a para referir-se também à experiência mística cristã. Nosso objetivo é demonstrar que a relação entre a experiência de Deus, lida a partir da mística cristã, e a produção cultural humana (mais especificamente, a literatura) poderá nos auxiliar a enxergar as metáforas dos discursos de místicos cristãos como textos literários repletos de imaginação teológica. Nesse sentido, mística, teologia e literatura se cruzam como dimensões próprias da vida humana. Além disso, ressaltaremos o caráter literário da própria Bíblia, identificando possíveis vínculos entre ela e a experiência mística cristã. Para tanto, analisaremos brevemente a correspondência entre o ato primeiro de Deus – a revelação – e o ato segundo do ser humano – a teologia.[288]

3.1. Revelação e a linguagem simbólica da teologia

Toda teologia cristã pressupõe uma autocomunicação de Deus, isto é, uma revelação que é acolhida pela fé, também dom de Deus. Por isso, "a revelação

---

286. ROCHA, A., Introdução à Teologia, p. 38-39.

287. Dentre os autores que abordam esse tema, destaca-se a fala de K. Rahner para quem "a antropologia é o lugar da teologia". Rahner continua: "toda teologia, inclusive a doutrina sobre Deus, nada pode afirmar sem com isso dizer igualmente algo sobre o homem e vice-versa" (RAHNER, K., Reflexões fundamentais sobre a antropologia e a protologia no conjunto da teologia, p. 6).

288. Toda teologia tem sua origem na autocomunicação que Deus faz ao mundo. Na linguagem neotestamentária, nosso amor a Deus é sempre resposta ao Seu amor para conosco (1Jo 4,19). Tal revelação divina é, contudo, recebida por seres humanos que vivem em contextos históricos e culturais muito específicos, concretos, existencialmente vivenciados. Ora, se a teologia busca expressar essa experiência de Deus, ela o faz por meio da única forma possível: a mediação cultural. Desenvolveremos esse ponto a seguir.

envolve a autocomunicação de Deus, que só se aperfeiçoa quando se lhe dispensa acolhida e resposta. (...) Fé e revelação, portanto, tornam-se uma só coisa na realidade".[289] A teologia surge, dessa maneira, como resposta à tal experiência de Deus e, somente por causa desta, a teologia garante sua identidade cristã. Aliás, nosso desejo de relação com Deus surge porque, antes, Ele mesmo se doou a nós como fôlego de vida, colocando a eternidade em nosso coração (Ecl 3,11). Em termos neotestamentários, só amamos porque antes Ele nos amou primeiro (1Jo 4,19).

Além disso, é preciso reconhecer que a teologia, enquanto experiência humana, não possui qualquer competência para definir ou confinar o objeto de seu estudo: Deus. Ao contrário, como também já afirmamos no capítulo 2, a teologia lida sempre com a impossibilidade cognitiva de conhecer a Deus como objeto de pesquisa, lido numa perspectiva de um cientificismo racionalista.

> O objeto da fé é transcendente e deve ser transcendente para que a fé religiosa seja autêntica. Essa direção para a qual a fé religiosa tende e com a qual se torna engajada não é, estritamente falando, o objeto de conhecimento deste mundo, para o qual a fé religiosa não é nem necessária nem apropriada. A teologia, portanto, funda-se no engajamento com o mistério absoluto, em relação ao qual é qualitativamente transcendente, dispar e incompreensível. Logo, a fé não é conhecimento.[290]

O tipo de conhecimento que a teologia propõe não é aquele exclusivamente exposto em doutrinas. Deus é fruto que se saboreia e não tese a ser destrinchada. O fôlego de vida que Ele fornece ao ser humano é sua própria *ruah*, "*potência de vida presenteada por Deus em sua solicitude para com o ser humano*".[291] Sendo assim, não é possível definir seu Espírito, pois os elementos de seu "movimento e atuação vigorosa estão acoplados à indisponibilidade e imprevisibilidade: o Espírito é sempre também o 'estranho'".[292] Por isso, o conhecimento de Deus deve ser encarado como relação: um encontro existencial e historicamente vivenciado entre Deus e o ser humano, alvo do amor divino. Experiência de encontro que, como ocorre com os discípulos no evangelho joanino, produz, antes de tudo, alegria (Jo 20,20) e não elucubrações filosóficas ou teológicas. Encontro este que, como bem expressa Juan Martín Velasco, consiste

---

289. HAIGHT, R., Dinâmica da teologia, p. 240.

290. HAIGHT, R., Dinâmica da teologia, p. 240.

291. HILBERATH, B. J., Pneumatologia, p. 415.

292. HILBERATH, B. J., Pneumatologia, 418.

na experiência de que a esperança, o estado de expectativa em que viviam [os discípulos], teve a resposta definitiva de Deus em Jesus. A experiência de que nele – sua vida, sua paixão, sua morte – se fez presente para eles Deus e sua salvação; que nele se inaugurou o reinado de Deus, que nele se consumou a aliança de Deus com seu povo; nele o Deus que havia prometido "eu serei vosso Deus" começou a ser "Deus conosco"; Espírito sobre toda carne; nele Deus iniciou o cumprimento de sua promessa de tirar-nos de nossos sepulcros.[293]

Obviamente, não se trata de dispensar ou rejeitar os dogmas cristãos, refletidos arduamente durante toda a história da Igreja. Tais reflexões são necessárias e constituem, sim, base da nossa fé. Revelam ainda o caráter vivo da tradição da Igreja cristã, aberta dialogicamente ao mundo em que vive a fé em Jesus.[294] O que se deseja aqui é situar claramente o lugar da teologia nessa relação amorosa entre Deus e homens e mulheres que o encontram na vida. A teologia é sempre consequência, nunca a fonte da experiência mística. E os dogmas, conquanto importantíssimos para a reflexão teológica e a vida da Igreja, devem sempre estar abertos à revisitações feitas a partir de novos contextos históricos e culturais. Quando é lido dessa perspectiva, o dogma assume o papel que lhe é devido: não uma prisão para novas reflexões teológicas, alicerçada na repetição *ad eternum*, mas uma mensagem a ser interpretada à luz das novas realidades culturais, num procedimento capaz de "viajar da letra morta da mensagem à significação viva hoje daquilo que com ele se pretendeu transmitir ontem".[295] Voltaremos a esse ponto na última parte deste capítulo.

---

293. VELASCO, J. M., A experiência cristã de Deus, p. 100.

294. A respeito: TILLICH, P., História do pensamento cristão, p. 20-23. Abordando a relação entre formulações dogmáticas e a experiência existencial de fé da pessoa, afirma Karl Rahner: "Dizer que essa pessoa no fundo crê na encarnação da Palavra de Deus, ainda que rejeite as fórmulas corretas e ortodoxas do cristianismo, porque lhe são irrealizáveis sem que seja culpada, em nada diminui a importância dessas fórmulas, que objetivamente são corretas e constituem a base socioeclesial do pensamento e da fé comuns dos cristãos. Mas no exercício da existência, a pessoa pode crer cristologicamente, ainda quando não logra acompanhar na percepção de determinada conceptualidade objetiva da cristologia. No exercício da existência nem toda posição conceptualmente pensável existe também de maneira existencial. E, por isso, quem admite que Jesus lhe diga a verdade última de sua vida e proclama que em Jesus e em sua morte Deus lhe disse a última palavra, não as verdades penúltimas que haveremos de achar nós próprios em nossa história, mas a verdade última pela qual o homem vive e morre, essa pessoa aceita Jesus como o Filho de Deus tal como o proclama em sua confissão de fé a Igreja, por mais que a formulação teórica lhe soe pouco feliz, e até falsa, para expressar a realização crente de sua existência." (RAHNER, K., Curso fundamental da fé, p. 271).

295. SEGUNDO, J. L., O dogma que liberta, p. 32. A esse respeito, expressa-se de forma veemente Juan Luis Segundo: "Na realidade, se não fosse assim, o 'magistério' já não poderia mais cumprir sua função específica, que, como seu nome indica, consiste em 'ensinar'. O acúmulo de dogmas, em vinte séculos de cristianismo, teria reduzido a teologia a uma mera repetição de fórmulas em todos os campos e matérias. Obviamente, e graças a Deus, isso não aconteceu." (SEGUNDO, J. L., O dogma que liberta, p. 31).

A revelação, como afirmamos acima, é a autocomunicação de Deus ao mundo criado. Esse dado, teologicamente rico da fé cristã, não pode ser negligenciado: é Deus mesmo quem se autocomunica ao ser humano. Desde o Éden, é Deus quem desce para passear com o homem na viração do dia (Gn 3,8); é Deus quem passa por entre as partes dos animais para fazer aliança com Abrão (Gn 15,17-18); é Deus mesmo quem vê o sofrimento de seu povo no Egito e desce para libertá-lo (Ex 3,7-8); é Deus mesmo que sente seu coração se contorcer por amor e compaixão pelo seu povo rebelde (Os 11,8). Enfim, os exemplos poderiam multiplicar-se quase infinitamente. Todas essas expressões, aliás, são repletas das metáforas típicas da experiência mística cristã. O ápice desta autocomunicação divina é Jesus de Nazaré, Deus feito gente, um de nós, em quem se pode enxergar a graça, a verdade e a glória do Pai.

Essa questão pressupõe um Deus relacional. Como afirma Adolphé Gesché, o Deus anunciado pelo cristianismo não se compreende a partir de uma investigação de "suas qualificações abstratas, mas segundo relações nas quais Deus se encontra concretamente conosco".[296] A tradição judaica afirma: "Eu sou o Deus Todo-Poderoso; anda na minha presença e sê perfeito" (Gn 17,1), e "Eu sou quem sou" (Ex 3,14), expressão que, no hebraico, é melhor traduzida por "Eu serei quem serei", isto é, admite a revelação como processo ao longo da caminhada. É bem diferente de um deus pagão, que se esconde e se revela por meio de enigmas, oráculos, que precisam ser decifrados. O oráculo do deus pagão é inflexível, "uma palavra definitiva, sem possibilidade de troca, sem diálogo; uma palavra a ser adivinhada; não uma palavra clara, mas proferimento de enigma. Com o deus pagão, que não fala, não se fala".[297]

Com o Deus bíblico, a relação é claramente diferente: há possibilidade de intercâmbio, de troca, de fazer Deus "mudar de ideia" por meio do diálogo (Gn 18,16-33). "O recurso à palavra supõe que o homem não tem de receber e aceitar sem mais nem menos, mas que ele pode intervir num 'processo da palavra', onde o resultado não está fixado".[298] Esse desejo divino de se autocomunicar ao ser humano se plenifica em Jesus de Nazaré que exulta no espírito e louva ao Pai porque Ele revelou essas coisas aos pequenos (Lc 10,21). Assim, enquanto o deus do paganismo é um deus do olhar, o Deus do judaísmo-cristianismo é um

---

296. GESCHÉ, A., Deus, p. 70.
297. GESCHÉ, A., Deus, p. 71.
298. GESCHÉ, A., Deus, p. 71.

Deus da palavra.[299] Deus e o homem correm o risco da palavra, pois Deus pode não ser seguido pelo homem.

É a partir dessa perspectiva que podemos compreender melhor a própria teologia. Sua definição como discurso ou reflexão sobre Deus é, etimologicamente, correta, contudo, exige algumas discussões a fim de evitar reducionismos, por um lado, e leituras absolutistas, por outro. Para Haight, "Teologia é a interpretação da realidade à luz dos símbolos cristãos. (...) Teologia é uma disciplina que interpreta o todo da realidade – a existência humana, a sociedade, a história, o mundo e Deus – nos termos dos símbolos da fé cristã".[300] Interpretar o todo significa, fundamentalmente, que a teologia não se restringe a apenas uma dimensão da vida, em detrimento das demais. Leituras dualistas da experiência de fé e da teologia, que procuram descrevê-la, acabam por gerar divórcios infrutíferos e prejudiciais à própria vida.

> (...) essa visão do escopo da teologia é significativa, em razão da forma pela qual a intencionalidade da disciplina é tematizada. A teologia é aberta ao conjunto da realidade porque toda a realidade constitui seu objeto de estudo. A teologia é aberta a todos os dados e a todo dado historicamente novo. Implicitamente, enceta diálogo com a totalidade da experiência humana, com as demais disciplinas do conhecimento humano, com outras religiões, que também devem ser interpretadas a partir de uma perspectiva cristã.[301]

Assim, se compreendemos a teologia como palavra segunda, cujas fontes, como já afirmamos, são a fé e a revelação[302] – respectivamente compreendidas como resposta humana à autocomunicação de Deus e como a "atividade de Deus que encontra fundamento em sua presença à subjetividade humana"[303] – , então afirmamos sua condição historicamente situada, ao mesmo tempo em que reconhecemos a necessidade do uso de símbolos para expressá-la.

"No símbolo", lembra-nos Croatto, "estão presentes dois elementos que de alguma forma se inter-relacionam"[304]: a coisa em si e a forma com que é percebida.

---

299. Gesché continua seu argumento, exemplificando essa abertura divina ao intercâmbio pela palavra por meio de personagens bíblicos, como Abraão, Adão, Eva e Caim. Estes são "convidados a se explicar. Quem sabe, a se desculpar?", significando, com isso, que ao revelar-se o Deus bíblico quer conduzir os seres humanos à maturidade. Citando Péguy, diz Gesché: "Eu não quero prostrações de escravos, diz Deus, mas genuflexões de homens livres." (GESCHÉ, A., Deus, p. 72-73).

300. HAIGHT, R., Dinâmica da teologia, p. 238.

301. HAIGHT, R., Dinâmica da teologia, p. 238-239.

302. HAIGHT, R., Dinâmica da teologia, p. 239.

303. HAIGHT, R., Dinâmica da teologia, p. 239.

304. CROATTO, J. S., As linguagens da experiência religiosa, p. 85.

Os seres humanos fornecem novos sentidos às coisas, resignificando-as à luz de suas experiências de fé, e fazendo-as receptáculo de tais experiências. Apesar de as coisas não serem "simbólicas em si mesmas", elas são "*constituídas* simbolicamente por algum tipo de experiência humana. (...) o símbolo é uma transsignificação".[305] Símbolos participam daquilo a que orientam.[306]

> O símbolo é iminentemente relacional. Como também a experiência religiosa (...). Sua expressão simbólica deve sê-lo também. Pelo símbolo o *homo religiosus* solidariza-se com o cosmo, com os outros seres humanos e especialmente com o Mistério.[307]

Quando delimitado pela ótica positivista ou quando a "imagem simbólica torna-se esclerosada em dogma e em 'sintaxe': quando o sentido do símbolo é preso e traduzido em uma linguagem racional, assiste-se a seu esvaecimento".[308] Isso também ocorre quando se pratica uma leitura literalista do texto bíblico, que o empobrece teológica e simbolicamente.

> O símbolo é a linguagem básica da experiência religiosa. Funda todas as outras. Tem um valor essencial que é necessário destacar mais uma vez: o símbolo "faz pensar"; o símbolo "diz sempre mais do que diz". É a linguagem do profundo, da intuição, do enigma. Por isso é a linguagem dos sonhos, da poesia, do amor, da experiência religiosa.[309]

E, por que não dizer, da experiência mística? Pois esta, como vimos no capítulo 2, exige uma linguagem simbólica para se expressar. Dando um passo a mais: se a linguagem metafórica e simbólica é compartilhada tanto pela literatura como pela mística, seria possível compreendermos que entre elas existem "elos de ligação"? Afirmamos que sim, e que a relação entre a experiência mística cristã e a literatura, em suas mais amplas expressões, constitui chão profícuo para uma prática teológica mais integradora. Ambas – mística e literatura – dizem respei-

---

305. CROATTO, J. S., As linguagens da experiência religiosa, p. 87-92.
306. A partir dessa lógica, a frase de Paul Tillich – "Deus é símbolo de Deus" (TILLICH, P., Dinâmica da fé, p. 7) – torna-se mais clara: o Deus do discurso teológico, conquanto não seja, obviamente, o Deus-Mistério, participa desse Deus a quem busca por meio da linguagem simbólica. Assim, a teologia que professa e pratica tal frase reconhece sua própria fragilidade ao falar de Deus, embora se sinta encorajada ao fazê-lo por sua própria e inescapável natureza teológica. Por isso, continua Tillich: "O homem é impelido para a fé ao se conscientizar do infinito de que faz parte, mas do qual ele não pode tomar posse como de uma propriedade. Com isso está prosaicamente formulado aquilo que ocorre no curso da vida como 'inquietude do coração'" (TILLICH, P., Dinâmica da fé, p. 11).
307. CROATTO, J. S., As linguagens da experiência religiosa, p. 107.
308. CROATTO, J. S., As linguagens da experiência religiosa, p. 115.
309. CROATTO, J. S., As linguagens da experiência religiosa, p. 118.

to aos recônditos mais profundos da vida humana que vem à superfície, como aparições da beleza, das alegrias, das dores, dos sofrimentos, das conquistas, dos amores, dos desencontros, dos pecados e dos perdões, enfim, da vida como um todo. Como bem expressa Alessandro Rocha:

> Poesia e mística relacionam-se com as situações-limite da vida: da finitude e da infinitude, da angústia e transcendência, do chão e do horizonte. Ambas têm em comum o atravessamento na existência, o traspassamento da alma, a experiência. A experiência é o lugar onde tais situações-limite ocorrem, é na carne atravessada de nossa existência que sentimos o mundo e é também ali que desejamos transcendê-lo.[310]

Essas situações-limite, aliás, são expressas pela pena literária e mística, num enlace por vezes paradoxal, mas sempre concreto e real. A literatura – e a Arte em geral – expressa dimensões da alma humana em sua relação com a vida, com o Deus da vida, com o outro e consigo mesmo, numa vivência de alteridade constante.

> Dizer que a arte é expressão significa afirmar que pela obra de arte, algo oculto ou submerso vem à tona, irrompe à superfície, e esse "algo" não é simplesmente a emoção do artista ou outros interesses. A qualidade de expressividade artística transcende a objetividade e a própria subjetividade. A arte expressa nossa relação com o fundamento infinito e com a vida.[311]

Em que sentido é possível falar do texto sagrado para os cristãos como literatura? E que implicações tal compreensão traz para a leitura, recepção e interpretação do texto bíblico à luz da experiência mística e literária? Veremos, a seguir, como abordar esse tema.

3.2. Bíblia como literatura: conceituações e implicações para sua leitura e recepção

A Bíblia é literatura. Uma afirmação dessa natureza exige, por sua própria natureza, um retrospecto histórico que ajude a compreender como é possível chegar a tal conclusão. Antes de tudo, importa destacar algumas reações negativas a tal percepção. Esses obstáculos à compreensão da Bíblia como literatura, lembra-nos Antônio Magalhães, "não existem nos autores de literatura, mas em

---

310. ROCHA, A., Mística e angústia na obra de Fernando Pessoa, p. 97.
311. CALVANI, C. E., Teologia da arte, 2010, p. 354.

muitos lugares da crítica literária e da teoria literária assim como no campo da teologia".[312] De fato,

> A história da literatura tem páginas significativas do diálogo entre texto literário e textos bíblicos e parte da literatura é reescritura dos textos da Bíblia. Há, porém, alguns obstáculos no campo do estudo do texto literário e na teologia e os motivos não podem ser ignorados. O primeiro motivo é que a Bíblia foi vista, por alguns, como livro da instituição religiosa e não como livro da cultura e de processos civilizatórios complexos.[313]

De acordo com uma determinada visão hermenêutica da Bíblia, compartilhada por muitos grupos cristãos, a confessionalidade do texto bíblico, base para boa parte da hermenêutica cristã, fornece ao texto um caráter a-histórico, pelo qual o divino suplanta e, por fim, nega o humano na produção das narrativas bíblicas. Afirma-se o teor sagrado do texto, lido, contudo, numa perspectiva dualista que compreende ser necessário rejeitar o humano para defender a inspiração de Deus. Assim, quem segue tal posicionamento, bastante vinculado a uma noção espúria da inerrância bíblica, acaba adotando uma postura de "guardião da Bíblia", tornando-se incapaz de distinguir a imensa variedade de gêneros literários nos textos bíblicos. A Escritura é compreendida quase que exclusivamente como fonte de doutrina teológica e/ou confessional. Ora, tal interpretação não leva em consideração o fato de a Bíblia ser palavra de Deus em linguagem humana. "A Sagrada Escritura", lembra-nos Konings, "é palavra de Deus, não no sentido literal, mas num sentido analógico. Quer dizer, é uma literatura humana, na qual – quando lida no contexto de determinada experiência e tradição religiosa – se reconhece a voz de Deus".[314]

Por outro lado, algumas perspectivas da própria crítica literária, ainda refém de um positivismo racionalista redutor, acabaram por rejeitar a Bíblia como literatura, por não reconhecerem "o tema da religião como constitutivo e estruturante de parte da literatura ocidental".[315] A polissemia da Bíblia é ofuscada (ou mesmo intencionalmente escondida) em nome da univocidade da fé.

Mas tal polissemia é claramente presente no texto bíblico. Pensemos, por exemplo, nos Salmos da Bíblia Hebraica. Tais salmos não são apenas teo-

---

312. MAGALHÃES, A., A Bíblia como obra literária, p. 2.
313. MAGALHÃES, A., A Bíblia como obra literária, p. 16.
314. KONINGS, J., A Bíblia, sua origem e sua leitura, p. 155.
315. MAGALHÃES, A., A Bíblia como obra literária, p. 3.

logia; são poesia teológica e teologia poética. Em sua musicalidade literária, os salmos expressam a beleza da vida com toda a sua complexidade e paradoxos: alegria e angústia, ganhos e perdas, vida e morte... todas as facetas da vida encontram-se na pena do salmista que personifica seu coração e alma. As dores da vida unem-se ao celebrar a Deus por causa desta mesma vida, vista como dom e demonstração da misericórdia divina que dura para sempre (Sl 136). Nesse sentido, vale ressaltar que a poesia não atinge o ser humano apenas no âmbito de sua intelectualidade, mas antes o atinge em todo o seu ser.[316] Reconhecer isso pressupõe uma compreensão de literatura (e da arte em geral) como receptáculo possível para a vivência da fé, e a Bíblia como expressão literária dessa vivência.

Teologicamente, tal polissemia também pode ser vista em temas mais centrais à reflexão teológica. Assim, podemos dizer que existem muitas cristologias no Novo Testamento, cada uma delas expressão da pluralidade teológica que é característica das Igrejas cristãs primitivas.[317] De fato, embora para quem observe de forma panorâmica o Novo Testamento pareça um conjunto literário e teológico absolutamente coeso e unívoco, uma análise mais aprofundada nos revela uma realidade bem diversa. Nos diversos textos que compõem seu conjunto literário, subsiste uma variedade de teologias que, muitas vezes, até mesmo se contradizem mutuamente. Como afirma Werner Gerog Kümmel, "se, portanto, perguntamos pela teologia do Novo Testamento, e não da Bíblia como um todo, defrontamo-nos ao mesmo tempo com a questão da unidade desse Novo Testamento e eventual pluralidade de vozes nele manifestas".[318]

---

316. FARIA, H., Arte e cultura pelo reencantamento do mundo, p. 27.

317. Sobre o tema, DUNN, J. D. G., Unidade e diversidade no Novo Testamento, p. 63-75. Dunn questiona se o fato da revelação plena de Deus ser Jesus de Nazaré (uma pessoa, e não uma doutrina) não faria de qualquer discurso unívoco uma redução de tal revelação. Em suas palavras, "não é significativo que mesmo para o cristianismo tradicional a revelação final da verdade seja feita em uma pessoa, Jesus de Nazaré, e não em uma declaração? – pode um homem ser reduzido a uma declaração? (...) o cristianismo do séc. II era de um conteúdo muito mesclado. Não havia nenhuma forma pura de cristianismo que existisse no princípio para poder ser chamada propriamente de ortodoxia". Por isso, Dunn conclui que existe no Novo Testamento uma "relatividade histórica do cristianismo do séc. I e a natureza fragmentária de nosso conhecimento do mesmo. Não é mais possível conceber, do cristianismo do séc. I, uma entidade tão claramente definida, facilmente extraível de seu contexto histórico como uma noz de sua casca; a realidade histórica era muito mais complexa, e nossa visão dela é muito menos clara do que foi pensada." (DUNN, J. D. G., Unidade e diversidade no Novo Testamento, p. 64-67).

318. KÚMMEL, W. G., Síntese teológica do Novo Testamento, p. 29.

Assim, do Antigo ao Novo Testamento, encontramos uma variedade de vozes que, longe de enfraquecer ou mitigar a teologia presente nesses textos, a valoriza como verdadeira expressão humana que combina, paradoxalmente, percepções múltiplas sobre Deus, sobre a vida e sobre si mesmo. Há, no texto bíblico, uma qualidade profundamente literária que revela-se também teológica. As Lamentações de Jeremias, por exemplo, são um lamento teológico sobre a destruição da Cidade Santa, provocada pelo pecado, aliado à afirmação da esperança que faz germinar nova maneira de ver e ser no mundo. E tudo isso delineado pela beleza literária que revela uma imensa saudade, nostalgia, tristeza e fé no futuro que Deus reserva a seu povo. Querer trazer à memória o que pode dar esperança é tema tanto da teologia como da literatura. E esse tema, vale repetir, é válido para toda a vida humana. O grito sem resposta de dor diante do sofrimento das crianças – expresso magistralmente na frase de Ivan Karamazov, personagem de Fiódor Dostoiévski – é também o grito do Jó bíblico. "Não falo do sofrimento dos adultos: estes comeram a maçã e que o diabo os carregue a todos. (...) Mas as crianças! As crianças!",[319] exclama Ivan. "Se uma calamidade mata subitamente, ele [Deus] se rirá do desespero do inocente", blasfema Jó (Jó 9,23). Questionamentos profundamente teológicos, de ambos os personagens.

De igual forma, a experiência dos místicos cristãos ao longo da história tem ilustrado esse sentimento-ação de diversas maneiras: experiência-encontro com Deus mais íntimo do ser do que o próprio ser, que faz voltar os olhos para dentro de si, encantado com recônditos do coração possivelmente desconhecidos. Mas experiência-encontro também com o outro que nos cerca, que compartilha da vida como dom do Deus-Criador, que caminha respirando essa mesma presença divina em todas as coisas, não por lógica panteísta, mas por percepção que percebe Deus animando a vida por dentro de todas as coisas.

Nesta relação mística-literária que a Bíblia apresenta, é possível ao ser humano unir, novamente em paradoxo, a união com todos os humanos, filhos do mesmo Pai, com a individualidade expressa num nome próprio, escrito numa pedrinha branca, segredo compartilhado com o Pai das Luzes (Ap 2,17). Trata-se da afirmação da identidade em seu mais íntimo grau e com toda a força de seu impacto, ao mesmo tempo que da vida encontrada quando se perde nos braços de Deus. Que expressão mais literária pode ser a de um tesouro precioso escondido num terreno pelo qual vale a pena dar tudo o que tem para adquiri-lo?

Compreender a Bíblia como literatura traz importantes implicações à sua interpretação. Todo leitor é, obviamente, também um intérprete. A análise de tex-

---

319. DELUMEAU, J., À espera da aurora, p. 103.

tos, a partir de uma metodologia específica, pressupõe a inserção do intérprete num determinado contexto histórico-cultural que delimita e orienta sua própria interpretação. Aliás, é exatamente isso que ocorre no processo de interpretação do texto bíblico.

> O texto não se apresenta como um fenômeno isolado, como um extraterrestre. Provindo de "nosso mundo antes de nós", abre caminho e produz um rastro de referências significantes nas mentes e na linguagem. Representa uma comunidade de pessoas que falam mediante as palavras que o texto lhes fornece, que veem o mundo na perspectiva que o texto abriu e que sonham com o mundo num jeito para o qual o texto deu as palavras. E, dialogando com o texto, eu entro nessa comunidade, nesse diálogo.[320]

Dessa forma, a leitura do mundo precede a leitura do texto. Ou, dito de outra forma, a construção do sentido de um texto é antecipada pela disposição mental que possuímos do microuniverso cultural que habitamos. Cabe aqui apresentar o conceito formulado por Stanley Fish, em seu inspirado artigo *Como reconhecer um poema ao vê-lo*. A partir de uma experiência feita em sala de aula, com duas turmas de alunos, Fish desenvolve o conceito de comunidades interpretativas, segundo o qual as palavras são previamente interpretadas à luz de certas pressuposições características do grupo ao qual se pertence.

> (...) a determinação (da relação e da significação) é resultado da ação de categorias de organização – a família, a condição de aluno – que conferem, logo de início, forma e valor ao que vemos e ouvimos. De fato, estas categorias são a própria forma do ato de ver, no sentido de que não há como se imaginar um fundamento perceptual mais básico do que aquele que elas oferecem. Ou seja, não há como se imaginar um momento em que os meus alunos "apenas vejam" uma configuração física de átomos e só então atribuam a esta configuração uma significação, de acordo com a situação em que eles se encontrem. Estar em uma situação (esta ou qualquer outra) significa "ver" com os olhos dos interesses, objetivos, valores, normas e práticas estabelecidas desta situação, e significa, portanto, conferir significação ao ver e não depois de ver.[321]

A experiência de ler um texto e a interpretação desse texto ocorrem simultaneamente, mas sempre a partir de um chão pré-definido no qual a pessoa vive. Por isso, nas palavras de Fish:

---

320. KONINGS, J., A Bíblia, p. 176.
321. FISH, S., Como reconhecer um poema ao vê-lo, p. 161.

Ou seja, o "eu" que realiza o trabalho interpretativo que dá vida a poemas, indicações de leituras e listas é um eu público e não um indivíduo isolado. Ninguém acorda de manhã e (à moda francesa) reinventa a poesia ou elabora um novo sistema educacional ou decide rejeitar a série em favor de uma outra forma de organização totalmente original. Não fazemos estas coisas porque não poderíamos mesmo fazê-las, porque as operações mentais que podemos realizar são limitadas pelas instituições dentro das quais já estamos inseridos. Estas instituições são anteriores a nós, e é apenas habitando-as, ou sendo por elas habitados, que temos acesso aos sentidos públicos e convencionais que elas têm. Assim, embora seja correto dizer que criamos poesia (tal como criamos indicações de leitura e listas), nós o fazemos através de estratégias interpretativas que em última análise não são nossas, porém têm sua origem em um sistema de inteligibilidade que é público. (...) se o eu é concebido não como uma entidade independente, mas como um construto social cujas operações são delimitadas pelos sistemas de inteligibilidade que o informam, então os significados que este eu vier a conferir aos textos não serão específicos a ele, mas terão sua origem na comunidade (ou comunidades) interpretativa(s) da qual ele é função.[322]

Assim, o primeiro passo para que exista um leitor bíblico é fazê-lo consciente de que só se torna um leitor quando se é capaz de se reconhecer como leitor do mundo. Esta ordem é exata. Primeiro, lemos o mundo, para, somente depois, lermos o texto. Daí que o sentido de um texto sempre se dá no encontro entre leitor e texto, isto é, na fusão de horizontes entre essas duas visões de mundo. Ler um texto não é apenas decodificar os códigos linguísticos para formar palavras e frases; antes, a leitura está intimamente ligada ao fator existencial de cada indivíduo.

> Se o ato de ler não é a mera decodificação de um sistema de sinais (escrito, desenhado, esculpido em pedra, imagem e movimento), não basta uma análise formal do código em que foi cifrado, para torná-lo legível; se o universo de discurso importa para a significação, há que considerar o contexto de sua produção; se há ouvidos diferentes em cada homem, há que pensar nos efeitos que o dizer/grafar tem sobre os sujeitos, isto é, como se dá a recepção por parte do ouvinte/leitor. Cada um recebe a água vertida no receptáculo de que dispõe...[323]

---

322. FISH, S., Como reconhecer um poema ao vê-lo, p. 161.
323. YUNES, E., Leitura, a complexidade do simples, p. 20.

Não levar esta realidade em conta rejeita a multidiversidade do discurso humano, em todos os seus meios, inclusive o literário. Um texto possui sempre uma reserva de sentido que possibilita interpretações múltiplas. Todo intérprete aplica sobre o texto uma pré-compreensão, fruto de uma conjunção de fatores socioambientais, políticos, culturais, religiosos, familiares, éticos, sexuais, raciais etc. Portanto, não existe uma prática interpretativa que produza um resultado unívoco a respeito da hermenêutica de um texto. O número de interpretações possíveis está relacionado ao número de intérpretes que investigam o texto. Por isso, pode-se afirmar:

> *Leitura bíblica é releitura.* É fazer reviver a palavra antiga a partir da tradição que ela criou para chegar até nós, na nova situação em que hoje nos encontramos. Assim, citando e reinterpretando, os autores bíblicos tardios liam os textos de seus predecessores. Assim Jesus e os rabinos de seu tempo liam a Lei e os Profetas, e assim as primeiras gerações cristãs liam o Antigo e o Novo Testamento.[324]

Na tentativa de criticar o risco de uma superinterpretação – numa espécie de "vale tudo" hermenêutico – Umberto Eco apresenta uma "rede de segurança gerada pelo entremear das *intentio autoris, intentio textualis* e *intentio lectoris*"[325] (respectivamente, intenção do autor, intenção do texto e intenção do leitor), como uma espécie de cerca limitadora, capaz de evitar essa absoluta liberdade interpretativa. Aliás, cabe à exegese bíblica o papel de identificar esses limites e possibilitar essa pluralidade de interpretações, ciente da complexidade dessa tarefa.

A invenção do alfabeto mudou drasticamente a comunicação humana, pois, uma vez escrito, podia-se retomar o tema, rediscutir suas questões. Enquanto que, na oralidade, o pensamento acompanhava o assunto, na escrita, tudo é obrigatoriamente inserido numa certa ordem. A esse respeito, vale lembrar o que afirma Eliana Yunes: "O aparecimento da escrita na Grécia antiga traz consequências culturais inimagináveis, uma vez que a organização espacial do discurso propiciava o exame lógico da linguagem e uma redefinição cada vez mais apurada das palavras em termos abstratos".[326] Por isso, a escrita permite refletir sobre o escrito, o que já foi pensado. De fato, continua a autora:

> As relações do homem com o mundo, inegavelmente, estão mediadas por sua percepção e construídas pela linguagem. É bem verdade que a natureza

---

324. KONINGS, J., A Bíblia, sua origem e sua leitura, p. 179.
325. YUNES, E., Leitura, a complexidade do simples, p. 21.
326. YUNES, E., Dados para uma história da leitura e da escrita, p. 52-53.

dessa linguagem é de caráter social, pois a condição de sua existência é a própria exigência de troca e comunicação. A forma de designação do mundo pouco a pouco torna-se o próprio mundo, ganhando uma transparência ilusória que beira a alienação. A língua desenha o mundo e não raro o aprisiona em seus clichês.[327]

O que Yunes descreve nesse trecho constitui um risco muito presente, sobretudo na prática exegética e teológica: confundir a expressão da experiência religiosa com a realidade em si. Ora, é preciso perceber que a realidade não cabe na linguagem. A letra é uma versão da imagem. O texto é serial; já a realidade é múltipla. A realidade é polissêmica (tem diversos sentidos). O texto ou o seu autor, mais especificamente, que quer retratar a realidade, escolhe um destes sentidos e o apresenta como a verdadeira percepção da história e da realidade. Obviamente, contudo, em tudo isso permanece a sempre presente atuação de Deus ao revelar-se no humano e por meio do humano. Por isso, embora limitada, a linguagem apresenta uma resposta possível ao núcleo teológico-dialogal da revelação divina.

A realidade múltipla (que é fruto da experiência pessoal de alguém) se torna uma história serial e progressiva quando transformada em texto. No caso de narrativas sagradas, é possível que outros textos (que até sejam provenientes de outros povos) contenham vislumbres corretos e bem elaborados de Deus. Na prática exegética, essas questões que envolvem a formação do leitor – isto é, esses processos de leitura e interpretação que são constituintes de um leitor/intérprete/exegeta do texto – devem ser levadas em conta. A objetividade é recolhida na subjetividade específica de cada um. Todos participamos de um acordo coletivo que é, contudo, recolhido por cada um em sua especificidade.

Na leitura de um texto isso fica muito evidente. Todo leitor constrói a história a partir do texto, à medida que lê a narrativa. Durante o processo de leitura e interpretação de uma narrativa, vamos construindo pontes, criando novas cenas, que auxiliam na compreensão da história. Essa reconstrução é aberta a inúmeras possibilidades e é fruto direto de compreender a Bíblia literariamente. As possibilidades hermenêuticas são múltiplas, tais como são múltiplos os leitores que se aproximam da narrativa.

> Como o tênis, a leitura é um jogo a dois. E para que a partida seja bem jogada o talento deve estar presente numa parte como noutra: do lado do texto e do lado do leitor. Longe de se reduzir a um registro passivo, a leitura é uma magia que faz viver o texto – pois o texto é morto sem o olhar do lei-

---

327. YUNES, E., Dados para uma história da leitura e da escrita, p. 53.

tor, que lhe dá vida ao decifrá-lo. (...) "Um texto requer que alguém o ajude a funcionar", diz ainda Eco; "um texto é emitido para alguém capaz de o atualizar" (...) A incompletude do texto resulta de uma simples constatação: o texto não diz tudo, a não ser que vise à exaustão, numa descrição que seria fastidiosa. Esse aspecto parcial é ainda mais verdadeiro nas narrativas bíblicas. Quando uma narrativa constrói um mundo (com suas ações e seus personagens), é impossível dizer tudo desse mundo; ela menciona e, para o resto, requer que o leitor colabore preenchendo os espaços vazios.[328]

Nessa reconstrução da narrativa, produzida pelo encontro entre leitor e texto, entram em cena todo o mundo cultural do leitor, suas experiências pessoais, suas expectativas e frustrações. Projetamos no texto quem somos e onde estamos; "tudo o que o texto não descreve expressamente como sendo diferente da realidade conhecida do leitor é completado por este em função das leis e das situações do seu mundo".[329] Toda essa argumentação nos conduz à reflexão a respeito dos lugares hermenêuticos de sentido, como veremos a seguir.

3.2.1. Os lugares hermenêuticos de sentido: autor, texto e leitor

A mudança de paradigma que, especialmente, o Ocidente experimentou a partir da segunda metade do século XX fez surgir novas possibilidades de se pensar sobre o intérprete das narrativas literárias. A crença na supremacia da racionalidade humana que, supostamente, produziria um mundo de paz, sem sofrimento, guerras, fome etc., foi severamente abalada pelas guerras mundiais que marcaram o início do século XX. Como vimos no capítulo 1, a mesma razão científica que havia sido encarada como salvadora da humanidade, tinha criado armamentos e bombas atômicas que mataram milhares de vidas. A destruição das cidades de Hiroshima e Nagasaki, no Japão, em agosto de 1945, demonstrou que o ser humano, pela primeira vez, havia desenvolvido a capacidade da autodestruição em nível global. Os horrores dos campos de concentração nazistas criaram uma crise de sentido que se alastrou para todos os campos do saber, inclusive o teológico. A pergunta teológica que sintetizava essa crise dizia respeito ao enfrentamento do sofrimento humano e sua relação com Deus; a pergunta era: como falar de Deus depois de Auschwitz?

Ora, acontecimentos como estes geraram uma ruptura entre a modernidade e o que se denominou de pós-modernidade. Evidentemente, todo esse quadro afe-

---

328. MARGUERAT, D.; BOURQUIN, Y., Para ler as narrativas bíblicas, p. 147-149.
329. MARGUERAT, D.; BOURQUIN, Y., Para ler as narrativas bíblicas, p. 149.

tou a exegese bíblica. Tornou-se necessário saber articular as afirmações de fé contidas na Bíblia com as expectativas e frustrações do ser humano contemporâneo.

O texto bíblico representa um mundo; de igual forma, o leitor contemporâneo desse texto também representa um mundo. Entre as realidades do hoje e do aqui (no nosso caso, o Brasil do século XXI) e do ontem e do lá (a Palestina do século I d.C., por exemplo) há um abismo gigantesco. A Bíblia é palavra de Deus, contudo, ela o é em linguagem humana, pois não existe palavra de Deus pura; ela sempre é mediada para chegar ao ser humano. Por isso, para compreender a Bíblia é preciso, antes de tudo, ser humano. Aliás, como bem expressa Konings: "ler é entender-se com o texto acerca da vida!"[330]

Perceber a Bíblia como texto divinamente inspirado e como produção humana (sem ressaltar um desses aspectos em detrimento do outro) exige um esforço contínuo, e não uma mera recepção passiva. Por um lado, é preciso recuperar a cultura e o tempo da época em que o texto foi escrito. Como é o mundo que o texto bíblico representa? Pois esse mundo está muito distante de nós, em diversos aspectos. Disso trata a exegese, isto é, da "busca do sentido no contexto original (o sentido histórico-literário)".[331] Já a atualização dessa mensagem para nosso tempo é tarefa da hermenêutica. "Ou seja, a exegese histórico-literária procura o que fica para trás do texto (aquilo que condicionou o sentido no momento de sua produção), enquanto a hermenêutica considera o que está à frente do texto (o que ele é capaz de significar em novas circunstâncias)".[332]

Considerar isso é levar a sério a inculturação da fé e, por fim, a própria encarnação de Jesus. Por inculturação da fé, compreende-se

> a realização da fé e da experiência cristã numa cultura, de tal modo que não só se expresse com elementos culturais próprios (tradução), mas também se torne uma força que anima, orienta e renova esta cultura (discernimento), contribuindo para a formação de uma nova comunidade, não só dentro de sua cultura, mas ainda como enriquecimento da Igreja universal (síntese).[333]

Nesse conceito, estão presentes os três momentos que caracterizam o processo da inculturação: a) a presença e o encontro com outra cultura, que exige uma nova linguagem para ser significativa; b) o diálogo travado entre a fé cristã e esta cultura a fim de avaliar que elementos culturais podem ou não ser assumidos

---

330. KONINGS, J., A Bíblia, sua origem e sua leitura, p. 196.
331. KONINGS, J., A Bíblia, sua origem e sua leitura, p. 195.
332. KONINGS, J., A Bíblia, sua origem e sua leitura, p. 195.
333. MIRANDA, M. F., Inculturação da fé, p. 38.

e valorizados pela fé em Cristo; c) a elaboração de uma síntese cultural, que não só enriquece a cultura local e a igreja local como também reafirma a universalidade da Igreja.[334]

Em termos teológicos, inculturação começa na encarnação do Cristo, Palavra que se faz carne, Deus que se faz homem vivendo num contexto bem específico: a Palestina do 1º século da era cristã. Nesse sentido, a historicidade judaica de Jesus, "sua educação, provavelmente farisaica, sua emotividade masculina, seu acento galileu o acompanham em tudo o que realiza. Sem isso, ele não é. Sua cultura concreta é o húmus no qual brota a flor do Evangelho".[335] Da mesma forma que a mensagem de Jesus, os textos do Novo Testamento também nasceram inculturados. Seguindo essa linha de raciocínio, Konings comenta:

> Também depois da atuação de Jesus, na formação dos escritos do NT, agiram influências do ambiente cultural em que se inscrevia a pregação ou a organização do culto e da catequese. O NT foi formulado no código linguístico-cultural de seu ambiente, porém enriquecendo-o, quando necessário, com elementos trazidos de outro ambiente, mais próximo do evento referencial, que foi a atuação de Jesus de Nazaré. (...) O Evangelho se cristalizou nos padrões literário-semânticos disponíveis naquele ambiente. Aí percebemos que inculturação é a própria encarnação da fé na cultura de seu portador desde sua primeira expressão. Nesse sentido, não existe Evangelho senão inculturado.[336]

Perceber esse fato – que não existe Evangelho senão inculturado – deve gerar a responsabilidade e o desafio de vivenciar uma "tensão dialética entre a insubstituível identidade, encarnada na inculturação de origem, e a necessidade de reencarnação em novas culturas".[337] É esta tensão dialética que encontramos, por exemplo, nas páginas do Novo Testamento, seja nos evangelhos, seja nas cartas ou mesmo no Apocalipse.

Assim, por um lado, é necessário investigar o mundo do texto a fim de esclarecer melhor sua razão de existir. Por outro, é necessário identificar com muita clareza as questões do nosso próprio mundo contemporâneo.

A exegese e a hermenêutica buscam fazer com que o texto faça sentido para o leitor de cada tempo, isto é, tenha significado existencial para ele. A pa-

---

334. MIRANDA, M. F., Inculturação da fé, p. 38.
335. KONINGS, J., Inculturação da fé no Novo Testamento, p. 13.
336. KONINGS, J., Inculturação da fé no Novo Testamento, p. 14.
337. KONINGS, J., Inculturação da fé no Novo Testamento, p. 22.

lavra-chave aqui é sentido. Pois um texto bíblico pode permanecer sendo Palavra de Deus, mas não fazer sentido para ninguém. Hermenêutica e exegese caminham juntas. Aqui, reside uma pergunta fundamental: onde se localiza o sentido de um texto? Dito de outra maneira, quando um texto faz sentido para alguém? O sentido do texto bíblico não surge quando alguém entra em contato com informações técnicas sobre esse texto. Na verdade, o texto faz sentido para a pessoa quando ela tem uma experiência com ele, isto é, quando o texto revela elementos da vida humana que geram sentido.

Analisando esse tema – o sentido de um texto – podemos encontrar três lugares hermenêuticos de sentido. São eles: a *intentio autoris*; a *intentio textualis* ou *intentio operis*; e a *intentio lectoris*. Cada uma dessas perspectivas irá adotar uma determinada metodologia de acesso ao texto.

> Lugar hermenêutico de sentido é uma expressão largamente utilizada no universo da literatura e, assumida pela teologia para designar a preocupação acerca do critério literário para a leitura da Bíblia a fim de descobrir onde reside o sentido das Escrituras. A teoria literária pressupõe três possíveis e clássicos lugares hermenêuticos: o autor – ou a *intentio auctoris*, a intenção do autor; o texto – ou *intentio operis*, a intenção da obra; o leitor – ou a *intentio lectoris*, a intenção do autor.[338]

É de Umberto Eco a sistematização desses conceitos.[339] Embora separados didaticamente, na reflexão mais atual é comum que esses lugares hermenêuticos sejam relacionados entre si, fornecendo destaque a algum deles, mas sem abandonar as demais perspectivas. Muitos pesquisadores na área da análise literária, por exemplo, advogam uma fusão de horizontes no processo hermenêutico, por meio do qual a compreensão de um texto surge quando o mundo do leitor e o mundo do texto se encontram. Vejamos cada uma delas separadamente.

Na perspectiva da *intentio auctoris*, para compreender o texto seria preciso reconstruir, por inúmeras ferramentas exegéticas, a "mente" do autor para dar conta do que o texto está dizendo, pois somente o autor de um texto tem claramente a noção do sentido do texto. Para fazer isso, seria preciso reconstruir o mundo do autor (psicológico, social, cultural etc.). Assim, "o autor é uma espécie

---

338. ROCHA, A., Experiência e discernimento, p. 298.

339. Importante perceber que a perspectiva de Eco sobre o tema não é estática, mas, obviamente, se altera à medida que o autor desenvolveu seus estudos. Assim, de uma ênfase na centralidade do leitor, Eco passa a preferir a centralidade do texto em suas análises. A respeito, a elucidativa nota 798 (ROCHA, A., Experiência e discernimento, p. 299).

de professor ausente do qual se deve apreender a ideia central e seus argumentos a fim de identificar a intenção original do texto por ele escrito".[340]

Em certo sentido, essa abordagem adota uma leitura positivista sobre o processo de interpretação do texto bíblico. Tal proposta advoga ainda uma neutralidade, bem aos moldes da perspectiva cartesiana da modernidade, segundo a qual somos sujeitos que temos diante de nós um objeto que pode ser analisado em sua inteireza por meio da razão. Vale lembrar que, para René Descartes, o sujeito apreende o objeto em sua totalidade e, sendo capaz de defini-lo completamente, lida com ele como objeto.[341] É possível conhecer objetivamente a verdade. O que conhece é a "coisa que pensa" e todo o resto é a "coisa pensada".

> A relação do sujeito-espírito não extensível, pensante com seu objeto-corpo não pensante, extensível é descrita por Descartes como sendo uma relação unilateral de domínio e de propriedade: Eu sou um sujeito pensante e eu tenho o meu corpo. O Eu se encontra como mandatário e usuário em relação a seu corpo, como sendo este a sua propriedade.[342]

Também é possível partir da *intentio operis*, ou a intenção do texto. Nessa perspectiva, não há preocupação pelo autor do texto, mas sim qual é o contexto histórico do texto que existe por si só. O texto não mais depende do autor, ele é uma obra independente que precisa ser analisado em si mesmo. Além disso, o texto é polissêmico, isto é, possui a capacidade de "sustentar diversos sentidos possíveis e válidos. Um texto jamais é unívoco, antes, sustenta inúmeras possibilidades de sentido e discurso".[343]

A terceira possibilidade, por sua vez, parte da *intentio lectoris*, isto é, a intenção do leitor. Segundo essa perspectiva, "é o leitor que determina o sentido" de um texto.[344] Esta linha afirma a impossibilidade de se recuperar o autor real de um texto. No máximo, alcançamos o autor implícito: a "imagem do autor tal como se revela na obra por suas opções de escrita e pelo desdobramento da estratégia narrativa".[345] O processo de leitura está intimamente ligado à interpretação pessoal que cada um fornece ao texto lido. Aqui, o sentido surge apenas quando um leitor se encontra de forma existencial com a narrativa presente em um texto.

---

340. ROCHA, A., Experiência e discernimento, p. 300.
341. DESCARTES, R., Discurso do método, p. 61-70.
342. MOLTMANN, J., Deus na criação, p. 359.
343. ROCHA, A., Experiência e discernimento, p. 301.
344. ROCHA, A., Experiência e discernimento, p. 302.
345. MARGUERAT, D.; BOURQUIN, Y., Para ler as narrativas bíblicas, p. 27.

É possível perceber, na área da hermenêutica e da exegese bíblicas, uma articulação entre texto e autor. Poucos autores advogam a ideia de focar exclusivamente a intenção do autor, pois ter uma compreensão do que o texto significava há dois mil anos atrás não é suficiente. É preciso atualizar sua mensagem. É justamente nesse ponto que exegese, hermenêutica e homilética se encontram: na tentativa de colocar em diálogo a vida do texto e a vida do ouvinte. Uma exegese e uma hermenêutica eficazes são as que se dedicam ao mundo do texto bíblico para, com isso, valorizar o mundo de agora. A compreensão do texto só ocorre quando há uma fusão de horizontes, entre o mundo do leitor e o mundo do texto.

> A exegese crítica procura compreender a produção dos textos, enquanto que a leitura teológica que se faz a partir da experiência de fé concentra no texto produzido, explorando sua "reserva de sentido", linguística e como "palavra de Deus". No entanto, também aquela se pratica a partir de um determinado lugar (social, teológico), ou seja, a partir de uma concepção da realidade, e então, a exegese é, ao mesmo tempo, eisegese. A releitura teológica de base, por outro lado, está condicionada pela estrutura, os códigos, a polissemia do texto (não qualquer polissemia!) que se deve explorar incansavelmente. Desta vez, a eisegese é exegese. Uma e outra são inseparáveis no ato de produção do sentido que é a leitura.[346]

É importante perceber que estas dimensões – intenção do autor, do texto, e do leitor – não precisam ser autoexcludentes. Essa inter-relação recebe grande auxílio das reflexões propostas por Edgard Morin a respeito do que ele denomina "pensamento complexo". Voltaremos a esse ponto posteriormente, mas por ora vale ressaltar que, em se tratando de análises hermenêuticas, todo ponto de vista é limitado por seu próprio condicionamento histórico-cultural. Mas dizer isso não significa afirmar que em cada ponto de vista não seja dito algo sobre o Real. Ao contrário: cada olhar representa perspectivas diferentes sobre a mesma realidade. O máximo que se pode perguntar então é: qual descrição se aproximou do real?

Para a teologia contemporânea, essa linha de pensamento auxilia no processo de se pensar e agir teologicamente. Porque toda teologia lida com o Real (no caso da teologia cristã, só existe teologia porque o Real se manifestou); por outro lado, toda teologia é feita a partir de um chão particular. Por isso, nenhuma teologia pode dizer o absoluto sobre Deus. Cabe aqui a frase de Nietzsche: "contra

---

346. CROATTO, J. S., Hermenêutica bíblica, p. 59-60.

o positivismo, que para e diz: 'há apenas fatos', eu digo: 'ao contrário, fatos é o que não há; há apenas interpretações'".[347]

3.2.2. Perspectivas recentes de interpretação das narrativas bíblicas

Algumas metodologias de acesso ao texto bíblico, bem como de sua interpretação, confirmam o predomínio do "verdadeiro" sobre o belo, como se tais dimensões fossem, de fato, irreconciliáveis. Nada mais longe do próprio texto bíblico que constantemente reúne beleza e fé, bondade do Criador com a percepção divina de que tudo é "muito bom" (Gn 1,31).

Caso divorcie esses elementos, a "exegese dos textos sagrados reduz-se à filologia; a fé torna-se um sistema de verdades abstratas; a moral, uma lei estabelecida mais ou menos arbitrariamente por Deus; e a pastoral converte-se em militância político-pedagógica".[348]

Dentre as perspectivas recentes na análise dos textos bíblicos podemos citar a narratologia. Metodologia bastante recente, a narratologia foi elaborada a partir da segunda metade do século XX. Desenvolvida a partir de novos paradigmas vinculados à crítica textual e aos estudos literários, essa metodologia muda o foco da análise exegética: do autor para o leitor do texto.

> A exegese histórico-crítica que reinou absoluta sobre o estudo científico da Bíblia desde o século XVIII era herdeira de uma concepção romântica da literatura (Schleiermacher; Dilthey); seu axioma: só a gênese dos textos dá acesso à intenção dos autores. A análise é portanto histórica, imitando as ciências naturais que explicam os fenômenos estabelecendo suas causas. (...) A nova crítica literária, vasta corrente da qual herdam ao mesmo tempo a semiótica (ou análise estrutural) e a análise narrativa, rompe com esse questionamento. Ela se inscreve numa mudança radical de paradigma dos estudos literários, anunciado por H. R. Jauss em 1969, que faz o interesse passar do polo do autor para o polo do leitor. A ambição é a de libertar o texto de toda tirania que o faça depender de seu autor, de sua história, de seu meio de produção.[349]

A lógica por detrás desta intenção é a afirmação de que o texto apresenta uma narrativa que é independente do seu autor ou de seus destinatários originais.

---

347. ALVES, R., Filosofia da ciência, p. 127.
348. ALMEIDA, E. F., A espiritualidade da beleza, p. 184.
349. MARGUERAT, D.; BOURQUIN, Y., Para ler as narrativas bíblicas, p. 20.

Uma vez escrito, o texto se desliga de seu autor e assume, por assim dizer, uma existência própria, aberta a novas e múltiplas interpretações.

A preocupação exegética da narratologia não é descobrir como o texto se formou, mas sim, a partir de sua forma final, analisar como a narrativa construída cria sentido para o(a) leitor(a). Nesse sentido, a narratologia recebeu grande influência dos estudos literários que estavam sendo elaborados, especialmente nos Estados Unidos, no início da década de 1980.

> A análise narrativa não saiu de um cérebro solitário. Esse conceito foi construído nos Estados Unidos com a ajuda de trabalhos teóricos sobre a narratividade, levados a cabo por especialistas franceses, alemães e americanos e é testemunho de um encontro fecundo entre o mundo da literatura e o mundo da exegese.[350]

É possível esclarecer melhor o objeto da narratologia a partir de um gráfico[351] que ilustra os eixos nos quais atua cada metodologia exegética. Essa visualização sob a forma gráfica auxilia na compreensão das ênfases de cada metodologia exegética. "O autor transmite ao leitor uma obra literária que de um lado remete ao mundo representado (a informação), de outro lado articula e põe em rede signos verbais (a linguagem)".[352] Obviamente, é possível encontrar pontos de relação entre essas diferentes metodologias de acesso ao texto.

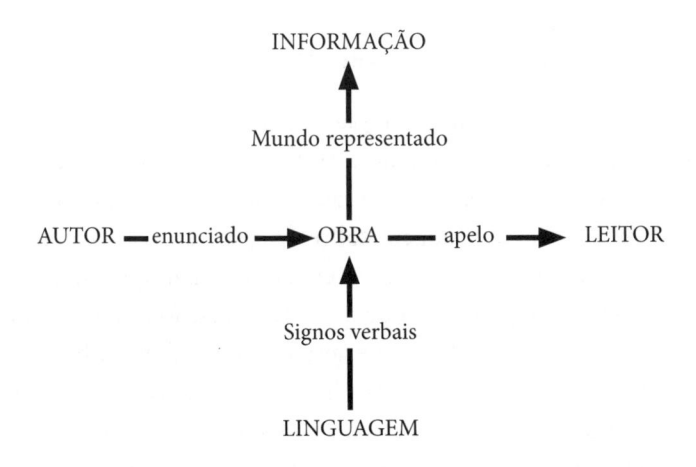

```
            INFORMAÇÃO
                ↑
                |
        Mundo representado
                |
AUTOR —enunciado—▶ OBRA — apelo —▶ LEITOR
                |
          Signos verbais
                |
                ↑
            LINGUAGEM
```

---

350. MARGUERAT, D.; BOURQUIN, Y., Para ler as narrativas bíblicas, p. 21.
351. MARGUERAT, D.; BOURQUIN, Y., Para ler as narrativas bíblicas, p. 14-16.
352. MARGUERAT, D.; BOURQUIN, Y., Para ler as narrativas bíblicas, p. 15.

O eixo vertical (LINGUAGEM – OBRA – INFORMAÇÃO) é o eixo da representação: "ele engloba a representação do mundo dada pela obra literária a partir do código linguístico empregado".[353] O eixo horizontal (AUTOR – OBRA – LEITOR) é o "eixo da comunicação que caracteriza a relação que se estabelece entre o autor e o leitor por intermédio da obra literária".[354]

O(s) método(s) histórico-crítico(s) tem o interesse voltado para o acontecimento histórico que produziu o texto, ou seja, seu objetivo é reconstruir a realidade à qual remete o relato e a intenção do autor que o redigiu. No esquema, está centrado no eixo vertical, no campo INFORMAÇÃO. A análise estrutural ou semiótica tem como interesse o funcionamento da linguagem no qual tudo no texto é levado em conta ("nada fora do texto, nada além do texto, e o texto todo"[355]). É o mundo do texto que deve ser analisado. No esquema, está centrada no eixo vertical, no campo LINGUAGEM.

Já a narratologia se localiza no eixo da comunicação, isto é, no eixo horizontal que liga o autor ao leitor. Sua pergunta é: como o autor comunica sua mensagem ao leitor? Qual a ordem dos acontecimentos? Qual a estratégia que o autor usa para transmitir sua mensagem? O que o trato com cada personagem da narrativa pode demonstrar? Por que o narrador decidiu organizar a história dessa determinada maneira? Essas perspectivas sinalizam novas maneiras de pensar e interpretar a Bíblia que receberam bastante atenção na segunda metade do século XX.

3.3. A relação entre teologia, literatura e mística

O estudo da relação entre teologia e literatura tem sido objeto de estudo de forma mais sistematizada somente a partir das últimas décadas. Tanto teólogos quanto críticos literários têm buscado refletir sobre esta relação, gerando, com suas pesquisas, novas abordagens sobre o tema. Para os(as) teólogos(as), esta abertura ao diálogo interdisciplinar representa muito mais que uma mudança acadêmica; antes, constitui a percepção de que a teologia, ao tratar do humano, toca em dimensões que não se esgotam na esfera da racionalidade, herdeira do positivismo iluminista, pois existem valores humanos que não são cartesianamente mensuráveis. Há outras dimensões essenciais para o ser que busca se compreender e dar sentido à sua existência. Uma dessas dimensões é o imaginário, "aquele

---

353. MARGUERAT, D.; BOURQUIN, Y., Para ler as narrativas bíblicas, p. 14-16.
354. MARGUERAT, D.; BOURQUIN, Y., Para ler as narrativas bíblicas, p. 15.
355. MARGUERAT, D.; BOURQUIN, Y., Para ler as narrativas bíblicas, p. 16.

de toda uma tradição onde ele se enraíza, feita de mitos, de contos e de lendas".[356] Ainda nas palavras de Gesché,

> todo esse imaginário, do qual nos servimos desde nossa infância e que continuamos a edificar na fonte de nosso ser (...) todo esse imaginário vai infinitamente mais longe, como "poder que agrega", que nossa razão.[357]

A partir dessa abordagem, é possível perceber, cada vez com maior abundância de estudos e pesquisas, que a teologia pode encontrar caminhos diversos, que não apenas a dogmática ou a sistemática, para alcançar o ser humano em sua dimensão religiosa. Existem outras formas de mediação, quiçá menos rígidas e estéreis. De fato, a teologia

> pode fazer apelo à filosofia e às ciências em geral, com destaque para as chamadas ciências humanas. Mas ela pode também fazer apelo às artes. Estas, por sua natureza e por seu antropocentrismo radical, são também lugar de revelação do humano. Sendo assim, a literatura de ficção revela uma forma de compreensão do humano, uma antropologia.[358]

Ao agir assim, é possível estabelecer também uma relação entre a teologia e a literatura com a mística cristã. Se, como vimos no capítulo anterior, a experiência mística relembra à Dogmática uma percepção de Deus como "alguém que ama e chama a pessoa a uma relação amorosa e solidária",[359] então abrem-se possibilidades de superação de qualquer rigidez doutrinária que impeça, intencionalmente ou não, o sopro renovador do Espírito de Cristo.

A literatura, assim como a mística, são expressões da alma, que trazem à tona as mais profundas experiências divinas-humanas. A beleza da experiência de Deus, contudo, nem sempre encontra espaço nas formulações doutrinárias e teológicas; prazer e beleza são, por vezes, estranhos às nossas teologias cristãs. Por outro lado, as experiências místicas cristãs possuem grande conteúdo estético e, "mesmo quando pretende adentrar no mundo das invisibilidades, o místico jamais o faz a partir de uma metafísica abstraída de sua materialidade. Os gemidos, sussurros e sons da vida ali estão".[360] Nesse sentido, vale (re)lembrar:

---

356. GESCHÉ, A., O sentido, p. 139.
357. GESCHÉ, A., O sentido, p. 139.
358. MANZATTO, A., Teologia e literatura, p. 5.
359. HILBERATH, B. J., Pneumatologia, p. 410.
360. ALMEIDA, E. F., A espiritualidade da beleza, p. 182.

Para os seres humanos, sobreviver não é o bastante. É preciso mais. É preciso criar uma mística da vida. Não nos basta o alimento, é preciso que o alimento se transubstancie em comida: mesinha arrumada, cheirinho bom dos ingredientes, a presença da(o) amada(o), a conversa sobre os acontecimentos do dia. É preciso que a comida se transforme em sacramento. Deus é pão, mas é vinho também. Deus é justiça, mas também prazer e alegria.[361]

A experiência dos místicos cristãos ao longo da história tem ilustrado esse sentimento-ação de diversas maneiras: experiência-encontro com Deus mais íntimo do ser do que o próprio ser (Agostinho), que faz voltar os olhos para dentro de si, encantado com recônditos do coração que, há muito, eram desconhecidos. Mas experiência-encontro também com o outro que nos cerca, que compartilha da vida como dom do Deus-Criador, que caminha respirando essa mesma presença divina em todas as coisas, não por lógica panteísta, mas por perceber Deus animando a vida por dentro de todas as coisas.

O objetivo, nesse ponto, é propor a literatura como "verdadeiro lugar de epistemologia do ser humano",[362] por meio do qual podemos "apreender-nos e compreender-nos de modo diferente daquele do consentimento e da repetição".[363] A literatura, assim, torna-se espaço da criatividade teológica, atividade esta integralmente humana.

Como já afirmamos no início deste capítulo, é preciso refletir sobre a relação existente entre teologia e literatura a fim de ressaltar a linguagem metafórica de ambas, percebendo-as como integradoras da vida e da busca por sentido efetuada pelos seres humanos. Relacionar teologia e literatura requer, antes de tudo, uma nova forma de se pensar, que seja menos reducionista e mais amplamente integradora.

Para o senso comum, teologia e literatura seriam como campos do saber claramente separados – ou mesmo em oposição – que não teriam nada a dizer um para o outro. Se a teologia é compreendida como a verdade revelada (diretamente por Deus), a literatura não passaria de uma ficção elaborada a partir de um desejo meramente estético do ser humano. Seriam contraditórias, a partir dessa perspectiva.[364]

---

361. ALMEIDA, E. F., A espiritualidade da beleza, p. 182.

362. GESCHÉ, A., O sentido, p. 142.

363. GESCHÉ, A., O sentido, p. 140.

364. YUNES, E., Teologia e literaturas, p. 7.

Mas tal percepção deixa de perceber que no próprio texto bíblico há a presença de gêneros literários diversos. A poesia, por exemplo, não apenas como gênero distinto (presente claramente nos salmos), também pode ser encontrada na constituição da narrativa, das falas dos profetas, dos ensinamentos de Jesus. Vale lembrar que falar da Escritura é falar do humano, pois ela é uma produção humana. E como a vida não prescinde da poesia em suas mais ricas e profundas dimensões, de igual forma o texto bíblico está repleto de beleza poética e da metáfora.

No próprio cerne da expressão da experiência religiosa, se faz presente a linguagem metafórica. Justamente porque o encontro com o Mistério, com o Sagrado, só pode ser expresso por meio de metáforas, e porque a realidade última é inalcançável, a não ser através da lente proporcionada pela linguagem simbólica e poética, é que afirmamos a necessidade de se relacionar teologia e literatura. A realidade última só pode ser acessada por uma mediação e, nesse sentido, toda palavra de Deus, para poder comunicar-se ao ser humano, necessita encarnar e falar do ponto de vista humano. De forma clara, a teologia cristã afirma essa percepção ao fazer da encarnação do Logos em Jesus de Nazaré (Jo 1,1-14) a base de toda sua reflexão e ação. A Palavra se fez sangue, suor e lágrimas. Isto não é poesia em seu mais elevado grau?

Refletir sobre essa relação requer uma abertura epistemológica capaz de gerar diálogo entre essas dimensões do saber humano. Tal abertura só pode surgir num ambiente desvinculado de uma visão de mundo positivista, característica do século XIX e início do XX. O saber totalitário, em grande parte influenciado por um "espírito enciclopedista",[365] aliás, uma marca do século XIX, deve ser abarcado por uma visão mais integradora. As diferentes vertentes do saber, divididas ou recortadas especialmente durante o século XIX e início do século XX, são reunidas, primeiramente numa proposta interdisciplinar. Ainda assim, tal proposta não conseguiu impedir o posicionamento hierárquico que certas áreas do saber humano continuavam a adotar em sua relação com as demais ciências, solidificando suas próprias fronteiras.[366] Esse quadro exigiu uma nova proposta, que fosse além da interdisciplinaridade; abriu-se possibilidade à transdisciplinaridade a partir da qual cada disciplina, em sua área específica, abre-se para as demais em mútua e constante relação. Essa interpenetração entre as disciplinas foi bem desenvolvida por Edgar Morin. Seu "pensamento complexo", do qual falaremos a seguir, pode nos auxiliar no processo de enxergar essa teia de relações que nos cerca.

Para Morin, é preciso superar a noção de um pensamento dividido em setores verticais, com cada saber ocupando seu próprio nicho, sem comunicar-se

---

365. YUNES, E., A narrativa em Câmara Cascudo, p. 79.

366. MORIN, E., Ciência com consciência, p. 135.

com os demais. Em seu lugar, como superação deste paradigma fragmentado, deve-se desenvolver a ideia da transdisciplinaridade. Assim, a ideia de totalidade é substituída pela noção de complexidade, compreendida não como "difícil", mas como articulado. Os saberes são reagrupados e não mais militam entre si. É o surgimento de uma perspectiva transdisciplinar, capaz de aproximar os diferentes saberes numa proposta de diálogo e relacionamento entre si. Em suas palavras,

> Precisamos, portanto, para promover uma nova transdisciplinaridade, de um paradigma que, decerto, permite distinguir, separar, opor, e, portanto, dividir relativamente esses domínios científicos, mas que possa fazê-los se comunicarem sem operar a redução. (...) É preciso um paradigma de complexidade, que, ao mesmo tempo, separe e associe, que conceba os níveis de emergência da realidade sem os reduzir às unidades elementares e às leis gerais.[367]

Essa nova epistemologia – verdadeira filosofia do conhecimento – presente no pensamento complexo, apresenta a transdisciplinaridade como sua metodologia. Este percurso, que perpassa a dimensão físico-biológica, sociocultural e antropológica e ontológica do ser humano, impede "a doença do intelecto – o idealismo –, que crê que o real se pode deixar fechar na ideia e que acaba por considerar o mapa como o território, e contra a doença degenerativa da racionalidade, que é a racionalização, a qual crê que o real se pode esgotar num sistema coerente de ideias".[368] Essa percepção reforça a integralidade do ser humano: por ser em relação com o outro (pessoas, meio-ambiente, Deus-Mistério), o ser humano não pode ser destrinchado numa análise redutora supostamente científica. Uma análise redutora como essa gera a perda da percepção integral da realidade e – tal como ocorre com rãs em laboratórios que são mortas quando dissecadas – ocasiona uma leitura que divorcia as múltiplas dimensões da existência, numa lógica dualista que acaba por produzir estagnação; e assim, longe de compreender a vida, obtém-se a morte. Sob esta perspectiva reducionista, o preço do conhecimento é a vida! E ainda: negligencia-se que toda neutralidade na análise é uma impossibilidade humana, pois todo ato do conhecimento, da reflexão, do sentir, do agir, do falar e do ser de homens e mulheres é sempre intencional, ainda que às vezes tal intenção esteja camuflada sob camadas de um discurso tipicamente positivista.

Tendo como ponto de partida e base epistemológica o pensamento complexo de Edgar Morin, é possível afirmar que, por serem ambas expressões da busca de sentido da vida humana, teologia e literatura podem inter-relacionar-se

---

367. MORIN, E., Ciência com consciência, p. 138.
368. MORIN, E., Ciência com consciência, p. 140.

mutuamente, auxiliando-se no processo, nem sempre harmonioso, mas absolutamente necessário, de interpretar a vida. Ambas as disciplinas lidam com realidades humanas intraduzíveis em outra linguagem que não a metáfora. Afinal, para falar do ser humano e, sobretudo, para falar de Deus, é necessário a utilização da poesia. Pois como falar da afetividade que brota da relação com Deus ou com o próximo sem usar a linguagem dos poetas? Rubem Alves já dizia que "a poesia é a linguagem daquilo que não pode ser dito".[369]

Ou ainda, como expressar os sentimentos humanos em fórmulas rígidas de linguagem? As expressões dos seres humanos sobre Deus e sobre si mesmos não podem ser facilmente controladas ou friamente analisadas. Antes, tais expressões buscam expandir-se num movimento contínuo de avanços e recuos que entrelaçam, num mesmo e múltiplo ramo, todas as dimensões do ser. Sendo assim, teologia e literatura são parceiras na existência humana, revelando uma verdadeira teia de significados e relações, um tecido cujas tramas se encontram em todo momento. Como diz Manzatto,

> Para chegar ao antropológico, à compreensão do que é o homem e do que ele significa, a teologia pode ser ajudada por vários tipos de mediação (...). Ela pode fazer apelo à filosofia e às ciências em geral, com destaque para as chamadas ciências humanas. Mas ela pode também fazer apelo às artes. Estas, por sua natureza e por seu antropocentrismo radical, são também lugar de revelação do humano. Sendo assim, a literatura de ficção revela uma forma de compreensão do humano, uma antropologia.[370]

Nesse sentido, não devemos descartar a relação teologia / literatura. Fazê-lo seria recusar-se à experiência do belo na vida e na criação de Deus. Do ponto de vista da teologia, vale lembrar, experiência da fé não significa a apreensão total do Deus que se revela, isto é, não implica um objetivar Deus. Antes, como afirmou Paul Tillich, consiste numa atitude, por parte do homem, de assumir a consciência do infinito do qual faz parte, "mas do qual ele não pode tomar posse como de uma propriedade. Com isso está prosaicamente formulado aquilo que ocorre no curso da vida como 'inquietude do coração'".[371]

Neste diálogo entre teologia e literatura, relacionam-se a experiência de Deus e a produção cultural humana. Nesta, revela-se aquela. É na cultura humana, plural em sua característica mais básica, que surgem os lampejos da eternida-

---

369. ALVES, R., Lições de feitiçaria, 2003.

370. MANZATTO, A., Teologia e literatura, p. 5.

371. TILLICH, P., Dinâmica da fé, p. 11.

de sobre o tempo. Assim, a cultura revela-se como espaço da linguagem religiosa, metafórica, simbólica, poética e literária. Todo o universo – tanto o físico como o simbólico, elaborado pelos encontros humanos – é, como diz Tillich, "o santuário de Deus".[372] A cultura é o espaço da atividade teológica, atividade esta integralmente humana. E a religião não é um adendo do ser humano, mas antes "a dimensão da profundidade presente em todas as funções".[373]

Segundo Tillich, a religião é "preocupação suprema (*ultimate concern*), manifesta em todas as funções criativas do espírito bem como na esfera moral na qualidade de seriedade incondicional que essa esfera exige".[374] Se isto ocorre dessa maneira, então toda produção cultural humana estará plena desta preocupação suprema destacada por Tillich. Ou, como ele bem expressa, "cultura é a totalidade das formas nas quais o interesse básico de uma religião se expressa. Em resumo, *religião é a substância da cultura; cultura é a forma da religião*".[375]

Há, portanto, uma relação dialógica e inseparável entre religião e cultura, entre substância e forma. A religião é compreendida como substância da cultura, segundo Tillich, e isso significa enxergar a sua presença fundamental como elemento basilar de toda produção cultural. Por outro lado, afirmar a cultura como a forma da religião também implica perceber naquela a dimensão e a marca do incondicional. Não deve haver, portanto, qualquer dualismo excludente entre essas dimensões humanas, pois "todo ato religioso, não só na religião organizada como também no mais íntimo movimento da alma, é culturalmente formado".[376] A cultura torna-se lugar da experiência teológica, espaço no qual a religião se expressa. E, por outro lado, a religião, por ser preocupação suprema do ser humano e a dimensão da profundidade presente em todas as suas funções,[377] fornece conteúdo às manifestações da cultura. Em função disso, podemos considerar as múltiplas dimensões da arte (música, pintura, literatura, escultura, arquitetura etc.), como espaço revelacional; a arte se torna verdadeiro sinal do Sagrado entre os seres humanos.

---

372. TILLICH, P., Textos selecionados, p. 52.

373. TILLICH, P., Teologia da cultura, p. 42.

374. TILLICH, P., Teologia da cultura., p. 44. Por preocupação suprema ou última, Tillich compreende o tipo de preocupação que "despoja todas as outras preocupações de uma significação última. Ele as transforma em preliminares. A preocupação última é incondicional, independente de qualquer condição de caráter, desejo ou circunstância. A preocupação incondicional é total: nenhuma parte de nós mesmos ou de nosso mundo está excluída dela. Não há 'lugar' onde nos possamos esconder dela. A preocupação total é infinita: nenhum momento de relaxamento ou descanso é possível em face de uma preocupação religiosa que é última, incondicional, total e infinita" (TILLICH, P., Teologia sistemática, p. 29).

375. TILLICH, P., Textos selecionados, p. 53.

376. TILLICH, P., Textos selecionados, p. 53.

377. TILLICH, P., Teologia da cultura, p. 42.

Uma percepção como essa pode servir à Teologia como abertura à pluralidade de sentidos que a existência humana experimenta no mundo. Vale lembrar que, se fechado à possibilidade mais ampla de narrar e narrar-se, o discurso teológico se revela pouco relevante e mesmo insuficiente. Por outro lado, encontra-se aberto às múltiplas possibilidades do ser – abertura esta também fornecida pela literatura fantástica –, então a reflexão teológica pode gerar sentido para os seres humanos. Nesse sentido, como afirma Silvana Gaspari, "há coisas que só a literatura pode afirmar. A literatura torna-se quase que um arquivo da natureza humana, material precioso para as reflexões de cunho teológico".[378]

Não se deseja, evidentemente, instrumentalizar a literatura em função do discurso teológico, nem impor conceitos da teologia que sejam estranhos à narrativa. A relação teologia-literatura não significa, em outras palavras, "cooptar o objeto analisado", uma obra literária, para "apropriar-se dele" numa interpretação forçadamente "cristã, semicristã ou anonimamente cristã".[379] A literatura não é serva da teologia e nem deve-se ler narrativas literárias com o exclusivo objetivo de encontrar nelas suporte para afirmações doutrinárias. Isso equivaleria a não respeitar a literatura e sua autonomia e a não usufruir a beleza do texto em si mesmo. Ora, é preciso deixar claro: literatura é uma forma não teórica de teologia.[380] Em outras palavras, a produção literária pode ser, em si mesma, lugar para a manifestação de tudo o que pertence ao ser humano, inclusive de suas experiências com o Sagrado que geram teologias diversas.

A respeito desse frutífero encontro entre literatura e teologia, afirma Antonio Manzatto:

> uma teologia definidora de verdades absolutas e eternas, por exemplo, que não reconheça o valor da história, terá dificuldade para dialogar com outras áreas de conhecimento, como a literatura e, mais genericamente, as ciências. Há que haver um respeito entre ambas por se tratar de um diálogo. A literatura deve conhecer e respeitar os métodos e procedimentos da teologia, e esta deve, igualmente, conhecer e respeitar os procedimentos literários sem querer impor-lhes verdades ou métodos. Uma não poderá ser reduzida ao mesmo da outra para possibilitar o diálogo. Ou seja, a aproximação com a teologia não deve fazer com que a literatura deixe de ser literatura para se transformar em teologia, em discurso religioso ou qualquer outra coisa que não ela.[381]

---

378. GASPARI, S., Tecendo comparações entre literatura e teologia, p. 4.
379. BARCELLOS, J. C., Literatura e teologia, p. 23.
380. BARCELLOS, J. C., Literatura e teologia, p. 27.
381. MANZATTO, A., A reflexão teológica a partir da literatura, p. 143.

De igual forma, C. S. Lewis compreende a escrita de literatura infantil como algo que brota quase naturalmente do escritor. Respondendo às abordagens funcionalistas do gênero (abordagens que começam questionando "do que as crianças modernas gostam?" ou "do que elas precisam em termos de moral e didática?",[382] para somente então iniciar a escrita), Lewis afirma que uma perspectiva como essa não conduzirá os(as) leitores(as) a uma boa moral e nem mesmo a uma boa história. De fato, histórias infantis que tenham esse tipo de preocupação revelam-se como superficiais, insossas e desinteressantes: histórias que buscam adaptar a narrativa para atender às supostas expectativas da criança, oferecendo a ela uma literatura comercial e desprovida de significado. Por isso, diz Lewis,

> O melhor, porém, é não fazer pergunta nenhuma. Deixe que as imagens lhe contem qual é a moral delas, pois sua moral intrínseca nasce naturalmente das raízes espirituais que você conseguiu lançar no decurso de sua vida. Por outro lado, se elas não lhe mostrarem moral nenhuma, não queira inventá-la. A moral inventada provavelmente será um lugar-comum, ou mesmo uma falsidade, colhida a esmo da superfície da sua consciência. Não cabe oferecer isso às crianças, uma vez que uma autoridade inquestionável nos garantiu que, na esfera moral, elas são pelo menos tão sábias quanto nós. Quem consegue escrever uma história para crianças sem moral nenhuma deve fazê-lo – desde que, é claro, esteja mesmo disposto a escrever para crianças. A única moral que vale alguma coisa é a que brota inevitavelmente de toda a estrutura de caráter do autor. Aliás, tudo na história deve brotar da estrutura de caráter do autor.[383]

Para Lewis, tudo na história deve brotar da estrutura de caráter do autor. É à luz dessa compreensão que a literatura infantojuvenil lewisiana pode ser compreendida. A maneira que Lewis escolheu para escrever suas histórias infantis deve-se ao fato de que, segundo ele, usar este gênero (em especial, os contos de fada) foi o melhor meio encontrado para dizer o que desejava, "assim como um compositor pode escrever uma marcha fúnebre não porque há um funeral público em vista, mas porque certas ideias musicais que ocorreram a ele foram melhor naquela forma".[384]

A partir de tudo isso, pode-se afirmar: quem dá conta de um saber total (embora não totalitário) são as Artes (música, literatura etc.). O caminho, por-

---

382. LEWIS, C. S., Três maneiras de escrever para crianças, p. 750.

383. LEWIS, C. S., Três maneiras de escrever para crianças, p. 750.

384. LEWIS, C. S., Of other worlds: essays and stories, p. 22-34.

tanto, precisa ser guiado pela transdisciplinaridade, pois esta é a garantia de que o conhecimento não ficará refém de uma limitada e restrita visão de mundo. A partir daí, (re)descobre-se o valor da literatura fantástica e sua relação com a reflexão teológica e dogmática.

À luz do que foi dito neste capítulo, é possível traçar os primeiros percursos exploratórios na relação existente entre mística cristã, literatura fantástica e a vida e obra de C. S. Lewis. Se a Bíblia é literatura, nela também se destacam os elementos fantásticos, tão característicos da literatura *lewisiana*. Nos capítulos seguintes, veremos como é possível aplicar o que dissertamos acerca da experiência mística, da literatura e da reflexão teológica aos textos de C. S. Lewis. A abordagem de seus textos autobiográficos, aliada à análise de sua ficção, bastante diversificada por sinal, nos ajudará a afirmar a literatura fantástica como expressão da experiência mística cristã.

PARTE 2

Ensaios de literatura fantástica e mística cristã a partir de C. S. Lewis

Nesta segunda parte da tese, nossa proposta é apresentar possíveis relações entre a literatura fantástica e a experiência mística cristã, evidenciando os benefícios de tal relação para a reflexão teológica. Para tanto, refletiremos sobre os textos de caráter biográfico e os de ficção do escritor irlandês Clive Staples Lewis. O caminho desta reflexão encontra-se dividido da seguinte forma:

No quinto capítulo – *Mística cristã em C. S. Lewis: experiência e literatura* – apresentaremos os textos de Lewis que desenvolvem elementos biográficos bem como sua compreensão sobre a mística cristã. As obras estudadas nesse capítulo relacionam-se a essas duas abordagens. Por um lado, analisaremos a autobiografia de Lewis, *Surpreendido pela alegria*, juntamente com o livro de fantasia que o auxiliou no processo de conversão à fé cristã: *Phantastes*, do escritor escocês George MacDonald (1824-1905). Por outro, estudaremos alguns textos lewisianos nos quais sua compreensão sobre mística e espiritualidade cristãs transparece; trata-se das obras: *O regresso do peregrino*; *Oração: cartas a Malcolm – Reflexões sobre o diálogo íntimo entre homem e Deus*; *Lendo os Salmos*; e *Anatomia de uma dor: um luto em observação*.

O sexto capítulo – *A literatura fantástica de C. S. Lewis como expressão da mística cristã* – abordará algumas das principais obras ficcionais de Lewis a partir da mística cristã. O objetivo é ressaltar aspectos da mística cristã que se revelam presentes em tais livros, exemplificando a relação profícua entre literatura fantástica e a experiência mística. Os livros abordados nesse capítulo são: *O grande abismo*; A *Trilogia Cósmica* (composta pelos livros *Além do planeta silencioso*, *Pe-*

relandra e *Uma força medonha*); *Cartas de um diabo a seu aprendiz*; e *As crônicas de Nárnia*.[385]

No sexto capítulo – *Literatura fantástica como lugar da mística cristã* – trataremos das possíveis definições da literatura fantástica, suas principais características, compreendendo-a como *locus* teológico e místico. A título de conclusão da pesquisa, abordaremos também as contribuições que a literatura fantástica de C. S. Lewis tem a fornecer à compreensão da mística cristã na contemporaneidade.

A partir do que será exposto, poderemos valorizar a imaginação humana e sua presença na vida espiritual. Imaginar novos mundos, coloridos pela força da fantasia, não é apenas tarefa poeticamente importante, mas também é essencialmente uma atividade humana de (re)construção da própria história à luz da esperança, do amor e da fé em Deus.

---

385. As crônicas de Nárnia são compostas por sete livros, escritos entre os anos de 1950 a 1956. Os livros (na ordem da escrita) são: *O leão, a feiticeira e o guarda-roupa*; *Príncipe Caspian*; *A viagem do peregrino da Alvorada*; *A cadeira de prata*; *O cavalo e seu menino*; *O sobrinho do mago*; e *A última batalha*.

Capítulo 4 | Mística cristã em C. S. Lewis: experiência pessoal e literatura

"(...) Agora, vamos ao ponto. Sua irmãzinha estava lendo um conto de fadas para você noite passada".
"Ela estava".
"Quando ela acabou, ela disse, enquanto fechava o livro, 'Existe um país das fadas, irmão?' Você respondeu com um suspiro, 'Acredito que exista, se alguém conseguisse encontrar o caminho até lá.'"
"Eu disse; mas eu quis dizer algo um tanto diferente do que você parece ter entendido".
"Não se preocupe com o que eu pareço ter entendido. Você encontrará o caminho para a Terra das Fadas amanhã. Agora olhe em meus olhos".
Avidamente o fiz. Eles me preencheram com uma ânsia desconhecida. Lembrei de alguma maneira que minha mãe havia morrido quando eu era bebê. Eu olhei cada vez mais fundo, até que eles se espalharam ao meu redor como mares e eu afundei em suas águas. Esqueci de todo o resto, até que me encontrei na janela, cujas cortinas sombrias estavam abertas, e onde eu estava contemplando todo um céu de estrelas, pequenas e brilhantes no luar. Abaixo havia um mar, parado como a morte e grisalho como a lua, varrendo baías, penínsulas e ilhas, para longe ao longe, eu não sabia para onde. Ai! Não era um mar, mas uma névoa baixa polida pela lua. "Certamente há um mar assim em algum lugar!", eu disse para mim mesmo. Uma voz baixa e doce respondeu ao meu lado: "Na Terra das Fadas, Anodos".

George MacDonald

Mas não faz sentido esperar por coisas na Terra das Fadas; alguém que viaja por lá logo esquece a ideia de fazê-lo e aceita tudo da maneira que vê – como uma criança, que em uma situação crônica de curiosidade, surpreende-se com o nada.

George MacDonald

Nossa proposta, neste capítulo, é refletir sobre a mística cristã a partir da experiência pessoal e literária do escritor irlandês Clive Staples Lewis (1898-1963), considerado um dos maiores pensadores cristãos do século XX e um profícuo escritor de fantasia e ficção. A obra de Lewis abarca diversos gêneros literários, incluindo textos teológicos, filosóficos, ensaios de crítica literária, poemas e de fantasia e ficção científica. Também foi professor de Literatura Medieval e Renascentista na Universidade de Oxford e em Cambridge. Sua produção literária é abundante e milhões de seus textos são vendidos a cada ano. Uma pesquisa superficial na Internet revela a imensa quantidade de sites destinados ao estudo de C. S. Lewis ou à análise de suas obras.

Neste ponto, focaremos nossa análise nos textos que se relacionam, mais intimamente, à experiência mística pessoal de Lewis. A partir desse critério, apresentaremos a seguir leituras de trechos das obras do autor ou de textos que o influenciaram, buscando conexões entre tais textos e a mística cristã.

Assim, analisaremos, em primeiro lugar, a autobiografia de Lewis, *Surpreendido pela Alegria*. Como um dos temas abordados nesse livro é o impacto que a obra *Phantastes*, de George MacDonald, teve sobre Lewis, apresentaremos uma análise mais detalhada dessa obra. Outro livro diretamente ligado à biografia de Lewis é *O regresso do peregrino*, que se constitui de uma alegoria, ao estilo de *O peregrino*, de John Bunyan. Na obra de Lewis, o jovem John percorre inúmeros caminhos em sua tentativa de relacionar-se com Deus. É, nesse sentido, uma clara referência à própria jornada de Lewis em direção à fé cristã.

Ainda no quesito experiência, trataremos de três livros nos quais Lewis trata de questões vinculadas à mística e à experiência de Deus. São eles: *Oração: Cartas a Malcolm – Reflexões sobre o diálogo íntimo entre homem e Deus*; *Lendo os Salmos*; e *Anatomia de uma dor*.

4.1. A experiência mística de C. S. Lewis

O que gostaríamos, nesse ponto, é apresentar alguns episódios da vida de C. S. Lewis que tenham relação com sua busca por Deus e com sua experiência mística, expressa, direta ou indiretamente, tanto em seus textos ficcionais como nos de não ficção.

Para uma melhor compreensão da experiência mística retratada em seus textos autobiográficos, é necessário apresentar uma breve biografia do autor. Em seu conjunto, esta biografia serve como ilustração da insuficiência do racionalismo da modernidade em explicar o mundo. Para Lewis, como veremos, a crise entre a imaginação e aquilo que ele considerava "realidade" revelou-se uma relação complexa e desafiadora.

Nascido na cidade de Belfast, Irlanda do Norte,[386] em 19 de novembro de 1898, Clive Staples Lewis era filho de Albert James Lewis (1863-1929) e Florence Augusta Lewis (1862-1908). O temperamento de ambos era bastante diferente: Albert, advogado, possuía caráter imprevisível, de altos e baixos emocionais, e era, como afirmou o próprio Lewis em sua autobiografia, um homem que "tinha mais capacidade de ser passado para trás que qualquer outro homem que conheci".[387] Florence (ou Flora), por sua vez, tendia ao equilíbrio e demonstrava, também no dizer de Lewis, uma "afeição alegre e tranquila".[388] Sua tranquilidade e alegria forneciam um porto estável ao jovem Lewis.

A amizade com o irmão, Warren, três anos mais velho que ele, e com quem dividiu quase os mesmos prazeres e segredos, marcou a infância de Lewis. Essa relação, à qual Lewis se refere sempre com carinho, manteve-se presente durante toda a sua vida. Para Lewis, Warren era muito mais do que um irmão mais velho, antes era um aliado ou cúmplice, inclusive na forma com que se relacionavam com o pai, ou como abordavam temas da fantasia.[389] Em sua autobiografia, Lewis também menciona, de forma especial, a babá Lizzie Endicott, "na qual mesmo a exigente memória da infância não consegue apontar falhas – nada que não seja bondade, folia e bom-senso".[390] Interessante perceber como em várias de suas obras ficcionais, o termo "babá" ou sinônimos indica algo verdadeiro e positivo. Em um dos volumes da série *As crônicas de Nárnia – Príncipe Caspian* –, por exemplo, o jovem Caspian ouve de sua ama histórias sobre a glória da antiga Nárnia, criando no menino o desejo de reviver os tempos áureos narnianos, ao lado de Aslam.[391]

A relação com o irmão mais velho também fez surgir mundos de fantasia: Lewis criou um mundo imaginário repleto de animais falantes – "ratos cavalhei-

---

386. O fato de ser irlandês não pode ser negligenciado quando pensamos em Lewis. Segundo Alister McGrath, "Lewis era irlandês – algo que alguns irlandeses parecem ter esquecido, se é que um dia souberam. (...) Lewis nunca perdeu de vista suas raízes irlandesas. As paisagens, os sons, as fragrâncias – não, na totalidade, o povo – de sua Irlanda natal evocavam saudades no Lewis de idade mais avançada, exatamente como essas coisas de modo sutil, mas forte, moldaram sua prosa descritiva." (McGRATH, A.; A vida de C. S. Lewis, p. 29). Vale ressaltar a semelhança entre a descrição de diversas paisagens narnianas ou do céu em *O grande abismo* com o cenário da própria Irlanda do Norte.

387. LEWIS, C. S., Surpreendido pela alegria, p. 17.

388. LEWIS, C. S., Surpreendido pela alegria, p. 12.

389. LEWIS, C. S., Surpreendido pela alegria, p. 13-14. A este respeito, Downing nos informa que quando Lewis foi ferido numa explosão de uma granada, em 15 de abril de 1918, seu irmão Warren, ao saber da notícia, "tomou emprestada uma bicicleta e pedalou 90 quilômetros em meio ao som de canhões para ficar ao lado do irmão." (DOWNING, D., C. S. Lewis: o mais relutante dos convertidos, p. 94). O primeiro livro da Trilogia Cósmica, *Além do planeta silencioso*, é dedicado a Warren, um "crítico perene da ficção espaço-tempo."

390. LEWIS, C. S., Surpreendido pela alegria, p. 13.

391. LEWIS, C. S., As crônicas de Nárnia: volume único, p. 312-313.

rescos e coelhos que cavalgavam em cotas de malha para matar não gigantes, mas gatos"[392] – uma Terra dos bichos que era, contudo, surpreendentemente diferente da futura Terra de Nárnia. Em 1905, a família Lewis mudou-se de residência. Lewis fala desta Casa Nova, localizada em Little Lea, como se fosse um personagem próprio, que fornecia a ele um novo ambiente a explorar. A descrição que Lewis faz desta casa – longos corredores, imensas salas vazias, e, até mesmo, um enorme guarda-roupa de carvalho, trabalhado à mão e construído pelo avô de Lewis, que servia de esconderijo para as crianças – aproxima-se bastante da casa do professor Kirke, em O *Leão, a Feiticeira e o Guarda-Roupa*.

> A Casa Nova é praticamente um personagem de relevo na minha história. Sou um produto de longos corredores, cômodos vazios e banhados pelo sol, silêncios no piso superior, sótãos explorados em solidão, ruídos distantes de caixas-d'água e tubos murmurantes, e o barulho do vento sob as telhas. Além disso, de livros infindáveis. (...) Havia livros no escritório, livros na sala de estar, livros no guarda-roupa, livros (duas fileiras) na grande estante ao pé da escada, livros num dos quartos, livros empilhados até a altura do meu ombro no sótão da caixa-d'água, livros de todos os tipos, que refletiam cada efêmero estágio dos interesses dos meus pais – legíveis ou não, uns apropriados para crianças e outros absolutamente não.[393]

Além disso, espalhados por todo canto da casa, havia livros de todos os tipos possíveis, que forneceram ao jovem Lewis um arcabouço literário bastante eclético e abrangente. Num dos sótãos desta casa, Lewis escreveu e ilustrou suas primeiras histórias.

> Havia uma tentativa de combinar meus dois principais prazeres literários – "animais vestidos" e "cavaleiros em armaduras". Como consequência, escrevi sobre ratos cavalheirescos e coelhos que cavalgavam em cota de malha para matar não gigantes, mas gatos.[394]

Após a morte da mãe, vítima de câncer, em 23 de agosto de 1908, quando Lewis tinha apenas nove anos de idade, ele e o irmão foram enviados para uma escola, a Wynyard School em Watford, Surrey. A experiência foi bastante infeliz para Lewis. Em carta posterior, respondendo a uma aluna nova-iorquina sobre seu tempo de escola, Lewis afirma que as escolas que frequentara quando criança eram horríveis; "nunca havia detestado tanto qualquer outra coisa, nem mesmo a

---

392. LEWIS, C. S., Surpreendido pela alegria, p. 20.
393. LEWIS, C. S., Surpreendido pela alegria, p. 17-18.
394. LEWIS, C. S., Surpreendido pela alegria, p. 20.

linha de frente nas trincheiras na Primeira Guerra Mundial".[395] À primeira dessas escolas – a Wynyard School – Lewis denominou Belsen, em referência ao campo de concentração nazista. O diretor arbitrário e sádico (mais tarde, considerado realmente insano[396]), as péssimas condições estruturais da escola, e o ensino absolutamente insuficiente, tornaram difícil o período em que Lewis estudou nessa instituição. Após o fechamento dessa escola, em 1910, Lewis foi transferido para outra instituição: a Cherbourg House, uma escola preparatória em Malvern, Worcestershire. Esse período também coincidiu com o abandono da fé cristã por parte de Lewis, que assumiu um materialismo filosófico. Esta mudança se fez acompanhar de uma imensa sensação de alívio: as orações feitas à noite, ainda na Wynyard School, sob o peso de produzir, pela força de vontade, uma clara percepção que demonstrasse reflexão sobre o que se dizia na prece,[397] foram alegremente substituídas pela libertação do fardo da religião; "do tirano meio-dia da revelação, passei ao frio ocaso do Pensamento Superior, onde nada havia a obedecer".[398] A leitura dos clássicos, em especial Virgílio, também contribuiu para essa decisão.

> Ninguém jamais tentou mostrar em que sentido o cristianismo cumpriu o paganismo, ou como o paganismo prefigurou o cristianismo. A posição aceita parecia ser a de que as religiões eram normalmente uma mera miscelânea de absurdos, embora a nossa – feliz exceção – fosse perfeitamente verdadeira. (...) Mas a impressão que tive foi de que a religião, em geral, embora totalmente falsa, era um desenvolvimento natural, uma espécie de absurdo endêmico no qual a humanidade tendia a tropeçar. Em meio a um milhar dessas religiões, lá estava a nossa, a milésima primeira, rotulada Verdadeira. Mas com base em que eu poderia crer nessa exceção? Ela

---

395. McGRATH, A., A vida de C. S. Lewis: do ateísmo às terras de Nárnia, p. 45.

396. Em carta escrita quase sessenta anos depois, datada de 6 de julho de 1963, Lewis afirma que "só algumas semanas atrás percebi de repente que finalmente eu tinha perdoado o cruel diretor da escola que tornou tão escuro os dias de minha infância". LEWIS, C. S., Cartas a uma senhora americana, p. 147.

397. Lewis descreve esta situação em outra de suas obras, Cartas de um diabo a seu aprendiz. Nesta, o "diabo-apredriz" recebe as seguintes orientações a respeito da oração, fornecidas por seu tio, um secretário infernal responsável por ensiná-lo na arte de tentar os cristãos: "Talvez você possa persuadi-lo [o cristão] a almejar algo totalmente espontâneo, introspectivo, informal, livre de regras; e isso na verdade significará, para um iniciante, o esforço para produzir em si mesmo um estado de espírito vagamente devocional no qual a verdadeira concentração de vontade e inteligência não desempenham nenhum papel. (...) Faça-os ficar observando os próprios pensamentos e tentar produzir sentimentos pela ação de sua própria vontade. (...) Quando estiverem orando em busca de perdão, deixe-os tentar sentirem-se perdoados. Ensine-os a avaliar cada prece pela capacidade que elas têm de produzir o sentimento desejado; nunca os deixe suspeitar que o fracasso ou o sucesso dessa empreitada irá depender em grande medida de como se sentem no momento – bem ou mal, cansados ou relaxados." LEWIS, C. S., Cartas de um diabo a seu aprendiz, p. 17-18.

398. LEWIS, C. S., Surpreendido pela alegria, p. 67.

obviamente era, num sentido mais geral, o mesmo que todas as outras. Por que então era tratada de modo tão diferente? Será, afinal, que eu precisava continuar tratando-a de forma diferente? Desejava ardentemente não ter de fazê-lo.[399]

Encontramos algumas razões para esse desejo por libertação da religião em outra obra de caráter autobiográfica. Em *O regresso do peregrino*,[400] uma alegoria escrita em 1932, Lewis descreve a vida de um menino chamado John e sua relação com um universo de regras impostas pela autoridade religiosa do lugar onde nasceu (Puritânia) e que fala em nome de Deus. Quando conhece o Mordomo, um "homem velho com o rosto redondo e vermelho, muito afável e que gostava de fazer piadas",[401] John sente-se, a princípio, confortável. A conversa, porém, apresenta informações sobre o Proprietário (que representa Deus, no livro). Quando isso ocorre, ao menino John são impostos regulamentos após regulamentos, todos inflexíveis e, ao mesmo tempo, impossíveis de serem cumpridos à risca. Qualquer tentativa em cumprir tais ordenanças conduziria ou à hipocrisia ou à exaustão absoluta.

A analogia é clara: o jovem Lewis havia sido apresentado a uma imagem do cristianismo distorcida pelo peso da culpa e do medo de Deus; um cristianismo constituído pelo legalismo de regras que, internalizadas, sufocaram qualquer sinal da graça divina, substituindo-a pelo cansaço e pelo legalismo; nos dormitórios da Wynyard School, o legalismo havia sufocado a semente da graça.

Posteriormente, Lewis foi transferido para uma escola preparatória –, em Marlvern, que lhe trouxe enorme infelicidade. Sua inteligência acima da média, seu temperamento, e seu rosto que, segundo o próprio Lewis, o fazia ser o "tipo de pessoa que ouve coisas como esta: 'e vê se não me olha desse jeito'",[402] o marcavam como "um desajustado, um herege, um objeto de suspeição dentro do sistema padronizado e de pensamento coletivo típico das escolas públicas"[403].

---

399. LEWIS, C. S., Surpreendido pela alegria, p. 69.

400. LEWIS, C. S., O regresso do peregrino. Interessante perceber que o título dado por Lewis ao seu livro faz um contraponto à obra de John Bunyan, *O Peregrino* [no original, *The Pilgrim's Progress*]; para Lewis, a conversão não é um progresso, mas um regresso, um voltar atrás para corrigir um antigo erro para então prosseguir no rumo certo.

401. LEWIS, C. S., O regresso do peregrino, p. 30.

402. LEWIS, C. S., Surpreendido pela alegria, p. 100.

403. DURIEZ, C., Manual prático de Nárnia, p. 29. Vale a pena ressaltar que, em diversos de seus textos, Lewis critica duramente o sistema educacional de seus dias. Sua própria experiência em Malvern, conforme registrada em *Surpreendido pela alegria* (capítulos V e VI), fez-lhe grande mal, transformando-o num jovem intelectualmente pretensioso e exausto. Em textos não fictícios, por sua vez, destaca-se *A abolição do homem*. Já em sua obra de ficção, as *Crônicas* possuem várias passagens nesse sentido, das quais três merecem ser citadas: 1) em *O leão, a feiticeira e o guarda-roupa*, o professor Kirk questiona "o que estas crianças aprendem nas escolas" (LEWIS, C. S., As crônicas de Nárnia, p. 124); 2) Em *A cadeira de prata*, Eustáquio e Jill

As percepções de Lewis, durante boa parte de sua vida, foram marcadas por um dualismo que dividia a vida entre polos opostos: matéria *versus* espírito. A leitura de autores como Arthur Schopenhauer e James Frazer aumentaram seu arsenal de argumentos críticos à religião. Sua formação acadêmica, aos cuidados de um professor particular – um homem chamado William Kirkpatrick,[404] que Lewis descreve como próximo de ser uma "entidade puramente lógica"[405] com o tipo de conversa que, para Lewis, era "carne boa e cerveja forte"[406] – reforçou essa postura ateísta, que Lewis havia assumido desde a adolescência.

Essa compreensão dualista da vida se fez presente em muitos de seus textos, escritos durante esse período. Em *Spirits in Bondage* (Espíritos cativos),[407] por exemplo, uma coletânea de poemas de sua autoria, Lewis deixa claro sua visão de mundo: uma espécie de dualismo radical entre "o mundo puro do espírito e o mundo corrupto da matéria",[408] associado a um pessimismo (alimentado, em especial, por suas leituras de A. Schopenhauer); uma espécie de maniqueísmo que colocava essas dimensões em franca oposição. Ao seu amigo Arthur Greeves, Lewis explicava "que o tema de *Spirits em Bondage* afirmava que 'a natureza é totalmente diabólica e malévola, e Deus, se é que ele existe, está fora das disposições cósmicas e a elas se opõe'".[409] Um dos poemas dessa coletânea, intitulado "Fala Satã", apresenta um Lewis que, por um lado, revela um espírito romântico que anseia por outra realidade e pela fuga do mundo real, mas, por outro lado, reafirma uma ótica racionalista severa e esmagadora, que "frustra a fantasia nova e traidora". No poema, essa frustração é simbolizada pelo caos destruidor do Ragnarok, provocado pelo Lobo Fenris, que, de acordo com a mitologia nórdica, traria a destruição ao mundo criado. Nesta visão de mundo, a esperança dava lugar à

---

são alunos de um terrível "colégio experimental" no qual não havia esperança nem punições de nenhuma natureza e "as crianças podiam fazer o que desejassem" (LEWIS, C. S., As crônicas de Nárnia, p. 521); e 3) em *Príncipe Caspian*, uma das garotas em Beruna, local administrado pelo regime telmarino, estuda numa escola que ensinava uma história "mais insípida do que a história mais verdadeira que se possa imaginar e muito menos verdadeira do que o mais apaixonante conto de aventuras" (LEWIS, C. S., As crônicas de Nárnia, p. 386). Tais críticas retornam especialmente no último volume da Trilogia Cósmica: *Uma força medonha*, como veremos mais adiante.

404. O professor Digory Kirke, de *O leão, a feiticeira e o guarda-roupa*, possui grandes semelhanças com Kirkpatrick. De igual forma, o personagem Andrew MacPhee, de *Uma força medonha*, terceiro livro da Trilogia Cósmica, também pode ter sido inspirado nele.

405. LEWIS, C. S., Surpreendido pela alegria, p. 140.

406. LEWIS, C. S., Surpreendido pela alegria, p. 141.

407. Uma descrição de alguns dos poemas contidos nessa coletânea pode ser encontrada em DOWNING, D., C. S. Lewis, p. 98-104.

408. DOWNING, D., C. S. Lewis, p. 101.

409. DOWNING, D., C. S. Lewis, p. 104.

entropia[410] que se responsabilizará por carregar o ser humano e todos seus sonhos e realizações passageiras ao ocaso do Nada.

Porém, essa fase pessimista não se prolongou indefinidamente. A leitura de outros autores (especialmente Bergson) auxiliou no processo de se desvencilhar do pessimismo cético de Schopenhauer. A conclusão de Lewis, expressa em sua autobiografia, era que "talvez (ó alegria!) houvesse, afinal de contas, 'algo mais'; e (ó confirmação!) talvez nada tivesse a ver com a teologia cristã".[411]

David Downing apresenta um percurso dos caminhos da espiritualidade – ou da falta dela – de Lewis a partir desse momento: Lewis passou de um materialismo cético para um espiritualismo que não tinha nada a ver com a religião cristã, e sim com o ocultismo. Nesse momento, Lewis produziu vários poemas que não obtiveram tanto sucesso, mas que ilustravam as tensões que habitavam sua mente.

Esta admiração pelo oculto, no entanto, durou pouco tempo. A percepção de Lewis foi que a Alegria não relacionava com esse universo. Além disso, ele teve encontros muito desagradáveis com "magos, espiritualistas e pessoas semelhantes"[412] além de ter convivido, muito proximamente, com um homem em processo de total colapso nervoso, durante a primavera de 1923.[413] Embora breve, esse período produziu um grande impacto em Lewis. As alucinações deste homem de que demônios estavam vindo buscá-lo, acompanhadas por gritos intensos e convulsões espasmódicas constantes, os delírios assustadores, tudo isso associado ao fato conhecido de que aquele homem havia se envolvido profundamente com o ocultismo, provocaram em Lewis uma mudança de atitude em relação a esse assunto. "Embora reconhecendo que provavelmente havia causas físicas para esse distúrbio, Lewis não conseguia deixar de associar a desintegração física de seu amigo com preocupações de longa data sobre o ocultismo, o espiritualismo e a teosofia".[414] A descrição acima encontra um sinistro paralelo com a figura do

---

410. O tema da entropia retorna em outros livros de Lewis, sobretudo em sua ficção. Veremos, no capítulo seguinte, exemplos em que isso ocorre e como é possível relacionar esse conceito com a experiência mística cristã. Na interpretação teológica que Teilhard Chardin faz do termo entropia, há uma importante afirmação relacionada a sua compreensão sobre mística cristã. Chardin vincula a criação, a encarnação e a redenção num movimento divino que se utiliza também das forças da entropia para ocorrer. "Em sua interpretação religiosa da vida, o ponto de partida de Teilhard é uma confiança profundamente ortodoxa nas doutrinas cristãs acerca da criação, da encarnação e da redenção." (HAUGHT, J. F., Cristianismo e ciência, p. 105). Para Teilhard, "a evolução não é uma pedra de tropeço para a fé cristã, e sim a moldura mais adequada de que dispomos para esclarecer seu significado." (HAUGHT, J. F., Cristianismo e ciência, p. 106). Teilhard conseguiu resgatar a dimensão da esperança para nossa época, elemento que também se faz presente na literatura de C. S. Lewis.

411. LEWIS, C. S., Surpreendido pela alegria, p. 180.

412. DOWNING, D., C. S. Lewis: o mais relutante dos convertidos, p. 125.

413. LEWIS, C. S., Surpreendido pela alegria, p. 208-209.

414. DOWNING, D., C. S. Lewis: o mais relutante dos convertidos, p. 125.

Não Homem Weston, possuído pelo diabo, em *Perelandra*, o segundo volume da *Trilogia Cósmica*:

> Coisas horríveis começaram então a acontecer. Um espasmo como o que antecede um vômito mortal contorceu o rosto de Weston até torná-lo irreconhecível. À medida que foi passando, por um segundo algo semelhante ao velho Weston ressurgiu – o velho Weston, com os olhos fixos, apavorados, gritando, "Ransom, Ransom! Pelo amor de Deus, não deixe que eles..." e no mesmo instante seu corpo girou inteiro como se tivesse sido atingido por uma bala de revólver e caiu por terra. Ficou ali rolando aos pés de Ransom, babando, tagarelando e tentando arrancar punhados do musgo.[415]

Como Lewis observa no prefácio de seu livro *Cartas de um diabo a seu aprendiz*, existem dois erros mais comuns que os seres humanos podem cometer em relação aos demônios: ou não acreditar em sua existência ou "acreditar que eles existem e sentir um interesse excessivo e pouco saudável por eles. Os próprios demônios ficam satisfeitos com ambos os erros, e saúdam o materialista e o mago com a mesma alegria".[416] Se Lewis havia deixado de lado o primeiro tipo, por pouco não se enquadrava definitivamente no segundo.

Segundo o que o próprio Lewis afirma em relação ao progresso de sua vida espiritual, "pelo lado intelectual, meu progresso havia se dado do 'realismo popular' ao idealismo filosófico, do idealismo ao panteísmo, do panteísmo ao teísmo e do teísmo ao cristianismo".[417] De fato, após ser nomeado professor de Filosofia, durante um ano, no University College, o que lhe permitiu investir tempo na leitura de diversos filósofos, antigos e contemporâneos, Lewis analisou várias formas de Idealismo. Aos poucos, Lewis avançou do Absoluto definido de modo vago para o panteísmo (Absoluto imanente ao Universo) e, posteriormente, para o teísmo (Absoluto acima e diferente da criação).

Contudo, essa concepção teísta ainda se diferenciava muito da aceitação do Deus conforme compreendido pela fé cristã. Talvez, o principal motivo de resistência de Lewis era sua rejeição à noção de qualquer interferência externa em sua vida. Sua alma lhe pertencia exclusivamente, e, em suas palavras, "o cristianismo dava lugar central àquilo que então me parecia um Interferente transcendental".[418] Um Deus impessoal, que não tivesse exigências a apresentar, ou que pudesse ser buscado apenas quando necessário e ignorado quando inconveniente, seria

---

415. LEWIS, C. S., Perelandra, p. 123-124.
416. LEWIS, C. S., Cartas de um diabo ao seu aprendiz, p. IX (prefácio).
417. LEWIS, C. S., O regresso do peregrino, p. 15.
418. LEWIS, C. S., Surpreendido pela alegria, p. 177.

bem-vindo. Como Lewis escreveu posteriormente, os que buscam a Deus, na verdade, temem a possibilidade de realmente O encontrar, ou, (pior!) Ele tomar a iniciativa do encontro.

> Um Deus "impessoal" é bem aceito. Um Deus subjetivo de beleza, verdade e bondade, dentro de nossas cabeças – melhor ainda. Uma força de vida informe, surgindo através de nós, um vasto poder que podemos deixar fluir – o melhor de tudo. Mas o próprio Deus, vivo, puxando do outro lado da corda, talvez se aproximando numa velocidade infinita, o caçador, rei, marido – isso é outra coisa muito diferente. Chega a hora em que as crianças que estavam brincando de bandido se aquietam de súbito: será que este ruído é realmente de passos no vestíbulo? Chega a hora em que as pessoas que estiveram brincando com a religião ("A busca de Deus pelo homem!") de repente recuam. E se na verdade O encontrássemos? Não foi essa a nossa intenção! Pior ainda, e se Ele nos encontrasse?[419]

Essas inquietações internas continuaram durante longo tempo. Quando tornou-se professor em Oxford, Lewis conheceu algumas pessoas que o ajudaram a refletir sobre a fé cristã. Entre estas, estavam Henry "Hugo" Dyson e J. R. R. Tolkien (autor da trilogia *O Senhor dos Anéis*). A amizade com Tolkien derrubou dois velhos preconceitos de Lewis: jamais confiar num papista e num filólogo; Tolkien se enquadrava nas duas categorias.[420] Segundo Gabriele Greggersen, Lewis "foi o melhor amigo de Tolkien em Oxford",[421] sendo que ambos possuíam muito em comum. Sem dúvida, o relacionamento entre os dois trouxe grandes benefícios a ambos. Por um lado, Lewis incentivou Tolkien a continuar escrevendo sua obra-prima – *O Senhor dos Anéis*, escrito num longo intervalo de tempo (de 1937 a 1949). Por outro lado, Tolkien tornou-se um dos fatores essenciais que conduziram Lewis de volta à fé cristã.

É difícil mensurar os frutos da amizade entre Lewis e Tolkien. Certamente, um desses frutos foi a extensa produção literária que ambos produziram[422],

---

419. LEWIS, C. S., Milagres, p. 88.

420. Alguns detalhes muito interessantes desta amizade podem ser encontrados em DURIEZ, C., Manual prático de Nárnia, p. 33-37, bem como no excelente *O dom da amizade*, escrito pelo mesmo autor.

421. GREGGERSEN, G., O Senhor dos anéis, p. 54. Em 11 de maio de 1926, Lewis escreveu em seu diário particular suas impressões a respeito de Tolkien, no dia em que o conheceu: "Não há ofensa nele: só precisa de uma ou duas palmadas." (DURIEZ, C., O dom da amizade, p. 50).

422. Além dos livros que ambos escreveram separadamente, através de mútuo incentivo, inclui-se um plano de estudo de literatura inglesa, escrito por Lewis e Tolkien, para a Final Honour School (parte

muitas vezes gestada entre os Inklings[423], grupo criado em 1933, que constituía um clube informal de leitura e discussões literárias, filosóficas e teológicas. Além de Tolkien e Lewis, participaram desse grupo o irmão de Lewis (Warren), Hugo Dyson, Robert Emlyn "Humphrey" Havard, Adam Fox, Charles Leslie Wrenn e Owen Barfield. No decorrer dos anos, outros importantes escritores juntaram-se ao grupo. Os Inklings era um grupo de "cristãos críticos. Todos eles, de um modo ou de outro, estavam insatisfeitos com a Igreja tal como existia ali e então, mas não com a fé cristã em si".[424] Possuíam em comum uma visão de mundo integradora, resistente a determinadas perspectivas produzidas na modernidade. Além de discutir diferentes assuntos, as reuniões também serviam para a leitura de seus trabalhos literários uns para os outros. Havia espaço para críticas mútuas – Tolkien falava da obrigação de *inkling* em ser chateado de bom grado, e do privilégio dele ser um chato quando necessário[425] – e também para auxílio que, por vezes, incentivavam a escrita dos membros. Foi graças a esses encontros, aliás, que Tolkien foi encorajado por Lewis a concluir sua obra-prima *O Senhor dos Anéis*. Em carta escrita a Dick Plotz, da Tolkien Society of America, em 12 de setembro de 1965, Tolkien escreve:

> A dívida impagável que tenho para com ele não foi "influência" como é comumente compreendida, mas puro encorajamento. Por muito tempo, ele foi meu único público. Apenas a partir dele tive noção de que meu "material" poderia ser mais do que um passatempo particular. Se não fosse por seu interesse e avidez incessante por mais, eu jamais teria concluído *O Senhor dos Anéis*.[426]

John Wain, aluno de Lewis e também membro dos Inklings, descreve o grupo da seguinte maneira:

> Pois, naturalmente, eu vou pintar um retrato completamente falso de Lewis e seus amigos se os descrever como se fossem meros revolucionários,

---

principal do curso de graduação, representando os dois últimos anos de estudo para um Bacharelado em Artes e Inglês).

423. O nome Inklings foi retirado de um outro grupo literário, formado por estudantes de Oxford, que já havia desaparecido. A tradução do nome – Inklings deriva-se da palavra inglesa ink (tinta) e/ou da expressão inkling, que quer dizer vaga ideia – indica a inspiração do grupo que se uniu ao redor de C. S. Lewis: ideias vagas, ainda informes, que todos aspiravam em registrar, à tinta, no papel. Criado em 1933, durou até o ano de 1949, e suas reuniões ocorriam às terças-feiras pela manhã, no pub The Eagle and Child, e às quintas-feiras, à tarde, no escritório de Lewis.

424. DURIEZ, C., O dom da amizade, p. 131.

425. TOLKIEN, J. R. R., As cartas de J. R. R. Tolkien, p. 126.

426. TOLKIEN, J. R. R., As cartas de J. R. R. Tolkien, p. 343.

canalizando todas as energias em ser contra tudo. Longe disso. Tratava-se de um círculo de instigadores, quase de incendiários, que se reuniam para incentivar-se mutuamente na tarefa de redirecionar toda a corrente da vida e arte contemporâneas. (...) os dois membros mais ativos eram Lewis e J. R. R. Tolkien.[427]

Além do amor pela fantasia e pelo mito, Lewis e Tolkien compartilhavam uma aversão ao que chamavam de espírito moderno (*Zeitgeist*, espírito do tempo). Compreendiam-se como adversários da visão de mundo pregada pela modernidade, tanto como movimento literário quanto, mais profundamente, como postura intelectual.

> No âmago da amizade de Tolkien e Lewis estava sua compartilhada antipatia pelo mundo moderno. Não se opunham a dentistas, ônibus, chope ou outras características do século XX, mas sim ao que viam como a mentalidade subjacente do Modernismo. Não eram contra a ciência ou os cientistas, mas contra o culto à ciência encontrado no Modernismo, e sua tendência a monopolizar o conhecimento, negando abordagens alternativas através das artes, da religião e da sabedoria humana comum. Tolkien e Lewis acreditavam que essa mentalidade era um mal-estar que representava uma séria ameaça à humanidade.[428]

Por toda a obra de Lewis, é possível encontrar traços dessa crítica ao espírito moderno. Em sua palestra inaugural de sua cátedra em Inglês – intitulada *De Descriptione Temporum* [*Da Descrição dos Tempos*] e proferida em Cambridge, em 1954 – Lewis fala sobre sua percepção de que a ruptura histórica e cultural ocorrida com o surgimento da modernidade era muito mais profunda e impactava muito mais a vida humana do que quaisquer mudanças ocorridas na Renascença. Para Lewis, esta divisão cultural e social, que envolvia um deslocamento radical de ideias e valores, teve seu ponto culminante em algum momento do século XIX.

> Grosseiramente falando, podemos dizer que, enquanto para nossos ancestrais toda a História estava dividida em dois períodos, o pré-cristão e o cristão, e apenas dois, para nós ela se divide em três: o pré-cristão, o cristão e o que se pode razoavelmente chamar de pós-cristão (...) Considero-os simplesmente como mudanças culturais. Quando faço isso, parece-me que a segunda mudança é ainda mais radical que a primeira.[429]

---

427. BELL, J. S.; DAWSON, A. P., A biblioteca de C. S. Lewis, p. 305.
428. DURIEZ, C., O dom da amizade, p. 165.
429. LEWIS, C. S., De Descriptione Temporum, p. 3.

Em sua autobiografia, Lewis denuncia uma postura intelectualmente limitada e redutora segundo a qual conceitos e pensamentos antigos deveriam ser rejeitados como incorretos, exclusivamente por serem considerados "desatualizados". Para Lewis, as ideias não deveriam ser rejeitadas tendo como critério sua antiguidade ou atualidade; antes, elas devem ser avaliadas a partir de sua veracidade. Em suas palavras, o "esnobismo cronológico" é

> (...) a aceitação acrítica do ambiente intelectual comum à nossa época e a suposição de que tudo aquilo que ficou desatualizado é por isso mesmo desprezível. É preciso descobrir por que tal coisa se desatualizou. Será que chegou a ser refutada (e, em caso afirmativo, por quem, onde e até que ponto?), ou meramente morreu, como fazem as modas? Se a última alternativa é a verdadeira, então nada temos sobre sua veracidade ou falsidade. Ao nos darmos conta disso, passamos à percepção de que nossa própria época é "um período", e certamente tem, como todos os períodos, suas próprias ilusões características.[430]

Uma conversa entre Lewis, Tolkien e Dyson, ocorrida em 19 de setembro de 1931, no Magdalen College, foi um elemento crucial no processo de conversão de Lewis à fé cristã. Os argumentos apresentados pelos amigos – sobretudo os relacionados à questão do mito e sua relação com o cristianismo – derrubaram as últimas barreiras intelectuais de Lewis à fé cristã. Lewis não compreendia como "a morte de Outra Pessoa (quem quer que fosse), dois mil anos antes, poderia nos ajudar aqui e agora";[431] para ele, Jesus seria no máximo um exemplo ético a ser seguido. A conversa abordou exatamente esse ponto, mas o fez da perspectiva da imaginação, e não da mera reprodução dos dogmas doutrinários da Igreja. O que precisava ser aquietado em Lewis não podia ser alcançado pela mera racionalidade, embora, obviamente, esta também tivesse sua importância. Tratava-se, antes, da necessidade de alterar toda uma visão de mundo em Lewis.

> Embora a "longa conversa noturna" envolvesse Dyson e Tolkien, foi a abordagem de Tolkien que parece ter aberto as portas para Lewis, mostrando-lhe uma nova maneira de ver a fé cristã. (...) Tolkien ajudou Lewis a perceber que o problema estava não em sua incapacidade *racional* de entender a teoria, mas em sua incapacidade *imaginativa* de captar o significado dela. A questão não dizia respeito primariamente à *verdade*, mas ao *significado*. Quando lidava com a narrativa cristã, Lewis se limitava à sua

---

430. LEWIS, C. S., Surpreendido pela alegria, p. 213.
431. McGRATH, A., A vida de C. S. Lewis, p. 168.

razão pessoal quando deveria abrir-se para as intuições mais profundas de sua imaginação.[432]

A resolução dessa tensão entre imaginação e razão marcou de forma significativa a vida de Lewis e também sua produção literária. Uma vez superado esse divórcio entre essas dimensões da vida, Lewis produziu algumas das mais impactantes obras da literatura fantástica.[433] No verão de 1929, Lewis havia "desistido" e se entregado a Deus. Mas o processo final de sua conversão só ocorreu três anos mais tarde, em 28 de setembro de 1931.

> O leitor precisa imaginar-me sozinho naquele quarto em Magdalen, noite após noite, sentindo – sempre que minha mente se desviava um instante que fosse do trabalho – a aproximação firme e implacável d'Ele, aquele que com tanta determinação eu não desejava encontrar. Aquilo que eu temia tanto pairava sobre mim. Cedi enfim no período letivo subsequente à Páscoa de 1929, admitindo que Deus era Deus, e ajoelhei-me e orei: talvez, naquela noite, o mais deprimido e relutante convertido de toda a Inglaterra. Não percebi então o que se revela hoje a coisa mais ofuscante e óbvia: a humildade divina que aceita um converso mesmo em tais circunstâncias.[434]

Contudo, foi a experiência com o indizível, muito mais que a reflexão acadêmica e teológica, o que conduziu Lewis à fé cristã. A busca por aquilo que ele denomina Alegria[435] marcou toda sua vida, desde a infância. Mesmo o vislumbre de coisas aparentemente comuns era capaz de revelar a presença da Alegria. Um jardim de brinquedo, por exemplo, criado pelo irmão, revelou-se lugar de experiência mística:

> Meu irmão levou ao nosso quarto a tampa de uma lata de biscoitos que ele havia coberto de musgo e decorado com galhinhos e flores, para fazer dela um jardim de brinquedo, ou uma floresta de brinquedo. Foi o primeiro contato que tive com a beleza. O que o jardim de verdade não conseguira

---

432. McGRATH, A., A vida de C. S. Lewis, p. 168.

433. Veremos essa questão nos capítulos seguintes.

434. LEWIS, C. S., Surpreendido pela alegria, p. 232. Em sua autobiografia, Lewis descreve esses momentos decisivos durante seu processo de conversão à fé cristã como uma jogada de xadrez: "Minhas peças estavam em posições extremamente desfavoráveis no tabuleiro. Logo já não podia acalentar nem mesmo a ilusão de que a iniciativa cabia a mim. Meu Adversário passou a desfechar Seus últimos lances." (Ibid., p. 221). O processo foi doloroso, como Lewis afirma na mesma obra: "Senti-me como se fosse um boneco de neve que, depois de longo tempo, começasse a derreter. O derretimento começava pelas costas – gotejando, depois escorrendo. Não posso dizer que gostei da sensação." (LEWIS, C. S., Surpreendido pela alegria, p. 229).

435. Analisaremos esse termo mais profundamente no próximo tópico.

fazer, fizera o jardim de brinquedo: tomei consciência da natureza – de fato não como um celeiro de formas e cores, mas como algo frio, úmido, fresco, exuberante (...) Enquanto eu viver, a imagem do Paraíso terá algo do jardim de brinquedo do meu irmão.[436]

Esse fato manteve-se presente na consciência de Lewis durante toda sua vida, levando-o a não abandonar o mundo em prol de qualquer experiência de arrebatamento místico. De fato, a espiritualidade de Lewis não o afastava das coisas do mundo cotidiano. Isso é demonstrado em diversas de suas obras, em especial, no livro *Cartas a uma senhora americana*, no qual Lewis escreveu inúmeras cartas tratando de questões espirituais mas também de situações comuns, como animais de estimação, resultados de exames médicos, resenhas de livros diversos, dietas, temperaturas etc.,[437] de modo bem semelhante às cartas de Santa Teresa. Aliás, em Lewis, a própria Natureza era um convite para um encontro místico: os céus misteriosos e distantes, as planícies ensolaradas, os montes praticamente inacessíveis, tudo isso arrebatava seus sentidos e lhe transmitia lampejos da Alegria.

4.2. Encontro com a Alegria: *Phantastes* e a Alegria que surpreende

A experiência cristã de Lewis está intimamente relacionada ao que ele chamou, em sua autobiografia, de Alegria. Esta Alegria, verdadeira surpresa na história de Lewis, foi percebida por ele em momentos específicos de sua vida, de forma esporádica. Trata-se daquilo que motivou Lewis em sua peregrinação rumo à fé cristã e também do que serviu como sustento e base de toda sua literatura, incluindo as de ficção.

De forma muito clara, essa Alegria em Lewis esteve relacionada a duas obras importantes: sua autobiografia *Surpreendido pela alegria*[438] e o conto de fadas *Phantastes*, de George MacDonald, que Lewis leu aos dezessete anos. O primeiro livro descreve, com riquezas de detalhes, o encontro, a busca e o ser encontrado por aquilo que Lewis chama de Alegria: em termos lewisianos, Alegria relaciona-se com a saudade pela transcendência e, em última instância, por Deus

---

436. LEWIS, C. S., Surpreendido pela alegria, p. 14-15.

437. Por exemplo: LEWIS, C. S., Cartas a uma senhora americana, p. 47-48, 60, 88, 106-107, 132. Esse livro, publicado posteriormente à morte de Lewis, revela uma das mais interessantes facetas do autor.

438. "O título *Surprised by Joy* foi extraído não do nome da esposa de Lewis (embora ela não possa estar totalmente ausente dele, uma vez que os dois se casaram somente alguns meses depois da publicação do livro), mas do primeiro verso de um soneto de Wordsworth que é, na verdade, um lamento por sua filha recém-falecida. É também um poema de saudade, em que o amor do poeta por sua filha o leva a evocar sua presença – uma alegria fugaz na perda. A alegria, para Lewis, é uma experiência de se deixar levar pelo 'brilho visionário' que encontramos no âmago de outro poema de Wordsworth, 'Ode: Intimations of Immortality', de 1807." JASPER, D., The Pilgrim-s Refress e Surprised by, p. 280.

e seu Reino. Lewis afirma em sua autobiografia que "toda a Alegria lembra algo. Nunca é uma posse, sempre um desejo por algo remoto no tempo ou no espaço, ou ainda 'prestes a vir a ser'".[439]

Para Lewis, alegria refere-se a um desejo que, embora não satisfeito, é "mais desejável que qualquer outra satisfação".[440] Dito de outra maneira, é um "anseio inconsolável, uma saudade por algo que ultrapassa até mesmo a própria sensação; um sentimento de nostalgia que marca uma presença constante em toda a obra literária de Lewis".[441] Nesse sentido, aproxima-se bastante do desejo que o místico sente por Deus: é constante, ininterrupto, porém intermitente. Não é possível controlar os momentos em que ele surge; trata-se de um anseio que não pode ser circunscrito à mera racionalidade. Em Lewis, a Alegria constituía um sentimento de nostalgia que se faz presente em sua obra literária (especialmente ficcional) e que é porta de entrada à dimensão mística em sua experiência com Deus e o mundo. Não se trata de fuga do mundo, mas de imersão num mundo novo, ampliado por uma nova lente. Para Lewis, a Alegria deixava seus rastros na existência cotidiana sob a forma de um "anseio do anseio que acabara de sumir. Durara só um momento; e em certo sentido tudo o mais que me acontecera até então era insignificante diante disso".[442] Tal experiência tornava o mundo mais encantado. É em torno da busca pela Alegria, compreendida nesses termos, que a vida de Lewis e sua criatividade literária se desenvolveram.

Vale ressaltar que na experiência de Lewis, este anseio pela Alegria foi despertado pelo encontro com o elemento fantástico da literatura. Esse desejo desejo de encontrar o Mistério – ou, para usar as palavras de Lewis, encontrar e ser encontrado pelo "Outro Inimaginável ou Insustentável"[443] – se deu por via da literatura, especialmente a literatura de fantasia. Primeiramente, pela leitura dos livros de Beatrix Potter,[444] em especial de uma obra – *Squirrel Nutkin* – que fez o jovem Lewis enamorar-se de uma estação, o Outono, como uma experiência quase religiosa, de contato com "algo bem diferente da vida comum, e mesmo do prazer comum; algo, como hoje diriam, 'de outro mundo'".[445] Outra leitura foi uma

---

439. LEWIS, C. S., Surpreendido pela alegria, p. 84. É interessante observar que o nome daquela que se tornaria sua esposa é Joy (alegria, em inglês).

440. LEWIS, C. S., Surpreendido pela alegria, p. 25.

441. VASCONCELLOS, M. S., Teologia e literatura fantástica, p. 30.

442. LEWIS, C. S., Surpreendido pela alegria, p. 23.

443. LEWIS, C. S., Oração, p, 17.

444. Autora de uma famosa trilogia infantojuvenil com animais falantes como protagonistas, que auxiliaram Lewis em perceber o potencial de ter como personagens de uma história animais falantes, fator crucial para a escrita posterior de *As crônicas de Nárnia*.

445. LEWIS, C. S., Surpreendido pela alegria, p. 24.

poesia chamada Saga do Rei Olaf, de Longfellow. Ao ler uma passagem específica – "Ouvi uma voz que gritava, Balder, o Belo, está morto! Está morto..." – Lewis foi "elevado a regiões vastíssimas do céu setentrional, e desejava com intensidade quase doentia algo que jamais poderá ser descrito (salvo que é frio, amplo, austero, pálido e distante)...".[446] Na verdade, aquilo que despertava a Alegria – os mitos nórdicos, por exemplo – eram lembretes de alguma outra coisa que, num primeiro momento de sua vida, Lewis era incapaz de identificar.

> Inexoravelmente, a Alegria proclamou: "Você quer – e eu mesmo sou esse seu querer – algo diferente, exterior, não você mesmo, nem nenhum estado seu". Ainda não chegara a hora de perguntar "Quem é o desejado?", mas somente "O que é isso?"[447]

Lewis cita diversos autores e livros que, em maior ou menor grau, trouxeram lampejos da Alegria, mas, dentre estes, talvez, o principal tenha sido *Phantastes*, um conto de fadas escrito por George MacDonald.[448] *Phantastes* acabou se tornando um de seus livros prediletos até a idade adulta.

A história narra as aventuras de Anodos,[449] um jovem que perdeu a mãe durante a infância e que desejava visitar o reino das fadas – sobre o qual lera num conto de fadas. A maneira pela qual essa experiência acontece e os impactos que ela produziu sobre Anodos ocupam o cerne do livro.

Para Lewis, a obra continha "um tipo de inocência fresca e matinal e também de forma bastante inequívoca, uma certa qualidade da Morte, da boa Morte. O efeito real sobre mim foi o de converter, até mesmo batizar (é nesse ponto que entra a Morte) minha imaginação".[450] É possível perceber nos escritos de Lewis a respeito desse encontro com *Phantastes* que a experiência de sua leitura o alterou profundamente. Posteriormente, ele reconheceu que a narrativa em *Phantastes* iniciou um processo de conversão à fé cristã que foi lento e gradual. Ainda assim, já nos primeiros momentos após encontrar-se com a narrativa, Lewis vivenciou algo fundamentalmente importante, "uma espécie de consciência da 'iluminação'

---

446. LEWIS, C. S., Surpreendido pela alegria, p. 24.
447. LEWIS, C. S., Surpreendido pela alegria, p. 225.
448. MacDONALD. G., Phantastes.
449. Vale perceber que Anodos significa literalmente "aquele que perdeu o caminho". DOWNING, D., C. S. Lewis, p. 72.
450. LEWIS, C. S., Uma antologia, p. 74. Ver também a autobiografia de Lewis, na qual ele afirma após a leitura do livro de MacDonald: "Naquela noite minha imaginação foi, num certo sentido, batizada; o restante de mim, não sem razão, demorou mais tempo. Eu não tinha a menor noção daquilo em que me envolvera ao comprar Phantastes." (LEWIS, C. S., Surpreendido pela alegria, p. 186).

(...) algo de inteiramente novo",[451] que mudou o seu modo de vida e sua concepção de mundo. Os variados elementos da narrativa estão presentes, em maior ou menor grau, nos textos de Lewis. A seguir, descreveremos alguns desses elementos em *Phantastes*, para, em seguida, encontrar paralelos em *Surpreendido pela Alegria*, a autobiografia de Lewis.

A obra *Phantastes* é, em si mesma, um relato de uma experiência mística, de encontro com uma dimensão além da nossa. Na narrativa do livro, as experiências com o fantástico são apresentadas em linguagem poética, em sublime percepção de combinações entre nostalgia e vigor: "golfada de maravilha e saudade" que flui pela alma "como a maré de um grande mar".[452] Tais experiências, assim como as experiências da mística cristã, só podem ser comunicadas pelo uso de metáforas. Como afirma o livro, tentar reconstruir as histórias fantásticas vivenciadas por Anodos era como "tentar reconstruir uma floresta a partir de galhos quebrados e folhas secas".[453] Em outra passagem, quando vê uma das paisagens da Terra das Fadas descortinando-se em todo o horizonte, Anodos só pode exclamar:

> Através de minhas lágrimas a paisagem inteira brilhava em uma graciosidade tão encantadora, que eu senti como se eu estivesse entrando na Terra das Fadas pela primeira vez, e uma mão amável estivesse esperando para esfriar minha cabeça, e palavras amáveis para aquecer meu coração. (...) E meu coração fraquejou com saudade em meu peito. (...) Dormi como eu não havia dormido em meses. Não acordei até tarde pela manhã; quando, revigorado em meu corpo e mente, levantei como se da morte que varre as tristezas da vida, e então morre na nova manhã.[454]

O desejo pela Terra das Fadas foi motivado, inicialmente, pela leitura de um conto de fadas por sua irmã mais nova.[455] À pergunta sobre a existência de tal lugar, Anodos respondeu à irmã: "Acredito que exista, se alguém conseguisse en-

---

451. SCHILLEBEECKX, E., História humana, p. 100.

452. MacDONALD, G., Phantastes, p. 84.

453. MacDONALD, G., Phantastes, p. 131.

454. MacDONALD, G., Phantastes, p. 102-103.

455. Tanto em Phantastes como em vários livros de C. S. Lewis transparece uma valorização da lente infantil como a mais espiritualmente sensível às visões do Mistério que é Deus. Em *As crônicas de Nárnia*, por exemplo, a pequena Lúcia, a mais nova dos irmãos Pevensie, tem maior facilidade para enxergar Aslam e ouvir sua voz (Por exemplo: LEWIS, C. S., As crônicas de Nárnia, p. 351-359). Em contrapartida, o tornar-se adulto constitui um caminho que une frieza e esterilidade na vida. Voltaremos a esse ponto posteriormente.

contrar o caminho até lá".⁴⁵⁶ No dia seguinte, Anodos recebeu a visita de uma fada cujas palavras e olhar geraram um desejo de natureza desconhecida em sua alma.

> Eles [os olhos da fada] me preencheram com uma ânsia desconhecida. Lembrei de alguma maneira que minha mãe havia morrido quando eu era bebê. Eu olhei cada vez mais fundo, até que eles se espalharam ao meu redor como mares e eu afundei em suas águas. Esqueci de todo o resto, até que me encontrei na janela, cujas cortinas sombrias estavam abertas, e onde eu estava contemplando todo um céu de estrelas, pequenas e brilhantes no luar. Abaixo havia um mar, parado como a morte e grisalho como a lua, varrendo baías, penínsulas e ilhas, para longe ao longe, eu não sabia para onde. Ai! Não era um mar, mas uma névoa baixa polida pela lua. "Certamente há um mar assim em algum lugar!", eu disse para mim mesmo. Uma voz baixa e doce respondeu ao meu lado: "Na Terra das Fadas, Anodos".⁴⁵⁷

Na Terra das Fadas, Anodos recebe conselhos de uma linda mulher, o espírito de uma faia, que o alerta sobre os perigos do seu mundo e depois o beija num frescor de sinceridade que reanima seu coração e o liberta, ao menos momentaneamente, do medo.⁴⁵⁸ Ao comer dos frutos daquela terra, Anodos percebe estar em completa harmonia com o mundo da natureza, entendendo a conversa das árvores e dos animais e descobrindo dentro de si uma alegria nunca antes sentida.⁴⁵⁹

Em suas peregrinações na Terra das Fadas, Anodos era motivado por sua busca pela Dama Branca, encontrada esculpida em um bloco de mármore e que, tal como as princesas dos contos de fadas, ganhou vida graças às canções do protagonista, pois "doces sons podem ir até onde um beijo não entra".⁴⁶⁰ A experiência da visão desta Dama é, para Anodos, combinação de deleite e dor, vida e morte, impossível de ser descrita em palavras inúteis. Como afirma sua canção:

> Serás tu a Morte, ou Mulher? Pois desde que
> Eu me coloquei a cantar neste lado,
> A vida abandonou o céu lá de cima,
> E todo o mundo lá fora morreu.
> Sim, estou morto, pois tu sugaste
> Toda a minha vida para dentro de ti.

---

456. MacDONALD, G., Phantastes, p. 13.
457. MacDONALD, G., Phantastes, p. 14.
458. MacDONALD, G., Phantastes, p. 47.
459. MacDONALD, G., Phantastes, p. 52ss.
460. MacDONALD, G., Phantastes, p. 57.

> Lua morta de amor! Deixe o crepúsculo baixar:
> Acorde! E deixe a escuridão fugir.
> Senhora fria da encantadora pedra!
> Acorde! Ou eu perecerei aqui;
> E tu nunca terás estado mais sozinha,
> Minha forma e eu por séculos adentro.
> Mas palavras são inúteis; rejeita-as todas
> Elas proferem apenas uma pequena parte:
> Escutes tu das profundidades das quais a chamam,
> O desejo mudo do meu coração.[461]

Em certo sentido, poderíamos comparar essa experiência de Anodos às próprias experiências dos místicos cristãos. Santa Teresa, por exemplo, descreve como doce "ferida de amor" a sua experiência de Deus, magistralmente esculpida na imagem produzida no século XVII por G. L Bernini. Nas palavras de Santa Teresa:

> Aprouve ao Senhor favorecer-me algumas vezes com esta visão. Via um anjo perto de mim, do lado esquerdo, sob forma corporal, o que não costumo ver senão muito raramente. (...) Via-lhe nas mãos um comprido dardo de outro. Na ponta de ferro julguei haver um pouco de fogo. Parecia algumas vezes metê-lo pelo meu coração adentro, de modo que chegava às entranhas. Ao tirá-lo tinha eu a impressão de que as levava consigo, deixando-me toda abrasada em grande amor de Deus. Era tão intensa a dor que me fazia dar os gemidos de que falei. Essa dor imensa produz tão excessiva suavidade, que não se deseja o seu fim, nem a alma se contenta com menos do que com Deus. Não é dor corporal senão espiritual, ainda que o corpo não deixe de ter sua parte, e até bem grande. (...) Nos dias em que recebia esta graça, andava como fora de mim. Quisera não ver, nem falar com pessoa alguma, senão ficar abraçada com o meu sofrer, que era para mim maior glória que todas as grandezas criadas.[462]

Em ambas as passagens – a que descreve a experiência mística de Santa Teresa e a de Anodos, em *Phantastes* – subsiste um desejo pelo encontro que é, ao mesmo tempo, doloroso e querido. Experiências dessa natureza se repetem com grande frequência em *Phantastes* e também nas obras ficcionais de C. S. Lewis,

---

461. MacDONALD, G., Phantastes, p. 60-61.
462. PEDROSA-PÁDUA, L., Santa Teresa de Ávila, p. 112-113.

como veremos no próximo capítulo.[463] Nessa perspectiva, e em se tratando das obras lewisianas, tais experiências são ecos imaginativos de experiências existenciais, reais, de encontro com o Deus-Alegria que buscou a Lewis até revelar-se plenamente a ele.[464] Novamente aqui, ressalta-se a natureza dessas experiências como algo que ultrapassa toda capacidade de descrição, questionando o racionalismo dualista da modernidade como único critério para ler a vida. Aliás, lidando com o mesmo assunto – a perda da sensibilidade às demais dimensões da vida – Anodos ouve de uma mulher, habitante da Terra das Fadas:

> "Eu ficaria doente", ela continuou, "se eu não vivesse nas fronteiras da Terra das Fadas e de vez em quando comesse da comida deles. E eu vejo em seus olhos que você também não está completamente livre desta necessidade; ainda que, por causa de sua educação e da sua atividade mental, você tenha sentido menos do que eu".[465]

Comer da comida da Terra das Fadas representa viver à luz de uma percepção de reencantamento do mundo que, como já afirmamos, é algo proporcionado pela mística cristã.[466] A incognoscibilidade de forma absoluta da realidade é afirmada em *Phantastes*. Em certo ponto da narrativa, Anodos questiona: "Por que todas as reflexões são mais encantadoras do que o que nós chamamos de realidade? – não tão grande ou tão forte, pode ser, mas sempre mais encantadora?"[467] Ou, dito de outra maneira, será a realidade em si algo tão desprovido de encantamento? Ou é a lente que a observa que já se encontra em certo sentido contaminada por uma sombra que obscurece a vista? Ler a realidade de outra maneira – num reflexo em um espelho, por exemplo, pois para Anodos, "o quarto mais comum é um quarto em poema quando eu viro-me para o espelho"[468] – revela-se a forma mais integral de conhecer o mundo. O que fornece sentido à vida, aliás, é justamente esse sentido de Mistério que permanece presente em toda a criação; Anodos chega à conclusão

---

463. O protagonista Ransom, da Trilogia Cósmica, não consegue expressar o que experimenta ao provar um fruto de Perelandra, o Éden que é Vênus, segundo a narrativa do livro. O silêncio estupefato diante de sabores e cheiros nunca imaginados o deixa transtornado pelo prazer mas também pela efemeridade da experiência. Veremos isso, com maiores detalhes, no próximo capítulo.

464. Em certo ponto de sua autobiografia, Lewis compara a aproximação de Deus a um complexo jogo de xadrez, no qual ele, Lewis, não tinha sequer a iniciativa de qualquer atitude. "Minhas peças", afirma Lewis, "estavam em posições extremamente desfavoráveis no tabuleiro. Logo já não podia acalentar nem mesmo a ilusão de que a iniciativa cabia a mim. Meu Adversário passou a desfechar Seus últimos lances." (LEWIS, C. S., Surpreendido pela Alegria, p. 221).

465. MacDONALD, G., Phantastes, p. 22-23.

466. Acima, no ponto 3.4.

467. MacDONALD, G., Phantastes, p. 104.

468. MacDONALD, G., Phantastes, p. 104.

de que "as flores morrem porque as fadas vão embora – não que as fadas desaparecem porque as flores morrem".[469]

Nas abordagens que Lewis elabora a respeito da literatura, especialmente da infantojuvenil, há uma atenção especial ao modo como a literatura cria novos olhares sobre a vida e sobre si mesmo. Nesse sentido, como afirmamos acima, a fantasia não é fuga do mundo, mas inserção nele graças a uma renovação. Na narrativa de *Phantastes*, esse tema é constantemente lembrado: Anodos sente-se revigorado ao enxergar as maravilhas da Terra das Fadas. Contudo, também descobre coisas acerca de si mesmo que o espantam. Sua sombra surge num momento da história (como veremos a seguir) e, num primeiro momento, é lida como elemento maligno, que o afasta da Alegria daquela Terra. É interessante abrir um pequeno parênteses nesse ponto para tratar do tema da sombra nos contos de fada.

Em seu clássico estudo sobre contos de fada, Marie-Louise von Franz descreve como suas narrativas apresentam tons vívidos e dinâmicos, sem, contudo, rejeitar a existência da sombra no humano, isto é, da "parte obscura, a parte não vivida e reprimida da estrutura do ego. (...) todo o inconsciente. (...) tudo aquilo que faz parte da pessoa mas que ela desconhece". [470]

> Existem possibilidades opostas numa criança que não se harmonizam entre si. Geralmente, no decorrer de seu desenvolvimento, uma escolha é feita, de modo que um lado fica mais ou menos consolidado. Sempre escolhendo uma quantidade e preferindo uma determinada atividade em detrimento de outra, através da educação e dos hábitos, estas acabam se tornando uma "segunda natureza"; as outras qualidades continuam a existir, só que debaixo do pano. A sombra se constrói a partir dessas qualidades reprimidas, não aceitas ou não admitidas porque incompatíveis com as que foram escolhidas.[471]

Segundo a autora, é preciso ter coragem para enfrentar essa característica num certo sentido estranha à consciência; "a maioria das pessoas encontra grande dificuldade: elas sabem o que é a sua sombra mas não conseguem expressá-la ou integrá-la em suas vidas".[472] Esse tipo de rejeição pode produzir graves problemas em sua psique e mesmo impedir um autorreconhecimento

---

469. MacDONALD, G., Phantastes, p. 28.

470. VON FRANZ, M.-L., A sombra e o mal nos contos de fada, p. 11-12.

471. VON FRANZ, M.-L., A sombra e o mal nos contos de fada, p. 12-13. Para uma reflexão sobre o tema, de um viés teológico, analisando seus aspectos negativos e positivos, RUBIO, A. G., A caminho da maturidade na experiência de Deus, p. 15-60.

472. VON FRANZ, M.-L., A sombra e o mal nos contos de fada, p. 13.

capaz de produzir mudanças significativas na vida. Vale lembrar que a sombra não constitui uma dimensão puramente negativa; ao contrário, é possível que a pessoa reprima muitos aspectos considerados positivos e valiosos de sua vida, em função de experiências diversas.

> Assim, convém ressaltar que a sombra não é pura negatividade, porque no nosso lado escuro estão relegados não só sentimentos negativos, traços neuróticos e apegos inconfessados, mas também potencialidades, bem como aspectos criativos junto com muita energia reprimida. De fato, há na sombra muita energia que, quando percebida e disciplinada, pode tornar-se fonte de vitalidade e de criatividade.[473]

Analisando o tema do ponto de vista teológico, podemos afirmar que confrontar as dimensões da própria sombra pode gerar a cura da hipocrisia, do orgulho e da ufania, ao mesmo tempo que possibilita uma integração da personalidade vinculado ao processo de conversão. Dito de outra maneira: "para o processo de conversão é necessário que a pessoa aprenda a caminhar no chão da realidade e não nas nuvens da fantasia a respeito da própria grandeza ou perfeição";[474] ou ainda: "parar de mentir para nós mesmos a respeito de nós mesmos, essa é a maior proteção que podemos ter contra o mal".[475] Se a verdade liberta (Jo 8,32), então negar a própria sombra é sinônimo de escravidão. Para a fé cristã, aliás, a Verdade é uma Pessoa: o próprio Jesus Cristo. "Assim, acolher e conhecer Jesus Cristo é acolher e conhecer a verdade que é Deus. Destarte, a escravidão será vencida, possibilitando uma existência vivida na liberdade".[476]

Reafirmamos, nesse ponto, a necessidade de olhar para dentro de si na busca do Deus que liberta.[477] Daí a importância do autoconhecimento como caminho da mística cristã. Somente quando se reconhece que "do conhecimento de Deus nasce o conhecimento de si; e do conhecimento de si, o conhecimento de Deus",[478] é que a alma é apaziguada em sua relação com Deus, com o outro e consigo mesma. Possivelmente, não há imagem mais bela para descrever essa relação que a apresentada por Santa Teresa, para quem a alma é "como um castelo, feito de um só diamante ou de limpidíssimo cristal. Neste castelo existem muitos aposentos,

---

473. RUBIO, A. G., A caminho da maturidade na experiência de Deus, p. 25.

474. RUBIO, A. G., A caminho da maturidade na experiência de Deus, p. 25.

475. RUBIO, A. G., A caminho da maturidade na experiência de Deus, p. 25.

476. RUBIO, A. G., A caminho da maturidade na experiência de Deus, p. 45.

477. Acima: conferir ponto 2.3.

478. VELASCO, J. M., A experiência cristã de Deus, p. 173.

assim como no céu há muitas moradas".⁴⁷⁹ O relacionamento que brota da mística cristã leva para dentro de si mesmo, numa jornada guiada pelo próprio Deus-Amante que nos chama ao seu encontro.

> Voltando agora ao nosso agradável e maravilhoso castelo, vejamos como se há de fazer para penetrar no seu interior. Parece disparate falar assim, porque se a alma é o castelo, claro está que não entra nele, sendo ambos uma só coisa. Com efeito, à primeira vista, pode ser desatino; é como dizer a alguém que entre numa sala onde já se encontra. Mas ficai sabendo: há grande diferença entre os modos de estar num mesmo lugar. Muitas almas andam em torno do castelo, onde as sentinelas montam guarda. Não têm interesse em entrar nele. Não sabem o que existe nessa esplêndida mansão, nem quem mora nela, nem mesmo os salões que contém. Não ouvistes dizer que alguns livros de oração aconselham a alma a entrar dentro de si mesma? É esse o meu pensamento.⁴⁸⁰

Este auscultar o próprio coração se faz presente na autobiografia de Lewis. Porém, não se trata de fechamento em si mesmo, numa espécie de vida egoísta e voltada unicamente aos próprios interesses. Ao contrário, como Lewis afirma, é preciso evitar a introspecção especulativa como prática divorciada da realidade. Em Lewis, a espiritualidade nunca se afasta do mundo concreto, de homens, mulheres, coisas, razão, afetos e encontros com a Natureza. Em carta endereçada a seu amigo de infância Arthur Greeves, Lewis aconselha:

> Evite a introspecção, a especulação, o espiritualismo, tudo o que é excêntrico. Atenha-se ao trabalho, à sanidade e ao ar livre – ao lado alegre e prático das coisas (...) Acima de tudo, cuidado com o devaneio, com a autocomiseração, com a visão de si mesmo no centro de um drama e, na medida do possível, com os temores.⁴⁸¹

Embora o teor desta carta se relacione a um momento específico na vida de Lewis – ele acompanhava os últimos dias de vida de um amigo que havia se envolvido com o ocultismo e, talvez em função disso, sofrido um colapso nervoso – é possível encontrar ecos de sua fala nas orientações de místicos cristãos na busca de Deus: ela precisa resultar no encontro do outro que nos cerca. Nossa liberdade em Deus, assim como nossa própria identidade, se forma no encontro do outro que habita em nós (muitas vezes reconhecido como nossa sombra) e do outro,

---

479. 1M 1,1.
480. 1M 1,5.
481. DOWNING, D., C. S. Lewis: o mais relutante dos convertidos, p. 127.

próximo, que nos cerca. Amamos a nós mesmos porque somos amados por Deus, e por isso podemos também amar a nossos irmãos.

> É tão importante este conhecimento de nós mesmos, que não quisera jamais descuido neste ponto, por elevadas que estejais nos céus. Enquanto vivermos nesta terra, não há coisa que mais importe para nós do que a humildade. Torno a dizer: é muito bom, é sumamente bom entrar primeiro no aposento do conhecimento próprio, antes de voar aos outros. É este o caminho.[482]

O tema da sombra também surge em *Phantastes*. Quando Anodos, dominado pela curiosidade, olha no interior de um estranho armário, na casa de uma ogra, acaba liberando uma coisa escura, sua própria sombra, que passa a segui-lo pelo restante da narrativa do livro.

> "É apenas sua sombra que te encontrou", ela respondeu. "A sombra de todo mundo está correndo para lá e para cá tentando achá-lo. Acredito que vocês chamam de outra coisa no seu mundo: a sua te encontrou, como quase certamente toda pessoa que olhar dentro daquele armário o fará, especialmente depois de conhecer um na floresta, que eu ouso dizer que você conheceu".[483]

Nesse momento, a sombra de Anodos desfaz o encantamento da Terra das Fadas. Sua mera presença é capaz de transformar uma criança-fada num garoto qualquer e seus itens mágicos em itens comuns. Na narrativa do livro, a sombra é lida nesse contexto como algo puramente negativo. Só posteriormente, haverá um tipo de integração. Em certo sentido, aqui, a sombra seculariza o mundo.

> Uma vez, enquanto eu passava por um casebre, de lá veio uma adorável criança-fada, com dois brinquedos maravilhosos, um em cada mão. Um deles era o tubo através do qual um poeta dotado de magia olha quando ele observa a mesma coisa em todos os lugares; na outra o objeto através do qual ele olha quando ele combina em novas formas de encanto as imagens de beleza das quais sua própria escolha recolheu de todas as regiões para as quais ele viajou. Ao redor da cabeça da criança havia uma auréola de raios que emanavam. Conforme eu olhava para ele com curiosidade e prazer, rastejou ao meu redor a coisa escura e a criança estava de pé em minha sombra. Imediatamente ele se tornou um garoto comum, com um rústico

---

482. SANTA TERESA DE JESUS, Castelo interior ou moradas, p. 31.
483. MacDONALD, G., Phantastes, p. 91.

chapéu de palha e abas largas. Os brinquedos que ele carregava eram uma lupa e um caleidoscópio.[484]

A sombra de Anodos o torna insensível às belezas e perigos da Terra das Fadas. Na lógica do livro, dar ouvidos à sombra gera o risco de retornar a uma visão empobrecida da vida, sem sua dimensão mistagógica e sem beleza. A sombra assume o papel de companheiro da viagem, "libertando" Anodos das supostas ilusões da caminhada.

> Em uma Terra como esta, com tantas ilusões em todos os lugares, preciso da ajuda dele [da sombra] para desencantar as coisas à minha volta. Ele acaba com todas as falsas aparências, e me mostra as coisas em suas cores e formas verdadeiras. E eu não sou alguém que é enganado pelas vaidades das multidões comuns. Não verei beleza onde não há nenhuma. Ousarei ver as coisas como elas são.[485]

Constantemente, esse ato de "ver as coisas como elas são" e de não ser enganado por supostas ilusões é sinônimo de uma visão redutora na ficção de Lewis, sempre representando uma atitude arrogante e incorreta. No último volume de *As Crônicas de Nárnia*, intitulado *A Última Batalha*, essa questão é ilustrada por meio de alguns anões que, mesmo atravessando o portal para a Terra de Aslam,[486] julgam que ainda estão no interior de um escuro e apertado estábulo e recusam qualquer tentativa de convencê-los do contrário, ainda que seja proveniente do próprio Aslam; "Desta vez não nos enganam mais", afirmam resolutos.[487] De igual forma, como veremos adiante, em *O grande abismo*, um dos fantasmas que visitam as proximidades do Céu também rejeita a proposta de hospitalidade celeste, oferecida gratuitamente, afirmando que não seria enganado pela propaganda mentirosa ou por um "truque de marketing" do Céu.[488]

Evidencia-se nessas narrativas certa incapacidade de enxergar perfeitamente. Em ambos os casos, o problema não está na realidade que se revela cla-

---

484. MacDONALD, G., Phantastes, p. 95.

485. MacDONALD, G., Phantastes, p. 96-97.

486. Em *As crônicas de Nárnia*, Aslam é o Rei-Leão, criador de Nárnia e filho do Imperador-dos-Mares que reside além do Oceano e do Fim do Mundo. Embora não seja uma analogia direta a Jesus, Aslam é compreendido na narrativa como o Redentor de Nárnia e dos outros universos. "Aslam tem uma presença central nas Crônicas, com seu caráter e importância ficando mais claros à medida que há o desenvolvimento da história." (DURIEZ, C., Manual prático de Nárnia, p. 180).

487. LEWIS, C. S., As crônicas de Nárnia, p. 714-715.

488. LEWIS, C. S., O grande abismo, p. 68-69.

ramente, mas no olhar de quem "prefere a astúcia à crença",[489] como diz Aslam. Essa incapacidade de abrir os olhos para enxergar a graça divina e ouvir o próprio Céu convidando para permanecer ali, até que seus pés se endurecessem e ele pudesse provar dos deliciosos frutos daquela Terra, leva o fantasma a retornar à Cidade Cinzenta.[490] Da mesma maneira, o banquete maravilhoso, repleto de "tortas, assados, aves, pavês, sorvetes, e, na mão direita de cada um, uma taça de excelente vinho",[491] que é presenteado aos anões não pode ser aproveitado por eles. Apesar de comerem e beberem, "notava-se claramente que nem sabiam direito o que estavam degustando. Pensavam estar comendo e bebendo apenas coisas ordinárias, dessas que se encontram em qualquer estrebaria".[492] Para Lewis, o melhor dos banquetes pode se transformar em capim, nabo velho, repolho cru, e "água suja, tirada do cocho de um jumento",[493] caso a predisposição seja arrogante e espiritualmente obtusa.

Para Anodos, a presença de sua sombra revela-se um incômodo que o entristece e, por fim, o aprisiona numa torre de orgulho, quando ela não é mais identificada como algo presente, que deveria ser confrontado. Um orgulhoso Anodos torna-se prisioneiro de um cavaleiro que é ele mesmo, refletido num rosto mau.

> Olhei em volta: o cavaleiro e o cavalo haviam sumido, e atrás de mim estava a terrível sombra. Entrei, pois não pude evitar; e a sombra me seguiu. Tinha uma terrível convicção de que o cavaleiro e a sombra eram um só. A porta fechou-se atrás de mim.[494]

Depois de meses prisioneiro, Anodos é libertado pelo som de uma canção, entoada por uma mulher daquela terra. A experiência o torna modesto, capaz de olhar para dentro de si mesmo e reconhecer suas próprias fragilidades.

> Eu disse: "Eu me perdi – se não fosse por minha sombra". Olhei em volta: a sombra não estava em nenhum lugar visível. Dentro em pouco, descobri que não fui eu mesmo, apenas minha sombra, que eu havia perdido. Apren-

---

489. LEWIS, C. S., As crônicas de Nárnia, p. 715.

490. "– Parece haver a ideia de que, morando aqui, ficaríamos – bem, digo, mais sólidos – acabaríamos nos adaptando.
– Já sei tudo sobre isso, disse o Fantasma. – A mesma mentira de sempre. (...) Essa é a piadinha deles, entendeu? Primeiro nos atormentam com a história do solo em que não podemos andar, de água que não podemos beber (...) Mas eles não vão me pegar desse jeito!" (LEWIS, C. S., O grande abismo, p. 69, 71-72).

491. LEWIS, C. S., As crônicas de Nárnia, p. 716.

492. LEWIS, C. S., As crônicas de Nárnia, p. 714.

493. LEWIS, C. S., As crônicas de Nárnia, p. 716.

494. MacDONALD, G., Phantastes, p. 254.

> di que é melhor, mil vezes, para um homem orgulhoso cair e ser humilhado, do que manter a cabeça erguida em seu orgulho e falsa inocência. Aprendi que ele que será um herói, mal será um homem (...) Em nada meus ideais foram rebaixados, ou ofuscados, ou ficado menos preciosos; eu apenas os vi muito claramente, para me deixar um momento de fora disso. (...) O eu virá à vida mesmo durante a morte do eu; mas sempre há algo mais profundo e forte que ele, que emergirá finalmente dos abismos desconhecidos da alma.[495]

Na narrativa, é a fantasia – expressa na canção que Anodos escuta – que consegue integrar a sombra de forma que ela não mais desfaz a fantasia, mas permanece sendo parte da vida. A autopercepção de Anodos sobre si mesmo, a partir desse ponto, ilustra essa questão. Nesse sentido, podemos dizer que a fantasia auxilia a nos afastarmos da dimensão negativa da nossa sombra sem, contudo, vivermos uma vida artificial, na qual nossas contradições não possam ser levadas a sério. A fantasia rejeita o infantilismo, revelando que o caminho de sua superação passa pela integração do ser e de suas múltiplas dimensões.

Anodos enfrenta vários desafios em sua jornada, chegando à exaustão, ao desespero, e, por fim, à morte numa batalha contra um lobo gigante. Porém, ele percebe que a morte não representava o fim; antes, anunciava um novo tempo no qual as dores da vida haviam passado e o ar fresco das montanhas da terra da Morte podia ser respirado.[496] A morte o tornou mais consciente da Mãe Terra e de seus presentes, paradoxalmente fazendo-o mais sensível à vida em suas múltiplas dimensões.

> Eu nunca havia sonhado com tamanha bênção. Não é como se de alguma maneira eu tivesse parado de ser o que tinha sido. O próprio fato de que qualquer coisa pode morrer implica a existência de algo que não pode morrer; que deve então tomar outra forma em si, como a semente que é semeada morre e ergue-se novamente; ou na existência consciente pode, talvez, continuar a levar uma vida puramente espiritual. Se minhas paixões estavam mortas, as almas das paixões, aqueles mistérios essenciais do espírito que haviam incorporado a si mesmos nas paixões, e tinham dado a eles toda a sua glória e maravilha, ainda viviam, ainda brilhavam, com um fogo puro e imortal.[497]

---

495. MacDONALD, G., Phantastes, p. 261.

496. MacDONALD, G., Phantastes, p. 282.

497. MacDONALD, G., Phantastes, p. 282.

As suas dúvidas e seu sofrimento haviam dado lugar à esperança, expressa nas últimas linhas do conto: "Sei que alguma bondade está vindo para mim – esta bondade está sempre vinda; embora poucos tenham sempre a simplicidade e coragem de acreditar".[498] De maneira inequívoca, Anodos teve uma experiência mística que lhe deu sentido para vida e mesmo para a morte. Após sua jornada no reino das fadas, ele reencontra seu caminho, consciente de um "poder de calma resistência"[499] recém adquirido que lhe mantém esperançoso e em paz.

4.3. O *regresso do peregrino*: olhar curado pelo encontro com o Deus-Mistério. A experiência mística e o desenvolvimento de um novo olhar sobre a vida

O regresso do peregrino é uma obra autobiográfica de Lewis, escrita sob a forma de alegoria, em 1932, isto é, logo após a sua conversão à fé cristã. Nela, Lewis descreve a vida de um menino chamado John. Nascido na terra da Puritânia, John é levado para conhecer o Mordomo, um "homem velho com o rosto redondo e vermelho, muito afável e que gostava de fazer piadas".[500]

Como afirmamos anteriormente, a conversa que John tem com este personagem é, a princípio, muito agradável. Porém, ao conversar com John sobre o Proprietário (Deus, segundo a concepção do livro), o Mordomo assume outra aparência, bem menos convidativa; de repente ele "apanhou uma máscara da parede, uma máscara com uma barba longa e branca presa a ela e a colocou repentinamente em seu rosto, ficando com uma aparência terrível."[501] Assim vestido, o Mordomo fornece ao pequeno John uma lista, impressa num enorme cartaz, com uma lista quase interminável regras e leis sobre o que não deveria ser feito de acordo com a vontade do Proprietário. Essas múltiplas instruções, legalistas, inflexíveis e, por vezes, contraditórias, deveriam ser obedecidas integralmente. Qualquer sinal de desobediência ou descaso para com elas traria sobre o menino punições severas administradas pelo Proprietário, como ser trancafiado, para todo o sempre, "dentro de um buraco negro, cheio de serpentes e escorpiões tão

---

498. MacDONALD, G., Phantastes, p. 291.
499. MacDONALD, G., Phantastes, p. 288.
500. LEWIS, C. S., O regresso do peregrino, 2011.
501. LEWIS, C. S., O regresso do peregrino, p. 30.

grandes como lagostas".[502] Por outro lado, a tentativa de cumprir essas regras – e isso é claramente percebido por John – levaria à exaustão total ou à hipocrisia.

> João pegou o cartão. No entanto, metade das regras pareciam coisas proibidas sobre as quais ele nunca tinha ouvido falar; e a outra metade coisas proibidas que ele vinha fazendo todos os dias e que não podia sequer imaginar não fazer. E o número de regras era tão grande que ele sentiu que jamais conseguiria lembrar-se de todas.[503]

A máscara usada pelo Mordomo revela o único caminho possível para agir diante dessa lista de regras e imposições: a hipocrisia que reconhece ser melhor "contar uma mentira, velho amigo, melhor contar uma mentira. É o mais fácil para todos os interessados"[504]. John percebe que o Mordomo também burla as próprias regras, sussurrando no ouvido do garoto que ele não precisaria se preocupar muito com tudo aquilo.[505]

Antes de tornar-se cristão, Lewis enxergava a noção de uma divindade que desejava estabelecer relacionamento com sua criação como uma perspectiva absurda e desnecessária. Apesar de não rejeitar a possibilidade da existência de uma dimensão espiritual, Lewis aplicava uma lente dualista à realidade, descartando qualquer interferência externa sobre sua vida. Num mundo enxergado por essa lente, qualquer esperança pela ação de Deus em favor de sua criação deveria ser descartada como expectativa crédula e infantilizada. Se houvesse qualquer necessidade de redenção, ela certamente não viria de um Deus como o apresentado pela fé cristã.

Para Lewis, o atrativo de um mundo sem Deus residia na possibilidade de encarar a morte como o fim de tudo: "o horror do universo cristão era não ter nenhuma porta com a placa *Saída*".[506] Aliava-se a tal percepção o individualismo de Lewis, bem como seu ódio por figuras de autoridade e seu desprezo pelas leis. Lewis nutria uma concepção de universo no qual sua particularidade se mantinha segura, cercada com arames farpados e delimitada por uma placa de "Entrada Proibida". Em suas palavras, "nenhuma palavra no meu vocabulário invocava maior ódio que *interferência*".[507]

---

502. LEWIS, C. S., O regresso do peregrino, p. 31.
503. LEWIS, C. S., O regresso do peregrino, p. 31.
504. LEWIS, C. S., O regresso do peregrino, p. 31.
505. LEWIS, C. S., O regresso do peregrino, p. 32.
506. LEWIS, C. S., Surpreendido pela alegria, p. 177.
507. LEWIS, C. S., O regresso do peregrino, p. 177.

Sua conversão à fé cristã alterou essa percepção. Lewis passou a crer que Deus não só criou o universo mas também manteve o desejo de relacionar-se com o mundo criado. Essa mudança de perspectiva acerca de Deus ocorreu de forma gradual e não sem resistência por parte de Lewis. Em sua autobiografia, Lewis descreve essa experiência como o despir-se de uma carapaça, o abrir uma porta para o desconhecido, escolha que o levou a sentir-se "como se fosse um boneco de neve que, depois de longo tempo, começasse a derreter".[508] Esta sensação, Lewis completa, não foi agradável.[509] Aceitar a ideia de sofrer algum tipo de interferência divina ou de relacionar-se com um Deus que questionava "onde estás?" o conduziu a um autoexame; Lewis olhou para dentro de si mesmo e assustou-se com o que encontrou: "um bestiário de luxúrias, um hospício de ambições, um canteiro de medos, um harém de ódios mimados. Meu nome era Legião".[510]

A alegoria presente em *O regresso do peregrino* aponta para a única saída que Lewis encontra para resolver esse drama pessoal: abrir mão de si mesmo e desistir de todo esforço por autopreservação. No clímax do livro, num capítulo intitulado *Securus te projice* [Atira-te com segurança], no caminho em direção à terra do Proprietário (Deus), o peregrino John encontra-se diante de um abismo escarpado, um penhasco intransponível chamado *Peccatum Adae* [Pecado de Adão]. A princípio, a única saída é encontrar-se com a própria Morte, pois "a cura da morte é morrer. Aquele que entrega sua liberdade nesse ato a recebe de volta".[511]

A Morte o envia, então, até o fundo do abismo a fim de encontrar-se com a Mãe Kirk,[512] símbolo da fé cristã e da Igreja que conduzem a Deus. Essa velha senhora auxilia John em sua jornada, conduzindo-o até o encontro com o Proprietário. Mas a única maneira de transpor o abismo é mergulhar nele, após retirar suas

---

508. LEWIS, C. S., O regresso do peregrino, p. 229.

509. Estas imagens – o despir-se de uma carapaça e o abrir uma porta – repetem-se com certa frequência na ficção de C. S. Lewis, normalmente vinculadas a um novo começo, um renascimento que altera os personagens que as vivenciam. Em A viagem do peregrino da alvorada, um dos livros que integram As crônicas de Nárnia, por exemplo, o menino Eustáquio, transformado em um dragão em parte da narrativa, encontra-se com Aslam (que simboliza na história o próprio Cristo), que o torna novamente um menino. Neste processo, o próprio Aslam arrancou as escamas de dragão de Eustáquio fazendo-o sofrer a pior dor de sua vida, que é, contudo, aliviada pelo prazer da certeza de estar renascendo como criança. (Ver, a respeito, LEWIS, C. S., As crônicas de Nárnia, p. 451-452). De igual forma, no segundo volume da Trilogia Cósmica, Perelandra, o narrador Lewis descreve sua participação nos eventos cósmicos que caracterizam o livro como um temor "de que pudesse acabar 'enredado' (...) a sensação de que uma porta acabou de se fechar com violência, deixando-o do lado de dentro." (LEWIS, C. S., Perelandra, p. 3).

510. LEWIS, C. S., Surpreendido pela alegria, p. 230.

511. LEWIS, C. S., O regresso do peregrino, p. 260.

512. LEWIS, C. S., O regresso do peregrino, p. 26.

roupas, que "estavam em pedaços, emplastradas de sangue e com a sujeira de toda a região de Puritânia até o Canal, mas elas estavam tão grudadas nele que saíram com dor e um pouco de pele veio junto".[513] E ao fazer isto, John prova a primeira de muitas mortes que o acompanham pelo resto da jornada. "Nós chamamos isto de morte", afirma o Guia para John "Trata-se de uma porção muito dura para se comer em uma única mordida. Vocês encontrarão esse riacho com mais frequência do que pensam e cada vez que o encontrarem vão supor que se livraram dele para sempre. Até que um dia realmente vão se livrar".[514] Após atravessar verdes florestas além da montanha, John alcança a Ilha-Alegria que procurava por toda a vida.[515] Agora redimido, John vê toda a existência com novos olhos e, apesar das perdas experimentadas no percurso, retorna à Puritânia com Alegria.

Assim como ocorre com *O peregrino*, de John Bunyan, *O regresso do peregrino* de Lewis traz elementos importantíssimos para formação do ser, revestidos da linguagem bem-vinda da literatura fantástica e da fantasia. Como afirma David Jasper num comentário sobre a obra:

> (...) também é preciso reconhecer que o convite para ler e interpretar a narrativa (tanto a de Bunyan quanto a de Lewis) é de grande importância, admitindo-se a intensidade de suas metáforas e imagens quando elas falam a nossos próprios anseios e perspectivas para além dos limites de particularidades teológicas.[516]

A Ilha-Alegria simbolizava a própria Alegria que Lewis buscou por toda sua vida. Porém, quando a encontra, John percebe que ela não é o fim de sua jornada, antes o início de uma nova existência, vista com um olhar diferente. Também em sua autobiografia, Lewis nos diz que a experiência da Alegria que o visitava frequentemente não era tão importante em si mesma como ele pensava.

> [A Alegria] Foi valiosa somente como indicador de algo, distinto e exterior. (...) Quando estamos perdidos na mata, a visão de um marco tem grande importância. Quem o vê primeiro, grita: "Olhem lá!" Todo o grupo se reúne e tenta enxergar. Mas depois de encontrar a estrada, passando pelos marcos a cada poucos quilômetros, não mais paramos para olhar. (...) "Nós seguimos para Jerusalém".[517]

---

513. LEWIS, C. S., O regresso do peregrino, p. 262.
514. LEWIS, C. S., O regresso do peregrino, p. 270.
515. LEWIS, C. S., O regresso do peregrino, p. 265-267.
516. JASPER, D., The Pilgrim's Regress e Surprised by Joy, p. 284.
517. LEWIS, C. S., Surpreendido pela alegria, p. 242-243.

A experiência que John vivencia é um espelho da experiência mística vivenciada pelo próprio Lewis. Na narrativa do livro, John é transformado pela experiência de encontro com a Alegria o que o liberta e o reconduz à realidade. De igual forma, na experiência pessoal de Lewis, seus encontros com a Alegria – verdadeiras experiências místicas – desenvolve uma nova maneira de olhar o mundo, de forma mais integradora e humanizadora.

> (...) embora o livro termine em um regresso, uma volta da sofisticação mundana à saudade da infância, que é inevitavelmente uma espécie de perda, ainda assim "quando meu sonho chegou ao fim, e o chilreio dos pássaros à minha janela começou a alcançar meus ouvidos (pois era uma manhã de verão)", a alegria renasce apesar da tristeza da vida.[518]

4.4. Reflexões sobre a oração e o encontro místico com Deus: *Cartas a Malcolm* e *Lendo os Salmos*

Em *Oração: cartas a Malcolm*, Lewis apresenta importantes reflexões sob a forma de cartas destinadas a um personagem fictício denominado Malcolm. Trata-se mais de apresentar perguntas existenciais e teológicas, intimamente relacionadas à espiritualidade cristã, do que respondê-las.

Talvez esta seja a obra de Lewis que mais claramente trata da espiritualidade e da mística cristãs como ele as compreendia. Segundo Lewis, o encontro com Deus exige e provoca ao mesmo tempo toda nossa atenção, pois se trata de uma relação inteiramente distinta das vividas no cotidiano ou mesmo na liturgia do culto.

> Estou de pleno acordo em que a relação entre Deus e o homem é de índole mais particular e íntima do que qualquer outra relação possível entre duas criaturas da mesma espécie. Sim, ao mesmo tempo, porém, há, de outro aspecto, maior distância entre os participantes. Estamos nos aproximando – bem, não diria que do "Totalmente Outro", porque suspeito que se trate de algo sem sentido, mas do Outro Inimaginável ou Insustentável. Temos de estar – às vezes tenho esperança de que assim seja – simultaneamente conscientes da proximidade que beira a intimidade e da distância infinita.[519]

Essa relação com Deus é fruto de sua pura graça e misericórdia; "é Deus quem nos concede essa condição. Porque é pelo Espírito Santo que clamamos

---

518. JASPER, D., The Pilgrim's Regress e Surprised by Joy, p. 282.
519. LEWIS, C. S., Oração, p. 17.

'Pai'".[520] Na verdade, é o próprio Deus quem ora por nós, pois "se o Espírito Santo fala no homem, na oração, Deus fala a Deus".[521] Lewis apresenta este tema a partir da beleza poética de um poema de autor desconhecido:

> Dizem-me, Senhor, que quando imagino
> Contigo conversar,
> Uma única voz se ouve, é tudo sonho,
> Um de dois imitando o falar
>
> Às vezes, é isso, mas não
> Como pensam. Busco antes
> Em mim o que aguarda manifestação,
> Mas, ai!, secaram-me as fontes.
>
> Vendo-me vazio, ao papel de ouvinte renuncias
> E sopras por meus lábios mudos,
> Expressão diligente Tu dás
> A mim desconhecidos pensamentos.
>
> De modo que não precisas nem podes
> Responder; embora cheguemos a aparentar
> Dois falantes, só Um tu sempre és,
> E Eu, não sonhador, mas teu sonhar.[522]

Para Lewis, o encontro místico com Deus o conduz à vida, e não o separa dela. O espaço de sua espiritualidade é a vida cotidiana. Suas orações eram feitas aproveitando-se qualquer espaço disponível – do banco do trem ao banco de um parque – e não se circunscreviam ao espaço litúrgico dos templos religiosos. Aliás, como Lewis ressalta, "não há templo algum na nova Jerusalém".[523] Lewis via com grande preocupação o ato de separar a vida em departamentos seculares ou sagrados, pois estes tendiam a se tornar um fim em si mesmos, "um ídolo que oculta tanto Deus quanto o meu próximo".[524]

---

520. LEWIS, C. S., Oração, p. 27.
521. LEWIS, C. S., Oração, p. 89.
522. LEWIS, C. S., Oração, p. 88-89.
523. LEWIS, C. S., Oração, p. 41.
524. LEWIS, C. S., Oração, p. 42.

Por isso, para Lewis, o reconhecimento de Deus culmina necessariamente no reconhecimento do próximo, de suas crises e dores. Ainda em seu *Cartas a Malcolm*, Lewis vincula o tema da alteridade e da identidade a partir da realidade eclesiástica:

> Abra sua mente, Malcolm, abra sua mente! O mundo é feito de todo tipo de gente; também uma Igreja. Sobretudo a Igreja. Se a graça aperfeiçoa a natureza, ela deve expandir todas as nossas naturezas à riqueza absoluta da diversidade que Deus tinha em mente quando as criou. No céu haverá maior diversidade do que no inferno. "Um rebanho" não é o mesmo que "uma agremiação".[525]

Para Lewis, portanto, o reconhecimento do outro se alimenta da diversidade. Na análise que faz sobre a amizade, em *Os quatro amores*, Lewis propõe que toda relação egoísta, que não partilha da presença dos outros, torna-se amizade menos plena. Isso porque, ao se fechar para o outro, os poucos relacionamentos que sobrevivem se empobrecem.

> Em cada um de meus amigos existe algo que apenas outro amigo é capaz de trazer à tona plenamente. Eu, sozinho, não sou grande o bastante para pôr uma pessoa inteira em atividade; preciso de outras luzes além da minha para revelar todas as suas facetas. Agora que Charles morreu, nunca mais verei a reação de Ronald a uma determinada brincadeira de Charles. Em vez de ter mais de Ronald – de tê-lo "só para mim" agora que Charles se foi –, eu passo a ter menos de Ronald.[526]

Portanto, amizades reconhecidas e assumidas são essenciais para a construção da própria identidade. Neste processo de relacionar-se e reconhecer o outro e a si há uma mistura que se revela quase um paradoxo. Por um lado, Ricoeur está correto, quando cita Montaigne:

> Na amizade de que falo [as almas] se misturam e se confundem em uma mistura tão universal que elas apagam e não encontram mais a costura que as uniu. Se me instigarem a dizer por que eu o amava, creio que isso só pode ser expresso respondendo: porque era ele, porque era eu.[527]

Por outro lado, a unidade entre indivíduos não destrói a individualidade de cada um deles, e o reconhecimento de Deus não implica abandonar o próprio ser.

---

525. LEWIS, C. S., Cartas a Malcolm, p. 13.
526. LEWIS, C. S., Os quatro amores, p. 87.
527. RICOEUR, P., Percurso do reconhecimento, p. 273.

Mas Lewis não defendia um registro teórico das situações complexas nas quais as pessoas ao seu redor se encontravam sem propor, juntamente, ações práticas que buscassem alterar esse quadro. Sua proposta encontra eco na leitura de mundo proposta pelo filósofo Paul Ricoeur. Segundo este, o mundo que é dado pela linguagem (figuração) e compreendido pelo ser que dele participa (configuração) pode ser transformado, graças a atitudes éticas. Para Ricoeur, é a ética o que permite a vivência em comunidade. Como realidades humanas construídas, esses mundos podem ser mudados. Diz Ricoeur:

> O interesse disso, em minha opinião, está em outro lugar: na capacidade de despertar, por meio da crítica, cada ator de um mundo para os valores de um outro mundo, admitindo-se a possibilidade de mudar o mundo. Revela-se assim uma nova dimensão da pessoa, a de compreender um outro mundo, diferente do seu próprio, capacidade que pode ser comparada à de aprender uma língua estrangeira a ponto de perceber a própria língua como outra entre as outras.[528]

Para Lewis a experiência mística não pode ser validada por eventos sobrenaturais que porventura a acompanhem. Antes, o único critério é o amor.

> A normalidade, a segurança e a utilidade da viagem mística não dependem de forma alguma do seu caráter místico – isto é, do fato de constituir uma partida – e sim dos motivos, das habilidades e da constância do viajante, e da graça de Deus. A verdadeira religião dá valor ao próprio misticismo; o misticismo não valida a religião em que ele por acaso ocorre. (...) As partidas são todas iguais; é a chegada à terra que coroa a viagem. O santo, por ser santo, prova que seu misticismo (se ele for místico; nem todos são) o conduziu a bom termo. O fato de que praticou o misticismo não comprova de forma alguma sua santidade.[529]

E assim, conclui Lewis, o vislumbre de Deus na experiência mística é resultado não da busca pela experiência em si mesma, mas sim pelo desejo sincero de servir e amar a Deus. Quando embarcou na viagem mística, diz Lewis, o santo o fez "movido por um amor humilde e desinteressado".[530] Ou ainda, e agora nas palavras de Santa Teresa: "Talvez digais: se assim for, como alcançaremos essas graças se não as procuramos? Respondo-vos que não há melhor maneira do que a que vos disse: não procurá-las".[531] Tudo isso porque a experiência mística é graça

---

528. RICOEUR, P., Percurso do reconhecimento, p. 223.
529. LEWIS, C. S., Oração, p. 85.
530. LEWIS, C. S., Oração, p. 86.
531. Santa Teresa de Jesus, Obras completas, p. 479.

de Deus e "por mais meditação que tenhamos e por mais que nos preocupemos e derramemos lágrimas, não é por aquedutos que essa água é conduzida. Ela só é concedida a quem Deus quer e, na maioria das vezes, isso ocorre quando a alma mais está despreocupada".[532]

Por fim, outro tema também abordado em *Cartas a Malcolm* é o do sofrimento humano, a "noite escura da alma". Para Lewis, o enfrentar situações-limite como essa é característico do ser humano, e quanto maior for a experiência mística com Deus, maior será a sensação de ter sido abandonado. Essa realidade se cumpriu integralmente em Jesus durante sua Paixão. Nas palavras de Lewis:

> São os santos, não as pessoas comuns, os que passam pela "noite escura". São os homens e os anjos, não os animais, os que se rebelam. (...) A condição de ser oculto de Deus talvez cause maior dor ao pressionar aqueles que, sob outro aspecto, encontram-se mais próximos d'Ele, e portanto Deus mesmo, feito homem, será entre todos os homens aquele a quem Deus relegará ao supremo abandono.[533]

Na obra *Lendo os Salmos*, Lewis parte das experiências concretas do dia a dia para refletir sobre ensinamentos e propor, pela leitura orante de alguns salmos, vislumbres da experiência mística cristã. Dentre os assuntos abordados nessa obra, interessa-nos os salmos que Lewis, direta ou indiretamente, relaciona à experiência mística cristã.

Um dos principais elementos presentes em todas as análises feitas nesse livro é o cuidado de Lewis em não esgotar tais análises em meros discursos sistematizados com viés racionalista. Sem rejeitar a razão nem o dogma como parte integrante da fé cristã, Lewis relembra a necessidade de se alimentar da Palavra de Deus, antes de apenas estudá-la para realizar apologias. Como afirma Lewis, "um homem não pode defender a verdade o tempo todo; é preciso que também haja um tempo para que possa alimentar-se dela".[534] Assim, desde o início desse livro, Lewis reconhece a necessidade de unir intelecto e afetividade – ou, diríamos, doutrina e mística – num mesmo movimento em relação a Deus e ao outro.

Nesse sentido, vale destaque a análise que Lewis realiza da bondade do Senhor que se pode perceber em diversos salmos. Em sua abordagem da liturgia de culto, subsiste uma integração entre prazer e dever, alegria e responsabilidade, que ajuda a cultivar uma espiritualidade não dualista. Falando dos templos antigos – tanto o de Jerusalém como os pagãos – Lewis reconhece que eles

---

532. Santa Teresa de Jesus, Obras completas, p. 479.
533. LEWIS, C. S., Cartas a Malcolm, p. 59-60.
534. LEWIS, C. S., Lendo os salmos, p. 15.

tinham, "ao mesmo tempo, um caráter festivo e caseiro e outro sagrado".[535] Ora, isso nada mais é do que reconhecer a integralidade da experiência de Deus que não separa a vida em departamentos estanques, antes as unifica num mesmo e indivisível universo.

> A coisa mais valiosa que os salmos me trazem é a expressão desse mesmo prazer em Deus que fez Davi dançar. Não estou dizendo que esse prazer seja tão puro ou tão profundo quanto o amor por Deus, demonstrado pelos maiores santos e místicos cristãos. Não, eu não o estou comparando a isso, mas ao ato simplesmente mecânico de "ir à igreja" e "recitar orações" por obrigação, ao qual a maioria de nós – muito frequentemente, embora não constantemente – está limitada. Em contraposição a isso, esse prazer parece algo muito forte, viril e espontâneo; um sentimento que podemos desejar com uma inocente inveja e com a esperança de sermos por ele invadidos à medida que lemos este livro.[536]

Tal como ocorre com a experiência mística cristã, esse "ser invadido" pelo prazer de usufruir a presença divina toma a pessoa por inteiro; alcança sua razão, sua sensibilidade, sua emoção, seu corpo etc. Usando como ponto de partida o exemplo da compreensão de culto que os judeus compartilhavam, Lewis advoga a necessidade de, diante de Deus no Altar que simbolicamente identifica sua presença, curvar-se integralmente; a vida, que é "uma coisa só",[537] é levada plenamente à presença de Deus, de tal maneira que as experiências de "visão espiritual e de amor 'sensível' por parte de Deus"[538] não ocorrem divorciadas dos encontros interpessoais no templo, da música, das cores, das palavras. Enfim, tudo na liturgia cristã pode carregar esse elemento de possibilidade mística, se compreendido à luz da integralidade da vida diante de Deus.

"Quando a mente se torna mais capaz de abstrair e analisar", afirma Lewis, "essa velha unidade se rompe. E já não é mais possível distinguir com facilidade o que é rito e o que constitui visão de Deus, assim como há o perigo de o rito tornar-se um substituto e um rival do próprio Deus. Uma vez que esse rito possa ser pensado separadamente, ele o será e talvez ganhe vida própria, uma vida rebelde e cancerígena"[539]. De um culto saudável que, por ser permeado de encontros possíveis com Deus, integra a vida inteira, pode-se chegar a uma liturgia fria, inerte

---

535. LEWIS, C. S., Lendo os salmos, p. 52.
536. LEWIS, C. S., Lendo os salmos, p. 53.
537. LEWIS, C. S., Lendo os salmos, p. 54.
538. LEWIS, C. S., Lendo os salmos, p. 55.
539. LEWIS, C. S., Lendo os salmos, p. 55.

e incapaz de gerar vida. As críticas dos profetas do Antigo Testamento ao culto em Jerusalém revelam que nem sempre Israel soube evitar esse dualismo em seu culto. A quantidade de culto era denunciada pelos profetas como sendo fuga de uma real conversão a Deus e ao próximo, o que se ilustra em inúmeras passagens do Antigo Testamento. Como afirma Sicre:

> Estes versículos nos demonstram o equívoco do homem quando tenta procurar a Deus nos santuários. Pensa que o espaço sagrado é o único lugar em que pode encontrá-lo. E Amós diz claramente que não é lá. É preciso interessar-se por Deus, procurá-lo. Mas lá onde ele está: não em ermidas longínquas, mas no meio do próximo. Por isso, a única forma de encontrá-lo é "amando o bem e instaurando a justiça nos tribunais" (5.15). Todo o resto é pura fuga, busca inútil, que reflete no fundo um autêntico desinteresse por Deus.[540]

Sendo assim, Lewis toca num ponto importante relacionado à mística cristã, já abordado anteriormente: o fato de que o encontro com Deus é encontro vivenciado por tudo que se é. Nada foge de Seu olhar. Como afirma o salmista, "se eu escalar o céu, aí estás; se me deitar nas profundezas, também aí estás. Se me apossar das asas da aurora e for morar nos confins do mar, também aí tua mão me conduz, tua destra me segura" (Sl 139,8-10). A relação mística com Deus é encontro com quem conhece nossas luzes e sombras e para quem as diferenças entre essas desvanecem diante de seu amor e graça. Uma cama construída no fundo do mar ou no alto das montanhas é, de igual forma, lugar de encontro com Deus. Nem um movimento fica de fora desse encontro; nenhuma respiração ocorre sem que seja simultaneamente respirada junto com o Senhor. Toda a existência ganha novo significado, por pura gratuidade gerada por esse encontro de Amor. É o que propõe Ernesto Cardenal, em linguagem poética:

> A união com Deus faz com que a terra volte a converter-se outra vez em Paraíso. Onde estamos Tu e eu é o Paraíso, e a natureza inteira é o belo cenário de nossa união; o céu estrelado, as montanhas, as macieiras em flor. A natureza deixa de ser hostil para quem vive na presença de Deus, e o homem se sente imune a todo mal, como Adão no paraíso. [...] Para quem vive em união com Deus todas as coisas estão transfiguradas por uma luz especial, brota um manancial de gozo de todas as coisas, mesmo das mais comuns da vida cotidiana. Todos os momentos de sua vida destilam felicidade e há como uma espécie de feitiço, de sutil encantamento, em tudo que se toca ou que se faz.[541]

---

540. SICRE, J. L., Profetismo em Israel, p. 393.
541. CARDENAL, E., Vida no amor, p. 117.

Tal experiência de Deus conduz ao encontro com o próximo. Ela nos expõe por completo diante de Deus. Assim expostos e reconhecidos em nossa nudez, só resta confiar na graça divina que nos cobrirá com misericórdia. Justamente por isso, nos tornamos mais misericordiosos com nosso próximo. Quem prova Deus, em sua manifestação plena de Amor, se torna capaz de igualmente manifestar amor ao outro.

E no encontro final com Deus, quando sua plenitude nos alcançar, o próprio Tempo será redimido; "e nos conheceremos então uns aos outros pela primeira vez e o céu será uma comunhão de amor. (...) Somente no céu nos comunicaremos de verdade uns com os outros, somente no céu poderemos comunicar nossa íntima palavra, e não haverá necessidade de linguagem porque teremos uma perfeita comunhão de amor".[542]

4.5. Anatomia de uma dor: a noite escura da alma. Mística cristã e o sofrimento humano

O livro *Anatomia de uma dor: um luto em observação* foi escrito logo após a morte da esposa de Lewis, a escritora Joy Gresham, vítima de câncer, em julho de 1960. Nele, se desnuda a alma de Lewis; seus questionamentos profundos e honestos pontuam uma experiência de dor e luto que não é (e nem pode ser) apaziguada facilmente, com a mera apresentação de dogmas teológicos teóricos. Porém é mais que o sofrimento causado pela perda. Lewis enfrenta uma crise de fé – sua noite escura da alma – que o leva a questionar o próprio Deus, não sua existência, mas seu caráter. Nesse sentido, Lewis vivencia a mesma experiência de diversos místicos cristãos que passaram a servir a Deus somente pela lembrança da fé outrora viva e claramente presente.

> Nesse meio tempo, onde está Deus? Esse é um dos sintomas mais inquietantes. Quando você está feliz, muito feliz, não faz nenhuma ideia de vir a necessitar d'Ele (...) se se lembrar e voltar a Ele com gratidão e louvor, você será – ou assim parece – recebido de braços abertos. Mas volte-se para Ele, quando estiver em grande necessidade, quando toda outra forma de amparo for inútil, e o que você encontrará? Uma porta fechada na sua cara, ao som do ferrolho sendo passado duas vezes do lado de dentro. Depois disso, silêncio. Bem que você poderia dar as costas e ir embora. Quanto mais espera, mais enfático o silêncio se torna. Não há luzes nas janelas. Talvez seja uma casa vazia. Será que, algum dia, chegou a ser habitada? (...) Não que eu

---

542. CARDENAL, E., Vida no amor, p. 114-115.

esteja (suponho) correndo o risco de deixar de acreditar em Deus. O perigo real é o de vir a acreditar em coisas tão horríveis sobre Ele. A conclusão a que tenho horror de chegar não é "então, apesar de tudo, não existe Deus nenhum", mas "então, é assim que Deus é realmente. Não se iluda".[543]

Essa crise da ideia de Deus é compartilhada por muitos místicos cristãos e também por personagens bíblicos. O que representam, por exemplo, as blasfêmias de Jó diante de seu sofrimento injusto? Ou o grito de Jesus, no Calvário, buscando uma resposta sobre seu abandono pelo Pai, resposta essa que não seria dada? Por que Deus se fez presente na bonança, mas, aparentemente de forma insensível, mantém-se distante na hora da dor? Como afirma Lewis, "é bem fácil afirmar que Deus parece ausente em nossas maiores necessidades, porque Ele está ausente – não existente. No entanto por que Ele parece tão presente quando, para dizer com franqueza, não solicitamos sua presença?"[544]

Lewis já havia passado pela experiência da perda de alguém querido: sua mãe havia morrido, vítima de câncer, no dia 23 de agosto de 1908, quando Lewis tinha apenas nove anos de idade. O impacto desta perda repercutiu em toda a sua família. O pai nunca se recuperou plenamente. Em função disso, e por causa de seu temperamento impetuoso, além da esposa, acabou perdendo o contato com os filhos que passaram a encontrar refúgio um em companhia do outro. Segundo Lewis, ele e o irmão passavam "a depender cada vez mais exclusivamente um do outro para obter tudo aquilo que tornava a vida suportável; a ter confiança só um no outro".[545]

Em sua autobiografia, Lewis apresenta algumas razões que ajudam a explicar essa separação entre pai e filho. Lewis reconhece que a angústia da perda provoca reações distintas em pessoas de idades diferentes.[546] O mesmo processo foi vivenciado por um Lewis já adulto, após a morte de sua esposa Helen Joy Gresham, também vítima de câncer. Em *Anatomia de uma dor*, Lewis fala da dificuldade de lidar com seu afilhado, Douglas Gresham, filho de Joy.

> Não consigo falar sobre ela com as crianças. Quando tento fazer isso, aflora-lhes ao rosto não o pesar, nem o amor, nem o medo, tampouco a piedade, mas a pior de todas as manifestações, o embaraço. Eles me olham como se eu estivesse praticando um ato indecente. Torcem para que eu pare. Com a morte da minha mãe, sentia exatamente a mesma coisa diante da mais

---

543. LEWIS, C. S., A anatomia de uma dor, p. 31-32.
544. LEWIS, C. S., A anatomia de uma dor, p. 32.
545. LEWIS, C. S., A anatomia de uma dor, p. 26.
546. LEWIS, C. S., A anatomia de uma dor, p. 34.

simples menção a seu nome por meu pai. Não posso culpá-los. Os meninos são assim.[547]

Warren, irmão de Lewis, escreveu em seu diário que havia um calendário shakesperiano dependurado na parede do quarto em que sua mãe morrera; seu pai preservou, pelo restante da vida, a frase indicativa do dia da morte da esposa: "Os homens devem suportar suas vidas a partir deste momento".[548] O próprio Lewis registrou o impacto que essa perda produziu nele mesmo e em seu irmão:

> Para nós, meninos então, a verdadeira perda acontecera antes da morte de nossa mãe. Nós a perdemos de forma gradual, à medida que ela lentamente se retirava da nossa vida, nas mãos de enfermeiros, delírios e morfina, e à medida que toda a nossa existência se mudava em algo estranho e ameaçador, enquanto a casa era tomada de odores esquisitos, ruídos no meio da noite e sinistras conversas sussurradas.[549]

Para Lewis, a morte da mãe foi como se o continente estável que sustentava sua vida houvesse submergido, e "toda a felicidade serena, tudo o que era tranquilo e confiável"[550] tivesse desaparecido. Essa experiência de Lewis com a morte de sua mãe foi revisitada anos mais tarde, no livro *O sobrinho do mago*, parte da coleção *As crônicas de Nárnia*. Na narrativa, a mãe Digory, uma das crianças que veem a criação de Nárnia, encontra-se à beira da morte. Diferente do que ocorre na vida real, contudo, no livro a mãe de Digory é curada por uma maçã mágica trazida da terra de Aslam.

> Digory respirou fundo e, na ponta dos pés, dirigiu-se ao quarto da mãe. Muitas vezes a vira naquela mesma atitude, afundada nos travesseiros, o rosto pálido e magro de trazer lágrimas aos olhos. O menino tirou do bolso a Maçã da Vida. (...) Uma semana depois, sem dúvida nenhuma, a mãe de Digory achava-se melhor.[551]

A morte da esposa fez renascer em Lewis todo seu drama infantil e, com ele, certa desesperança pessimista: "Câncer, câncer e mais câncer. Minha mãe, meu pai, minha mulher. Pergunto-me quem será o próximo da fila".[552] A dor da

---

547. LEWIS, C. S., A anatomia de uma dor, p. 34.
548. DURIEZ, C., Manual prático de Nárnia, p. 52. Esse mesmo epitáfio foi inserido na lápide do túmulo de Lewis, por seu irmão.
549. LEWIS, C. S., Surpreendido pela alegria, p. 26.
550. LEWIS, C. S., Surpreendido pela alegria, p. 28.
551. LEWIS, C. S., As crônicas de Nárnia, p. 95.
552. LEWIS, C. S., A anatomia de uma dor, p. 36.

perda levava-o a desejar a solidão ao mesmo tempo em que reconhecia a necessidade da presença de pessoas ao seu redor. Lewis sentiu como se tivesse perdido a capacidade para a alteridade: "o gosto amargo, forte e purificador de sua [de Joy] alteridade foi embora".[553] Sua impaciência em relação aos discursos, por vezes insensíveis, mas por vezes apenas solidários, aumentou. Em suas palavras:

> É difícil ter paciência com pessoas que dizem: "A morte não existe", ou "A morte não importa". A morte existe e, seja lá o que for, ela importa. Tudo o que acontece traz consequências, e tanto a morte quanto as consequências são irrevogáveis e irreversíveis. (...) Em todos os tempos e espaços, se me fosse dado sondá-los, não encontraria em lugar algum o rosto dela, sua voz, seu toque. Ela morreu. Está morta. Será que a palavra é tão difícil de aprender?[554]

Como explicar a dor? Para Lewis, a religião é insuficiente para tal ação. "Fale-me acerca da verdade da religião", diz ele, "e ouvirei de bom grado. Fale-me acerca do dever da religião e ouvirei resignadamente; mas não me venha falar sobre as formas de consolo que a religião dá, caso contrário desconfiarei que você não sabe do que está falando".[555] Mesmo o sofrimento de Jesus, conforme registrado no evangelho, não era capaz de diminuir a dor de sua perda:

> Um amigo lembrou-o de que Jesus de Nazaré, em tempo de grande necessidade, também gritou alto: "Deus meu, Deus meu, por que me desamparaste?" (Mateus 27.46). Lewis respondeu: "E isso faz a coisa ficar mais fácil de entender?"[556]

Neste capítulo, abordamos a experiência mística de C. S. Lewis expressa tanto em seus livros de caráter autobiográfico, como naqueles que causaram profunda impressão em seu processo de conversão à fé cristã. Também tratamos de textos lewisianos que, embora não sejam autobiográficos, revelam muito de sua compreensão sobre o tema da mística cristã.

No próximo capítulo, analisaremos mais detidamente as obras ficcionais de Lewis. Veremos que também em muitas de suas obras de ficção podem ser percebidos elementos característicos da experiência mística cristã.

---

553. LEWIS, C. S., Anatomia de uma dor, p. 43.
554. LEWIS, C. S., Anatomia de uma dor, p. 39.
555. LEWIS, C. S., Anatomia de uma dor, p. 47.
556. NICHOLI, A. M., Deus em questão, p. 215.

Capítulo 5 | A literatura fantástica de C. S. Lewis como expressão da mística cristã

> *É a impossibilidade de comunicar essa sensação, ou mesmo de fazer você mantê-la na memória enquanto prossigo, que me faz perder todas as esperanças de transmitir o verdadeiro sentido do que vi e ouvi.*
>
> C. S. Lewis

> *Vamos supor que nós sonhamos, ou inventamos, tudo aquilo – árvores, relva, sol, lua, estrelas e até Aslam. Vamos supor que sonhamos: ora, nesse caso, as coisas inventadas parecem um bocado mais importantes do que as coisas reais. Vamos supor então que esta fossa, este seu reino, seja o único mundo existente. Pois, para mim, o seu mundo não basta. E vale muito pouco.*
>
> C. S. Lewis

Nossa proposta, nesse capítulo, é refletir sobre a mística cristã a partir de uma seleção de textos ficcionais de C. S. Lewis. A escolha destes textos deve-se à presença neles de elementos da mística cristã. Os textos serão apresentados da seguinte maneira: um breve resumo sobre a narrativa presente em cada um seguido de uma análise mais aprofundada sobre possíveis vínculos com a mística cristã. Assim, veremos como, de fato, a mística cristã está presente nos textos ficcionais de C. S. Lewis. Isso revela que tais textos, representantes da literatura fantástica, constituem lugar da reflexão teológica e da mística cristãs. Nossa intenção, portanto, é descrever aspectos das histórias que, ao nosso ver, mais se relacionem à experiência mística cristã e explorar suas virtualidades teológicas e, em particular, a mística cristã.

5.1. O grande abismo: "uma realidade mais sólida que as coisas do mundo". A inefabilidade da experiência mística cristã

Escrito em 1944, *O grande abismo* retrata uma percepção claramente lewisiana, expressa em diversas de suas obras, a respeito da insuficiência do racionalismo para apreender e explicar realidades espirituais. Trata-se de uma alegoria, porém bastante vinculada à concretude da vida cotidiana, na qual escolhas éticas vão construindo a caminhada. A história é contada na primeira pessoa do singular; assim sendo, o protagonista é o próprio Lewis.

A narrativa recebeu claras inspirações de obras como *A Divina Comédia*, de Dante Alighieri, e *Matrimônio do céu e do inferno*, de William Blake, (embora o conteúdo seja bastante diferente destas). *O grande abismo* é rico em metáforas, que demonstram "– mais por meio da arte da narrativa do que pela força da argumentação – de que as pessoas ficam facilmente presas numa forma de pensar da qual não conseguem se libertar".[557] O aspecto metafórico da narrativa é claramente afirmado por Lewis tanto no prefácio do livro como no último capítulo. No prefácio, Lewis deixa claro que os leitores devem se lembrar "que a obra é uma fantasia e naturalmente tem, ou pretende ter, uma moral. No entanto, as condições além da morte são frutos exclusivos da imaginação",[558] e nunca deveriam ser confundidas com descrições reais ou mesmo especulações sobre o porvir. "A última coisa que desejo", diz Lewis, "é incitar a curiosidade factual sobre pormenores do mundo do porvir".[559] Já no final do livro, o mesmo é afirmado pelo personagem George MacDonald, guia de Lewis durante a viagem: "é apenas um sonho! E, se vier a contar o que viu, deixe bem claro que não passou de um sonho; cuide para que isso fique muito claro. Não dê motivo para que qualquer tolo pense que você se declara sabedor de algo que mortal algum sabe".[560]

A história começa na Cidade Cinza (denominada, posteriormente na narrativa, de Inferno): um lugar sombrio, deserto, sempre chuvoso e sempre ao entardecer. A descrição detalhada feita por Lewis alimenta a sensação de solidão do protagonista. Sua peregrinação pela cidade encontra apenas "hospedarias sujas, pequenas tabacarias, tapumes dos quais pendiam pôsteres esfarrapados, depó-

---

557. McGRATH, A., A vida de C. S. Lewis, p. 247-248.
558. LEWIS, C. S., O grande abismo, p. 18.
559. LEWIS, C. S., O grande abismo, p. 18.
560. LEWIS, C. S., O grande abismo, p. 146.

sitos sem janelas, estações de carga sem trens e livrarias como as que vendem as obras de Aristóteles".[561]

Sua caminhada o conduz até um ponto de ônibus, onde outros – homens e mulheres – também se encontram, esperando numa fila. O ônibus chega, enfim, e a viagem em direção aos Lugares Altos, nas proximidades do céu, tem início. Durante o trajeto, o narrador dialoga com outros passageiros, mas sempre transparece na narrativa uma sensação de angústia ilustrada nos encontros improváveis que ocorrem na história; as faces que o encaravam eram "todas faces fixas, cheias não de possibilidades, mas de impossibilidades. Algumas descarnadas, algumas inchadas; outras luzindo com uma ferocidade estúpida, e outras irremediavelmente mergulhadas em sonhos. Mas todas, de um jeito ou de outro, deformadas e desbotadas".[562]

Esse primeiro momento da história também serve para que o narrador apresente maiores informações sobre a Cidade Cinza, por meio de vários diálogos travados com seus companheiros de viagem. A Cidade se estende quase indefinidamente, aos olhos do protagonista; contudo, todas as partes da cidade encontravam-se vazias, abandonadas. A animosidade humana, os ciúmes, as iras e brigas constantes faziam com que a cidade se espalhasse continuamente, como ondas concêntricas provocadas por uma pedra atirada em um lago. Um dos passageiros explica as razões:

> O problema é que [os habitantes da cidade] são muito briguentos. Assim que alguém chega, fixa-se numa das ruas e, antes mesmo de 24 horas, já terá brigado com os vizinhos; a semana nem terminou e já houve tantas brigas que a pessoa decide mudar-se. É bem provável que encontre a próxima rua vazia, porque todos os que passaram por lá brigaram com seus vizinhos e se mudaram. Se for assim, então a pessoa se muda para lá. Mas se, por alguma razão, a rua estiver lotada, a pessoa vai adiante. Mesmo que fique, não faz a menor diferença, porque tem certeza de que em seguida haverá mais briga e então terá de se mudar outra vez. Finalmente, alcançará a periferia da cidade e lá construirá uma nova casa. Como se vê, aqui é muito fácil: é só pensar numa casa e ela já está lá. É assim que a cidade continua crescendo.[563]

---

561. LEWIS, C. S., O grande abismo, p. 21.
562. LEWIS, C. S., O grande abismo, p. 36.
563. LEWIS, C. S., O grande abismo, p. 29.

Embora seja fácil ampliar a cidade, suas casas não representam qualquer proteção verdadeira, e, por isso, nunca se transformam em lar.[564] Por outro lado, as edificações da Cidade Cinza funcionam como proteção psicológica – a "sensação de proteção" – contra o anoitecer e a chegada "deles".

– Quer dizer que no final a tarde *vai mesmo* se transformar em noite? Ele concordou com a cabeça.
– E o que isso tem a ver? – perguntei.
– Ora... ninguém vai querer ficar fora de casa quando isso acontecer.
– Por quê?

Sua resposta foi tão furtiva que tive de pedir várias vezes que repetisse. E, quando ele fez isso, já um pouco irritado (como ficamos muitas vezes com quem cochicha), respondi sem me lembrar de baixar a voz.

– Quem são "Eles" – perguntei – e o que teme que possam fazer a você? – E por que eles apareceriam quando está escuro? E que proteção uma casa imaginária poderia dar se houvesse algum perigo?[565]

Essa sensação de horror característica do anoitecer iminente, na Cidade Cinza, apresenta seu paralelo na expectativa pelo amanhecer nas regiões celestes para onde o protagonista viaja. A promessa do nascer do Sol constitui um pano-de-fundo para todas as conversas travadas nos Lugares Altos e é o auge da narrativa, quando a "orla do sol nascente que aniquila o Tempo com setas de ouro e põe em revoada todas as formas espectrais"[566] surge no horizonte.

Como autor, Lewis propõe uma realidade plena, mais sólida que as coisas do mundo, como descrição da realidade que conhece. Esta característica, presente também na experiência mística, permeia toda a narrativa de O grande abismo. O Lewis-protagonista, por exemplo, não é capaz de expressar o misto de sensações e percepções que surgem em sua mente quando experimenta a realidade dos Lugares Altos. Quando chega ao seu destino – "uma região plana e coberta de grama,

---

564. Nesta passagem do livro, transparece mais uma vez a oposição entre Inferno, como um não lugar no qual um tipo de imaginação atrofiada e ensimesmada cria relações cada vez mais desumanas, e o Céu, que é apresentado como um lugar verdadeiro, cuja imaginação é sustentada pelo Deus-Criador que dá sentido ao mundo. A Cidade Cinza, assim, "contrasta fortemente com o Céu, onde tudo deve ser pedido – mas é real, não imaginário. As coisas reais são um dom de Deus, a realidade última, e não podem ser obtidas de nenhuma outra maneira que não seja por intermédio d'Ele. Nenhuma restrição desse tipo existe no Inferno, onde os desejos indisciplinados criam um mundo irreal, apropriado às fantasias de seus habitantes." (WALLS, J. L., The great divorce, p. 319).

565. LEWIS, C. S., O grande abismo, p. 34.

566. LEWIS, C. S., O grande abismo, p. 147.

sobre cuja extensão corria um rio largo"[567] – descreve sua impossibilidade de comunicar o que experimenta.

> Desci! O brilho e o frescor que me inundaram eram como os de uma manhã de verão, bem cedinho, um minuto ou dois antes do nascer do sol, mas havia algo diferente. Eu tinha a sensação de estar num espaço maior, talvez até um tipo de espaço maior que qualquer outro que eu já tivesse visto: era como se o céu estivesse muito mais distante e a amplidão verdade da planície fosse mais vasta do que a capacidade deste pequeno globo terrestre. Eu havia "saído", num certo sentido que fazia o próprio Sistema Solar parecer algo interno. Aquilo me dava uma sensação de liberdade, mas também de exposição, talvez de perigo, que continuou a me acompanhar durante tudo o que seguiu. É a impossibilidade de comunicar essa sensação, ou mesmo de fazer você mantê-la na memória enquanto prossigo, que me faz perder todas as esperanças de transmitir o verdadeiro sentido do que vi e ouvi.[568]

Na perspectiva de Lewis, portanto, a experiência com a dimensão divina não pode ser aprisionada pelo discurso, pois palavras não são capazes de definir/confinar Deus. Como vimos no capítulo 2, esta é uma característica presente em diversos escritos de místicos cristãos. Transparece aqui uma clara alusão à experiência mística cristã, a "vivência de algo inteiramente novo",[569] o encontro com uma Realidade "mais real do que a cadeira em que está sentado o místico, mais real do que tudo o que este considera realidade".[570] Aliás, Lewis coloca na boca de George MacDonald, seu guia durante a jornada, uma definição sobre o céu que permanece como substrato em todo o restante da narrativa: "O céu é a própria realidade. Tudo o que é realmente verdadeiro é celestial. Pois tudo o que pode ser

---

567. LEWIS, C. S., O grande abismo, p. 37. Interessante notar como a descrição dos Lugares Altos se assemelha à lembrança de Lewis sobre sua terra natal, a Irlanda do Norte. Estes cenários, descritos em sua autobiografia como inalcançáveis, mas desejáveis, (LEWIS, C. S., Surpreendido pela alegria, p. 15) serviram de inspiração para muitas de suas obras ficcionais. Do mesmo modo, as impressões que Lewis tem sobre a Inglaterra na primeira vez que a viu, como um mundo odioso, com "quilômetros e quilômetros de terra desinteressante, prendendo a gente longe do mar, sufocando" (LEWIS, C. S., Surpreendido pela alegria, p. 31), parecem encontrar eco na Cidade Cinza de O grande abismo. A esse respeito, diz Alister McGrath: "Poucos dos que conhecem o condado de Down deixam de notar os originais irlandeses que veladamente inspiraram algumas das paisagens literárias de Lewis, elaboradas com tanta graça. Sua descrição do céu em O grande abismo como uma terra 'verde-esmeralda' evoca sua terra natal, exatamente como os monumentos tumulares de Legananny no condado de Down, Cave Hill Mountain e Giant's Causeway de Belfast parecem todos ter seus equivalentes em Nárnia – talvez mais suaves e mais brilhantes do que os originais, mas ainda assim mostrando algo de sua influência." (McGRATH, A., A vida de C. S. Lewis, p. 29-30).

568. LEWIS, C. S., O grande abismo, p. 38.

569. SCHILLEBEECKX, E., História humana, p. 101.

570. SCHILLEBEECKX, E., História humana, p. 102

abalado será abalado e só o que é inabalável permanecerá".[571] À luz da realidade celeste – verdadeira matéria – todo o mundo humano e toda linguagem que busca descrevê-lo não passam de metáfora. Longe de recusar este qualitativo, Lewis reafirma sua necessidade para a linguagem literária, poética, imaginativa e, também, teológica. A este respeito, diz Lewis:

> Todos estão familiarizados com este fenômeno linguístico e os gramáticos o chamam de metáfora. É, porém, um grave erro pensar que a metáfora é algo opcional que poetas e oradores podem colocar em suas obras como decoração e os que falam com simplicidade podem abster-se dela. A verdade é que se tivermos de falar sobre coisas que não são percebidas pelos sentidos, somos forçados a usar a linguagem figurada. (...) toda conversa sobre supersensíveis é, e deve ser, metafórica no mais elevado grau.[572]

Como afirma Jerry Wakks, "essa sugestiva definição implica que a realidade é muito mais expansiva e admirável do que jamais poderíamos imaginar com base em nossa limitada experiência".[573] Em sua narrativa, Lewis desenvolve este conceito na maneira pela qual apresenta os companheiros de viagem (e a si próprio) diante daquela realidade:

> Agora na luz, percebi que [os companheiros de viagem] eram transparentes – completamente transparentes quando colocados entre mim e a claridade, manchados e irregularmente opacos quando ficavam à sombra de alguma árvore. Na verdade, eram fantasmas; manchas em formato humano no esplendor daquele ar. Alguém poderia prestar atenção neles ou ignorá-los, como se faz com a sujeira na vidraça da janela. Percebi que a grama não se amassava sob seus pés, nem mesmo as gotas de orvalho eram perturbadas. Em seguida, ocorreu uma espécie de reajuste de mente, ou quem sabe focalizei minha visão de modo diferente e vi o fenômeno todo ao contrário. Os homens eram como sempre tinha sido; talvez como todos os homens que eu havia conhecido. A luz, a grama e as árvores é que eram diferentes, feitas de alguma substância diferente, tão mais sólidas que as coisas de nossa terra que os homens pareciam fantasmas perto delas.[574]

---

571. LEWIS, C. S., O grande abismo, p. 84.
572. LEWIS, C. S., Milagres, p. 68.
573. WALLS, J. L., The great divorce, p. 316.
574. LEWIS, C. S., O grande abismo, p. 38-39.

Por outro lado, a compreensão lewisiana de céu não rejeita a matéria. Pelo contrário, a narrativa critica uma posição espiritualista adotada por um dos Fantasmas que acompanham o protagonista na viagem, para quem toda sede pela matéria constitui um "atraso, além de mundano".[575] Para Lewis, a matéria não deve ser rejeitada, à luz dos Lugares Altos, mas deve ser reavaliada a partir dessa outra e superior realidade: quanto mais próxima do Real, mais a matéria se revela pujante, possuidora de um viés integrador, capaz de anular dualismos antropológicos de qualquer natureza.[576] Ainda assim, esta realidade mais concreta, mais sólida e real, não poderia ser alcançada, em sua inteireza, pelo ser humano, a não ser que ocorresse um processo de "solidificação", por meio do qual se poderia desfrutá-la. Os fantasmas de Lewis não podiam viver a eternidade, a menos que seus pés endurecessem, processo que não ocorre sem dor, pois a realidade revelava-se dura para os pés das sombras.[577]

Lewis também rejeita um outro tipo de dualismo, que supõe a incomunicabilidade entre o Real e a realidade percebida pelos sentidos. Nesse sentido, ele recusa propostas agnósticas que defendem a impossibilidade de perceber, na Terra, vislumbres do Céu. Em *O grande abismo*, Lewis apresenta as Artes em suas mais variadas manifestações – literatura, pintura, música etc. –, como meio para fazer esse vínculo. Na lógica do livro, a beleza terrena é um reflexo do Céu, como é possível observar no diálogo travado entre um Espírito Luminoso e um Fantasma Pintor:

> Quando você pintava na Terra, ao menos nos primeiros anos, era porque captava vislumbres do Céu no cenário terreno. O sucesso de sua pintura devia-se ao fato de levar outros a apreciarem esses vislumbres também; aqui, entretanto, você está diante da coisa em si. É daqui que saem as mensagens.[578]

Negligenciar essa relação íntima – isto é, recusar essa perspectiva panenteísta da criação, por meio da qual se afirma Deus animando todo o universo a partir de dentro[579] – divorcia a vida em setores que nunca se inter-relacionam. O fantasma-pintor de *O Grande Abismo*, citado anteriormente, se interessa pelo Céu apenas como objeto de sua pintura; dessa forma, deseja usar a arte como substitu-

---

575. LEWIS, C. S., O grande abismo, p. 35

576. Inspirando-se na ficção científica, Lewis descreve essa aproximação ao Real como um aumentar de tamanho, ocorrido durante a viagem no ônibus, que torna os Fantasmas capazes de, ao menos, enxergar essa nova realidade. LEWIS, C. S., O grande abismo, p. 140.

577. LEWIS, C. S., O grande abismo, p. 46

578. LEWIS, C. S., O grande abismo, p. 95.

579. Voltaremos a essa temática no ponto 6.2.

to para o incondicional e, por fim, para o próprio Deus. Ou seja, a arte tornou-se um fim em si mesma, e não um caminho para a transcendência. Esta postura é criticada pelo Espírito que com ele dialoga:

> A luz em si foi o seu primeiro amor, e você apreciava a pintura apenas como um meio de falar da luz. (...) Tinta, cordas de instrumentos musicais e pintura eram necessárias lá embaixo, mas elas são também perigosos estimulantes. Todo poeta, musicista, pintor, se não for pela Graça, afasta-se por amor às coisas que conta, pelo amor de contá-las, até que, no Inferno Profundo, só consegue se interessar por Deus por causa do que fala sobre Ele.[580]

O restante do livro é preenchido pelos diversos diálogos entre os fantasmas e as Pessoas Luminosas (ou Sólidas[581]) que vão encontrá-los. Cada encontro é utilizado por Lewis para descrever posturas, pensamentos, perspectivas e visões de mundo conflitantes, adotadas pelos fantasmas em sua vida terrena, que são empecilhos para sua permanência nos Lugares Altos. Reafirma-se, nesses encontros, o que Lewis escreve no prefácio de sua obra: "Se insistirmos em manter o Inferno (ou mesmo a Terra), não veremos o Céu; se aceitarmos o Céu, não conseguiremos reter nem mesmo a menor e mais íntima lembrança do Inferno".[582] Nessas conversas, também transparecem diversos elementos característicos da mística cristã.

---

580. LEWIS, C. S., O grande abismo, p. 96-97.

581. A maneira como Lewis descreve uma dessas Pessoas Sólidas (no caso, George MacDonald, que se torna seu guia durante o restante da narrativa) revela sua compreensão a respeito do que deve ser um corpo glorificado: "Olhando agora, descobri que os enxergamos com uma espécie de visão dupla. Ali estava um deus entronizado e brilhante, cujo espírito eterno pesava sobre o meu como uma carga de ouro sólido. Contudo, exatamente no mesmo momento, eu via um homem idoso, maltratado pelo tempo, alguém que poderia ter sido um pastor de ovelhas – o tipo de homem que os turistas consideram simples porque é honesto, e os vizinhos consideram 'profundo' pela mesma razão." (LEWIS, C. S., O grande abismo, p. 79). Essa dupla visão que une sabedoria da velhice com a força da juventude é novamente retomada por Lewis no penúltimo volume de *As crônicas de Nárnia* – A cadeira de prata – quando fala da Terra de Aslam, o Rei-Leão que simboliza Cristo na narrativa. Ali, no país de Aslam, "as pessoas não têm uma idade precisa" (LEWIS, C. S., As crônicas de Nárnia, p. 624).

582. LEWIS, C. S., O grande abismo, p. 16. Interessante perceber que o título original da obra em inglês – The Great Divorce – ilustra de forma mais veemente a separação entre Céu e Inferno na perspectiva de Lewis. No prefácio de seu livro, Lewis critica o posicionamento de quem deseja, num esforço conciliatório, unir céu e inferno como um "casamento" entre ambos. "Essa crença, para mim, é um erro desastroso.", diz Lewis, "Não podemos levar todas as bagagens conosco numa viagem, e é possível que até mesmo nossa mão ou nosso olho direito estejam entre as coisas que tenhamos que deixar para trás. Não fazemos parte de um mundo onde todos os caminhos são raios de um mesmo círculo e onde todos eles, se percorridos em um tempo suficiente, gradualmente se vão aproximando até que se encontrem no centro; ao contrário, vivemos num mundo em que toda estrada, depois de alguns quilômetros, divide-se em duas, e cada uma dessas em mais duas, e a cada bifurcação você é obrigado a tomar uma decisão. (...) Eu não creio que todos os que escolhem caminhos errados pereçam; mas seu resgate consiste em serem colocados de volta no caminho certo. Uma soma errada pode ser corrigida: mas apenas fazendo o caminho de volta até encontrar o erro e continuando a partir desse ponto, nunca simplesmente prosseguindo. O mal pode ser desfeito, mas nunca pode 'desenvolver-se' em bem." (LEWIS, C. S., O grande abismo, p. 15-16).

Na narrativa, Deus é compreendido como Verdade Relacional, que ama o ser humano, isto é, Deus não é reduzido a um conceito doutrinário e abstrato. Pelo contrário, no lugar de "experimentar a verdade por meio da abstração do intelecto",[583] na realidade celeste é possível "prová-la como mel e ser abraçado por ela como por um noivo";[584] toda sede, portanto, é inteiramente saciada.[585] Supera-se, aqui, uma dogmatização restrita ao âmbito racional da fé, sem levar em consideração os demais elementos que constituem a vida humana em sua relação com Deus. Em termos *lewisianos*, podemos dizer que todo aspecto do humano se relaciona com Deus em diálogo amoroso: a mente que pensa e que pode, por isso, avaliar as próprias argumentações a respeito do divino não ignora o coração que sente e que anseia por ser acolhido nos braços de Deus; o corpo que deve ser ressuscitado à semelhança de Cristo não rejeita a sede pela Razão; a busca pela felicidade caminha lado a lado com o arrependimento e a aceitação da graça das regiões celestes, como bálsamo para a alma, o intelecto, o corpo e o espírito. Nesse sentido, Lewis desenvolve um elemento importante à experiência mística cristã: é todo o ser que é vocacionado a relacionar-se, amorosamente, com Deus.

O inverso disso – o dualismo entre racionalidade e espiritualidade – conduz um dos Fantasmas da narrativa a rejeitar a proposta de graça que lhe é feita para ir aos Lugares Altos, em nome de discussões teológicas sobre cristologia. O apego ao mero racionalismo, lido em tons bastante iluministas, o faz recusar o convite para provar Deus como verdadeira e íntima comunhão, exemplificada num casamento.[586] O fantasma afirma veemente ao ser luminoso que com ele dialoga:

---

583. LEWIS, C. S., O grande abismo, p. 55.

584. LEWIS, C. S., O grande abismo, p. 55.

585. Há, aqui, uma clara referência à fonte da água da vida, dada gratuitamente a quem tem sede, conforme afirma o livro do Apocalipse de João (Ap 21.6).

586. LEWIS, C. S., O grande abismo, p. 55. A imagem de um matrimônio também é utilizada por Santa Teresa para descrever o encontro relacional entre Deus e o ser humano que ocorre na morada mais interna do Castelo Interior: "O que se passa na união do matrimônio espiritual é muito diferente! O Senhor aparece no centro mesmo da alma (...) É um mistério tão grande, uma graça tão sublime que, num instante Deus comunica à alma! Não sei a que compará-la. É intensa a felicidade de que se sente inundada! Parece querer, o Senhor, naquele momento, manifestar à alma a glória do céu, de um modo mais elevado que em nenhuma outra visão ou gosto espiritual." (7M 2,3). Vale ressaltar que tal experiência não afasta do que é corpóreo. A esse respeito, afirma Lúcia Pedrosa-Pádua: "entendemos que a união de espírito com Espírito é união com o Pai no Filho. Espiritualização, cristificação e filiação se unem numa só realidade. A espiritualização não é a experiência pura da divindade que abandona o corpóreo. A vida espiritual, para Teresa, não se espiritualiza no sentido de ficar 'no ar' ou 'sem arrimo'. Nunca há desvio da Humanidade do Senhor." (PEDROSA-PADUA, L., Santa Teresa de Jesus, p. 231-232). Portanto, experiência mais íntima e profunda com Deus conduz, necessariamente, ao envolvimento mais ardoroso e consciente com a ética do evangelho do reino de Deus. Voltaremos a esse ponto no item 5.3.

> É claro, não posso ir com você. Tenho de estar de volta na próxima sexta para fazer uma conferência. Temos uma pequena Sociedade Teológica lá embaixo [no inferno]. Sim, realmente, temos bastante atividade intelectual. Não de qualidade tão boa, talvez, pois é possível notar certa falta de controle, certa confusão mental. É justamente aí que posso ser útil a eles. (...) Você, entretanto, nunca me perguntou sobre o tema do meu trabalho! Baseei-me no texto que fala sobre o crescimento até a medida da estatura de Cristo e desenvolvi uma ideia que, tenho certeza, vai-lhe interessar. Discorrerei sobre como as pessoas sempre se esquecem de que Jesus (e aqui o Fantasma se inclinou) era relativamente jovem quando morreu. Ele teria desenvolvido alguns de seus primeiros pontos de vista, se tivesse vivido mais, você sabe. (...) Que cristianismo diferente teríamos tido se apenas o seu Fundador chegasse à completa estatura! Vou finalizar chamando a atenção para quanto isso aprofunda o significado da Crucificação. Sentimos pela primeira vez o infortúnio que isso representou. Que trágico desperdício... tanta promessa interrompida abruptamente.[587]

Esse dualismo é evocado em outra parte da narrativa, quando o guia George MacDonald descreve para Lewis as consequências de uma determinada postura meramente intelectual e racionalista a respeito de Deus:

> Houve homens que se interessaram de tal forma em provar a existência de Deus que acabaram desinteressando-se por completo do próprio Deus... como se o bom Deus nada tivesse a fazer além de existir! Houve alguns tão ocupados em tornar o Cristianismo conhecido que jamais pensaram em Cristo. Nossa! É possível ver isso nas mínimas coisas. Já conheceu um amante de livros que, a despeito de todas as suas primeiras edições e obras autografadas, tivesse perdido a capacidade de lê-los? Ou, quem sabe, um organizador de projetos de caridade que perdesse todo o amor pelos pobres? Trata-se da mais sutil de todas as armadilhas.[588]

A experiência mística com Deus, proposta por Lewis em sua história, também se revela na maneira como os Sólidos são apresentados no livro: inteiros em si mesmos – e, por isso mesmo, abertos ao outro –, são capazes de interagir perfeitamente com a natureza dos Lugares Altos, e de ir ao encontro dos Fantasmas na planície a fim de tentar resgatá-los. Aliás, o encontro com o outro – mesmo o outro dominado pelas perspectivas infernais da Cidade

---

587. LEWIS, C. S., O grande abismo, p. 57-58.
588. LEWIS, C. S., O grande abismo, p. 87.

Cinza – não afeta a felicidade e a paz dos que habitam os Lugares Altos. A bem-aventurança dos Salvos não pode ser conspurcada pelo ódio, pela vingança, pelo desdém ou mesmo pelo orgulho dos que preferem "reinar no Inferno que servir no Céu".[589] Dito nas palavras de MacDonald: aos "sem amor" e "prisioneiros de si mesmos" não lhes será dada a chance de "chantagear o universo: que ninguém mais sinta alegria até que eles concordem em ser felizes (nos próprios termos); que seja deles o poder final e que o Inferno possa *vetar* o Céu".[590] Respondendo a Lewis, afirma MacDonald:

> – Filho, filho, precisa ser de um jeito ou de outro. Ou chegará o dia em que a alegria prevalecerá e todos os responsáveis pela infelicidade não mais poderão atingi-la; ou, então, para todo o sempre os que promovem a tristeza destruirão nos outros a felicidade que rejeitaram para si mesmos. (...) A ação da piedade viverá para sempre (...) transforma trevas em luz e o mal em bem. Mas não irá, diante das lágrimas astutas do Inferno, impor sobre os bons a tirania do mal. Toda doença que se submeter à cura será sarada, mas não chamaremos o azul de amarelo só para agradar àqueles que insistem em ter icterícia; nem faremos um monte de esterco do jardim do mundo só porque alguns não conseguem suportar o perfume das rosas.[591]

Essas argumentações *lewisianas* são construídas a partir de um dos diálogos mais intensos e profundos de *O grande abismo*: o encontro entre uma mulher chamada Sarah Smith, "uma mulher desconhecida na Terra que obteve esplendor imortal por uma vida de extraordinário amor",[592] que se faz acompanhar de uma

---

589. LEWIS, C. S., O grande abismo, p. 85.

590. LEWIS, C. S., O grande abismo, p. 138.

591. LEWIS, C. S., O grande abismo, p. 138-139.

592. WALLS, J. L., p. 317. Na narrativa, o protagonista-Lewis questiona seu guia sobre a identidade da mulher. O diálogo, exposto a seguir, parece demonstrar que, para o autor, Sarah não havia sido alguma personagem importante na Terra, embora sua glória celeste era bastante incomum. Quando a vê pela primeira vez, Lewis fica admirado pela magnificência da cena: a mulher é acompanhada por uma procissão composta por vários Espíritos Luminosos, jovens e moças, que cantavam em sua honra. "Se eu conseguisse lembrar e transcrever em notas o que cantavam", diz Lewis, "todo aquele que lesse tal partitura jamais ficaria doente nem envelheceria." Ao ver a beleza insuportável do rosto da mulher, Lewis questiona: "Será?... Será? – sussurrei ao guia.
De jeito nenhum – respondeu. – É alguém de quem você nunca ouviu falar. Seu nome era Sarah Smith e ela vivia em Golders Green.
Ela parece ser... bem... uma pessoa especial?
Sim. É uma das mais importantes. Você já percebeu que a fama neste lugar não significa a mesma coisa que na Terra?" (LEWIS, C. S., *O grande abismo*, p. 123-124).
Assim, pode-se afirmar que Lewis, o autor, não desejava criar vínculos entre Sarah e outra mulher real e histórica. Por outro lado, é inegável que a postura de apresentar-se como serva do Amor traz à memória a postura de Maria que, segundo os relatos evangélicos, dispõe-se a fazer cumprir nela a Palavra de Deus

grande multidão, e o Fantasma Trágico de seu esposo, um pequeno ser, do tamanho de um macaco, que carregava um outro Fantasma, teatral, "grande e alto, horrivelmente magro e trêmulo"[593] por meio de uma corrente presa ao pescoço. A rejeição ao Amor e à Alegria, oferecida por meio de Sarah ao fantasma, é, no dizer do personagem Lewis, algo que ele nunca tinha visto, um conflito intenso que ora quase fazia o Fantasma render-se à Alegria que o convidava a permanecer nos Lugares Altos, ora o fazia, num misto de orgulho e arrogância, desprezá-la e desejar a solidão e autocomiseração do Inferno.

A linguagem que Lewis utiliza para descrever o estado de bem-aventurança de Sarah, unida a Deus numa relação de puro amor, possui claros vínculos com a linguagem usada por místicos cristãos. Sarah afirma acerca de si mesma: "Minha morada é o Amor, e não sairei dela".[594] O Amor é o que fornece sentido à sua vida, é o que já se revela na vida terrena e alcança sua plenitude na realidade celeste; o Amor é o que direcionava as ações de Sarah e aquilo que brilhava ao seu redor, por meio de toda criação que cantava em seu louvor porque cantava, antes de tudo, em louvor a Deus que a amou.[595] "A Trindade Feliz é a sua morada: nada pode dissipar sua alegria", diz a canção. Sarah vive numa relação tão íntima com a Trindade que "as mentiras apresentadas como verdades assaltam-na em vão; ela vê através da falsidade como se fosse de vidro".[596] Ela está absolutamente livre porque encontra-se, paradoxalmente, aprisionada pelo Amor da Trindade.

É por meio do Amor, aliás, que Lewis explica a ideia da Trindade. Em *Cristianismo puro e simples*, Lewis afirma:

> Pessoas de todos os tipos gostam de repetir a afirmação cristã de que "Deus é amor". Elas não se dão conta de que essas palavras só podem significar alguma coisa se Deus contiver pelo menos duas pessoas. O amor é algo que uma pessoa sente por outra. Se Deus fosse uma única pessoa, não poderia ter sido amor antes da criação do mundo. (...) Deus não é um ente estático – nem mesmo uma pessoa estática –, mas uma atividade pulsante e dinâmica; é uma vida dotada de grande complexidade interna. É quase – por favor, não me julguem irreverente – como uma dança.

(Lc 1.38). Para alguns autores, Sarah é a personificação de Beatriz, a amada de Dante em A Divina Comédia. (a respeito: SANTOS, J. L., Atravessando o Grande Abismo, p. 107-108).

593. LEWIS, C. S., O grande abismo, p. 126.

594. LEWIS, C. S., O grande abismo, p. 136.

595. LEWIS, C. S., O grande abismo, p. 123-125; 137.

596. LEWIS, C. S., O grande abismo, p. 137.

A união entre o Pai e o Filho é algo tão vivo e concreto que ela mesma é também uma pessoa.[597]

Essa nova pessoa surgida da dança divina é o Espírito Santo que "está sempre agindo através de nós".[598] E Lewis vai além: essa dança trinitária se estende a todo universo criado, como se cada partícula da criação partilhasse do desejo de movimento, de dinamismo, do Espírito que anima a todas as coisas no mundo. "Cada um de nós", diz Lewis, "tem de penetrar nessa complexidade interna, assumir seu lugar nessa dança. Não existe outra maneira de se alcançar e usufruir a felicidade para a qual fomos criados".[599]

> Isso lança luz sobre o que significa dizer que Sarah Smith está à vontade na Trindade Feliz e por que sua felicidade é tão profunda e segura. A realidade fundamental é o Deus Tripessoal, cujo amor deleitoso é uma inesgotável fonte de vitalidade, alegria e prazer. Estar à vontade em tal realidade equivale, de fato, a estar no Céu.[600]

A multidão de pessoas e Espíritos Luminosos que acompanhava Sarah, como uma procissão, era fruto de tudo isso: quem tivesse se aproximado dela em vida era mais inflamado no amor, o que os fazia melhores seres humanos do que antes do encontro. "O amor maternal de Sarah", afirma MacDonald a Lewis, "era de um tipo diferente. Aqueles que eram atingidos por ele retornavam aos pais naturais amando-os ainda mais. Poucos homens olhavam para ela sem se transformarem, de certo modo, em seus amantes; aquele era, contudo, um tipo de amor que os tornava mais fiéis a suas esposas e não menos".[601] Assim,

---

597. LEWIS, C. S., Cristianismo puro e simples, p. 231. O tema da dança cósmica, posta em movimento pelo próprio Deus, é constante nos escritos místicos. Mas não apenas nestes: é cada vez mais presente uma interdisciplinaridade entre teologia, literatura e ciências naturais (em especial, a Física) que propõem essa dinâmica de música e dança no universo, por meio das quais todas as coisas são interligadas. No campo da teologia, as reflexões sobre a pericorese – a interpenetração das Pessoas da Trindade – desenvolvem-se em consequências cada vez mais práticas, vinculadas ao cotidiano da vida. Somos convidados constantemente por Deus a participarmos dessa dança e dessa música cósmica. Nesse sentido, como afirma Jürgen Moltmann, "Deus é um Deus que fornece amplo espaço, um Deus convidativo, concessivo, redentor e, por fim, habitável. Não é apenas substância suprema, não apenas sujeito absoluto, mas também espaço vital de seu mundo, espaço de movimentação de suas criaturas e de sua morada eterna." (MOLTMANN, J., Ciência e sabedoria, p. 151-152). O tema também é abordado em SCHNEIDER, T. (Org.). Manual de Dogmática, p. 403-495; HAUGHT, J. F., Cristianismo e ciência. Voltaremos a esse ponto ainda neste capítulo, quando analisarmos a Trilogia Cósmica de C. S. Lewis.

598. LEWIS, C. S., O grande abismo, p. 233.

599. LEWIS, C. S., O grande abismo, p. 233-234.

600. WALLS, J. L., The great divorce, p. 318.

601. LEWIS, C. S., O grande abismo, p. 125.

para Lewis, o encontro com o Amor de Deus qualifica todos os demais amores humanos. Nas palavras do místico Ernesto Cardenal, faltando Deus na alma, ela "estará vazia. Os sentidos podem saciar-se de prazeres até o fastio, mas a alma estará vazia".[602] E ainda:

> "A alma não pode viver sem amor", diz Santa Catarina de Siena. Quem não ama a Deus, ama outras coisas. O amor que a gente sente por Deus é o mesmo que antes sentiu pelas outras coisas. E quem ama somente a Deus, ama com amor com que antes amou a milhares de coisas, ama com a força imensa, de quem ama tão somente uma coisa em todo o universo, e com o amor total e universal. O amor é quando outro habita dentro de nossa pessoa. O amor é uma presença. É sentir-se de outro, e sentir que o outro é da gente. O amor é sentir-se dois e sentir que dois são uma só pessoa. O amor é saber-se amado, sentir a presença de outro que o ama e lhe sorri. Amar é querer ser outro e saber que outro é a gente. É estar vazio de si mesmo e cheio de outro.[603]

É este Perfeito Amor que garante a sua felicidade. De fato, à luz deste Amor, todos os tipos de amor humano são falhos e imperfeitos. A conversa entre Sarah e o Fantasma Trágico ressalta essa questão.

> – Você quer dizer – retrucou o Trágico – está querendo dizer que *não* me amava de verdade antigamente?
> – Apenas com um tipo de amor deficiente – respondeu ela. – Pedi-lhe que me perdoasse. Havia um pouco de amor real nisso. O que chamávamos de amor lá embaixo não passava de desejo ardente de ser amado. Na maior parte do tempo, amei-o por interesse próprio, porque precisava de você.
> – E agora? – Inquiriu o Trágico com um gesto banal de desespero – E agora, você não precisa mais de mim?
> – Mas é claro que não! – respondeu a Senhora; e o seu sorriso me fez imaginar como será que os dois fantasmas puderam conter-se para não gritar de alegria.
> – De que eu teria necessidade – disse ela – agora que tenho tudo? Sinto-me completa e não vazia; amo o Próprio Amor e não estou sozinha. Sou forte e não fraca e com você será assim. Venha e veja. Não teremos mais necessidade um do outro; podemos verdadeiramente começar a amar.[604]

---

602. CARDENAL, E., Vida no amor, p. 34.
603. CARDENAL, E., Vida no amor, p. 72.
604. LEWIS, C. S., O grande abismo, p. 130.

Até mesmo o amor materno, caso absolutizado, torna-se perigoso. Em outra passagem de *O Grande Abismo*, uma fantasma mulher chamada Pam deseja Deus apenas como um instrumento para voltar a ver seu filho, Michael, que morrera há dez anos. Pam vê seu filho como sua propriedade e é capaz de desejar que ele siga com ela para o Inferno se, com isso, puder exibi-lo como "amado" para as outras mães na Cidade Cinza. "Ele é meu, você compreende isso?", grita Pam ao Espírito que com ela dialoga, "Meu, meu, meu, para sempre meu".[605] Para a lógica do livro, "o amor, como os mortais entendem a palavra, não basta. Todo amor natural ressuscitará e viverá para sempre neste lugar, mas nenhum amor nascerá de novo se não tiver sido sepultado".[606] Mesmo um sentimento tão intenso como o amor – e, talvez, justamente por sua intensidade – pode se corromper caso não seja direcionado para Deus. "Nós dois devemos falar com clareza", afirma MacDonald a Lewis, "Não há senão um único ser bom: esse é Deus. Tudo o mais é bom quando se confia nele e mau quando se desvia dele. E, quanto mais alto e poderoso for na ordem natural, tanto mais demoníaco será ao se rebelar. Não é de ratos maus ou de pulgas más que se fazem demônios, mas de arcanjos maus".[607]

Essa necessidade de morte e ressurreição é reafirmada em outro momento registrado no livro: o encontro de um Anjo com um Fantasma que possui um lagarto vermelho, simbolizando o pecado da luxúria, pousado sobre seu ombro. Incapaz de livrar-se de seu pecado sozinho, o Fantasma clama por misericórdia ao Anjo, que mata o lagarto. Este se transforma num belíssimo cavalo branco-prateado e com crinas e rabo dourados. Sobre isso, informa MacDonald:

> Nada, nem mesmo o melhor e mais nobre pode prosseguir como se encontra agora. Nada, nem mesmo o mais inferior e mais irracional ressuscitará outra vez, a não ser que se submeta à morte. Semeia-se um corpo natural, cultiva-se um corpo espiritual. Carne e sangue não podem chegar às Montanhas. Não porque sejam baixos demais, mas pela sua fraqueza. O que é um lagarto comparado a um garanhão?[608]

De modo muito semelhante, Santa Teresa fala da necessidade de matar a "lagarta" a fim de fazer valer a vontade de Deus na vida. Essa simbologia de refazer-se por completo, graças à ação amorosa de Deus, é imprescindível para a

---

605. LEWIS, C. S., O grande abismo, p. 112.
606. LEWIS, C. S., O grande abismo, p. 114.
607. LEWIS, C. S., O grande abismo, p. 114-115.
608. LEWIS, C. S., O grande abismo, p. 121.

existência de uma nova vida, mais semelhante a Jesus. Tratando dessa passagem de *Castelo Interior*, Lúcia Pedrosa-Pádua afirma:

> É preciso, de toda maneira, que a "lagarta" morra, pelo esforço de não fazer a vontade própria. Tal esforço se dá em vista da perfeição do amor ao próximo, sendo necessário "forçar" a vontade, esquecer o próprio bem, trabalhar aliviando o trabalho do próximo. (...) não matar a lagarta é deixar que ela corroa as virtudes como o amor próprio, o julgamento do próximo, a falta de amor, o amor ao próximo menor que o amor a si mesmo.[609]

A experiência mística da realidade do céu não é tratada como separação da vida terrena, como se aquela suplantasse e rejeitasse esta. Ao contrário, segundo Lewis, a escolha pelo Céu age retrospectivamente sobre toda a vida na Terra, dando-lhe significado e sentido pleno. A vida eterna, nesse sentido, não é algo ainda por começar, mas já uma realidade existente no agora.[610] Mesmo os sofrimentos são resignificados à luz da glória que há de ser revelada (2Cor 4,17): "É isto que os mortais não entendem", afirma o guia MacDonald para Lewis, "Costumam dizer a respeito de um sofrimento passageiro: 'Nenhuma bem-aventurança futura poderia compensar isso', sem saber que o Céu, uma vez alcançado, terá efeito retroativo e transformará em glória até mesmo essa agonia".[611] Assim, completa MacDonald:

> É por isso que, no fim de todas as coisas, quando o sol nascer aqui e o crepúsculo se transformar em trevas acolá, os Bem-aventurados dirão: "Jamais vivemos em algum lugar que não fosse o Céu". E os Perdidos: "Sempre estivemos no Inferno". Ambos estarão falando a verdade.[612]

Por outro lado, o espectro negativo dessa integração é apresentado como descrição do que é o Inferno. Aprisionados em si mesmos, circunavegando seus próprios e mesquinhos interesses, camuflados com inúmeras justificativas, os fantasmas da Cidade Cinza vivenciam uma despersonalização que, aos poucos, os desumaniza.[613] Há inúmeros exemplos disso na narrativa. Em determinado trecho, o personagem Lewis questiona seu guia acerca de uma mulher que, aos seus

---

609. PEDROSA-PÁDUA, L., Santa Teresa de Jesus, p. 268-269.

610. Importante lembrar a definição de Jesus sobre a vida eterna, em sua oração sacerdotal: "A vida eterna é esta: que te conheçam a ti, o único Deus verdadeiro, e a Jesus Cristo, a quem enviaste." (Jo 17.3). Como o conhecimento de Jesus, como revelador do Pai, ocorre na existência humana, podemos concluir que, para a fé cristã, não pode haver separação absoluta entre a experiência de Deus e a experiência do mundo. Ao contrário, ambas se inter-relacionam mutuamente.

611. LEWIS, C. S., O grande abismo, p. 83.

612. LEWIS, C. S., O grande abismo, p. 83.

613. Esse tema será novamente abordado na análise de Cartas de um diabo a seu aprendiz. Ponto 5.3.

olhos, não precisaria ser condenada ao inferno. Trata-se de uma velha senhora que se acostumou a reclamar da vida. Nesse sentido, questiona Lewis, "essa infeliz criatura não parece ser nem um pouco o tipo de pessoa que deveria correr risco de condenação. Ela não é má; só não passa de uma idosa tola, faladeira, que tem o hábito de resmungar"[614]. Mas para o guia MacDonald, é possível que esta senhora seja salva apenas se ainda existir uma mulher real no interior do resmungo, isto é, se ela não se desumanizou por completo. Lido a partir desse ponto de vista, o Inferno nada mais é que a absoluta despersonalização do ser.

> – Toda a dificuldade em entender o Inferno é que a coisa a ser entendida é quase Nada. Mas você deve saber disso por experiência própria... começa com uma disposição para resmungar, e você consegue ainda se diferenciar dele, talvez possa até criticar essa tendência. Num momento difícil, você mesmo pode desejar esta disposição, abraçá-la. Depois pode arrepender-se e abandoná-la novamente, mas chegará o dia em que não mais terá condições para isso. Então nada restará de você para criticar a disposição, nem mesmo para apreciá-la, mas apenas o resmungo, ele mesmo, funcionando como uma máquina para sempre.[615]

Em outra de suas obras, Lewis afirma que "entrar no céu é tornar-se mais humano do que jamais conseguir ser na Terra; entrar no inferno é ser banido da humanidade".[616] Nesse sentido, continua Lewis, "o que é lançado (ou se lança) no inferno não é um homem: são os 'restos' (...) um ex-homem ou um 'fantasma condenado'".[617] Em *O grande abismo*, o Inferno também é lido nessa perspectiva, como transparece na fala do guia MacDonald ao protagonista-Lewis:

> – (...) O Inferno é um estado da mente e você nunca disse algo tão verdadeiro. E todo estado da mente, quando deixado à própria sorte, todo isolamento da criatura na prisão de sua própria mente – é, afinal de contas, Inferno. Todavia o céu não é um estado de mente. O céu é a própria realidade. Tudo o que é realmente verdadeiro é celestial. Pois tudo o que pode ser abalado será abalado e só o que é inabalável permanecerá.[618]

---

614. LEWIS, C. S., *O grande abismo*, p. 90.

615. LEWIS, C. S., *O grande abismo*, p. 90-91.

616. LEWIS, C. S., *O problema do sofrimento*, p. 141.

617. LEWIS, C. S., *O problema do sofrimento*, p. 141. O semi-homem Weston, de Perelandra (segundo volume da Trilogia Cósmica) se enquadra nessa descrição, como veremos adiante.

618. LEWIS, C. S., *O grande abismo*, p. 84.

Assim, para Lewis, é o fechamento em si mesmo, tragicamente disfarçado com afirmações amorosas, que conduz a um processo de desumanização crescente que, por fim, culminará no Inferno. Justamente por essa auto-redução do ser, o Inferno não é suficientemente grande para afetar o Céu. Dito de outra maneira, a falsidade infernal não pode ofuscar a verdade celeste. "O inferno todo é menor que um estilhaço de seu mundo terrestre, mas ainda é menor que um átomo deste mundo, o mundo real",[619] diz MacDonald. Assim, se uma borboleta dos Lugares Altos engolisse toda a Cidade Cinza, ela "não seria grande o bastante para prejudicá-la, nem teria sabor algum."[620] Por isso, não era possível aos Espíritos Luminosos descer até a Cidade Cinza a fim de tentar salvar os condenados. Fechados em si mesmos, eles recusariam o convite. Nesse sentido, como defende Lewis em outro de seus livros, os perdidos são bem-sucedidos em sua rejeição a Deus; as portas do Inferno são fechadas por dentro.[621] Ainda assim, a redenção proporcionada por Cristo alcança a todos, como revela a conversa entre Lewis e MacDonald:

> – Então jamais alguém poderá chegar até eles?
> – Somente o Maior de Todos pode tornar-se suficientemente pequeno para entrar no Inferno. Porque, quanto mais elevada uma coisa, tanto mais baixo poderá descer. Um homem pode ter simpatia por um cavalo, mas o cavalo não pode ter esse mesmo sentimento por um rato. Apenas um Ser desceu ao Inferno.
> – E Ele fará isso de novo?
> – Não foi há muito tempo que Ele fez isso. O tempo não funciona do mesmo modo quando se deixa a Terra. Todos os momentos que foram ou que serão estavam, ou estão, presentes no momento de Sua descida. Não há espírito em prisão a quem Ele não tivesse pregado.
> – E alguns o escutam?
> – Sim.[622]

Os que não escutam, por outro lado, exercem sua liberdade em rejeitar o Céu. Portanto, para Lewis, esta infelicidade de quem prefere a miséria do Inferno às benesses celestiais é sustentada pela liberdade humana em, até o fim, rejeitar a oferta da graça divina. Como novamente afirma MacDonald a Lewis:

---

619. LEWIS, C. S., O grande abismo, p. 141
620. LEWIS, C. S., O grande abismo, p. 141.
621. LEWIS, C. S., O problema do sofrimento, p. 143.
622. LEWIS, C. S., O grande abismo, p. 142.

Não se preocupe. No final das contas, existem apenas dois tipos de pessoas: as que dizem a Deus: "Seja feita a Tua vontade"; e aquelas a quem Deus diz: "Seja feita a sua vontade". Todos os que estão no Inferno escolhem a segunda opção. Sem essa escolha pessoal não haveria Inferno. Alma alguma que deseje sincera e constantemente a alegria irá perdê-la. O que busca, encontra. Àquele que bate, a porta será aberta. [623]

O final da narrativa revela-se como um sonho. Longe de diminuir o peso das argumentações *lewisianas*, esse fato torna a narrativa de *O grande abismo* algo que se vincula à realidade cotidiana. As escolhas de cada Fantasma entre retornar à Cidade Cinza ou permanecer nos Lugares Altos eram representações das verdadeiras escolhas, feita na vida, ou antecipações de escolhas feitas no final de todas as coisas.[624]

5.2. A *Trilogia Cósmica*: a noosfera e a Grande Dança. A concepção panenteísta da fé cristã

A *Trilogia Cósmica* é composta pelos livros *Além do planeta silencioso*, *Perelandra* e *Uma força medonha*.[625] Essa trilogia foi escrita durante um período bastante conturbado na Europa: os anos em que ocorreu a 2ª Guerra Mundial. O primeiro livro foi escrito em 1938, quando as tensões da guerra iminente se acumulavam no horizonte, e o último, no ano de 1945. Se considerada um romance de ficção científica, a trilogia certamente merece ser destacada como uma obra-prima deste gênero literário. Em sua apresentação da série, Colin Duriez cita um estudo chamado *Voyages to the Moon* [Viagens à Lua], escrito por Marjorie Hope Nicolson, que afirma ser esta obra "a mais bela de todas as viagens cósmicas, e de alguns modos a mais emocionante. (...) [Lewis] criou um mito em si, um mito tecido de desejo e aspirações profundamente assentadas em pelo menos parte da raça humana".[626] De igual forma, J. R. R. Tolkien, um dos primeiros a ouvir o

---

623. LEWIS, C. S., O grande abismo, p. 88.
624. LEWIS, C. S., O grande abismo, p. 145-146.
625. A Trilogia foi publicada, recentemente (2010), pela Editora Martins Fontes, com o nome de Trilogia Cósmica. Contudo, pelo menos os dois primeiros volumes da série já haviam sido lançados no Brasil por outras editoras, enquanto que o terceiro livro foi publicado em dois volumes pela editora portuguesa Europa-América. Respectivamente, essas edições são: LEWIS, C. S., Além do planeta silencioso. Rio de Janeiro: Edições GRD, 1958; LEWIS, C. S., Perelandra. Minas Gerais: Betânia, 1978; e LEWIS, C. S., Aquela força medonha. Portugal: Europa-América, 1991. Volume 1 e volume 2. Utilizaremos, neste texto, a edição mais recente: a trilogia publicada pela editora Martins Fontes.
626. DURIEZ, C., O dom da amizade, p. 167.

manuscrito recém-escrito por Lewis nas reuniões dos *Inklings*, tece elogios semelhantes numa carta destinada ao editor Stanley Unwin:

> O Sr. C. S. Lewis conta-me que o senhor permitiu que ele lhe enviasse "Out of the Silent Planet". Eu o li, é claro; e desde então o tenho ouvido passar por um teste bem diferente: o de ser lido em voz alta para o nosso clube local (que se dedica à leitura de coisas curtas e longas em voz alta). Mostrou-se um folhetim emocionante, e foi amplamente aprovado.[627]

Em outra carta, também destinada a Unwin, Tolkien rebate as críticas que um leitor de *Além do planeta silencioso* havia feito ao afirmar que o livro de Lewis não era bom o suficiente. Para Tolkien, a narrativa de Lewis era irresistivelmente envolvente e a única crítica era ser curta demais. Como filólogo que era, Tolkien reconheceu o esforço de Lewis em inventar uma nova língua, o Hressa-Hlab, ou Solar Arcaico,[628] fato que por si só merecia destaque. Mas Tolkien também elogiava a história inteira que era "muito bem feita e extremamente interessante, muito superior àquilo que geralmente se consegue de viajantes para onde nunca se viajou antes."[629] Aliás, o protagonista da trilogia é um professor de filologia chamado Ransom, que pode ser considerado uma homenagem feita por Lewis a seu amigo, Tolkien, também filólogo.[630] Por outro lado, Ransom também é uma projeção das

---

627. TOLKIEN, J. R. R., As cartas de J. R.R. Tolkien, p. 34. Vale dizer que *Além do planeta silencioso* surgiu como resultado de uma aposta entre Tolkien e Lewis, segundo a qual um deles escreveria uma história sobre viagem no tempo, e outro, sobre viagem no espaço. Tolkien escreveu A Estrada perdida, livro, contudo, abandonado antes de sua conclusão, e Lewis escreveu o primeiro volume da Trilogia Cósmica (a respeito: DURIEZ, C., O dom da amizade, p. 153-155). T. A. Shippey ressalta, também, que o primeiro livro da Trilogia surgiu de uma amizade que Lewis cultivou com outro escritor de literatura fantástica chamado Charles Williams. O livro – The Place of the Lion (1931) – impressionou muito a Lewis que entende ser possível "escrever um livro inspirado em conhecimentos arcanos (...) neoplatônicos, mas ainda assim usar o estilo e o método da ficção popular." (SHIPPEY, T. A., The Ransom Trilogy, p. 298).

628. Um dos temas da Trilogia envolve exatamente a questão da língua. No decorrer da narrativa, Ransom descobre que havia originalmente uma língua comum a todas as criaturas racionais de todos os planetas do Sistema Solar. Essa língua é exatamente o Hressa-Hlab. Contudo, essa fala original "perdeu-se em Thulcandra, nosso próprio mundo, quando ocorreu toda a nossa tragédia. Nenhum idioma humano hoje conhecido no mundo originou-se dessa língua." (LEWIS, C. S., Perelandra, p. 24).

629. TOLKIEN, J. R. R., As cartas de J. R.R. Tolkien, p. 37.

630. Numa carta escrita a seu filho Christopher, Tolkien reconhece que, apesar de Ransom não ter sido pretendido para ser um retrato seu, "como filólogo, posso ter alguma parte nele, e reconheço algumas de minhas opiniões e ideias lewisificadas nele." TOLKIEN, J. R. R., As cartas de J. R. R. Tolkien, p. 90. Houve influências da obra de Tolkien sobre a criação da Trilogia Cósmica de C. S. Lewis. Os nomes criados por Lewis, por exemplo, reproduziam foneticamente o que ele havia escutado das obras de Tolkien nas reuniões dos Inklings: os Eldis da Trilogia lembram os Eldar (os altos-elfos) da Terra Média de Tolkien; os personagens Tor e Tinidril, de Perelandra (segundo volume da série), foram certamente inspirados em Tuor e sua esposa élfica Idril, de O Silmarillion, fundidos com Tinúviel, o segundo nome de Lúthien. A respeito: DURIEZ, C., O dom da amizade, p. 158 e TOLKIEN, J. R. R., As cartas de J. R. R. Tolkien, p. 342. Para informações sobre a

características do próprio Lewis: um professor universitário de Cambridge, com cerca de 40 anos de idade, especialista em Literatura medieval,[631] que aprecia caminhadas e que, como Lewis, repudia a lógica utilitarista encontrada na modernidade e sua tendência a justificar quaisquer meios para se atingir os seus objetivos particulares.[632]

As fontes e motivações para a escrita da *Trilogia Cósmica* são variadas. Certamente, Lewis inspirou-se nos textos de Ficção Científica escritos por H. G. Wells, embora tenha direcionado suas histórias em direção bem diferente deste. A ideologia presente nos textos de Wells vê o Espaço como um lugar perigoso e ameaçador, ilustrado pelos seres alienígenas que, cedo ou tarde, tornam-se perseguidores e assassinos de seres humanos. O primeiro livro da Trilogia – *Além do Planeta Silencioso* – é "sem dúvida semelhante em estrutura e em alguns detalhes ao livro *The First Men in the Moon* [*O primeiro homem na Lua*] (1901), de Wells, mas a ele se opõe incisivamente em termos ideológicos".[633] Ao contrário de Wells, Lewis deseja levar seus leitores a perceber o Espaço como um lugar repleto de vida. No final do primeiro livro, o narrador Lewis apresenta seu relacionamento com o protagonista, Dr. Ransom, considerando sua história uma narrativa real. Seu objetivo, ao escrever, é fazer com que uma determinada quantidade de pessoas se familiarizem com certas ideias: "Se conseguíssemos efetuar, mesmo que em um por cento de nossos leitores, uma transformação da concepção de Espaço para a concepção de Céus, já teríamos dado um primeiro passo".[634]

Há um aumento cada vez intenso do suspense e do horror na narrativa da *Trilogia Cósmica*. De uma história tipicamente de ficção científica em *Além do planeta silencioso*, a narrativa caminha por discussões filosóficas e teológicas em *Perelandra* até alcançar seu clímax no pesadelo que vai, aos poucos, envolvendo os personagens de *Uma força medonha*. O próprio Lewis reconheceu essas diferenças entre os livros da Trilogia. Numa carta escrita em 22 de fevereiro de 1954, Lewis explica as razões que o haviam levado a sugerir que crianças não tivessem acesso à leitura do último livro da série.

---

história de Tuor, ver TOLKIEN, J. R. R., O Silmarillion, p. 180ss. Para a história de Tinúviel, TOLKIEN, J. R. R., O Senhor dos anéis, p. 215-218.

631. Em 1954, Lewis tornou-se professor titular de literatura medieval e da renascença na Universidade de Cambridge, permanecendo nesse cargo até sua aposentadoria precoce em virtude de problemas de saúde em 1963, ano de sua morte.

632. VASCONCELLOS, M. S., Teologia e literatura fantástica, p. 89.

633. SHIPPEY, T. A., The Ransom Trilogy, p. 299.

634. LEWIS, C. S., Além do planeta silencioso, p. 211.

> Não fiz objeção às crianças lerem a trilogia na possibilidade de a leitura ser muito difícil – isso não faria mal –, mas porque no último livro há muita maldade, numa forma que, acredito, não é adequada para a idade delas, e muitos problemas, especificamente sexuais, com os quais não lhes faria nenhum bem preocupar-se agora. Arrisco dizer que o *Planeta silencioso* não tem problema; *Perelandra* um pouco menos; *A.F.M.* me parece muito inconveniente.[635]

De uma perspectiva mais abrangente, talvez o grande trunfo da *Trilogia Cósmica* seja apresentar, sob a forma de literatura fantástica, as opiniões e a cosmovisão lewisiana, bem como sua compreensão dos elementos relacionados à fé cristã e à sua concepção do cosmos. Esse fato foi reconhecido por Tolkien que, em uma carta, ressaltou que a narrativa de Ransom possuía "um grande número de implicações filosóficas e míticas que a aprimoram sem depreciar a 'aventura' superficial."[636] Para ele, a combinação de *ver a historia* com *mythos* era irresistível. Na Trilogia, "o mito subjacente é obviamente aquele da Queda dos Anjos (e da queda do homem neste nosso planeta silencioso); e o ponto central é a escultura dos planetas, que revela o apagamento do sinal do Anjo deste mundo".[637] Tolkien afirma que teria comprado essa história "quase a qualquer preço se a tivesse encontrado impressa, e a teria recomendado enfaticamente como um 'thriller' de (não obstante e supreendentemente) um homem inteligente".[638]

Isso, aliás, pode ser afirmado a respeito de todos os livros da Trilogia. Como afirma T. A. Shippey, em seu ensaio sobre essas obras:

> Em todas as três partes da Ransom Trilogy descobre-se que um mito ou é literalmente verdadeiro, ou é reencenado: a Queda dos Anjos (Out of the Silent Planet); a Queda da Humanidade (Perelandra); a destruição da Torre de Babel (That Hideous Strenght)[639]

Nosso objetivo, nesse ponto, não é exatamente descrever todas as possibilidades de leitura teológica de cada obra, mas sim pontuar as passagens em que temas da mística cristã são, ao nosso ver, evidenciados. Tal como ocorre com Anodos, em *Phantastes*, o protagonista Ransom também se vê visitando outros

---

635. LEWIS, C. S., Cartas a uma senhora americana, p. 34. A.F.M. é Aquela força medonha, título do terceiro volume da série na edição portuguesa (Europa-América).

636. TOLKIEN, J. R. R., As cartas de J. R. R. Tolkien, p. 38.

637. TOLKIEN, J. R. R., As cartas de J. R. R. Tolkien, p. 38.

638. TOLKIEN, J. R. R., As cartas de J. R. R. Tolkien, p. 38.

639. SHIPPEY, T. A., The Ransom Trilogy, p. 301.

mundos, novas realidades que se revelam verdadeiros depósitos de riqueza simbólica, teológica, literária e, também, mística. Sendo assim, falaremos de cada um dos livros a partir da perspectiva da experiência mística cristã. Obviamente, para compreensão dessas questões, é necessário também falar da história em si. É o que faremos a seguir[640]. Logo após, buscaremos demonstrar a presença de elementos característicos da mística cristã em cada um dos livros que compõem a série.

5.2.1. Além do planeta silencioso

Escrito em 1938, *Além do planeta* narra a história de Elwin Ransom, um filólogo de Cambridge, que está de férias incursionando pelo interior do país. Na narrativa, Ransom é sequestrado por Dick Devine, um antigo conhecido da universidade, e Edward Weston, um célebre físico, e levado até Malacandra (Marte, em nomenclatura terrestre) a fim de ser supostamente oferecido como sacrifício humano a um *sorn*, enviado do Oyarsa,[641] o governante daquele mundo. Na verdade, o Oyarsa é um servo de Maleldil, o Jovem, único Criador do mundo, que morava com o Velho.[642]

Ao chegarem em Malacandra, a visão de um grupo de sorns, "seres altíssimos e inconsistentes, com duas ou três vezes a altura de um homem",[643] leva Ransom ao desespero; ele consegue escapar de seus raptores, apenas para encontrar-se perdido num mundo estranho, de cores que, a princípio, se "recusavam a assumir a forma de coisas",[644] um mundo de águas azuis e mornas, vegetação rosa e roxa e

---

640. Essa apresentação também foi elaborada em: VASCONCELLOS, M. S., Teologia e literatura fantástica, p. 90-100.

641. Como já afirmamos, nos últimos capítulos de *Além do planeta silencioso*, o próprio Lewis apresenta-se como narrador da história, descrevendo sua amizade com o verdadeiro Dr. Ransom (este seria um nome fictício). Nesta passagem, Lewis diz que encontrou o termo Oyarses em um texto de Bernardus Silvestris, poeta e filósofo platônico do século XII, e indaga ao Dr. Ransom sobre sua origem: "há uma palavra sobre a qual eu gostaria particularmente de ouvir sua opinião – a palavra Oyarses. Ela ocorre na descrição de uma viagem pelos céus; e um Oyarses parece ser a inteligência ou espírito tutelar de uma esfera celeste, ou seja, na nossa língua, de um planeta." (LEWIS, C. S., Além do planeta silencioso, p. 209). De fato, na obra Cosmographia (ou De mundi universitate), de Bernardus Silvestris, Oyarses representa um "poder delegado porque o poder sobre as coisas naturais tem sido delegada a ele pelo Deus supremo. Ele também é chamado de gênio desde a geração, pois é de acordo com o movimento dessa esfera (ou seja, o firmamento) que a criação natural de todas as coisas aconteceram." (WETHERBEE, W., The cosmografia of Bernardus Silvestris, p. 44). Na Trilogia Cósmica, o Oyarsa representa um servo de Maleldil (Deus) que governa um determinado planeta, sendo responsável por sua existência física (órbita, temperatura, coesão interna etc.) bem como por seus habitantes. Cada planeta possui seu próprio Oyarsa, e por isso, eles podem comunicar-se entre si; exceto Tulcandra (a Terra), o planeta silencioso que tornou-se assim devido à rebelião do seu Oyarsa. Existe, aqui, uma clara alusão à história cristã da rebelião de Lúcifer. A respeito: LEWIS, C. S., Além do planeta silencioso, p. 164-165.

642. LEWIS, C. S., Além do planeta silencioso, p. 90.

643. LEWIS, C. S., Além do planeta silencioso, p. 56.

644. LEWIS, C. S., Além do planeta silencioso, p. 51.

um céu pálido, quase branco. E sobretudo um mundo de criaturas assustadoras, enxergadas pela lente da imaginação de Ransom que, em virtude da leitura de clássicos da ficção científica como os textos de H. G. Wells, estava acostumada a associar uma inteligência alienígena e sobre-humana a uma crueldade insaciável.

A fuga o conduziu à margem de um rio largo. Um ambiente estranho e alienígena aliado à fome, à sede e ao medo sempre presente aumentaram exponencialmente o senso de autopreservação de Ransom. Quando finalmente encontra um ser daquele mundo – uma criatura coberta por uma "pelagem densa e negra, reluzente como pele de foca",[645] com pernas curtas, pés membranosos, rabo de peixe e garras nas mãos – sua reação imediata é de puro pavor paralisante, antecipando uma morte terrível. Contudo,

> aconteceu algo que mudou totalmente seu estado de espírito. A criatura, que ainda estava fumegando e sacudindo a água na margem e que obviamente não o tinha visto, abriu a boca e começou a fazer ruídos. Isso em si não era notável. Mas toda uma vida dedicada a estudos linguísticos deu a Ransom uma certeza quase de imediato que aqueles sons eram articulados. A criatura estava *falando*. Ela dispunha de um idioma.[646]

Essa percepção alterou profundamente a maneira de ver de Ransom. Na verdade, a partir daí, a narrativa registra o encontro entre aqueles dois "representantes de duas espécies tão distantes"[647] como um ritual de mútuo reconhecimento, através do qual humano e alienígena constroem suas identidades pessoais, lado a lado. Ransom é convidado a viver entre aqueles seres – chamados *hrossa* – e, com o tempo, passa a compreendê-los e a se compreender a partir de suas visões de mundo. Aliás, é o encontro com estes estranhos seres que gera em Ransom qualidades tão necessárias ao humano: coragem, desprendimento, fidelidade, nobreza, humildade, caridade, paz e fé.[648] Ao perceber tais qualidades nos *hrossa*, Ransom se questiona sobre a raça humana e sobre seu jeito de ser.

> Por fim, começou a lhe ocorrer que não eram eles, os *hrossa*, que eram um enigma, mas sua própria espécie. Que os *hrossa* tivessem esse tipo de instinto era ligeiramente surpreendente; mas como era possível que os instintos

---

645. LEWIS, C. S., Além do planeta silencioso, p. 70.
646. LEWIS, C. S., Além do planeta silencioso, p. 71.
647. LEWIS, C. S., Além do planeta silencioso, p. 72.
648. Isso se revela, por exemplo, na caçada ao hnakra, monstro aquático que, no livro, representa uma grande ameaça aos hrossa. Se antes, Ransom nunca entraria de livre vontade numa expedição dessa natureza, agora "conseguiria ir até o fim. Era necessário, e o necessário sempre era possível. Mas talvez houvesse algo no ar que ele agora respirava que estava começando a operar uma mudança nele ou então fosse por causa da companhia dos hrossa." (LEWIS, C. S., Além do planeta silencioso, p. 104).

dos *hrossa* se assemelhassem tanto aos ideais não atingidos daquela espécie tão remota, o Homem, cujos instintos eram diferentes em termos tão deploráveis? Qual era a história do Homem?[649]

O convívio com os *hrossa*, contudo, teve curta duração. Numa caçada ao *hnakra*, uma criatura aquática que é uma verdadeira ameaça, Hyoi, o *hrossa* que acompanha Ransom, é assassinado por um tiro da arma de Weston. Aconselhado por outro *hrossa*, Whin, e buscando obedecer à voz do *eldil*, uma espécie de ser angelical que havia ordenado que ele fosse até Meldilorn encontrar-se com o Oyarsa, Ransom prossegue sua jornada. No caminho, encontra-se com Augray, um *sorn*, que o auxilia a chegar até seu destino: a ilha de Meldilorn, com suas flores gigantescas e douradas, seus riachos de água azulada e a enorme quantidade de *eldila*, os servos invisíveis de Oyarsa que, apesar disso, podiam ser percebidos como "variações ínfimas de luz e sombra que não podiam ser explicadas por nenhuma alteração no céu".[650]

Em Meldilorn, Ransom encontrou-se com a única das três espécies racionais existentes em Malacandra que ainda não havia conhecido: os *pfifltrigg*, seres semelhantes a insetos ou répteis que adoravam trabalhar com metais e construção de engenhocas. É nesse momento que a história de Ransom atinge seu ponto central, caracterizado por dois momentos cruciais. O primeiro é a visão da escultura do Sistema Solar com os *Oyarsas* de cada mundo representados por desenhos sobre cada um dos planetas (todos, exceto seu próprio mundo: Thulcandra, o planeta silencioso).[651] E o segundo momento é o encontro revelador com o Oyarsa de Malacandra, que completa o restante do livro, e sobre o qual se baseia grande parte da concepção de redenção da narrativa. A imagem vista por Ransom é explicada pelo Oyarsa: "Thulcandra é o mundo que não conhecemos. Somente ela está fora dos céus, e nenhuma mensagem provém dela".[652] E a razão desse silêncio reside no fato de que o seu Oyarsa tornou-se torto, causando mal aos mundos criados.

> Não o deixamos à solta por muito tempo. Houve uma guerra tremenda, e nós o expulsamos dos céus e o prendemos no ar do seu próprio mundo, como Maleldil nos ensinou. Lá ele sem dúvida permanece até agora, e nada mais nós sabemos daquele planeta: ele é silencioso.[653]

---

649. LEWIS, C. S., Além do planeta silencioso, p. 99-100.

650. LEWIS, C. S., Além do planeta silencioso, p. 148.

651. LEWIS, C. S., Além do planeta silencioso, p. 151-152.

652. LEWIS, C. S., Além do planeta silencioso, p. 164.

653. LEWIS, C. S., Além do planeta silencioso, p. 165. Há, aqui, uma possível analogia com o texto de Apocalipse 12.7-9: "Houve peleja no céu. Miguel e os seus anjos pelejaram contra o dragão. Também pe-

O livro termina com uma conversa entre Ransom e o Oyarsa sobre as ações que Maleldil realizou para redimir Thulcandra: "existem entre nós histórias de que ele teria tomado decisões estranhas e ousado coisas terríveis, na luta com o Torto em Thulcandra".[654]

Também nesse ponto da narrativa, os reais objetivos do cientista Weston são revelados: fazer com que a raça humana sobreviva à entropia do universo a qualquer custo, mesmo que seja a perda da própria humanidade e o assassinato de outras raças. Aos olhos do Oyarsa, Weston é um *hnau* torto, um Não Homem, tema que será desenvolvido no segundo volume da série: *Perelandra*.

5.2.2. Perelandra

O segundo volume da Trilogia, *Perelandra*, foi escrito em 1943. Trata-se de uma obra "marcadamente mais austera, mais argumentativa".[655] Sua narrativa começa em primeira pessoa: o próprio Lewis surge como um personagem que vai ao encontro de Ransom, em sua casa, para tratar de assuntos relacionados aos Oyarses e às viagens interplanetárias. No caminho, enfrenta uma barreira, uma "muralha invisível de resistência",[656] posta pelos *eldila* tortos de nosso mundo que desejam impedir o que está prestes a acontecer. Ao encontrar-se com Ransom, Lewis descobre que este está para ser enviado por Maleldil até Vênus (Perelandra na língua nativa), para cumprir um propósito até então desconhecido. Essa viagem marcaria o início de uma nova fase do Sistema Solar, o Campo de Arbol, o que talvez significasse que o isolamento de Thulcandra estaria chegando ao seu fim.

A viagem para Perelandra foi feita num estado de suspensão de consciência, no interior de uma espécie de caixão celestial, algo que Ransom não conseguiu descrever plenamente. Ao chegar em Perelandra, Ransom encontrou-se num mundo aquático, de ilhas flutuantes como colchões lançados nas águas ao sabor das marés, um mundo de cores e prazeres inimagináveis (um "prazer excessivo",[657] para usar a expressão de Ransom), onde um novo Éden se repete. Lá, Ransom encontrou a Dama Verde, que, juntamente com o Rei, constituíam

---

lejaram o dragão e seus anjos; todavia, não prevaleceram; nem mais se achou no céu o lugar deles. E foi expulso o grande dragão, a antiga serpente, que se chama diabo e Satanás, o sedutor de todo o mundo, sim, foi atirado para a terra, e, com ele, os seus anjos."

654. LEWIS, C. S., Além do planeta silencioso, p. 165.
655. SHIPPEY, T. A., The Ransom Trilogy, p. 303.
656. LEWIS, C. S., Perelandra, p. 10.
657. LEWIS, C. S., Perelandra, p. 41.

os únicos habitantes do planeta. As conversas travadas com a Dama revelaram que ela estava em constante relação com Maleldil, e, por vezes, suas respostas a Ransom se faziam acompanhar da clara "sensação de que não era ela, ou não ela sozinha, que tinha falado".[658] Tal sensação produzia uma postura de reverência e temor em Ransom, a clara percepção de que estava na presença de Alguém além da Dama. Em suas conversas, Ransom também descobriu que havia uma lei específica para a Dama e o Rei de Perelandra: poderiam visitar a Terra Fíxa (o continente) mas não poderiam dormir nesta terra. Descobrir que o mundo de Ransom era constituído em sua maior parte por terras fixas, onde todos dormiam, causou um grande espanto na Dama.

> - Onde isso há de acabar? – disse a Dama, falando mais consigo mesma que com ele. – Fiquei tão mais velha nestas últimas horas que toda a minha vida antes me parece só o caule de uma árvore, e agora eu sou como os ramos que se abrem em todas as direções. Eles estão se separando tanto que mal consigo aguentar. Primeiro aprendi que ando de um bem para o outro com meus próprios pés... esse já foi um bom avanço. Mas agora parece que o bem não é o mesmo em todos os mundos: o que Maleldil proibiu em um mundo Ele permite em outro. (...) O próprio Maleldil acaba de me dizer. (...) Mas Ele não está me dizendo por que nos impôs essa proibição.[659]

É justamente em torno dessa proibição aparentemente sem sentido que o restante da narrativa se desenrola. Weston, o cientista do livro anterior, chega a Perelandra, onde submete sua vontade e razão ao diabo, sendo possuído por ele,[660] na tentativa de fazer a Dama (que representa a Eva daquele mundo) desobedecer as ordens de Maleldil, e assim reproduzir a Queda num outro mundo. Há um interessante paralelo com o processo de tentação conforme registrado em Gênesis 3. Grande parte do livro é constituída por discussões filosóficas e teológicas entre Ransom, a Dama Verde e Weston, reconhecido agora como um Não Homem.[661]

No final da narrativa, Ransom percebe que precisa se envolver numa luta física com Weston, luta esta que culmina na morte do cientista. Ransom sobrevive ao combate, mas com inúmeros ferimentos. Durante um longo tempo, Ransom permaneceu à margem do rio junto da boca da caverna na qual havia travado sua batalha com Weston, "comendo, dormindo e despertando só para comer e dormir

---

658. LEWIS, C. S., Perelandra, p. 81.
659. LEWIS, C. S., Perelandra, p. 93.
660. LEWIS, C. S., Perelandra, p. 123.
661. LEWIS, C. S., Perelandra, p. 160-161.

de novo. (...) Foi uma segunda infância, na qual ele foi amamentado pelo próprio planeta Vênus".[662] Já restaurado, caminhou em direção à Terra Fixa onde foi recepcionado por dois *eldila*: o Oyarsa de Malacandra e o de Perelandra. O momento revela-se solene; trata-se do nascimento do mundo, o dia do amanhecer, no qual, "pela primeira vez, duas criaturas dos mundos inferiores, duas imagens de Maleldil que respiram e procriam como os animais subirão aquele degrau no qual seus ancestrais [os de Ransom] caíram e se sentarão no trono do que deveriam ser".[663] A Dama e o Rei são recebidos pelos *Oyarses* e por todos os animais de Perelandra e a eles é dado o governo do mundo, para que eles "deem nomes a todas as criaturas, conduzam todas as naturezas para a perfeição. Fortaleçam os mais fracos, iluminem os mais escuros, amem a todos".[664]

Por fim, "a história atinge seu clímax em uma visão da Grande Dança do universo, na qual se entrelaçam todos os padrões dos humanos e de outras vidas"[665] e na qual o centro de tudo é o próprio Maleldil.

5.2.3. Uma força medonha

Publicado em 1945, embora tenha sido escrito em 1943, *Uma força medonha* retorna aos temas já apresentados nos outros livros da Trilogia, mas numa ambientação bem distante da ficção científica. Na verdade, trata-se de um conto de fadas moderno para adultos, conforme se afirma no subtítulo da obra. Mais uma vez, a escolha desse gênero – conto de fadas – vinculado ao termo adulto, demonstra a compreensão de Lewis sobre este gênero fantástico como uma espécie de literatura que não deveria ser interpretada como algo restrito ao universo infantil.

Uma força medonha é, sem dúvida, a mais complexa narrativa que compõe a *Trilogia Cósmica*, além de ser a que possui o maior número de personagens. Neste terceiro volume, Lewis aborda inúmeros temas, desde críticas a um determinado sistema educacional, limitador e mecanicista, bem presente em sua época (postura que já havia adotado em outras de suas obras) até a afirmação da insuficiência da visão moderna, racionalista e cientificista, como maneira de se perceber o mundo. "O que Lewis via como ameaça à sua própria sociedade era a ciência (ou o cientificismo), pois através dela havia uma ânsia pelo poder e uma

---

662. LEWIS, C. S., Perelandra, p. 251.
663. LEWIS, C. S., Perelandra, p. 266-267.
664. LEWIS, C. S., Perelandra, p. 280.
665. DURIEZ, C., Manual prático de Nárnia, p. 155.

convicção de que ele devia ser tomado".[666] Percebe-se, portanto, que, para Lewis, a ciência em si não representa o mal, mas sim uma determinada maneira de se fazer e pensar em ciência, isto é, Lewis critica uma ênfase numa espécie de cientificismo racionalista, dominador da natureza e escravizador do ser humano.

Esse terceiro volume é, como afirma Lewis no prefácio, "uma história incrível sobre a perversidade" e como esta afeta a vida de "algumas pessoas de profissão normal e respeitável".[667] Um exemplo dessa crítica *lewisiana* é o mal trato dado aos animais, prática constante das forças opostas a Maleldil, personificadas numa instituição científica (o Instituto Nacional de Experiências Coordenadas),[668] que possui como base ideológica o "espírito moderno" tão criticado por Lewis. Aliás, o centro da narrativa situa-se numa Universidade.

Também é revelador que a epígrafe escolhida por Lewis para este último livro da série tenha sido uma frase de Sir David Lindsay descrevendo a Torre de Babel: "A Sombra de uma força medonha com quase dez quilômetros de extensão." Em seu livro, bem como na narrativa bíblica, a tecnologia torna-se símbolo do orgulho humano e do abandono de Deus que acaba ocasionando, na narrativa de Lewis, uma desumanização crescente, caracterizada pelo desprezo pelo próximo, sobretudo os mais fracos e necessitados.

Além do próprio Ransom, apresentado como o Líder Supremo em quem os traços de uma realeza verdadeira se evidenciavam,[669] os protagonistas da história são Mark e Jane Studdock, um casal que experimenta sérias crises em sua relação, e Dick Devine, o mesmo que havia raptado Ransom em *Além do planeta silencioso*, agora apresentado como Lorde Feverstone. A narrativa divide-os em campos diferentes: de um lado, permanecem Ransom e seu grupo como aqueles interessados em servir a Maleldil e frustrar os planos dos *eldila* maus que habitam nosso mundo; de outro, Devine e seus asseclas, destituídos de todo traço de humanidade, buscam implementar seus planos de governar a Grã-Bretanha e, posteriormente, o mundo, os outros planetas e, por fim, todo o universo. Para atingir esse objetivo, exterminam todos os que são considerados supérfluos, utilizando as pessoas comuns como escravos ou sujeitando-as à vivissecção em nome da ciência. Compreendem-se a si próprios como deus, um deus criado pelo homem que

---

666. SHIPPEY, T. A., The Ransom Trilogy, p. 307.

667. LEWIS, C. S., Uma força medonha, p. IX (prefácio).

668. Em inglês, NICE: National Institute of Coordinated Experiments. Vale perceber o trocadilho satírico proposto por Lewis: nice, em inglês, significa bom, correto, bonito.

669. LEWIS, C. S., Uma força medonha, p. 195-196.

"finalmente ascenderá ao trono do universo. E governará para sempre".[670] Mark e Jane acabam por escolher lados diferentes nessa disputa: Mark aproxima-se de Devine e seu grupo, buscando os benefícios sociais e financeiros do Instituto, enquanto Jane é acolhida na casa onde vivem Ransom e seus companheiros.

A narrativa é construída sobre um clima de suspense e horror cada vez maior e cada vez mais intensamente percebido pelos protagonistas. A chegada de Merlin, o mago das sagas arturianas, acrescenta à história um elemento querido por Lewis: um vínculo com a mitologia antiga, com suas perspectivas mais integradoras e mais relacionadas à cosmovisão medieval que Lewis tanto apreciava.

À medida que Mark mergulha nos horrores do Instituto, mais deseja retornar à sua vida anterior. Aliás, é interessante perceber que, para Mark, o caminho de volta passa por livros repletos de histórias para crianças. Ao lê-los, Mark percebe que aquelas eram histórias boas, infinitamente melhores que as histórias de adultos para as quais havia se voltado, depois do seu décimo aniversário.[671] Eram histórias que abordavam as antigas e boas tradições, que ele havia aprendido a repudiar em sua permanência no Instituto, mas que agora eram-lhe preciosas. Nesse sentido, vale perceber que, para Lewis, o "tornar-se adulto" normalmente é associado a uma condição de perda de mistério, de intelectualismo frio e rígido. Em *Uma força medonha*, o "tornar-se adulto" é apresentado como sinônimo de vida fútil e vazia, sem conteúdo.[672] Ao relembrar sua vida, o protagonista Mark percebe o quanto assumia interesses em coisas que achava aborrecidas e negava seus próprios gostos em nome de assumir uma identidade de adulto que, na realidade, não era sua. E à medida que Jane se relaciona com os personagens vincula-

---

670. LEWIS, C. S., Uma força medonha, p. 250.

671. LEWIS, C. S., Uma força medonha, p. 521.

672. Esse elemento também aparece em outras obras de Lewis, sobretudo em *As crônicas de Nárnia*. No campo da não ficção, Lewis desenvolve o argumento de que perder de vista o imaginário típico da infância como elemento central à formação do ser acaba por fazer da educação um processo fastidioso, cinzento e formatador. Vale a pena ressaltar que, em diversos de seus textos, Lewis critica duramente o sistema educacional de seus dias. Sua própria experiência em um colégio interno chamado Malvern, conforme registrada em Surpreendido pela Alegria (capítulos V e VI), fez-lhe grande mal, transformando-o num jovem intelectualmente pretensioso e exausto. Em textos não fictícios, por sua vez, destaca-se *A abolição do homem*. Já em sua obra de ficção, as Crônicas possuem várias passagens nesse sentido, das quais três merecem ser citadas: 1) em *O leão, a feiticeira e o guarda-roupa*, o professor Kirk questiona "o que estas crianças aprendem nas escolas" (LEWIS, C. S., As crônicas de Nárnia, p. 124); 2) Em *A cadeira de prata*, Eustáquio e Jill são alunos de um terrível "colégio experimental" no qual não havia esperança nem punições de nenhuma natureza e "as crianças podiam fazer o que desejassem" (LEWIS, C. S., As crônicas de Nárnia, p. 521); e 3) em *Príncipe Caspian*, uma das garotas em Beruna, local administrado pelo regime telmarino, estuda numa escola que ensinava uma História "mais insípida do que a história mais verdadeira que se possa imaginar e muito menos verdadeira do que o mais apaixonante conto de aventuras" (LEWIS, C. S., As crônicas de Nárnia, p. 386). Tais críticas retornam especialmente no último volume da Trilogia Cósmica: *Uma força medonha*, como veremos mais adiante.

dos a Ransom, mais se percebe sensível à sua própria consciência e à voz de Maleldil que povoa de encantamentos (alguns assustadores!) o mundo que a cerca.

Uma força medonha termina de forma surpreendente. Primeiro, os deuses descem à Thulcandra: os Oyarses dos planetas do Sistema Solar (Campo de Arbol) vão ao encontro de Ransom e Merlin, fazendo-os provar as mais intensas sensações e elaborar os mais profundos pensamentos. Trata-se da preparação de Merlin para os momentos finais da narrativa. Estes ocorrem no confronto de Merlin com os integrantes do Instituto Nacional de Experiências Coordenadas – uma instituição científica anticristã, estruturada segundo ideologias modernas – que sofrem o juízo divino ao perderem a capacidade de se comunicarem uns com os outros, numa verdadeira reprodução do episódio bíblico da torre de Babel (Gn 11,1-9). Lewis deixa claro o motivo desta punição: "*Qui Verbum Dei contempserunt, eis auferetur etiam verbus hominis*", que, traduzido do latim, significa: "Aqueles que desprezaram a Palavra de Deus, deles também será tirada a palavra dos homens".[673]

5.2.4. A mística cristã na *Trilogia Cósmica*

A narrativa, em todos os livros da série, mostra-se bastante coesa e, como romance de ficção científica, é muito bem estruturada; os atos da história são bem relacionados entre si. Mas é do ponto de vista da mística cristã – sobretudo de uma nova imagem do cosmos que os livros apresentam – que encontramos a fundamentação que sustenta a história. Num primeiro momento, Ransom, ainda refém da mentalidade cientificista moderna, expressa em obras como as de H. G. Wells, se enche de terror ao ver o Espaço pela primeira vez.

> [Ransom] tinha lido H. G. Wells e outros. Seu universo era habitado por horrores com os quais a mitologia antiga e a medieval dificilmente poderiam rivalizar. Nenhum ser abominável insetiforme, vermiforme, ou crustáceo, nenhuma antena trêmula, asa enervante, anel gosmento, tentáculo encrespado, nenhuma união monstruosa de inteligência sobre-humana com crueldade insaciável parecia a seus olhos nada menos que provável num mundo desconhecido.[674]

Mas aos poucos, graças às experiências que ele tem no interior da nave espacial que o conduz à Malacandra, banhado pela luz solar de uma maneira ini-

---

673. LEWIS, C. S., Uma força medonha, p. 507.

674. LEWIS, C. S., Além do planeta silencioso, p. 42-43.

maginável na Terra e desfrutando da beleza das estrelas, cometas, luas e outros planetas do Espaço, Ransom muda sua percepção.

> Com a passagem do tempo, Ransom foi se conscientizando de outra causa mais espiritual para essa progressiva leveza e exultação do coração. Ele estava se livrando de um pesadelo, há muito tempo gerado na mente moderna pela mitologia que segue na esteira da ciência. Ransom tinha lido sobre o "Espaço": há anos, ocultava-se no fundo do seu pensamento a lúgubre fantasia do vácuo negro e frio, da total ausência de vida, que supostamente separava os mundos. Até agora, não sabia quanto essa ideia o afetava – agora que o próprio nome "Espaço" parecia uma blasfêmia caluniosa, diante do oceano empíreo de radiância no qual eles nadavam. Não poderia chamá-lo de "morto"; sentia que a vida se derramava do oceano para dentro dele a todo instante. De fato, como poderia ter sido diferente, se desse oceano provinham os mundos e toda a vida neles? Ele o havia imaginado árido. Agora via que era o ventre dos mundos, cuja prole ardente e incontável todas as noites contemplava até mesmo a Terra, com tantos olhos – e aqui, com quantos mais! Não! "Espaço" era um nome errado. Pensadores mais antigos tinham sido mais sábios ao chamá-lo simplesmente de "céus" – os céus que manifestam a glória.[675]

A ideia de Céus que manifestam a glória de Deus e que constituem, por isso, espaços de vitalidade é, além de bíblica, um elemento presente nas reflexões de muitos místicos cristãos. O processo de resignificar toda a criação como espaço no qual a vida habita – e, se seguirmos a fé cristã adotada por Lewis, lugar onde Deus *também* está – também foi compartilhado, por exemplo, por Santa Teresa. Se a princípio, Teresa se surpreende por saber-se habitação de Deus e que Ele se faz sempre presente, cada vez mais intensamente vai percebendo tal presença em seu interior; a presença era "muito clara e real":[676]

> No princípio, atingiu-me uma ignorância de não saber que Deus está em todas as coisas, o que, como Ele me parecia estar tão presente, eu achava ser impossível. Eu não podia deixar de crer que Ele estivesse ali, pois achava quase certo que percebera a sua presença.[677]

---

675. LEWIS, C. S., Além do planeta silencioso, p. 38.
676. PEDROSA-PÁDUA, L., Santa Teresa de Jesus, p. 144.
677. PEDROSA-PÁDUA, L., Santa Teresa de Jesus, p. 145.

A expressão de Santa Teresa – "Deus está em todos os seres por presença, por potência e por essência"[678] – remonta a São Boaventura. Segundo Lúcia Pedrosa-Pádua, é nessa expressão que ela percebe ser mais adequada expressar sua experiência mística.

> A presença imediata, o influxo de energia e a existência interna são modos da presença de Deus, de sua imanência como fonte de energia e campo de operações no universo. A aparente imensidão do universo contém a presença de Deus e a presença de Deus mantém o universo na existência por um influxo criador imediato e mais íntimo a cada um dos seres que o seu próprio ser. Por causa dessa presença as coisas sensíveis são mediações da alma a Deus. Deus está presente não apenas por elas como nelas, conforme o segundo grau do Itinerário para Deus. A pessoa é capaz, então, de empreender um movimento das coisas sensíveis ao Deus invisível, passando por um processo de interiorização das coisas criadas que começa pela apreensão das coisas pelos sentidos externos, passando aos sentidos internos, pelo deleite sensível e afetivo das coisas e, finalmente, passando pela operação pela qual o que é representado interiormente adentra a potência intelectiva. A onipresença divina é o pressuposto da inabitação trinitária na pessoa humana, fato que aperfeiçoa esta onipresença.[679]

Uma afirmação como essa fornece sentido à toda a criação, valorizando-a como verdadeiro Templo no qual todo ato da vida se mostra como ato litúrgico diante de Deus. Isso, por um lado, permite que o sofrimento e a dor humana sejam vividos em Deus (assim como o são a alegria e as realizações), retirando de sobre o ser humano o ônus de uma hiperculpabilização que o paralisa na vida, e rejeitando teodiceias inúteis e superficiais. A vida – toda a vida! – é um flagrante diante do Deus que nos sonda, nos conhece, nos cerca e nos encontra no mais alto dos céus como também no próprio Sheol (Sl 139,1-10).

Por outro lado, isso também se refere à revelação cristã que aponta para um Deus que se revela no **e** através do mundo observável (tanto pela teologia e pelas Artes como pela ciência); por isso, como diz Haught, "em virtude da encarnação,

---

678. 5M 1,10.

679. PEDROSA-PÁDUA, L., Santa Teresa de Jesus, p. 152-153. Vale ressaltar a força das afirmações de Santa Teresa no sentido de que, por meio delas, não se divorcia as realidades imanente e transcendente da existência. "Não encontramos em Teresa uma ruptura entre os planos da criação e da salvação, ou entre o natural e o sobrenatural, tão presente no ambiente tomista." (PEDROSA-PÁDUA, L., Santa Teresa de Jesus, p. 155). Nesse sentido, é a presença de Deus em toda a criação, como permanente influxo de vida criadora – Deus deu ao ser humano o fôlego da vida! – o que permite considerarmos a cultura humana, (incluindo, obviamente, as Artes), como lugar teológico e de manifestação do Deus-Criador e Salvador. A literatura, e mais especificamente a literatura fantástica, revela-se, assim, mediação da alma a Deus. Voltaremos a esse ponto no capítulo seguinte.

todo drama da natureza que se desdobra ao longo de bilhões de anos é também a revelação de Deus",[680] e, além disso, "o universo como um todo, em virtude da encarnação, encontra-se indissociavelmente conexo com a revelação de Deus em Cristo".[681] Por isso, revelação é muito mais que um conjunto de informações sobre Deus. Antes, revelação é "dom do próprio ser e individualidade de Deus para e através de todo o universo", e seu conteúdo é "o infinito mistério do próprio ser de Deus".[682]

A imagem de Deus que surge da fé cristã é construída sobre dois fundamentos que a caracterizam: a) A *autoabnegação humilde de Deus*, eterno gesto de rebaixamento que possibilita a existência da criação, isto é, a *kénosis* divina; b) A *promessa de Deus* que abre espaço à afirmação do futuro, isto é, a esperança escatológica. Dessa forma, a humildade e a promessa divinas são expressões do amor incondicional que constitui a essência de Deus. Porque ama, Deus se revela, e ao se revelar, se compromete com sua criação. Esta imagem revelada de Deus encontra sua plenitude em Jesus, em quem a *kénosis* assume carne, suor e sangue. Nesse sentido, Jesus revela um Deus "vulnerável, sofredor", que, devido ao seu amor pela criação, se esvazia de sua condição gloriosa para se entregar ao universo, como afirma o texto de Filipenses 2,6-8:

> Ele [Jesus], subsistindo na condição de Deus, não se apegou à sua igualdade com Deus. Mas esvaziou-se a si mesmo, assumindo a condição de escravo, tornando-se solidário com os seres humanos. E, apresentando-se como simples homem, humilhou-se sendo obediente até a morte, até a morte numa cruz.

De igual modo, o Deus que se revela possibilita um futuro sempre novo. Esse mistério de Deus permeia a criação inteira, gerando vínculos de relação intersubjetiva entre os seres criados. Nesse sentido, toda a criação participa do mesmo mistério de Deus, não numa perspectiva panteísta (Deus não se dissolve na criação), mas sim numa leitura panenteísta, isto é, a presença de Deus ilumina desde dentro toda a realidade, sem se confundir com as coisas criadas. Isso confere uma dimensão mística à existência humana e ao cosmos. Nas palavras de Teilhard de Chardin, aliás, o universo conta com uma *noosfera*, isto é, a esfera da mente: uma "camada de pensamento da história da terra, uma rede formada

---

680. HAUGHT, J. F., Cristianismo e ciência, p. 61.
681. HAUGHT, J. F., Cristianismo e ciência, p. 61.
682. HAUGHT, J. F., Cristianismo e ciência, p. 63-64.

de pessoas, sociedades e criações culturais e tecnológicas".[683] Segundo Teilhard, a noosfera é um dos mais interessantes desenvolvimentos da história do universo. Por isso, nas palavras de Haught:

> O empirismo mais lato de Teilhard, que restitui a dimensão do pensamento a seu domínio próprio na natureza, coloca em xeque a metafísica materialista do naturalismo científico subjacente ao moderno reconhecimento de que o universo carece de propósito. Ao mesmo tempo, a recusa de Teilhard a separar a subjetividade ou o pensamento da natureza como um todo, proporciona à teologia um meio de tornar inteligível a crença cristã, segundo a qual Deus atua na natureza de maneira muito íntima e efetiva, ainda que sempre misteriosa.[684]

Algo semelhante à noção de noosfera, conforme proposta por Chardin, é apresentada na *Trilogia Cósmica* através da maneira como a narrativa relaciona aspectos dos mitos terrestres e a realidade interplanetária. Os livros desenvolvem uma visão integral do universo, rejeitando uma distinção dogmática entre história e mitologia; Ransom chega à conclusão que tal divisão talvez não tivesse sentido fora da Terra. Em *Perelandra*, Ransom percebe que todas as coisas que, na Terra, seriam consideradas mitologia, em outros mundos eram realidades palpáveis. Em suas palavras,

> Nossa mitologia está baseada em uma realidade mais sólida do que sonhamos; mas ela também está a uma distância quase infinita daquela base. E, quando lhe disseram isso, Ransom finalmente compreendeu por que a mitologia era o que era: vislumbres de beleza e força celestes caindo em uma selva de imundícies e imbecilidade.[685]

Estas centelhas de força e beleza celestiais são compartilhadas por diferentes mundos. Quando Ransom enxerga Vênus e Marte – respectivamente, os Oyarsas Perelandra e Malacandra – percebe neles aspectos que haviam se tornado familiares dos terrestres, graças à mitologia e à poesia. Ao questionar esse fato, Ransom recebe a seguinte resposta:

> Existe um ambiente de mentes, assim como um de espaço. O universo é um: uma teia de aranha em que cada mente vive ao longo de cada fio, uma enorme galeria sussurrante em que (salvo pela ação direta de Maleldil), em-

---

683. HAUGHT, J. F., Cristianismo e ciência, p. 113.
684. HAUGHT, J. F., Cristianismo e ciência, p. 113-114.
685. LEWIS, C. S., Perelandra, p. 273.

bora nenhuma notícia seja transmitida sem alteração, nenhum segredo consegue ser guardado com rigor. Na mente do Arconte caído sob cujo domínio nosso planeta geme ainda está viva a lembrança da Imensidão dos Céus e dos deuses com quem um dia ele conviveu.[686]

Voltando à proposta de Chardin, é possível afirmar que um reino de matéria desprovido de mente nunca existiu, já que a matéria já estava impregnada da mente e do espírito desde o início do universo. Além disso, não mais se enxerga a vida pela lente dualista do corpo versus espírito, pois para Teilhard, matéria e espírito "são rótulos de duas tendências polares na evolução da natureza, não dois tipos isolados de substância. (...) Além disso, é o espírito, e não a matéria, que imprime solidez e consistência ao cosmo".[687] Em suas palavras,

> Em seus esforços pela vida mística, os homens frequentemente cederam à ilusão de opor brutalmente, um ao outro, o bem e o mal, a alma e o corpo, o espírito e a carne. Apesar de certas expressões correntes, esta tendência maniqueísta nunca foi aprovada pela Igreja. Que nos seja permitido, para preparar o último acesso à nossa visão definitiva sobre o Meio Divino, defender e exaltar aquela que o Senhor veio revestir, salvar e consagrar, a saber, *a santa matéria*. A matéria (...) é antes a própria realidade *concreta*, tanto para nós como para a física ou a metafísica, com seus próprios atributos fundamentais de pluralidade, de tangibilidade e de interligação.[688]

Ter essa percepção do cosmos é uma "visão, um saber, isto é, uma espécie de intuição que conduz a certas qualidades superiores das coisas".[689] É um dom dado pela graça da autocomunicação de Deus ao mundo criado. "Deus está em todas as partes, não apenas dentro da alma", afirma Ernesto Cardenal, "Mas também está dentro da alma, e nos damos conta de sua presença na alma e queremos gozá-la, e por isso nos retiramos à solidão e ao silêncio".[690] Fruir essa presença é nossa vocação; "não sabeis vós que sois templo de Deus e que o Espírito de Deus habita em vós?" (1Cor 3,16).

Além da dimensão mística (fundamentalmente necessária para o fazer e o refletir teológico em nosso tempo), essa perspectiva resgata uma compreensão

---

686. LEWIS, C. S., Perelandra, p. 273.

687. HAUGHT, J. F., Cristianismo e ciência, p. 114. A ideia de um Espírito Sólido está presente na ficção de Lewis, como já vimos acima na análise de O grande abismo.

688. CHARDIN, T., O Meio Divino, p. 76.

689. CHARDIN, T., O Meio Divino, p. 105.

690. CARDENAL, E., Vida em amor, p. 27.

salvífica do cosmos. Nas palavras de Garcia Rubio, "a criação já é o começo da salvação. Na criação, encontramos já o movimento *kenótico* em Deus".[691] Superam-se, assim, todos os dualismos que opõe a criação de Deus à sua salvação.

E mais: o universo inteiro é ressignificado como espaço litúrgico para celebrar a Deus, rompendo toda ótica dualista. O universo é visto como espaço de vida, e não de morte. Aliás, numa perspectiva da teologia da criação, Deus não criou ou criará; Deus cria. O sábado do descanso divino não é ausência do ato criativo de Deus, mas sim convite à criação que participe (celebrando, criando) deste ato da criação.[692] Por isso, devido à vida exuberante que surge de Deus, como dom à sua criação, o sol levanta-se todas as manhãs, de forma regular, "por nunca se cansar de levantar-se"; ou, ainda nas palavras de Chesterton:

> Talvez Deus seja forte o suficiente para exultar na monotonia. É possível que Deus todas as manhãs diga ao sol: "Vamos de novo"; e todas as noites à lua: "Vamos de novo". Talvez não seja uma necessidade automática que torna todas as margaridas iguais; pode ser que Deus crie todas as margaridas separadamente, mas nunca se canse de criá-las. Pode ser que ele tenha um eterno apetite de criança; pois nós pecamos e ficamos velhos, e nosso Pai é mais jovem do que nós. A repetição na natureza pode não ser mera recorrência; pode ser um BIS teatral.[693]

Reafirma-se, portanto, a atuação relacional de Deus com sua criação, como resultado de sua *kênosis*, que o leva, em nome de seu amor, a dar espaço para que o outro seja, bem como a esperança cristã de que toda esta criação está conectada com o ser humano e será também integralmente redimida por Deus-Criador-Salvador (Rm 8,19-23).

Na *Trilogia Cósmica*, isso se revela na certeza de que todo o Campo de Arbol (todo o Sistema Solar) é espaço da criação e da salvação de Maledil (Deus). Thulcandra (Terra), Perelandra (Vênus), Malacandra (Marte), Glundandra (Júpiter)... todos são planetas do Sistema Solar, criações divinas, que, contudo, não são o centro do universo por si só, mas apenas e tão somente quando convidados por Deus para compartilhar dessa centralidade na Grande Dança descrita no final do livro *Perelandra*.[694]

---

691. RUBIO, A. G., A teologia da criação desafiada pela visão evolucionista da vida e do cosmo, p. 38.

692. Cabe aqui lembrarmos da ordem de Deus ao casal, no Éden, para produzir cultura, cuidando do jardim e nomeando as coisas do mundo (Gn 2,19).

693. CHESTERTON, G. K., Ortodoxia, p. 100.

694. LEWIS, C. S., Perelandra, p. 290-298.

Nessa passagem, há todo um processo de reconhecimento da criação como espaço da glória divina de forma bastante semelhante à experiência mística de unidade com o cosmos experimentada por diversos cristãos. Para Ernesto Cardenal, por exemplo, tudo no universo criado está unido pelo amor divino, "o ritmo do amor",[695] que se une ao homem para cantar e celebrar a Deus. Tudo suspira por Deus, pois Ele é o centro de todas as coisas, e somente nele descansará o universo. Segundo Cardenal, "somos a consciência do cosmos. E a encarnação do Verbo num corpo humano significa a sua encarnação em todo o cosmos. Porque todo o cosmos está em comunhão".[696] Essa frase do místico e poeta Cardenal encontra eco no segundo volume da Trilogia Cósmica. Em *Perelandra*, Ransom se admira com a forma da Dama Verde, habitante daquele mundo. Acostumado com as outras espécies encontradas em Malacandra, Ransom questiona como era possível que a Dama e ele mesmo fossem tão fisicamente semelhantes (salvo a cor da pele diferente, ambos são perfeitamente humanos). A resposta da Dama desenvolve uma linha semelhante à argumentação de Cardenal:

> – Você deve saber isso melhor do que eu – disse ela. – Pois não foi em seu próprio mundo que tudo isso aconteceu?
> – Tudo o quê?
> – Achei que você me falaria disso – responder a mulher, agora confusa por sua vez.
> – Do que você está falando? – perguntou Ransom.
> – Quero dizer que foi em seu mundo que Maleldil assumiu Ele próprio essa forma, a forma de sua espécie e da minha. (...)
> – Você é assim tão jovem? – perguntou ela. – Como elas [as formas de outras criaturas racionais] poderiam voltar a surgir? Desde que nosso Amado se tornou homem, como a Razão poderia assumir outra forma em qualquer mundo?[697]

Em todo o cosmos, há música e dança na criação: todos os seres participam também de um mesmo ritmo cósmico; todos em um mesmo ritmo, todos num canto entoado por todo o cosmos.[698] Essa realidade é vivenciada por Ransom, no final de *Perelandra*. No final do livro, porque não desobedecem às ordens divinas, o Rei e a Rainha de Perelandra receberam a criação como sua herança Ransom

---

695. CARDENAL, E., Vida em amor, p. 24.
696. CARDENAL, E., Vida em amor, p. 129.
697. LEWIS, C. S., Perelandra, p. 75, 76.
698. CARDENAL, E., Vida em amor, p. 187.

questiona, então, sobre as últimas coisas, isto é, a destruição de seu mundo, a Terra. Mas para o Oyarsa que dialoga com ele, isto não representa o fim, mas um novo começo onde todos seriam convidados a participar da Grande Dança, que "já começou desde antes de sempre", de modo que nunca "houve um tempo em que não nos regozijássemos diante de Seu rosto, como agora".[699]

Em tudo que se segue na narrativa, Deus é o centro de sua criação, e todas as frases afirmam o seu louvor: "Louvado seja Ele!" Todas as coisas estão interligadas pelo amor de Deus, pois "Ele reside (todo Ele reside) no interior da semente da menor flor e não lhe falta espaço. A Imensidão dos Céus está dentro d'Ele, que está dentro da semente, e ela não O distende. Louvado seja Ele!"[700]

Na perspectiva do livro, reconhecer a Deus é perceber que todos os eventos relacionados à história humana servem para a glorificação de Deus, e toda criatura que se liga a Ele permanece no centro de tudo, não por causa de si mesma, mas por causa Dele que é o centro do cosmos. Inclusive o mal recebe nova leitura a partir dessa noção: Deus sofre conosco o mal, participa da nossa vida com sua misericórdia e solidariedade, não para justificar a presença do mal em nosso mundo, mas para libertar o ser humano do campo de sua atuação.[701]

> Tudo o que não é em si a Grande Dança foi feito para Ele poder descer e entrar. No Mundo Caído, Ele preparou para Si mesmo um corpo e se uniu ao Pó, conferindo-lhe glória para sempre. Esse é o objetivo e a causa final de tudo ser criado, e o pecado pelo qual ele ocorreu é chamado de Afortunado, e o mundo onde isso se deu é o centro dos mundos. Louvado seja Ele! (...) Onde Maleldil está, lá é o centro. Ele está em todos os lugares. Não parte d'Ele em um lugar e parte em outro, mas em cada lugar Maleldil inteiro, até mesmo na menor pequenez fora do alcance do pensamento. Não há como sair do centro, a não ser entrando na Vontade Torta que se lança para o Lugar Nenhum. (...) Cada coisa foi feita para Ele. Ele é o centro. Como estamos com Ele, cada um de nós está no centro. (...) Quando Ele morreu no Mundo Ferido, Ele morreu não por mim, mas por cada homem. Se cada homem tivesse sido o único homem criado, ele não teria feito menos. Cada coisa, desde uma única partícula de Pó até o mais forte eldil, é o objetivo e causa

---

699. LEWIS, C. S., Perelandra, p. 291.
700. LEWIS, C. S., Perelandra, p. 291-292.
701. "Não peço que os tire do mundo, mas que os livre do mal", ora Jesus ao Pai (Jo 17, 15).

final de toda a criação, e o espelho em que o raio de Seu brilho vem pousar e assim retorna a Ele. Louvado seja Ele!⁷⁰²

A percepção de tal Dança Cósmica, que envolve toda a criação num mesmo e eterno ato de amor, fornece vislumbres significativos das questões da vida. Antes de tudo, afirma-se o valor e, ao mesmo tempo, a superfluidade de tudo no universo. No final de *Perelandra*, o Oyarsa afirma:

> Ele [Deus] tem uso incomensurável para cada coisa que é feita, para que Seu amor e esplendor jorrem como um rio caudaloso que tem necessidade de um grande leito e preenche do mesmo modo os poços profundos e os pequenos cantos, que ficam igualmente cheios, mas que se mantém desiguais. (...) Ele não tem absolutamente nenhuma necessidade de nada que foi criado. Um *eldil* não é mais necessário para Ele que um grão do Pó: um mundo habitado não é mais necessário que um mundo vazio. Mas todos são igualmente desnecessários. E o que todos Lhe acrescentam não é nada. Nós também não temos necessidade de nada que foi criado. Amem-me, meus irmãos, pois sou infinitamente supérfluo, e seu amor será como o d'Ele, nascido nem de sua necessidade nem de meu mérito, mas pura liberalidade. Louvado seja Ele!⁷⁰³

Além disso, perceber-se como participante dessa Dança auxilia na reflexão sobre a noção da própria finitude: todos são igualmente desnecessários e, paradoxalmente, sumamente importantes. O tema da morte surge em muitos pontos da Trilogia, mas sobretudo em *Além do planeta silencioso*. O tema é abordado, contudo, da perspectiva malacandriana, e não da terrestre, e nessa lógica, nenhum mundo e nenhuma raça foram feitos para durar para sempre.⁷⁰⁴ A própria morte é revista sob o prisma de um reencontro amoroso com Maleldil (Deus) e não abandono na escuridão ou perda de sentido. A dificuldade em lidar com a finitude é, para Lewis, resultado das influências do Oyarsa Torto torna os seres humanos "sábios suficiente para ver a aproximação da morte da espécie, mas não sábios suficiente para suportá-la".⁷⁰⁵ Ao abandonar essa posição, abandona-se também o medo, e, com ele, o assassinato e a rebelião. Como diz o Oyarsa de Malacandra:

> O mais fraco do meu povo não teme a morte. É o Torto, o senhor do seu mundo, que desperdiça a vida de vocês e a conspurca com essa fuga do

---

702. LEWIS, C. S., Perelandra, p. 292, 294.
703. LEWIS, C. S., Perelandra, p. 292, 295.
704. LEWIS, C. S., Além do planeta silencioso, p. 136.
705. LEWIS, C. S., Além do planeta silencioso, p. 191.

> que vocês sabem que há de alcançá-los no final. Se vocês fossem súditos de Maleldil, teriam paz.[706]

Tal perspectiva surge em outra cena do livro. Ransom vê um cortejo fúnebre de alguns dos *hrossa*. Porém, não há tristeza, lamento ou desespero. Pelo contrário, há canto e música numa cerimônia que une respeito e fé na posterior ressurreição com Maleldil.

> Tudo é feito lentamente. Não se trata de um embarque comum, mas algum tipo de cerimônia. É com efeito um funeral de *hrossa*. Esses três de focinho grisalho que eles ajudaram a entrar no barco estão a caminho de Meldilorn para morrer. Pois nesse mundo, com exceção de alguns que o *hnakra* pega, ninguém morre antes da hora. Todos vivem o tempo total atribuído à sua espécie, e com eles uma morte é tão previsível quanto um nascimento é conosco. O povoado inteiro sabe que esses três morrerão nesse ano, nesse mês. Era um palpite fácil de acertar que eles morreriam naquela semana mesmo. E agora partiram; para receber as últimas palavras de Oyarsa, morrer e serem "descorporificados" por ele. Os cadáveres, como cadáveres, existirão por não mais que alguns minutos. Não existem caixões em Malacandra, nem coveiros, nem cemitérios, nem agentes funerários. O vale se mantém solene com sua partida, mas não vejo sinais de uma dor apaixonada. Eles não duvidam da imortalidade; e amigos da mesma geração não são separados à força. Você deixa o mundo como chegou a ele, com a "turma do seu ano". A morte não é precedida pelo pavor, nem seguida pela decomposição.[707]

Da mesma maneira que a experiência mística cristã suplanta a linguagem, não se permitindo dominar por ela, no segundo livro da série – *Perelandra* – ao tentar explicar a natureza das experiências que passou em Vênus, Ransom esbarra na impossibilidade de fazê-lo apenas com o uso da linguagem racional:

> Contudo, talvez a declaração mais misteriosa que ele fez sobre esse tema tenha sido a seguinte. Eu o estava questionando a esse respeito – o que ele não costuma permitir –, e tinha dito de modo imprudente: "É claro que me dou conta de que tudo isso é vago demais para você pôr em palavras", quando ele me interrompeu com muita aspereza para alguém tão paciente,

---

706. LEWIS, C. S., Perelandra, p. 191.

707. LEWIS, C. S., Perelandra, p. 218. Lewis apresentou esta abordagem em outra de suas obras. Numa de suas cartas, Lewis propõe que, em relação à morte e a expectativa quanto a ela, há apenas três atitudes possíveis: "desejá-la, temê-la ou ignorá-la. A terceira alternativa, que o mundo moderno chama de "saudável" é com certeza a mais inquietante e precária de todas." (LEWIS, C. S., Cartas a uma senhora americana, p. 103).

dizendo: "Pelo contrário, são as palavras que são vagas. A razão pela qual a coisa não pode ser expressa é que ela é *definida* demais para a linguagem".[708]

Certamente, o caráter das experiências de Ransom em *Perelandra* foi marcadamente de uma qualidade espiritual e mística.[709] Em determinado ponto da narrativa, Ranson afirma que provou de uma estranha sensação de excessivo prazer que parecia penetrar nele através de todos os seus sentidos, de uma só vez, e que tal sensação era uma "exuberância ou prodigalidade de prazer, cercando o mero fato da existência que nossa raça humana tem dificuldade em dissociar de atos extravagantes e proibidos".[710] Estava vivendo num paraíso, num Éden de delícias e experiências sagradas que transformavam cada ato da existência – desde os mais simples como alimentar-se ou banhar-se – em verdadeiros contatos com o Sagrado.

> Os cheiros na floresta estavam além de tudo o que ele jamais tinha imaginado. Dizer que o faziam sentir fome e sede seria enganoso. Eles quase criavam um novo tipo de fome e de sede, um anseio que parecia transbordar do corpo para a alma, e que era paradisíaco. Muitas vezes ele ficava parado, agarrando-se a algum galho para se firmar, e respirava tudo aquilo, como se a respiração tivesse se tornado um tipo de ritual. (...) Agora, ele chegava a uma parte do bosque, onde pendiam das árvores enormes frutos amarelos na forma de globos. (...) Ele apanhou um e o revirou nas mãos muitas vezes. A casca era lisa e firme, com a aparência de ser impossível de abrir. E então por acaso um dos seus dedos a feriu e entrou em algo frio. Depois de um instante de hesitação, ele levou à boca o pequeno orifício. Era sua intenção extrair a menor amostra possível, para experimentar, mas a primeira prova lançou sua prudência aos quatro ventos. É claro que era um sabor, exatamente como sua sede e sua fome tinham sido sede e fome. Mas na realidade era tão diferente de qualquer outro sabor que parecia nada mais do que afetação chamá-lo de sabor. Era como a descoberta de um gênero totalmente novo de prazeres, algo inaudito entre os homens, fora de qualquer cogitação, para além de qualquer convenção. (...) O sabor não tinha como ser classificado.[711]

---

708. LEWIS, C. S., Perelandra, p. 35-36.

709. É interessante perceber que o último livro da série – Uma força medonha – faz um curioso paralelo entre as experiências de Ransom no Céu Profundo e a experiência do apóstolo Paulo, conforme descritas em 2Cor 12,1-6: ambos visitaram e regressaram do "terceiro Céu" (LEWIS, C. S., Uma força medonha, p. 534).

710. LEWIS, C. S., Perelandra, p. 54.

711. LEWIS, C. S., Perelandra, p. 48-49.

O encontro místico com Deus é abordado na *Trilogia Cósmica* a partir das experiências do protagonista. Em *Perelandra*, Ransom percebe a presença de Alguém plenamente perceptível, num processo que misturava alegria e sofrimento, gozo e temor. Por um lado, a presença divina revelava-se prazerosa, "uma espécie de esplendor, como de ouro comestível, potável, respirável, que alimentava e carregava a pessoa, e não só se derramava, mas também transbordava dentro dela".[712] Mas, por outro, sobretudo naqueles momentos em que Ransom afirmava sua completa independência, sua aversão às interferências externas, aquela presença revelava-se intolerável: "o próprio ar parecia pesado demais para respirar".[713] Na compreensão de Lewis, a presença de Deus requer do ser humano uma entrega, um abandonar-se, a fim de se vivenciar uma vida verdadeiramente plena, uma realidade que "fazia a vida terrestre parecer, em comparação, um vazio".[714] Lewis parece reafirmar, na sua narrativa ficcional, aquilo que Santo Agostinho intuiu acertadamente acerca de Deus em suas *Confissões*: "fizeste-nos para ti, e inquieto está o nosso coração, enquanto não repousa em ti".[715]

O encantamento com essa presença divina também se revela nas criaturas, especialmente no Homem e na Mulher, perfeitos em sua imagem e semelhança com Deus, que Ransom conhece em *Perelandra*. Seu espanto, seu gaguejar atabalhoado, sua queda ao chão, tudo demonstra o impacto da experiência vivenciada por Ransom.

> Não se afastem; não me levantem do chão – disse [Ransom] – Nunca vi homem nem mulher antes. Passei toda a minha vida entre sombras e imagens partidas. Ó, meu Pai e minha Mãe, meu Senhor e minha Senhora, não se afastem, não me respondam ainda. Eu nunca vi meus próprios pais – nem meu pai, nem minha mãe. Tomem-me por seu filho. Em meu mundo já estamos sozinhos há muito tempo".[716]

A continuação desse trecho amplia o sentimento de ternura e maravilhamento que a experiência mística gera em quem a experimenta, como um eco que reverbera até o mais profundo do ser, estabelecendo na existência um sentido mais amplo que a própria vida:

> Os olhos da Rainha o contemplaram com amor e reconhecimento, mas não era a Rainha quem mais ocupava seus pensamentos. Era difícil pensar em

---

712. LEWIS, C. S., Perelandra, p. 90.
713. LEWIS, C. S., Perelandra, p. 89.
714. LEWIS, C. S., Perelandra, p. 90.
715. AGOSTINHO DE HIPONA, Santo., Confissões, p. 15.
716. LEWIS, C. S., Perelandra, p. 262.

qualquer outra coisa que não fosse o Rei. E como eu... eu que não o vi... vou lhes dizer qual era a sua aparência? Foi difícil até mesmo para Ransom me falar do rosto do Rei. Mas não nos atrevemos a ocultar a verdade. Era aquele rosto que nenhum homem pode dizer que não conhece. Talvez se queira perguntar como era possível contemplá-lo sem cometer idolatria, sem confundi-lo com aquilo de que ele era apenas a imagem. Pois a semelhança era, a seu próprio modo, infinita, tanto que quase seria possível sentir assombro por não encontrar a dor em seu semblante nem ferimentos nas suas mãos e pés. (...) Imagens de gesso do Sagrado podem até agora ter atraído para si a adoração que deveriam ter despertado pelo Ser real. Mas aqui, onde Sua imagem viva, como Ele por dentro e por fora, feita por Suas próprias mãos nuas das profundezas da capacidade artística divina, Sua obra-prima de autorretrato, produzida por Sua oficina para regalar todos os mundos, andava e falava diante dos olhos de Ransom, ela jamais poderia ser considerada mais do que uma imagem. Mais que isso, a própria beleza da imagem residia na certeza de que se tratava de uma cópia, semelhante e não a mesma, um eco, um verso, uma deliciosa reverberação de música não criada prolongada em um meio criado.[717]

Na *Trilogia Cósmica*, o encontro com Deus revela-se como potência que dinamiza a vida inteira, como experiência que integra todos os sentidos da vida numa mesma dinâmica. A chegada dos deuses – os oyarsa, representantes de Maleldil (Deus), e governantes de mundos além da Terra –, que ocorre em *Uma força medonha*, produz alterações profundas nos personagens que a experimentam. O encontro com uma realidade qualitativamente superior mais real que a própria realidade palpável, que invade a residência onde estão Ransom e seus companheiros se faz sentir por cada um. Reflexões profundas vinculadas a riso e alegria, música, poesia infinita, apreensões, danças, temor e tremor, espanto mudo e palavreado sem fim; tudo ocorre como resultado do contato direto com o incondicional, com a realidade celestial que alcança os humanos. Em especial, a chegada do grande Oyarsa de Glund – Júpiter – o Rei dos Reis, "através de quem a alegria da criação percorre principalmente os campos de Arbol",[718] gera algo difícil de ser descrito com palavras:

> O repicar de sinos, o toque de trombetas, a exposição de estandartes, são meios usados na Terra para criar um leve símbolo da sua qualidade. Era como uma longa onda ensolarada, com a crista espumosa e o arco em esme-

---

717. LEWIS, C. S., Perelandra, p. 278-279.
718. LEWIS, C. S., Uma força medonha, p. 471.

ralda, que se aproxima a quase três metros de altura, com estrondo, terror e um riso irrefreável. Era como os primeiros acordes de música nos salões de algum rei tão excelso e em alguma festividade tão solene que um tremor semelhante ao medo percorre os corações jovens ao ouvi-los.[719]

É interessante perceber que, embora o incondicional que toca a realidade em *Uma força medonha* seja radicalmente distinto desta realidade, ainda existe, entre os humanos que experimentam esse contato, uma relativa familiaridade, como se fossem ecos de uma lembrança antiga, ou de um anseio caracteristicamente humano.

Na narrativa de Lewis, a experiência de Deus exige a alternância relacionada aos prazeres: o encontro com Deus implica fruir e abster-se; envolve o afirmar a vida com todas as suas implicações positivas, mas também requer o negar-se a si mesmo, tomar a cruz e seguir a Cristo. Em toda a narrativa da Trilogia, mas especialmente no segundo volume da série (*Perelandra*), Ransom é presenteado com prazeres até então desconhecidos por ele. Mas ele reconhece que abusar do prazer é o caminho para a ganância que busca o lucro a qualquer custo e que, por conseguinte, produz sofrimento. A suposta segurança que o dinheiro fornecia na Terra – "uma defesa contra o acaso, uma segurança para ser capaz de ter coisas novamente, um meio para deter o desenrolar do filme"[720] – era vista, por Ransom, como uma forma torpe de não confiar, de não entregar-se à Providência.[721] Em outro ponto da narrativa, Lewis expressa, por meio da Dama, que ansiar pela Terra Fixa equivaleria a "rejeitar a onda... tirar minhas mãos das mãos de Maleldil, dizer a Ele: 'Não assim, mas assim', para pôr sob nosso próprio controle que tempos deveriam vir rolando em nossa direção." Isso implicaria numa "confiança muito frágil."[722] O que a narrativa exige, ao contrário, é um lançar-se confiadamente nas ondas que Deus envia, tal como o faz a experiência mística cristã, aceitando a vida como dádiva da graça divina. O Rei de Perelandra, no final do livro, aborda essa questão ao responder um questionamento não formulado de Ransom:

> Ele [Ransom] está pensando que você [a Dama Verde] sofreu e lutou, e que eu recebo um mundo como recompensa. – Ele então se voltou para Ransom e prosseguiu. – Você está certo. Agora eu sei o que dizem em seu mundo sobre a justiça. E talvez digam bem, pois naquele mundo as coisas sempre

---

719. LEWIS, C. S., Uma força medonha, p. 471.

720. LEWIS, C. S., Perelandra, p. 57.

721. LEWIS, C. S., Perelandra, p. 59.

722. LEWIS, C. S., Perelandra, p. 283.

estão abaixo da justiça. Mas Maleldil sempre está acima dela. Tudo é dádiva. Sou Oyarsa não por dádiva apenas d'Ele, mas pela de nossa mãe de criação; não apenas pela dela, mas pela sua; não apenas pela sua, mas pela de minha mulher. Mais que isso, de certo modo, pela dádiva dos próprios animais e aves. Através de muitas mãos, enriquecida por muitos tipos diferentes de amor e trabalho, a dádiva chega a mim. É a Lei. Os melhores frutos são colhidos para cada um por alguma outra mão.[723]

Vimos no capítulo 2 que a experiência mística cristã não anula a identidade pessoal do ser, mas antes, a preserva e fortalece.[724] De fato, a alteridade constitui-se num importante traço da mística cristã. Por meio do encontro com Deus – Outro absoluto – (re)conhecemos nossa própria identidade e formamos nossa consciência, em relação com os outros. Esse fator também se faz presente na *Trilogia Cósmica*. Ransom reconhece a si mesmo, num processo de formação de sua própria identidade, em um dos momentos mais dramáticos da narrativa do primeiro livro. Durante uma caçada, após matarem o *hnakra* – uma espécie de animal aquático que representa o mal na narrativa – Ransom e os dois *hrossa* que estão com ele se abraçam, festejando a vitória. Nesse momento de absoluto reconhecimento mútuo (cada um percebendo o outro como um ser), o som de um tiro de rifle traz morte à Malacandra. Hyoi, o *hrossa* que havia encontrado Ransom, é assassinado a sangue-frio por Weston e Devine, os dois companheiros humanos de Ransom que o haviam raptado e levado até Malacandra.

> Quando Ransom se refez, os três já estavam na margem, molhados, fumegantes, trêmulos de exaustão e se abraçando. Agora não lhes parecia estranho estar agarrado a um tórax coberto de pelo molhado. O hálito dos *hrossa*, que, embora suave, não era humano, não lhe era desagradável. Estava em harmonia com eles. (...) Todos eram *hnau* [criaturas de Maleldil]. Postaram-se ombro a ombro diante de um inimigo, e o formato da cabeça deles não fazia mais diferença. E até mesmo ele, Ransom, tinha vivido a aventura sem se sentir desonrado. Tinha amadurecido. (...) Nesse instante, Ransom foi atingido por um som ensurdecedor – um som perfeitamente conhecido e que era a última coisa que queria ouvir. Era um som terrestre, humano e civilizado. Era até mesmo europeu. O estrondo de um rifle inglês. E aos seus pés Hyoi, arquejante, estava se esforçando para se levantar. Havia sangue na relva branca ali onde ele se debatia.[725]

---

723. LEWIS, C. S., Perelandra, p. 284-285.
724. SUDBRACK, J., Mística, p. 28.
725. LEWIS, C. S., Além do planeta silencioso, p. 109.

A morte de uma criatura passa a ser o assassinato de um ser que, mesmo alienígena, é humanizado. Ransom chora com a morte e o seu choro o muda. O encontro com o outro – alienígena – humaniza Ransom muito mais que o convívio com seus próprios semelhantes. Estes, aliás, são apenas meio *hnau* e o próprio Ransom se reconhece como integrante de uma raça pervertida que traz a morte.[726]

É interessante perceber que este tema surge em diversos outros trechos da Trilogia. Refletindo sobre sua convivência em Malacandra, Ransom percebe que o termo humano é muito mais amplo que apenas a semelhança física poderia demonstrar.

> No antigo planeta de Malacandra, ele conhecera criaturas que não eram nem de longe humanas na forma, mas que, com um maior conhecimento, se revelaram racionais e amistosas. Por trás de uma aparência estranha, ele descobrira um coração semelhante ao seu. (...) Pois agora ele percebia que a palavra "humano" se refere a algo mais que a forma do corpo, ou mesmo a mente racional. Refere-se também àquela comunhão de sangue e experiência que une todos os homens e mulheres na Terra.[727]

Da mesma maneira, em *Perelandra*, a Dama Verde tem sua identidade formada em sua relação com Maleldil, com Ransom, até mesmo com o Não homem Weston, agente do mal na narrativa. A identidade da Dama se plenifica no reencontro com o Rei no final do livro.[728] Aliás, o próprio Ransom se reconhece, num misto de espanto, reverência e admiração, ao enxergar o Rei daquele mundo pela primeira vez como uma imagem perfeita do Criador e como uma memória da condição de solidão de sua própria raça:

> - Não se afastem, não me levantem do chão – disse ele. – Nunca vi homem nem mulher antes. Passei toda a vida entre sombras e imagens partidas. Ó, meu Pai e minha Mãe, meu Senhor e minha Senhora, não se mexam, não me respondam ainda. Meus próprios pai e mãe eu nunca vi. Aceitem-me como seu filho. Estivemos sós no meu mundo por muito tempo.[729]

A essa fala de espanto, admiração e reconhecimento de si, a resposta dada é de amor, compaixão e compreensão. O Rei e a Dama de Perelandra, verdadei-

---

726. LEWIS, C. S., Além do planeta silencioso, p. 109-110.

727. LEWIS, C. S., Perelandra, p. 68-69. Esta compreensão alcança outras narrativas de Lewis. Em As crônicas de Nárnia, uma de suas obras mais conhecidas, Lewis apresenta a Feiticeira Branca de Nárnia como alguém que, embora aparentasse ser humana, não tinha nem uma gota de sangue humano e, por isso, era "ruim até a raiz do cabelo." (LEWIS. C. S., As crônicas de Nárnia, p. 138).

728. LEWIS, C. S., Perelandra, p. 286-287.

729. LEWIS, C. S., Perelandra, p. 278.

ros humanos em toda sua glória e esplendor, cumprem aqui cabalmente o que o salmista afirma sobre o valor da humanidade diante da criação. No salmo 8, o salmista, observando a glória de toda a criação, pergunta: "Quando contemplo o céu, obra de teus dedos, a luz e as estrelas que fixaste, o que é o homem, para que te lembres dele e o ser humano para que dele te ocupes?" E então ele exclama com toda satisfação: "Tu o fizeste um pouco inferior a um deus, e de glória e honra o coroaste." (Sl 8,4-6).

Como vimos, na *Trilogia Cósmica* são apresentados inúmeros elementos que se relacionam com a mística cristã: a integração de todo o cosmos, lido numa perspectiva panenteísta, e que se demonstra pela Música e pela Dança presentes no universo, unidos no canto do amor do qual fala Cardenal;[730] a percepção de Deus no mundo criado, animando-o a partir de dentro, um Deus-Emanuel, que segue conosco, que "atua a partir de dentro, que se coloca ao lado, que está junto, que serve e que pelo seu amor pretende despertar no ser humano a vontade de servir e de amar",[731] o encontro místico com Deus que, ao mesmo tempo que afirma a dignidade humana, torna o ser consciente de si mesmo e de sua finitude; a experiência mística de Deus que não pode ser descrita em plenitude, apesar de ocupar todas as áreas da vida em integralidade, que gera novas inter-relações, compreensão da própria identidade como querido e amado de Deus e como quem vive à espera do reencontro com o Senhor.

5.3. *Cartas de um diabo a seu aprendiz*: individualidade e encarnação da experiência mística cristã

Considerado um dos mais populares livros de C. S. Lewis, *Cartas de um diabo a seu aprendiz* foi publicado em capítulos durante o ano de 1942. Nesse livro, escrito com ironia e sagacidade profunda, Lewis apresenta as cartas de um secretário infernal, chamado Fitafuso,[732] direcionadas a seu sobrinho subalterno, um tentador aprendiz, informando-o sobre a arte de conquistar almas humanas. Do ponto de vista da mística cristã, esse livro trata de temas vinculados à mística, mas sempre de um viés específico: a visão infernal sobre os seres humanos e sobre Deus.

---

730. CARDENAL, E., Vida em amor, p. 24.
731. KUZMA, C., A ação de Deus e sua realização na plenitude humana, p. 233.
732. Screwtape, no original em inglês.

As cartas acompanham a vida de um recém-convertido ao cristianismo, denominado por Fitafuso de "paciente", desde seus primeiros passos na fé cristã até sua morte. Nesse texto, Lewis apresenta os demônios como seres ávidos por consumir os seres humanos e até mesmo uns aos outros. Como afirma Fitafuso em uma de suas cartas:

> Ele [Deus] realmente quer preencher o universo com inúmeras pequenas réplicas repugnantes de Si mesmo – criaturas cuja vida, em escala menor, será qualitativamente como a d'Ele. Nós [demônios] queremos apenas um gado que finalmente poderá ser transformado em alimento; Ele quer servos que finalmente poderão tornar-se filhos. Nós queremos sugá-los; Ele quer fortalecê-los. Somos vazios, e por isso queremos ser preenchidos; Ele está repleto e transborda. Nosso objetivo nessa guerra é um mundo no qual o Nosso Pai nas Profundezas possa absorver todos os outros seres nele mesmo; o Inimigo quer um mundo repleto de seres unidos a Ele e ainda assim distintos.[733]

Esse tema é ainda mais desenvolvido no final do livro, numa seção extra intitulada "Fitafuso propõe um brinde", na qual Lewis imagina um jantar anual no Inferno, oferecido aos "jovens Demônios pela Faculdade de Treinamento de Tentadores. O Diretor, Dr. Catarruspe, acaba de brindar à saúde de seus convidados. Fitafuso, convidado de honra, ergue-se para responder."[734] O que se segue é um longo discurso no qual Fitafuso estabelece alguns critérios para julgar os alimentos e bebidas – as almas humanas, ou melhor, as "poças residuais daquilo que já foi uma alma"[735] – que estavam sendo servidos naquela noite. Na lógica do livro, o Inferno subsiste à base da destruição de toda individualidade e da defesa ardorosa por um individualismo egoísta e autodestrutivo. Falando da tentação nesse discurso, Fitafuso afirma: "O verdadeiro objetivo é a destruição dos indivíduos. Pois somente os indivíduos podem ser salvos ou condenados à danação, somente eles podem tornar-se filhos do Inimigo [Deus] ou alimento para nós [demônios]."[736]

Vimos que não há unidade mística à custa da individualidade do místico que a experimenta. Antes, "a unidade do amor não dissolve a independência dos amantes, mas oferece a cada um dos parceiros uma segurança mais profunda em

---

733. LEWIS, C. S., Cartas de um diabo a seu aprendiz, p. 38. No livro, Inimigo refere-se a Deus.
734. LEWIS, C. S., Cartas de um diabo a seu aprendiz, p. 177.
735. LEWIS, C. S., Cartas de um diabo a seu aprendiz, p. 180.
736. LEWIS, C. S., Cartas de um diabo a seu aprendiz, p. 199-200.

si mesmo".[737] A unidade trina de Deus, vivenciada em amor mútuo, é o que proporciona esta multiplicidade de "eus" no mundo criado. Esta unidade do amor não elimina a dualidade dos parceiros que a vivenciam, pois ela "aprofunda a peculiaridade dos parceiros".[738]

Em uma das cartas desta obra, Fitafuso trata deste tipo de unidade de relacionamento entre Deus (tratado no livro como o "Inimigo") e o ser humano.

> O Inimigo também quer que os homens se afastem de si mesmos, mas de modo diferente. Lembre-se sempre que Ele realmente gosta desses vermezinhos, e que dá um valor absurdo para a individualidade de cada um deles. Quando Ele fala sobre o fato de eles perderem a si mesmos, Ele apenas se refere ao abandono da vontade própria; uma vez alcançado esse abandono, Ele lhes devolve toda a sua personalidade e gaba-se (desconfio que o faça sinceramente) do fato de que, quando eles pertencerem totalmente a Ele, serão mais eles mesmos do que nunca.[739]

Portanto, mesmo sendo apresentada, nesta obra, a partir de uma perspectiva infernal, e não celestial, a experiência de Deus é afirmada como o que promove a individualidade do ser. Assim, a relação com Cristo conduz à maturidade da identidade pessoal, consciente das sombras e luzes que constituem o ser, e que se torna mais "pessoa" da mesma maneira como Deus também é Pessoa.

Talvez seja interessante aqui questionar se a imagem de Deus que construímos, em nossas teologias e experiências de fé, afirma ou nega esse processo humano de construção da própria identidade. Para afirmar-se como Deus, pode-se perguntar, o ser humano deve ser reduzido a nada diante de sua majestade e soberania? A identidade humana em sua relação com Deus se forma às custas de sua liberdade?

Estas questões refletem muito do pensamento ateísta de nosso tempo: a ideia de que o ser humano, para realmente ser, precisa rejeitar toda segurança psicológica que supostamente viria a ele a partir de sua crença em Deus. "É preciso que o ser humano se encontre e se persuada de que nada pode salvá-lo dele próprio, mesmo uma prova válida da existência de Deus".[740] Todo teísmo, nessa lógica, conduziria a uma alienação de si mesmo; sendo assim, "é preciso, pois, que Deus morra para que o ser humano seja."[741]

---

737. SUDBRACK, J., Mística, p. 30.

738. SUDBRACK, J., Mística, p. 33.

739. LEWIS, C. S., Cartas de um diabo a seu aprendiz, p. 64.

740. GESCHÉ, A., O sentido, p. 47.

741. GESCHÉ, A., O sentido, p. 48.

Terão sentido tais críticas? Para valorizar o ser humano é necessário rejeitar Deus como participante da vida? Para a lógica de Fitafuso, sim. Aliás, em grande medida, as orientações que ele repassa ao seu sobrinho aprendiz referem-se às tentativas de destruir a liberdade humana, ora contrapondo a ela a soberania de Deus, ora deturpando-a com a prática de prazeres desvirtuados.

> Nunca se esqueça de que, quando lidamos com qualquer prazer, na sua forma normal e gratificante, estamos, de certo modo, no campo do Inimigo. Eu sei que já ganhamos várias almas através do prazer. Ainda assim, o prazer é invenção d'Ele, não nossa. Ele concebeu os prazeres. Nossa pesquisa, até o momento, não permitiu que produzíssemos sequer um deles. Tudo o que podemos fazer é encorajar os humanos a abordar os prazeres que o nosso Inimigo criou e usá-los de certas formas, ou em certos momentos, ou em certo grau que Ele tenha proibido. (...) A fórmula, portanto, resume-se a uma ânsia cada vez maior por um prazer cada vez menor.[742]

Ou, como afirma Joseph P. Cassidy, em seu comentário sobre o livro: "Lewis tem uma percepção apurada da autoria divina do prazer, mas também um aguçado senso da necessidade de ordem em todas as coisas. Desse modo, a estratégia do Inferno é privar o prazer de seu contexto natural e recontextualizá-lo artificialmente."[743]

Certamente uma resposta afirmativa a essas perguntas representa uma precipitação injusta que não refletiu correta e coerentemente sobre os termos: o que, afinal, queremos dizer quando falamos de identidade ou alteridade? E, mais importante: qual a imagem de Deus que é invocada para se decidir sobre tais questões? Pois se pensamos Deus como "Olhar" vigilante, um olhar sem pálpebras, incansavelmente vasculhando nossas vidas em busca de falhas de caráter ou pecados ocultos, então de fato sua presença será peso esmagador sobre nossos ombros e, em função disso, toda a alegria da liberdade será substituída pelo pavor de ser visto: "ouvi tua voz no jardim e porque estava nu (mas não foste Tu mesmo que me fizeste assim? Porque agora minha nudez seria uma surpresa para Ti?), tive medo e me escondi." (Gn 3.10). Percebe-se, então, que compreender Deus a partir dessa lente destrói todo e qualquer prazer da relação entre Criador e criatura. Caminhar pelo jardim ao lado de Deus, na viração do dia, já não mais representa um

---

742. LEWIS, C. S., Cartas de um diabo a seu aprendiz, p. 42-43.
743. CASSIDY, J. P., Sobre o discernimento, p. 167.

prazer, mas um pavor que produz fuga e quebra de relacionamentos interpessoais (seja com Deus, seja com o próximo[744]).

Mas Deus não é esse Olhar mortal (como o olhar petrificador da Medusa, na mitologia grega), mas antes é Face que nos interpela.[745] Mesmo no momento que o ser humano usa sua liberdade para negar-se a Deus, este Deus não o olha de um lugar distante, como se estivesse magoado ou ferido pela rejeição humana, mas se aproxima com uma pergunta – e não uma acusação – que estabelece o princípio da esperança e da possibilidade de retorno: "Adão, onde estás?" (Gn 3,9). A face de Deus, portanto, gera espaço para a formação da identidade, construída na alteridade, no encontro com os outros e com o Outro, isto é, o próprio Deus. Nas palavras de Gesché,

> O Outro (com O maiúsculo) – e isso, mais uma vez, não fomos nós que inventamos, foram outros que recentemente nos disseram –, o Outro não aparece aqui como salvador da alteridade? Não é porque existe o Outro, alteridade absoluta e inalterável, sem desgaste e infinita, que a ideia da alteridade permanece (ainda) entre nós?[746]

Sendo assim, a alteridade é condição da identidade. Somos no encontro com os outros, e apenas por causa dessas relações é que realmente somos. Nossa identidade nasce, dia a dia, no contato com as faces que nos interpelam. Na construção da nossa identidade, o outro é essencialmente necessário. Sem o outro, não há identidade pessoal. Isso ocorre por uma razão simples (embora não simplória), comumente negligenciada: não há sujeito em estado "puro"; todo sujeito é construído entre os outros. Todo ser que se busca reconhecer enquanto ser o faz em relação interpessoal; ambos estão inseridos na vida um do outro. A esse respeito, afirma Paul Ricoeur:

> Uma história de vida se mistura à história de vida dos outros. (...) O embaralhamento em histórias, longe de constituir uma complicação secundária, deve ser considerada a experiência *princeps* no assunto: primeiramente embaralhamento nas histórias antes de qualquer questão de identidade narrativa ou outra.[747]

---

744. "A mulher que tu me deste por esposa, ela me deu da árvore e eu comi" (Gn 3.12), defende-se Adão diante de Deus. A respeito desse rompimento de relações que desfigura o humano, RUBIO, A. G., Unidade na pluralidade, p. 117-180.

745. GESCHÉ, A., O sentido, p. 50.

746. GESCHÉ, A., O sentido, p. 62-63.

747. RICOEUR, P., Percurso do reconhecimento, p. 118.

Portanto, a identidade e a liberdade são relacionais. Nossa resposta livre sempre inclui o outro e a identidade nunca se constrói sozinha. Na verdade, a identidade pessoal sempre é formada no meio da diversidade múltipla onde o estranho e o diferente são acolhidos, embora isso não ocorra sem crises; percebe-se que o estranho também habita o interior do ser. Assim, uma relação plena com o outro só ocorre quando se reconhece a presença de um "outro estranho" em nós mesmos. Todo encontro com o outro, portanto, é um desafio enorme e permanente; porém, é inevitável.

Como vimos,[748] a relação entre identidade e alteridade é abordada por Lewis em outros livros. *Cartas a Malcolm* apresenta o valor da diversidade que, contudo, não anula a identidade pessoal, ao mesmo tempo que defende a identidade única e inegociável do ser humano sem que, com isso, seja gerado qualquer individualismo. Pois uma relação egoísta, que não sabe partilhar da presença dos outros, transforma-se numa amizade deficiente, incapaz de abrir-se ao outro. Esse tema – ou a crítica a ele –, como vimos, se faz presente nas Cartas de Fitafuso.

Neste livro, Lewis também trata do sentir-se abandonado por Deus – a noite escura da alma,[749] elemento presente na experiência de místicos cristãos – mas o faz a partir de uma perspectiva infernal e como consequência direta do tornar-se a imagem de Deus no mundo. Na argumentação proposta por Fitafuso, Deus "abandona" seus servos mais santos para transformá-los naquilo que Ele quer que eles sejam. A não percepção de Deus, portanto, tem também um objetivo didático: gerar em seus filhos e filhas a capacidade de andar com as próprias pernas – andar por fé, poderíamos dizer – mesmo quando esta não passa de um balbuciar incompreensível, um gemido sem palavras, um grito na cruz. As preces oferecidas nesses momentos, segundo Lewis, são as que mais agradam a Deus. Como propõe Fitafuso no final da sua carta:

> Nunca a nossa causa corre tanto perigo como quando um humano que não deseja mais, mas ainda assim tenciona fazer a vontade do nosso Inimigo, perscruta um universo do qual Ele parece ter desaparecido sem deixar rastro, e pergunta por que foi abandonado, e ainda obedece.[750]

Esse suposto abandono, por outro lado, é transformado em gozo e alegria no reencontro com Deus na morte do paciente.

---

748. No capítulo 5.

749. SÃO JOÃO DA CRUZ. Noite escura.

750. LEWIS, C. S., Cartas de um diabo a seu aprendiz, p. 40.

Ele [o cristão] também os viu. Eu sei como foi. Você recuou, cego e atordoado, sentindo-se mais ferido por eles do que ele jamais se sentira em relação às bombas. Ah, que humilhação tudo isso, o fato de essa coisa feita de pó e lodo poder ficar de pé, altivo e falar de igual para igual com espíritos perante os quais você, um espírito, apenas se encolheria de medo. Talvez você nutrisse a esperança de que toda a estranheza e assombro perante isso tudo acabaria por frustrar a alegria dele. Mas aí é que está a desgraça: os deuses são incomuns aos olhos mortais, mas ainda assim não são estranhos. Ele não tinha a menor ideia até aquele momento de como eles eram, e até mesmo duvidava de sua existência. Mas, quando os viu, soube que os conhecia desde sempre, e deu-se conta do papel que cada um teve em mais de um momento em sua vida, quando supunha estar sozinho – de tal modo que agora ele não diria a eles, um a um, "Quem são vocês?" e sim "Ah, então eram vocês o tempo todo".[751]

5.4. As crônicas de Nárnia: o canto de Aslam e as novas terras. Criação como espaço salvífico experimentado na relação mística com Deus-Criador e aberta ao futuro

As crônicas de Nárnia certamente constituem o conjunto de livros mais conhecido de C. S. Lewis, tanto em função de suas várias edições, como também pela produção de filmes de algumas crônicas.[752] Lewis sempre valorizou a literatura infantojuvenil e os contos de fada como formas muito eficientes e férteis para transmitir ideias e imagens que surgiam em sua mente. Aliás, reside aí muito de suas críticas ao sistema educacional de seu tempo. Em suas palavras, "Quando o menino passa da literatura infantil à escolar, ele retrocede em vez de evoluir."[753]

O processo de criação de *As crônicas de Nárnia* também surgiu por meio de imagens na mente de Lewis – especialmente a de um fauno carregando um guarda-chuva e pacotes em um bosque coberto de neve – que levaram-no a escrever o primeiro livro da série.

Algumas pessoas acham que eu comecei me indagando como poderia transmitir algo sobre o cristianismo para as crianças; depois, fixei no conto de fadas como um instrumento; em seguida, coletei informações sobre a

---

751. LEWIS, C. S., Cartas de um diabo a seu aprendiz, p. 164-165.
752. Já foram produzidos três filmes até o momento: *O leão, a feiticeira e o guarda-roupa*; *Príncipe Caspian*; *A viagem do peregrino da Alvorada*. Uma série para a televisão, sobre as Crônicas de Nárnia, está em produção.
753. LEWIS, C. S., Surpreendido pela Alegria, p. 41.

psicologia infantil e decidi para qual grupo etário escreveria; posteriormente, esbocei uma lista das verdades cristãs básicas e elaborei "alegorias" para personificá-las. Tudo isso é pura fantasia. Afinal de contas, eu não poderia escrever desse jeito. O processo todo iniciou com imagens; um fauno carregando um guarda-chuva, uma rainha andando de trenó, um magnífico leão. A princípio não havia nem mesmo qualquer aspecto cristão neles; esse elemento foi-se introduzindo na história em seus próprios termos.[754]

Se comparado ao tempo de produção da obra clássica de J. R. R. Tolkien – *O Senhor dos Anéis*, que demorou longos doze anos para ser concluída (1937 a 1949) –, *As crônicas de Nárnia* foram escritas em tempo relativamente curto. Lewis as escreveu num período de apenas seis anos. Isso não significa, contudo, que as crônicas tenham perdido qualidade no processo de produção. Ao contrário, em suas linhas, não há apenas a boa literatura, medida pela qualidade da narrativa e das histórias nelas relatadas, mas também existe transcendência e expressões da experiência mística cristã.

Nosso objetivo é analisar apenas duas das *crônicas de Nárnia*: *O sobrinho do mago*, e *A última batalha*.[755] Estas duas crônicas, do ponto de vista da cronologia narniana, iniciam e terminam, respectivamente, a história de Nárnia. Nesse sentido, elas abordam o tema proposto aqui: a criação de Nárnia como espaço salvífico, a partir do canto de Aslam, o Rei-Leão (que simboliza Cristo na narrativa), e o início de uma nova Nárnia – um novo céu e uma nova terra – mais real que a antiga. Para tanto, seguiremos a mesma proposta anterior: apresentaremos um breve resumo destas histórias a fim de nos ajudar na percepção dos elementos da mística cristã.

5.4.1. O sobrinho do mago

Escrita em 1955, *O sobrinho do mago* apresenta a narrativa mais antiga das histórias narnianas. De fato, o livro relata a criação de Nárnia, bem como a maneira pela qual as viagens entre Nárnia e o mundo aquém do guarda-roupa começaram a acontecer. A narrativa começa em Londres, com o encontro entre duas crianças: o menino Digory Kirke e a menina Polly Plummer, sua vizinha. A mãe

---

754. LEWIS, C. S., Essay collection and other short pieces, p. 45.

755. Para uma descrição destas e dos demais livros que compõem a série As crônicas de Nárnia, cf.: VASCONCELLOS, Marcio Simão de. O canto de Aslam: uma abordagem do mito na obra de C. S. Lewis. São Paulo: Reflexão, 2010, p. 60-86. Apesar de focarmos nesse capítulo apenas a primeira e a última das Crônicas (do ponto de vista da cronologia narniana), elementos da mística cristã podem ser encontrados em outros livros da série. Veremos isso no capítulo 6.

de Digory se encontra muito doente, o que lembra a experiência vivenciada pelo próprio Lewis quando criança. Por isso, o menino está morando na casa de seus tios André e Leta. Com o tempo chuvoso, as crianças decidem brincar dentro de casa, explorando uma passagem no sótão que dá acesso a todas as casas na vizinhança. Inadvertidamente, as crianças entram no estúdio secreto do tio André, personagem assustador e excêntrico, e lá encontram anéis mágicos. Tio André engana as crianças, oferecendo um dos anéis como presente para Polly. Ao tocá-lo, ela desaparece da sala. Friamente, Tio André explica a Digory que os anéis foram forjados a partir de um pó finíssimo, vindo de outro universo, e que quando Polly tocou o anel, foi transportada para esta outra realidade. Digory, temendo pela amiga, resolve utilizar outro anel para buscá-la nesse outro mundo.

Assim que toca o anel, Digory é transportado para outro mundo. Lá, encontra Polly em um bosque – o *Bosque entre Dois Mundos* – junto a um grande número de pequenos lagos. Na verdade, cada um desses lagos representa uma passagem para um mundo diferente. As crianças decidem experimentar outros lagos para explorar outros mundos. É assim que se encontram em Charn,[756] um mundo morto e no fim da existência, com um sol avermelhando brilhando no céu. Em Charn, Digory comete um erro e desperta do seu encantamento a Rainha Jádis (que se torna, posteriormente, a Feiticeira Branca em *O Leão, a Feiticeira e o Guarda-Roupa*). Jádis lhes conta a história de Charn: uma guerra contra sua irmã pelo trono do mundo a levou a pronunciar a Palavra Execrável, "uma palavra, a qual, se pronunciada com as cerimônias adequadas, destruiria todas as coisas vivas, menos a pessoa que a pronunciasse. (...) Não a usei até que fui forçada a fazê-lo."[757]

Ao tentarem escapar, as crianças trazem consigo a Rainha perversa, para nosso mundo. Em Londres, Jádis, utilizando um lampião de rua, promove um caos completo de destruição e desordem. Digory e Polly conseguem levar a Rainha de volta, ainda segurando o poste,[758] sendo acompanhados por um cocheiro chamado Franco, seu cavalo, Morango, e por Tio André. O grupo acaba chegando a um mundo ainda não criado, e lá assistem à criação de Nárnia através do canto de um grande e majestoso Leão: Aslam. Cada nota da canção de Aslam faz surgir

---

756. O termo charn faz alusão à capela mortuária, onde os cadáveres e ossos são sepultados. Na edição lançada pela ABU – Os Anéis Mágicos – o nome Charn é substituído por Sepul, indicando uma sepultura. De fato, Charn "se tornou um mundo sombrio, dominado por um decadente sol gigante num tom avermelhado" (DURIEZ, C., Manual prático de Nárnia, p. 190).

757. LEWIS, C. S., As crônicas de Nárnia, p. 38.

758. Este poste, em virtude da fecundidade provocada pela canção criadora de Aslam, acaba crescendo em Nárnia, tornando-se o lampião de rua do Ermo do Lampião, elemento que aparece em *O leão, a feiticeira e o guarda-roupa*.

algo novo no mundo recém-criado: notas mais agudas fazem as estrelas brilharem no céu noturno; uma canção mais agreste do que as outras cria os animais. Aslam separa alguns deles e estes recebem o dom da fala por meio de um sopro prolongado e cálido do Leão. Ao chamado de Aslam, não só os animais são criados, mas também os mitos terrestres – deuses e deusas da floresta, faunos, sátiros, o deus do rio com suas filhas, as náiades – despertam para amar, pensar, falar e saber.[759]

A chegada em Nárnia da Rainha Jádis implica afirmar que, mesmo contando com poucas horas de criação, o Mal, personificado pela rainha, já se fazia presente. Ao tentar conseguir com Aslam um fruto que curasse sua mãe do mal que a acometia, Digory é interrogado pelo Leão e acaba revelando a verdade: é ele o responsável pela chegada da Feiticeira. Mas Aslam o enxerga com olhos de compaixão e amor, e não condenação. O menino recebe uma missão: buscar, fora dos limites da terra de Nárnia, um fruto cuja semente, uma vez plantada em solo narniano, faria germinar uma árvore que impediria a volta da Feiticeira por um longo tempo. Auxiliados por Morango – agora transformado em Pluma, o primeiro cavalo-alado de Nárnia – Digory e Polly voam até alcançarem o Jardim onde poderiam colher o fruto desejado por Aslam.

Quando alcança o Jardim, Digory é tentado pela Feiticeira, que já havia provado do fruto. A sugestão de Jádis é que o menino abandone a missão, desobedecendo Aslam, e levando para a mãe doente um dos frutos para curá-la. À custa de grande sofrimento, Digory resiste às palavras da Feiticeira, e leva o fruto para o Leão. Seu retorno coincide com a coroação do primeiro rei e da primeira rainha de Nárnia: Franco e sua esposa Helena, que fôra chamada por Aslam.

Assim que o fruto é semeado por Digory, uma macieira nasce e cresce rapidamente. O seu perfume, alegria, vida e saúde para os narnianos, se torna um escudo contra a Feiticeira, pois representa morte, horror e desespero para ela. Por fim, antes de enviar as crianças de volta para casa, Aslam dá uma das maçãs da árvore para Digory levar para sua mãe. Assim que ela prova do fruto, dá sinais de melhora e, dentro de poucos dias, fica completamente curada. As sementes deste fruto são plantadas por Digory, dando origem a uma bela macieira. Quando, anos mais tarde, uma tempestade derrubou a árvore, Digory – então conhecido como o professor Kirk – utiliza sua madeira para construir um guarda-roupa. Este, posteriormente, é encontrado pela pequena Lúcia, marcando o começo de todas as idas e vindas entre Nárnia e o nosso mundo, que são relatadas nos outros livros da série.

---

759. LEWIS, C. S., As crônicas de Nárnia, p. 64.

5.4.2. A última batalha

Escrito em 1956, A *Última Batalha* registra os acontecimentos finais ocorridos em Nárnia até o fim do mundo. A história está repleta de elementos apocalípticos e de analogias com o julgamento anunciado por Cristo nos evangelhos.

Na narrativa, o macaco Manhoso, acompanhado pelo jumento Confuso, encontra uma pele de leão. Imediatamente, Manhoso elabora um plano, convencendo o jumento a vestir a pele a fim de se fazer passar por Aslam. Embora não concorde, a princípio, Confuso acaba cedendo e a notícia de que Aslam estaria de volta à Nárnia se alastra por todo o mundo. O Rei Tirian, atual monarca de Nárnia, e seu amigo, o unicórnio Precioso, ouvem as novas. Porém, escutam também notícias alarmantes: as árvores falantes do Ermo do Lampião estavam sendo derrubadas e sua madeira estava sendo vendida para a Calormânia; animais falantes estavam sendo forçados ao trabalho escravo. E tudo isso, aparentemente, sob as ordens do próprio Aslam.

Tirian e Precioso decidem investigar o que está acontecendo mas são feitos prisioneiros por um bando de calormanos e levados à presença do macaco Manhoso, que seu autointitula o porta-voz de Aslam. Segundo Manhoso, Aslam cansou-se de ser generoso com os animais falantes: era hora deles aprenderem que ele, Aslam, não era um leão domesticado e bondoso. O suposto leão esconde-se em um estábulo, aparecendo aos animais somente à noite, obviamente para evitar que a luz do dia revelasse a verdade do jumento vestindo uma pele de leão.

O rei clama a Aslam por auxílio, pedindo que as crianças que outrora ajudaram seu reino – os amigos de Nárnia – viessem novamente para libertar o mundo. Assim, Eustáquio e Jill são enviados para ajudar o rei. Com o auxílio das crianças, Tirian consegue resgatar Precioso. Juntos, descobrem sobre a farsa do falso Aslam. Decidem, então, libertar seus antigos aliados no acampamento inimigo. Lá, libertam um grupo de anões das mãos calormanas; porém, os anões, cansados de serem enganados com promessas sobre Aslam, decidem não prestar reverências a mais ninguém. O rei se entristece com o fato de que uma mentira sobre Aslam gerou descrença no verdadeiro Leão. O único que permanece fiel a Aslam e ao rei é o anão Poggin, que conta ao grupo quem realmente está por detrás da farsa: um gato falante, chamado Ruivo, e o calormano Rishda Tarcaã.

A tensão aumenta quando Tash, o deus calormano para quem eram oferecidos sacrifícios humanos, surge em Nárnia, espalhando o terror. O grupo encontra uma águia que lhes traz notícias terríveis: o castelo de Cair Paravel fora conquistado por tropas calormanas e vários narnianos, inclusive o grande amigo de Tirian, o centauro Passofirme, haviam sido mortos. É o fim de Nárnia!

Sem esperanças, o grupo decide voltar para o estábulo, onde a farsa continuava sendo mantida, para mostrar a todos o jumento com a pele do leão, desmascarando Manhoso e Ruivo. Lá ocorre a reunião dos animais, todos querendo ver Aslam (ou Thashlam, como Manhoso o chamava agora, unindo Aslam ao deus Tash). O gato Ruivo acaba entrando no estábulo. Porém, ao se encontrar diante de Tash, foge apavorado, perdendo para sempre o dom da fala. Emeth, um dos soldados calormanos, também decide entrar no estábulo, tamanho é o seu desejo por ver Tash.

Finalmente, a batalha entre o rei Trilian e seus aliados contra os adversários calormanos – a última batalha do último rei de Nárnia – acontece. Mas as forças de Nárnia não são suficientes para resistir ao exército calormano e, um após o outro, cada integrante da resistência narniana é lançado para dentro do estábulo. Trilian é o último a entrar. Dentro do estábulo (na verdade, uma passagem para o País de Aslam), o jovem rei reencontra Eustáquio e Jill, juntamente com todos os "amigos de Nárnia" que já haviam sido reis e rainhas em eras passadas, agora vestidos com riqueza e esplendor. Todos haviam sido transportados até ali após um acidente do trem no qual viajavam.

O verdadeiro Aslam surge e chama a noite sobre Nárnia. O Pai Tempo[760] é acordado pelo rugido do Leão e ganha um novo nome. Ao tocar sua trombeta, as estrelas começam a cair do céu: Aslam as chamava de volta para casa. Todas as criaturas de Nárnia são chamadas para atravessar o portal onde se encontrava Aslam, umas postando-se à direita do Leão, entrando pela Porta aberta, e outras, à esquerda, desaparecendo na enorme sombra de Aslam para nunca mais serem vistas.

Após a saída das criaturas de Nárnia, os dragões e os lagartos gigantes se apoderam do mundo, tornando a terra totalmente deserta. Por fim, tudo é coberto pelas águas. O Sol se torna vermelho e gigante; as águas, por causa do reflexo deste Sol ficam avermelhadas como sangue; a Lua se funde ao Sol, se transformando numa colossal bola de fogo. Quando tudo termina, a escuridão e o frio tomam conta do que antes fora Nárnia. Aslam ordena ao rei Pedro que feche definitivamente a porta. Pedro e seus irmãos, juntamente com Lorde Digory e Polly, Eustáquio, Jill e Trilian, seguem Aslam para o interior do seu país. No caminho, encontram o calormano Emeth que lhes fala de seu encontro com o Leão. Todo o serviço que Emeth havia prestado a Tash é aceito por Aslam, como se tivesse sido feito ao próprio Leão.

---

760. Este personagem é citado em outra das crônicas de Nárnia: A cadeira de prata. LEWIS, C. S., As crônicas de Nárnia, p. 611.

Após algum tempo, o grupo descobre que está em Nárnia, mas uma Nárnia diferente, muito mais real do que aquela da qual haviam saído. A Nárnia antiga "era apenas uma sombra, uma cópia da verdadeira"; eles haviam chegado no mundo de Aslam, onde não existe medo, dor ou cansaço.

No Jardim de Aslam, cercado por muros e um portão de ouro, eles reencontram Ripchip e vários outros personagens das Crônicas, como o fauno Tumnus; o rei Cor e sua esposa Aravis, junto com seu pai, o rei Luna, e seu irmão, o príncipe Corin; o cavalo Bri e a égua Huin; e, voltando mais ainda no tempo, o primeiro cavalo alado de Nárnia, Pluma, e o primeiro Rei e a primeira Rainha narnianos, Franco e Helena, de quem descendiam todos os reis mais antigos de Nárnia e da Arquelândia. Por fim, os amigos de Nárnia são informados por Aslam que houve um acidente com o trem no qual viajavam e todos estão mortos, "como se costuma dizer nas Terras Sombrias. Acabaram-se as aulas: chegaram as férias! Acabou-se o sonho: rompeu a manhã!"[761]

5.4.3. A mística cristã em *O sobrinho do mago* e *A última batalha*

Como vimos anteriormente, a mística cristã conduz a uma integração com o cosmo, compreendido como habitação de Deus. O espanto e a sedução diante da beleza do mundo, torna os espaços sagrados, plenos da vida divina. A experiência mística de Deus leva à "experiência do mundo e seus anseios, que são vivenciados como 'nada'. Mas eles não são dissolvidos numa unidade com o absoluto, no encontro do místico com o absoluto, porém vivenciados mais profundamente na veracidade do seu ser."[762] Justamente essa experiência de unidade com Deus e o cosmo que valoriza a criação como santuário de Deus, sem dissolvê-la no Criador. Como vimos, "Deus atua na natureza de maneira muito íntima e efetiva, ainda que sempre misteriosa".[763] A partir daí, qualquer dualismo antropológico e cosmológico é denunciado como contrário à fé cristã.

Se, como afirma o texto bíblico, toda a criação foi feita por Cristo, para Ele e Nele, então não há sentido em divorciar a ação salvadora de Deus de sua ação criadora; ambas se encontram na encarnação do Verbo de Deus. Por isso, afirma Garcia Rubio:

> Ora, o Deus da encarnação é o mesmo Deus da criação. A criação já é o começo da salvação. Na criação encontramos já o movimento *kenótico* em

---

761. LEWIS, C. S., As crônicas de Nárnia, p. 737.

762. LEWIS, C. S., As crônicas de Nárnia: volume único, p. 29.

763. HAUGHT, J. F., Cristianismo e ciência, p. 113-114.

Deus. Livremente, o Deus criador-salvador faz espaço para a criatura, "deixa ser" a criatura. A criação encontra sua fonte no amor divino, a primeira *kénose*. Na realidade, pode-se afirmar que a *kénose* faz parte da realidade de um Deus criador que entrega à liberdade humana a corresponsabilidade pelo mundo criado.[764]

Essa íntima relação entre criação, vida e salvação transparece em *O sobrinho do mago*. Como vimos, a criação de Nárnia é testemunhada por duas crianças – Polly e Digory – e pelo tio deste, um personagem mesquinho chamado Tio André.

No escuro, finalmente, alguma coisa começava a acontecer. Uma voz cantava. Muito longe. Nem mesmo era possível precisar a direção de onde vinha. Parecia vir de todas as direções, e Digory chegou a pensar que vinha do fundo da terra. Certas notas pareciam a voz da própria terra. O canto não tinha palavras. Nem chegava a ser um canto. De qualquer forma, era o mais belo som que ele já ouvira. Tão bonito que chegava quase a ser insuportável. (...) E duas coisas maravilhosas aconteceram ao mesmo tempo. Uma: outras vozes se uniram à primeira, e era impossível contá-las. Vozes harmonizadas à primeira, mais agudas, vibrantes, argênteas. Outra: a escuridão em cima cintilava de estrelas. (...) As novas estrelas e as novas vozes surgiram exatamente no mesmo tempo. Se você tivesse visto e ouvido aquilo, tal como Digory, teria tido a certeza de que eram as estrelas que estavam cantando e que fora a Primeira Voz, a voz profunda, que as fizera aparecer e cantar.[765]

Em certo momento da história, afirma-se que ouvir a canção era ouvir as coisas que o próprio Leão estava criando; na verdade, todas as coisas provinham da mente de Aslam.[766] Nesse sentido, Nárnia respira porque Aslam soprou sobre ela seu fôlego de vida, por meio da canção. Esse dinamismo criativo permanece em Nárnia, pulsando e renovando todas as coisas. De igual forma, "a ação criado-

---

764. RUBIO, A. G., A teologia da criação desafiada pela visão evolucionista da vida e do cosmo, p. 38. Tratando do tema da liberdade humana diante da onipotência divina, Lewis deixa transparecer uma visão semelhante em sua alegoria O regresso do peregrino. Ao final do livro, o diálogo entre John e seu Guia abordam o tema:
"– (...) O proprietário tem assumido o risco de trabalhar a terra com arrendatários livres em vez de escravos acorrentados em grupos e, uma vez que são livres, não há como impedi-los que visitem lugares proibidos e comam frutos proibidos. Até certo ponto, ele pode tratá-los mesmo quanto tiverem feito isso e reprimir-lhes o hábito. Mas, para além desse ponto, você pode ver por você mesmo." (LEWIS, C. S., O regresso do peregrino, p. 279).
765. LEWIS, C. S., As crônicas de Nárnia: volume único, p. 56.
766. LEWIS, C. S., As crônicas de Nárnia: volume único, p. 60.

ra divina está sempre interagindo com a criação",[767] não como intervenção externa, mas como poder dinâmico que brota do mais profundo do ser e anima todas as coisas. Ou ainda: "O Deus cristão, pregado por Jesus Cristo, é um Deus que atua a partir de dentro, que se coloca ao lado, que está junto, que serve e que pelo seu amor pretende despertar no ser humano a vontade de servir e de amar."[768]

Isso pode ser visto quando o Leão Aslam exclama para os animais a quem deu o dom da fala: "Criaturas, eu lhes dou a si mesmas. Dou-lhes para sempre esta terra de Nárnia. Entrego-lhes as matas, os frutos e os rios. Entrego-lhes as estrelas e entrego-lhes a mim mesmo."[769] Este entregar-se a si mesmo para o mundo recém-criado parece ser uma referência à *kénosis* divina em sua autocomunicação ao mundo.

Por isso, reafirmamos a importância de se perceber a criação como templo de Deus, como o faz o Salmo 29. Nesse salmo, trovões são ouvidos, relâmpagos cruzam os céus, e a tudo isso o salmista não hesita em atribuir-lhes uma fonte divina: é a poderosa voz do Senhor sobre as águas, que, cheia de majestade, despedaça os cedros do Líbano e faz tremer o deserto de Cades. E o salmista conclui assim seu hino de louvor: "no seu templo [isto é, na criação de Deus] tudo diz: Glória!" (Sl 29.3-9).

Nesse sentido, como afirma Omar David Gutiérrez Bautista, "a criação da luz, do firmamento em imbricada harmonia coma música, símbolo da beleza e do sublime. O ato da criação é um ato de beleza, estético".[770] Tal ato criador é, em Nárnia, repleto de beleza, encantamento e magia. A força da criação de Aslam permanece dando vida a tudo. O dom da fala é dado a alguns animais também por meio do fôlego do Leão, ou de sua *ruah*, ousaríamos dizer.

> O Leão, cujos olhos jamais piscavam, olhava para os animais com dureza, como se fosse incendiá-los com o olhar. Uma transformação gradativa começou a ocorrer neles. Os menorzinhos – os coelhos, as toupeiras e outros do tipo – ficaram um pouco maiores. Os grandões ficaram um pouco menores. Muitos animais estavam sentados nas patas traseiras. Muitos viravam a cabeça de lado com se quisessem entender. O Leão abriu a boca, mas não produziu nenhum som: estava soprando, um sopro prolongado e cálido. O sopro parecia balançar os animais todos, como o vento balança

---

767. RUBIO, A. G., A teologia da criação desafiada pela visão evolucionista da vida e do cosmo, p. 35.

768. KUZMA, C., A ação de Deus e sua realização na plenitude humana, p. 232.

769. LEWIS, C. S., As crônicas de Nárnia, p. 65.

770. BAUTISTA, O. D. G., Palabra creadora y visión poética del mundo, p. 39.

uma fileira de árvores. Lá em cima, além do véu de céu azul que as esconde, as estrelas cantaram novamente: uma música pura, gelada, difícil. Depois, vindo do céu ou do próprio Leão, surgiu um clarão feito fogo (mas que não queimou nada). (...) A voz mais profunda e selvagem que jamais haviam escutado estava dizendo:
– Nárnia, Nárnia, desperte! Ame! Pense! Fale! Que as árvores caminhem! Que os animais falem! Que as águas sejam divinas![771]

A criação de Deus revela-se aberta ao futuro. A sua plenitude ocorre no último livro da série, *A Última Batalha*. Antes de tudo, há semelhanças entre a narrativa e os textos de caráter apocalíptico presentes no Novo Testamento. De fato, o juízo de Nárnia possui uma grande semelhança com o julgamento anunciado por Jesus em Mateus 25,31-34 e a separação entre justos e injustos, salvos e perdidos, à direita e à esquerda de Cristo. Ao comparar esses textos, é possível perceber essas semelhanças:

[as criaturas de Nárnia] ao chegarem perto de Aslam (...) olhavam direto para a face do Leão (...). Algumas, quando olhavam, a expressão de seus rostos mudava terrivelmente, com uma mistura de temor e ódio, exceto na cara dos animais falantes: nestes, tanto temor quanto ódio duravam apenas uma fração de segundos, pois, na mesma hora, deixavam de ser animais falantes, tornando-se simples animais comuns. E todas as criaturas que olhavam para Aslam daquele jeito desviavam-se para a direita (isto é, à esquerda dele), desaparecendo no meio de sua imensa sombra negra, que (como já lhes disse) se espraiava para a esquerda, do lado de fora do portal. As crianças nunca mais viram essas criaturas. (...) Outras, porém, olhavam para a face de Aslam e o amavam, embora algumas ficassem ao mesmo tempo muito assustadas. E todas essas criaturas entravam pela Porta, colocando-se ao lado direito de Aslam.[772]

A razão para essa divisão feita por Aslam é a mesma presente no evangelho de Mateus: uma suposta experiência com Aslam que, na verdade, por ser falsa não conduz à vivência ética na vida narniana. Nesse sentido, o encontro místico com Deus (ou com Aslam) conduz à vivência da misericórdia para com o próximo. Quando isso não ocorre, os animais, na narrativa narniana, perdem o dom da fala. Transpondo a alegoria para as relações humanas, podemos dizer que, caso o

---

771. LEWIS, C. S., As crônicas de Nárnia, p. 64.
772. LEWIS, C. S., As crônicas de Nárnia, p. 720.

encontro com Deus não conduza a essa vivência para fora de si mesmo, corremos o risco de nos desumanizar, perdendo nossa "capacidade de fala".

Como vimos nesse capítulo, é possível estabelecer diversas relações de caráter teológico e místico entre os textos ficcionais de Lewis e a experiência mística cristã. A literatura fantástica de Lewis revela-se capaz de promover compreensões teológicas e místicas sobre a criação divina e a relação de Deus com o mundo. E o faz por meio da riqueza da literatura fantástica. Se é assim, então confirmamos nossa hipótese: a literatura fantástica é meio de expressão da mística. No próximo capítulo, voltaremos mais uma vez a essa questão central.

Capítulo 6 | Literatura fantástica como lugar da mística cristã

> *O Belo Reino não pode ser capturado numa rede de palavras, porque uma de suas qualidades é ser indescritível, porém não imperceptível.*
>
> J. R. R. Tolkien

> *– Nárnia, Nárnia, desperte! Ame! Pense! Fale! Que as árvores caminhem! Que os animais falem! Que as águas sejam divinas!*
>
> C. S. Lewis

Neste capítulo, abordaremos mais detalhadamente a literatura fantástica, suas características e especificidades, compreendendo-a como lugar de expressão da experiência mística cristã. Nosso objetivo é reconhecer as inter-relações possíveis, não apenas entre literatura e teologia, mas entre uma forma específica da literatura – a fantástica – e a experiência mística cristã, fonte das sistematizações teológicas.

6.1. Literatura fantástica: definição, características e limites

A literatura fantástica tem sido objeto de estudo de muitos estudiosos, o que por si só revela tanto a complexidade como a pluralidade de perspectivas que esse tema apresenta. De fato, não consiste uma tarefa simples definir o que seja Literatura Fantástica.[773] Em seu excelente livro *A literatura fantástica: cami-*

---

773. A literatura fantástica também encontra seus representantes na América Latina. Estudos recentes, como os produzidos durante o VI Encontro Nacional O Insólito como Questão na Narrativa Ficcional, pro-

nhos teóricos, Ana Luiza Silva Camarani desenvolve, em retrospecto, uma análise dos principais teóricos que se debruçaram sobre o tema no decorrer da história. Essas múltiplas perspectivas se inter-relacionam mutuamente, cada uma ressaltando aspectos desse gênero literário, essenciais para a sua compreensão. Em virtude da proximidade entre gêneros distintos, como a narrativa fantástica, o romance gótico e o realismo mágico,[774] definir categoricamente a literatura fantástica – e com isso, estabelecer seus contornos exatos – constitui empreitada bastante complexa. Como afirma a autora:

> (...) apesar do grande número de estudos teóricos, alguns bastante recentes, há certa flutuação no que se considera como narrativa fantástica no sentido estrito do termo, isto é, uma modalidade literária muito bem definida. Essa oscilação pode ser explicada pelos traços comuns existentes entre o romance gótico, a narrativa fantástica e o realismo mágico, uma vez que essas três modalidades exigem, em sua construção, duas configurações discursivas diversas: a realista e a não realista, na qual o sobrenatural ou insólito se manifesta. Contribui para dificultar essas distinções a questão do desenvolvimento do fantástico a partir do século XX, indicado como fantástico atual, contemporâneo ou neofantástico.[775]

Não é apenas Camarani que reconhece tal dificuldade na definição da literatura fantástica. Em seu *O fictício e o imaginário*, Wolfgang Iser afirma:

> Se o discurso fundante provoca o caráter de evento da fantasia, reflete-se aqui a incontrolabilidade própria à fantasia e a consequente dificuldade em defini-la. Confinar a fantasia a contextos, quaisquer que sejam seus fins,

---

movido pelo Instituto de Letras da UERJ, no período de 30 de março a 1º de abril de 2015, que abordou o tema "Vertentes do fantástico no Brasil: tendências da ficção e da crítica", tem levantado novas discussões sobre a análise de autores brasileiros e latino-americanos na perspectiva do elemento fantástico de suas narrativas. Autores como Machado de Assis ou o argentino Jorge Luis Borges podem ser apontados como claros representantes da literatura fantástica em contexto latino-americano. A respeito: ESTEVES, M. L. G. M., O fantástico em Edgar Allan Poe e Machado de Assis. Analisando a literatura de Borges, Rafael Camorlinga Alcaraz afirma: "O multifacetismo de Borges dá novo alento à poesia, contaminando-a deliciosamente com os embalos do tango; nos faz lembrar que o realismo é apenas uma fase na história da produção literária – a grande literatura ocidental não é realista; nos seus ensaios ele relativiza a crítica literária, privilegia a análise da linguagem, explora a irrealidade do mundo real." (ALCARAZ, R. C., Literatura fantástica Borgiana e realismo mágico latino-americano, p. 021/028, Florianópolis, jan-dez / 2005, p. 24. Grifo nosso).

774. CAMARANI, A. L. S., A literatura fantástica, p. 7.

775. CAMARANI, A. L. S., A literatura fantástica, p. 7.

significa em primeiro lugar servir-se dela, e muitas vezes os fins são confundidos com a definição.[776]

Interessante perceber que esse risco descrito acima é muito semelhante ao risco do aprisionamento da própria experiência teológica, quando suas formas de expressão são confundidas com a experiência em si. Voltaremos a esse ponto no final do capítulo.

É de Charles Nodier (1780-1844) a prerrogativa de desbravar as teorizações sobre o tema do fantástico na literatura.[777] Para Nodier, o desenvolvimento da literatura fantástica deu-se em três etapas: a primeira refere-se à poesia, por meio da qual eram apresentadas as sensações experimentadas pelo ser humano em contato com o mundo. Tratava-se de descrever e representar o mundo material "por meio das sensações que despertavam nos espectadores."[778] Num segundo momento, o foco poético volta-se ao desconhecido, e o ser humano pela poesia aprofunda as leis ocultas da sociedade, estudando as fontes secretas da organização universal e, escutando "no silêncio da noite a maravilhosa harmonia das esferas, inventou as ciências contemplativas e as religiões."[779]

O terceiro foco, enfim, é o que Nodier chama de invenção da mentira, uma "região ideal, menos imponente, mas não menos rica em seduções",[780] cuja existência fornece à literatura fantástica um elemento divino-imaginativo.

> Desse modo, a mentira, que Nodier reconhece como procedente da imaginação, faz nascer um terceiro mundo, o mundo fantástico. Ao resumir suas ideias, o escritor assinala que, dessas três operações sucessivas – a da inteligência que fundou o mundo material, a do gênio divinamente inspirado que pressentiu o mundo espiritual e a da imaginação que criou o mundo fantástico –, compôs-se o vasto império do pensamento humano. Essas três etapas evidenciam uma das principais características do fantástico: este não se apresenta como fruto de mentes perturbadas, visionárias ou alucinadas, mas é oriundo do racional, do desenvolvimento da mente humana.[781]

---

776. ISER, W., O fictício e o imaginário, p. 241.
777. CAMARANI, A. L. S., A literatura fantástica, p. 13.
778. CAMARANI, A. L. S., A literatura fantástica, p. 14.
779. CAMARANI, A. L. S., A literatura fantástica, p. 14.
780. CAMARANI, A. L. S., A literatura fantástica, p. 14.
781. CAMARANI, A. L. S., A literatura fantástica, p. 14.

Para Nodier, aliás, a literatura fantástica constituiu uma resposta aos anseios humanos por sensações e experiências que ultrapassassem os limites do racionalismo então presente na Europa e alimentado pela Revolução Francesa. Esgotado pela aridez de um racionalismo incapaz de fornecer respostas profundas sobre o sentido da vida, o ser humano necessita de algo que o faça transpor fronteiras, indo ao encontro de fenômenos que não pode conhecer completamente. Assim, sem negar a razão, a literatura fantástica amplia os espaços criativos do ser humano, apresentando-o ao elemento do indizível e do fantástico.

A literatura fantástica "se deleita em apresentar homens como nós, situados subitamente na presença do inexplicável, mas em nosso mundo real"; ela se "nutre dos conflitos entre o Real e o possível."[782] Por isso, o fantástico não é escapismo ou fuga da realidade. Antes, "o fantástico deve aparecer ligado à representação do Real, pois é justamente o desequilíbrio ou a perturbação das leis reconhecidas que determina essa modalidade literária. Daí o Real ser imprescindível para a compreensão do fantástico."[783] Este real, contudo, não é prisão, mas ponto de partida para a percepção da estranheza característica da literatura fantástica, que deixa às claras os limites da razão, redimindo-a no processo. Esse elemento insólito, estranho, quando inserido na vida cotidiana, gera o fantástico. Na definição proposta por Piere-Georges Castex,

> O fantástico não se confunde com as histórias de invenções convencionais, como as narrações mitológicas ou os contos de fadas, que implicam uma transferência da nossa mente (*um dépaysemente de l'esprit*) para um outro mundo. O fantástico, ao contrário, é caracterizado por uma invasão repentina do mistério no quadro da vida real (...).[784]

Seguindo a mesma linha, Roger Caillois (1913-1978) descreve as manifestações do fantástico na literatura da seguinte maneira:

> O fantástico manifesta um escândalo, uma laceração, uma irrupção insólita, quase insuportável, no mundo da realidade. (...) O fantástico é, assim, ruptura da ordem reconhecida, irrupção do inadmissível dentro da inalterável legalidade cotidiana, e não substituição total de um universo real por um exclusivamente fantasioso.[785]

---

782. VAX, L., Arte y literatura fantasticas, p. 6. T.A.

783. CAMARANI, A. L. S., A literatura fantástica, p. 15.

784. CESERANI, R., O fantástico, p. 46.

785. CESERANI, R., O fantástico, p. 47.

Na lógica ordeira das estruturas cognitivas bem estabelecidas, o fantástico é o elemento misterioso, intruso que, no entanto, é bem-vindo pois ajuda a revelar outras dimensões da vida, fora do alcance da mera racionalização. Vale ressaltar, da definição anterior, a interconectividade entre os dois universos – o Real e o fantasioso. Não são outros que não seres humanos concretos, históricos, culturalmente condicionados e por meio de sua razão que imaginam novos e fantásticos mundos. Por isso, a fantasia inventiva não requer a destruição da realidade percebida pelos sentidos e nem impede que esses mundos tão diferentes entrem em contato. Antes, a fantasia enriquece a realidade com novas matizes que geram novos sentidos para percebê-la. Olhos e ouvidos tocados pela imaginação fantástica não só enxergam e ouvem melhor, mas são capazes de perceber tons novos e abundantemente frutíferos para a elaboração de um mundo mais humano. Ou, como diz C. S. Lewis,

> (...) o país das fadas desperta no menino um anseio por algo que ele não sabe o que é. Comove-o e perturba-o (enriquecendo toda a sua vida) com a vaga sensação de algo que está além de seu alcance, e, longe de tornar insípido ou vazio o mundo exterior, acrescenta-lhe uma nova dimensão de profundidade. O menino não despreza as florestas de verdade por ter lido sobre florestas encantadas: a leitura torna todas as florestas de verdade um pouco encantadas.[786]

Esse (re)encantamento do mundo é apresentado pela literatura fantástica como uma espécie de oposição participante entre a "existência da ordem do sobrenatural que se opõe a do Real".[787] Como afirmamos, longe de descaracterizar o Real, tornando-o nulo em comparação com o fantástico que se revela, esse reencantamento reestrutura o mundo, dando-lhe riqueza de conteúdo e significado.

Camarani apresenta a definição de literatura fantástica elaborada por outro autor – Louis Vax – que, em seu livro *La séduction de l'étrange*, de 1965, afirma:

> A narrativa fantástica, pelo contrário, gosta de nos apresentar, habitando o mundo real onde nos encontramos, homens como nós, postos de súbito em

---

786. LEWIS, C. S., As crônicas de Nárnia, p.747. A expressão "país das fadas", tanto em Lewis como em J. R. R. Tolkien, refere-se ao universo mágico da literatura fantástica. Na contramão dessa perspectiva de encontro entre o fantástico e o Real, os livros da série Harry Potter, escritos por J. K. Rowling, caminham numa direção diferente, opondo radicalmente o elemento fantástico ao mundo real. Nas narrativas de seus livros, a magia é algo exclusivo do mundo mágico de Hogwarts, e fora deste, ela é proibida. Os "trouxas" – seres humanos não pertencentes ao mundo mágico – são incapazes de compreender ou mesmo aceitar a magia, por isso não devem ser participantes desta.

787. CAMARANI, A. L. S., A literatura fantástica, p. 31.

presença do inexplicável. (...) o fantástico nutre-se dos conflitos do Real e do possível.[788]

Novamente, advoga-se aqui a inter-relação entre o universo real e o fantástico, elemento essencial à própria experiência religiosa cristã, como veremos a seguir. O fantástico se "enraíza na banalidade do dia a dia"[789]. Para Vax, "o fantástico começa a insinuar-se dissimuladamente em um universo cotidiano e termina por transformá-lo completamente."[790] É dessa transformação que advém um dos valores da literatura fantástica; esta não propõe fuga do mundo, mas subversão do que é absolutizado como verdade a respeito desse mundo. Em termos religiosos, poderíamos dizer que a literatura fantástica ajuda a rejeitar a absolutização de uma suposta Verdade-Doutrina, tida como unívoca. Num universo aberto ao estranho e ao fantástico não há espaço para propostas que, embora sendo historicamente construídas, sejam consideradas definitivas e absolutas em si mesmas por indivíduos ou grupos que as promulgam.

Continua Camarani:

> Para Vax, o estranho é uma tentação, algo que o homem sofre, mas frui ao mesmo tempo, isto é, o sentimento do estranho mostra uma ambivalência: consciência do estranho, sedução do estranho, horror do estranho configuram-se como um todo. Assim, esse sentimento não existe em si, mas para o homem que o sofre, dele desfruta ou o estuda.[791]

No encontro entre a experiência individual e o estranho que manifesta o elemento fantástico, encontra-se a dúvida: "ansiedade fantástica, como toda ansiedade, alimenta-se de dúvida e não de certeza."[792] Essa característica direciona alguns teóricos a estabelecer uma divisão entre os diversos gêneros que, para outros, fazem parte da mesma literatura fantástica. Assim, Roger Caillois, por exemplo, diferencia o conto de fadas da literatura fantástica usando como critério a maneira como o universo fantástico interage com o Real. O primeiro caracteriza-se pelo fantástico que se acrescenta ao mundo real da narrativa "sem atacá-lo, nem destruir sua coerência",[793] ou seja, trata-se do mundo encantado que é harmonioso

---

788. CAMARANI, A. L. S., A literatura fantástica, p. 43.

789. CAMARANI, A. L. S., A literatura fantástica, p. 49.

790. CAMARANI, A. L. S., A literatura fantástica, p. 49.

791. CAMARANI, A. L. S., A literatura fantástica, p. 44.

792. CAMARANI, A. L. S, A literatura fantástica, p. 48.

793. CAMARANI, A. L. S, A literatura fantástica, p. 55.

e não contraditório, no qual as histórias sofridas pelos personagens ilustram a luta do bem contra o mal, mas sem o elemento conflituoso.

> No fantástico, ao contrário, o sobrenatural aparece como uma ruptura da coerência universal; o prodígio torna-se uma agressão interdita, ameaçadora, que quebra a estabilidade de um mundo cujas leis eram, até então, tidas como rigorosas e imutáveis. É o impossível chegando de improviso em um mundo do qual foi banido por definição. Assim, em oposição à narrativa feérica, "(...) *le fantastique* (...) *manifeste un scandale, une déchirure, une irruption insolite, presque insupportable dans le monde réel.*" (CAILLOIS, 1966a, p.8, grifo nosso). Outra oposição apontada por Caillois diz respeito ao final feliz dos contos de fadas, enquanto as narrativas fantásticas desenvolvem-se em um clima de terror e terminam quase inevitavelmente por um acontecimento sinistro que provoca a morte, o desaparecimento ou a danação do herói; depois a regularidade do mundo retoma seus direitos.[794]

Como se observa, as tentativas de definir o conceito do fantástico e da própria literatura fantástica se diversificam, em maior ou menor grau, de acordo com o autor estudado. Essas perspectivas múltiplas, porém, revelam a própria fragilidade da linguagem em definir e/ou enclausurar esse elemento do fantástico, tanto na vida quanto na literatura.

Tzvetan Todorov (1939-2017), por exemplo, descreve a literatura fantástica como fruto de uma "hesitação experimentada por um ser que só conhece as leis naturais, face a um acontecimento aparentemente sobrenatural."[795] Tal hesitação, vivida pelo personagem da narrativa e pelo leitor que com ele se identifica, não é capaz de interpretar o fenômeno que descreve apenas como uma alegoria ou poeticamente[796]. Para Remo Ceserani, o texto de Todorov representa um excelente exercício de sistematização, feito de forma original, "de uma modalidade literária até então pouco estudada, ou relegada a segundo plano, como a literatura de gêneros ou de consumo."[797] De fato, é inegável a contribuição de Todorov para o estudo do tema, embora esta, como proposto, já tenha sido alvo de críticas as mais variadas.[798]

---

794. CAMARANI, A. L. S., A literatura fantástica. Tzvetan Todorov também apresenta a seguinte definição do fantástico, proposta por Caillois: "Todo o fantástico é ruptura da ordem estabelecida, irrupção do inadmissível no seio da inalterável legalidade cotidiana." (CAILLOIS apud TODOROV, T., Introdução à literatura fantástica, p. 32). Voltaremos a esse ponto quanto tratarmos do fantástico como forma de mística cristã.

795. TODOROV, T., Introdução à literatura fantástica, p. 31.

796. TODOROV, T., Introdução à literatura fantástica, p. 39.

797. CESERANI, R., O fantástico, p. 135.

798. Mais tarde, voltaremos a Todorov.

É possível compreender a literatura fantástica como uma nova "modalidade do imaginário, criada no fim do século XVIII e utilizada para fornecer eficazes e sugestivas transcrições da experiência humana da modernidade".[799] Essa definição, contudo, acaba por limitar o gênero a alguns textos e escritores do século XIX. Na contramão dessa definição limitadora, outros autores alargam o campo de ação do fantástico, incluindo no interior desse gênero, sem qualquer limite histórico, todo "um setor da produção literária, no qual se encontra confusamente uma quantidade de outros modos, formas e gêneros, do romanesco ao fabuloso, da *fantasy* à ficção científica, do romance utópico àquele de terror, do gótico ao oculto..."[800]

Para fins de nossa análise, neste capítulo, compreenderemos a literatura fantástica como

> um 'modo' literário que teve raízes históricas precisas e se situou historicamente em alguns gêneros e subgêneros, mas que pôde ser utilizado – e continua a ser, com maior ou menor evidência e capacidade criativa – em obras pertencentes a gêneros muito diversos. (...) Porém, há uma precisa tradição textual, vivíssima na primeira metade do século XIX, que continuou também na segunda metade e em todo o século seguinte, na qual o modo fantástico é usado para organizar a estrutura fundamental da representação e para transmitir de maneira forte e original experiências inquietantes à mente do leitor.[801]

São justamente essas experiências inquietantes, da qual fala Ceserani, o ponto focal pelo qual podemos compreender o fantástico como uma forma de expressão de uma experiência mística. Pois, as narrativas relacionadas ao fantástico são profundamente envolventes; "tiram o chão" do leitor, inserindo-o num mundo novo, no qual o cotidiano é confrontado – tanto na tranquilidade do país das fadas como no medo que o desconhecido-fantástico traz consigo – por elementos repletos de mistério e assombro. Tais narrativas trazem ao âmbito do cotidiano, marcado pelos relacionamentos interpessoais, pelo trabalho, pelo estudo, pelos prazeres, pelas dores, pelas vitórias e derrotas, enfim, o mundo do dia a dia, elementos de surpresa, admiração, terror ou alegria que não são facilmente assimilados e que devolvem à vida o senso de assombro e mistério.

---

799. CESERANI, R., O fantástico, p. 8.
800. CESERANI, R., O fantástico, p. 8-9.
801. CESERANI, R., O fantástico, p. 12.

Esta, aliás, é uma das características da literatura fantástica apresentadas por Ceserani. Além desta, Ceserani cita: a posição de relevo dos procedimentos narrativos no próprio corpo da narração; a narração em primeira pessoa; um forte interesse pela capacidade projetiva e criativa da linguagem; passagem de limite e de fronteira; o objeto mediador; as elipses; a teatralidade; a figuratividade; e o detalhe.[802]

Com o termo "fantástico" não nos referimos ao elemento apenas interessante presente em narrativas literárias, mas sim àquilo que abala as estruturas racionais e lógicas da vida humana, superando-as, mas não as suprimindo. Esta invasão de algo absolutamente novo no cotidiano humano, trazido pela literatura fantástica, a faz aproximar-se da própria experiência mística cristã. Por tudo isso, podemos afirmar que a literatura fantástica é capaz de transmitir experiências profundamente humanas, incluindo aqui as experiências teológicas. Nesse sentido, como já afirmamos, também a literatura fantástica é uma forma não teórica de teologia.[803] Veremos esse tema a seguir, com maiores detalhes.

Antes, contudo, é importante apresentar aqui outra compreensão sobre o elemento fantástico desse gênero literário que, de fato, não se enquadra na descrição que fizemos até aqui. Trata-se de entender o fantástico como elemento à parte, de outro mundo, e que, por isso, não tem tanta relação com a realidade do cotidiano. Como já afirmamos, entre as obras de fantasia que reforçam essa separação entre mundos, entre o universo da vida comum e o universo do fantástico, podemos citar os livros da série *Harry Potter*, da escritora britânica J. K. Rowling. Na narrativa, amplamente conhecida hoje tanto pelos livros como pelas versões cinematográficas, o jovem Harry James Potter descobre, aos 11 anos de idade, que é um bruxo escolhido para estudar na Escola de Magia e Bruxaria de Hogwarts.

Há inúmeros elementos característicos do universo fantástico em seus livros, assim como aspectos importantes para a vida como o valor da amizade, do companheirismo, da luta contra o mal, do heroísmo etc. Contudo, do ponto de vista do elemento fantástico, a série difere de outros textos desse gênero literário justamente pelo fato de excluir do cotidiano o elemento fantástico da magia. Nas narrativas, a magia é restrita ao universo da Escola de Hogwarts e proibida no mundo comum; os não magos são chamados de "trouxas. Assim, não há o mesmo tipo de "invasão" do fantástico no mundo comum que ocorre nas obras de C. S. Lewis.

Além disso, o universo de Harry Potter se aproxima muito mais do que Lewis considera uma literatura que produz escapismo, por sua ênfase na ideali-

---

802. A respeito: CESERANI, R., O fantástico, p. 68-77.

803. BARCELLOS, J. C., Literatura e teologia, p. 27.

zação do protagonista, o que tende "muito mais do que as histórias fantásticas, a tornar-se 'fantasias' no sentido clínico do termo."[804] Sobre o tema, afirma Veith,

> Os trouxas não podem ver a magia que está à sua volta. (...) O problema é que os livros da série Harry Potter tratam os Trouxas com um tom de condescendência. Não é uma questão de conquistar a simpatia deles. A magia dada aos jovens estudantes consiste, em grande parte, em truques vis para fazer os Trouxas voltarem à sua triste vida. No mundo dos livros de Harry Potter, o universo está dividido entre aqueles que "o entendem" e aqueles que não conseguem fazê-lo.[805]

6.2. A literatura fantástica como possibilidade de *locus* teológico e místico

Os elementos presentes nas tentativas de definir a literatura fantástica, vistas no tópico anterior, nos auxiliam a percebê-la como lugar teológico e da experiência mística cristã. Pois, se por um lado, a literatura fantástica se apresenta como nascedouro de imagens riquíssimas e narrativas criativas, que despertam em seus leitores as mais variadas sensações – inclusive ampliando horizontes cognitivos e sensoriais –, por outro lado, as experiências místicas, ocorridas na fé cristã, também se revelam como fonte de deslumbramento diante do mundo, fato que igualmente fornece à vida elementos sensoriais que vão além das estruturas meramente racionalistas. Por isso, afirmamos: mística cristã e literatura fantástica se relacionam em múltiplas dimensões. Mas como exatamente ocorre tal relação? Será que não corremos o risco, aqui, de instrumentalizar a literatura fantástica, fazendo-a afirmar questões que na verdade não lhe dizem respeito? E o que dizer da Bíblia, texto sagrado para o cristianismo? É possível encontrar elementos do fantástico em suas narrativas literárias?

Para responder a tais questões, importa reafirmar: a Bíblia é também literatura.[806] Essa percepção fornece ao texto bíblico um caráter mais dinâmico,

---

804. LEWIS, C. S., Três maneiras de escrever para crianças, p. 747.

805. VEITH, G., A alma de O Leão, a Feiticeira e o guarda-roupa, p. 137-138.

806. Como vimos no ponto 4.2. Há uma série de pesquisadores, em contexto brasileiro, que buscaram desenvolver análises relacionando teologia e literatura, como Antônio Manzatto, Antônio Magalhães, José Carlos Barcelos, Selma Ferraz, dentre outros. Nesse ponto, vale lembrar também as reflexões de Harold Bloom e Jack Miles, autores norte-americanos, que apresentaram uma leitura do texto bíblico compreendendo Deus como um personagem. Para esses autores, "Deus não é somente criador, mas criatura; não somente origem, mas também produto final; não somente autor, mas personagem." (MAGALHÃES, A., Deus no espelho das palavras, p. 41). Em Deus: uma biografia, por exemplo, escrito por Jack Miles, há abundante base para afirmar o texto bíblico como literatura. Sobre o desenvolvimento

fértil e desafiador para a reflexão teológica. A multiplicidade de gêneros literários, presentes no texto bíblico, não deve ser negligenciada ou negada. Ao contrário, deve ser assumida como *lócus* teológico para a reflexão e o diálogo com o mundo contemporâneo. Rejeitar tal proposta não assegura a "pureza" da doutrina cristã; antes, a torna insípida e incapaz de encarnar no chão da existência. Aliás, é preciso reconhecer, como faz Manzatto, que nem toda teologia está disposta a abrir-se em diálogo com a literatura. Em suas palavras:

> É verdade que não é qualquer teologia que se dispõe a dialogar com a literatura, e talvez aqui tenhamos uma das razões que fazem com que tal diálogo seja problemático. Para encontrar-se verdadeiramente com a literatura, respeitando-a no que ela é e sem querer transformá-la em sua serva ou em simples meio de comunicação de suas ideias e propostas religiosas, a teologia deve dispor-se a dialogar com a cultura e o mundo no qual vivem os seres humanos. Dialogar significa também dar voz ao outro e saber ouvir.[807]

Essa abertura que conduz ao encontro dialogal é pressuposto para a relação da teologia com as diversas áreas do saber humano, inclusive a literatura. A pluralidade exegética que advém daí convoca os(as) leitores(as) do texto bíblico a um exercício hermenêutico que supere a mera dogmatização dos conteúdos teológicos. Obviamente, o dogma é ainda "uma questão de relevância para a vida da Igreja porque traz consigo os diferentes anseios de totalidade"[808] das narrativas

---

histórico dessa análise, MAGALHÃES, A., Deus no espelho das palavras, p. 41-56; 83-106; CONCEIÇÃO, D. R. Fuga da promessa e nostalgia do divino, p. 25-43.

807. MANZATTO, A., Em torno da questão da verdade, p. 13.

808. MAGALHÃES, A., Deus no espelho das palavras, p. 111. Este autor apresenta as reflexões de Luis Alonso Schökel como interessante contraponto à ênfase dogmática da teologia que ainda se mantém presente nas leituras bíblicas contemporâneas. Para Magalhães, a maior dificuldade que tanto a teologia dogmática e a sistemática como a exegese enfrentam hoje é a interpretação de elementos da tradição cristã, "distanciando-se da complexidade e pluralidade das narrativas bíblicas para fundamentar suas elaborações numa linguagem conceitual, sendo também, pontua Schökel, esta uma das maiores dificuldades para a elaboração e aceitação de teologias verdadeiramente inculturadas, visto que determinadas correntes da teologia ocidental creem ainda ser necessária uma passagem pelo seu universo conceitual para que as teologias emergentes possam ser reconhecidas, quando seria muito mais criativo e instigante estabelecer diretamente as relações entre os símbolos e imaginários das culturas com a linguagem literária da Bíblia." (MANZATTO, A., Em torno da questão da verdade, p. 113). Corre-se o risco, portanto, do reconhecimento de verdadeiras e legítimas experiências de fé no âmbito do cristianismo local serem ignoradas ou mesmo perseguidas em nome da defesa de uma doutrina tida como correta e unívoca. Nesse sentido, também cabe aqui outra fala do autor: "Do lado teológico, percebemos a ideologia da confessionalidade em ação na tradução de textos bíblicos, muitas vezes gerando ocultamento da polissemia e intensidade dos textos, dando a impressão de univocidade e monotonia das personagens bíblicas." MAGALHÃES, A., A Bíblia como obra literária, p. 17.

míticas que os originaram. Mas ele, por si só, é insuficiente para dar conta da riqueza da experiência mística da fé cristã. Pois, segundo Tillich:

> Desde que a pesquisa histórica descobriu o caráter literário dos escritos bíblicos, esse problema se tornou cada vez mais consciente no pensamento popular e teológico. Mostrou-se que o Antigo e o Novo Testamento em seus trechos narrativos ligam elementos históricos, lendários e mitológicos, e que em grande parte é impossível separar esses elementos com segurança suficiente.[809]

Seguindo a perspectiva de Tillich, exposta acima, podemos afirmar que pertence às narrativas bíblicas o caráter fantástico presente em suas histórias. O relato da criação, por exemplo, apresentado em Gênesis, reveste-se do elemento fantástico – as imagens utilizadas para descrever Deus criando o ser humano, conjugando palavra verbalizada e mãos que moldam o barro. Tudo culmina na construção de um novo mundo – o mundo de Deus para o ser humano – ao qual o próprio Criador desce para estar em comunhão com o ser humano, na viração do dia, aliás experiência mística por excelência. O diálogo entre Eva e a serpente, tantas vezes revisitado pela Arte e pela Literatura durante a história, constitui também uma narrativa fantástica, na qual o mundo interior do ser é explorado. Ou ainda, podemos lembrar da narrativa do Êxodo, composta por cenas igualmente fantásticas, cujo clímax é uma refeição apressada em família, que revela o Deus que escuta o clamor do oprimido.

De igual forma, no Novo Testamento, os exemplos de narrativas fantásticas também podem ser encontrados. Talvez o livro que mais chame a atenção por seus elementos maravilhosos e igualmente espantosos, seja o Apocalipse de João. Pertencente à literatura apocalíptica – cujo nascedouro está vinculado, na história de Israel, ao exílio babilônico, à "experiência de vida e a fé dos pobres sem poder. (...) A teimosia da fé dos pequenos que não entregam os pontos e não querem deixar morrer a esperança"[810] – o Apocalipse de João apresenta imagens verdadeiramente fantásticas em suas visões, resultantes da visão de mundo apocalíptica. Para os apocalípticos, o mundo encontrava-se "como que dividido em dois planos: o mundo hostil cá de baixo e o mundo acolhedor lá de cima, como se fossem dois mundos paralelos."[811] O elo de contato entre esses mundos era promovido pelo vidente ou profeta que "tirava o véu" (significado, aliás, do termo

---

809. TILLICH, P., Dinâmica da fé, p. 57.
810. MESTERS, C.; OROFINO, F., Apocalipse de São João, p. 21.
811. MESTERS, C.; OROFINO, F., Apocalipse de São João, p. 21.

Apocalipse), trazendo à realidade cotidiana o verdadeiro sentido da vida. Dito de outra forma: no Apocalipse, o fantástico da utopia divina assume lugar (topos) na existência humana, recriando o mundo e redimindo-o no processo.

Os milagres de Jesus também ressaltam essa dimensão da vida que enxerga a intervenção divina como parte integrante da própria existência: "Sei que tu sempre me ouves, Pai" (Jo 11.42), diz Jesus diante de uma situação de dor, sofrimento e morte. Esse Deus que se revela presente no cotidiano assegura o maravilhamento diante da natureza inteira, vista, por causa de sua revelação, como templo litúrgico e não como máquina utilitária e geradora de riqueza. Pardais e flores recebem conotações teológicas, não pela teorização doutrinária a respeito da providência divina, mas porque a beleza deles traz consigo a certeza do cuidado de Deus (Mt 6,25-31). Esta beleza é expressa por meio das imagens literárias que o texto evoca, pois a frase "observai os pássaros do céu" requer um exercício imaginativo de recriar a cena descrita na narrativa. Nesse sentido, o fantástico se integra à vida concreta, não sendo assimilada por esta, mas a redimindo e dando-lhe novos significados. Esta, aliás, é uma das funções e possibilidades da Literatura.

> A literatura é a única possibilidade que o mundo tem de olhar para si. Na forma da literatura, o ser humano e a sociedade humana se colocaram um olhar com o qual eles mesmos se observam e respondem à pergunta pela razão da existência da vida humana no mundo, e isto de forma monumental, repleto de sentido e de atribuição de significados. Enquanto o mito apresenta uma forma de modelação do mundo, é a literatura uma forma de mudança do mundo, de aquisição de mundos alternativos em mídia da ficção.[812]

Ou ainda, nas palavras de Antônio Magalhães, "literatura é, nesse sentido, a ficção que cria novos espaços da convivência e da realização pessoal".[813] Em se tratando de literatura fantástica, há um elemento a mais: o fantástico é, em si mesmo, um elemento subversivo, no sentido de propor uma alteração na "representação da realidade estabelecida pelo sistema de valores de uma comunidade, ao apresentar a descrição de um fenômeno impossível em tal sistema, ou seja, a transgressão proposta pela narrativa fantástica manifesta-se também no plano linguístico".[814] Assim, determinada forma de usar a linguagem produz o efeito fantástico na narrativa.

---

812. MAGALHÃES, A., Deus no espelho das palavras, p. 136.
813. MAGALHÃES, A., Deus no espelho das palavras, p. 137.
814. CAMARANI, A. L. S., A literatura fantástica, p. 175.

> O conto fantástico envolve fortemente o leitor, leva-o para dentro de um mundo a ele familiar, aceitável, pacífico, para depois fazer disparar os mecanismos de surpresa, da desorientação, do medo: possivelmente um medo percebido fisicamente, como ocorre em textos pertencentes a outros gêneros e modalidades, que são exclusivamente programados para suscitar no leitor longos arrepios na espinha, contrações, suores.[815]

À luz desse texto, pensemos em mais uma narrativa bíblica: o sonho de Jacó. Diz o texto de Gênesis 28.10-17:

> Partiu Jacó de Berseba e seguiu para Harã. Tendo chegado a certo lugar, ali passou a noite, pois o sol já havia se posto. Jacó tomou uma das pedras do lubar, fê-la seu travesseiro e se deitou ali mesmo para dormir. E sonhou: Eis posta na terra uma escada cujo topo atingia o céu; e os anjos de Deus subiam e desciam por ela. Perto dele estava o Senhor e lhe disse: Eu sou o Senhor, Deus de Abraão, teu pai, e Deus de Isaque. A terra em que agora estás deitado, eu a darei a ti e à tua descendência. A tua descendência será como o pó da terra; estender-te-ás para o Ocidente e para o Oriente, para o Norte e para o Sul. Em ti e na tua descendência serão abençoadas todas as famílias da terra. Eis que eu estou contigo, e te guardarei por onde quer que fores, e te farei voltar a esta terra, porque não te desampararei, até cumprir eu aquilo que te hei referido. Despertado Jacó do seu sono, disse: Na verdade, o Senhor está neste lugar e eu não o sabia. E, temendo, disse: Quão temível é este lugar! É a Casa de Deus, a porta dos céus.

O temor vivenciado por Jacó demonstra que sua experiência de Deus se deu num âmbito inteiramente novo à sua própria realidade cotidiana. Ao fim da narrativa, Jacó tomou a pedra que havia usado como travesseiro durante a noite e fez dela um altar de culto a Deus. Ora, é exatamente essa dimensão de enriquecer o comum e o ordinário, transformando-o em símbolo de realidades mais completas e plenas, uma tarefa da literatura fantástica. Nesse sentido, a linguagem proporcionada pela literatura fantástica revela-se profunda e poderosamente criativa. Certamente, o mesmo ocorre com o texto bíblico, cujas narrativas são capazes de redimensionar o chão rotineiro que se pisa como terra santa (Ex 3,5); pois esta Palavra fantástica de Deus, revelada na Escritura, por meio da Igreja, e especialmente em seu Filho Jesus, é capaz de penetrar até o mais recôndito do ser (Hb 4,12). Falando sobre esse tema, afirma Camarani:

---

815. CESERANI, R., O fantástico, p. 71.

Outro procedimento diz respeito ao **forte interesse pela capacidade projetiva e criativa da linguagem**, isto é, às potencialidades criativas pelas quais as palavras podem criar uma nova e diversa realidade; é o caso da metáfora, identificada por Todorov como um dos geradores da literatura fantástica, quando utilizada em seu sentido literal: mesmo não sendo um aspecto exclusivo do fantástico, "(...) transformada em procedimento narrativo, a metáfora pode permitir aquelas repentinas e inquietantes passagens de limite e de fronteira que são características fundamentais da narrativa fantástica", assinala Ceserani.[816]

Assim, quando a teologia e a literatura (incluindo sua dimensão fantástica) encontram-se, como irmãs, em respeito mútuo, na familiaridade das rodas de conversa que se alongam durante a noite ao redor da fogueira; quando a teologia reencontra a espiritualidade expressa na literatura fantástica e a reconhece como parte integrante de sua reflexão sistemática; quando a Bíblia é lida com olhos do poeta, do literato e do místico (no fundo, uma só pessoa), então há novos lugares a explorar teológica e existencialmente. Ou ainda:

> As relações entre teologia e literatura podem desenvolver um diálogo que não desconheça as diferenças e as identidades próprias entre elas, portanto, surge a partir daí uma aproximação profícua. Tudo que é humano interessa à literatura, o mesmo acontece com o domínio religioso do homem. Deus, fé, Igreja, relações entre o homem e Deus, que são objetos de análise teológica, também estão presentes nos textos literários. Portanto, se há uma tensão histórica cultivada diante da possibilidade de diálogo entre elas, as afinidades temáticas reavivam, *a priori*, uma possível aproximação.[817]

A própria atividade imaginativa do ser humano ao co-criar o mundo (para usar um conceito desenvolvido por J. R. R. Tolkien, como veremos ainda nesse capítulo) ajuda no processo de humanizar-se em relação com este mundo. Dar nome aos animais criados por Deus (Gn 21,9-20) nada mais é que relacionar-se

---

816. CAMARANI, A. L. S., A literatura fantástica, p. 137-138.

817. CONCEIÇÃO, D. R., Fuga da promessa e nostalgia do divino, p. 29. Sobre a relação entre Bíblia e espiritualidade e as consequências prejudiciais que a separação entre esses elementos produz para a vida e teologia cristãs, escreve Lúcia Pedrosa-Pádua: "O grande problema da separação entre espiritualidade e Bíblia é que não há separação apenas de um livro, mas da Palavra viva, a presença percebida na história da salvação, de quem a Bíblia fala e a quem leva: o Cristo vivo que faz viver. Separar espiritualidade e Bíblia é retirar da vida espiritual a novidade de Cristo, Deus encarnado, gerado do Espírito e que gera vida para nós. É separar-se da imagem de Deus que a Encarnação vem trazer. É alienar-se de Cristo como 'um acontecer daquilo que significamos com o termo 'Deus' como Palavra que aconteceu no existir humano." (PEDROSA-PADUA, L., Espiritualidade e Bíblia, p. 60).

com eles, imaginativamente construindo um mundo em comum. Aliás, o convite divino para o ser humano nomear a criação é acompanhado pela expectativa divina por sua acolhida e criatividade. Na linguagem fantástica de Gênesis, Deus quer "ver como o homem chamaria os animais", ou seja, há uma ansiedade divina por saber como o ser humano irá usar sua imaginação como meio criativo. E tudo isso expresso pela linguagem literária. "Na literatura", afirma Douglas Rodrigues da Conceição, "a beleza e a verdade podem conviver, de tal maneira que uma não exclua a outra."[818]

De igual forma, para C. S. Lewis, por meio da imaginação é possível estabelecer realidades alternativas – outros mundos – nas quais se combinam mito, histórias, lendas, contos, magia e mesmo o que é impossível a olhos tomados pela vertigem do racionalismo fechado. Aliás, para Lewis, é a imaginação o que produz tanto uma visão coerente do mundo como uma literatura de qualidade. Escrever meramente para atender às supostas demandas do mercado inevitavelmente produzirá narrativas paupérrimas e desvinculadas do que Lewis chamava "boa fabulação", parte essencial da literatura.[819] E Lewis vai além, relacionando a imaginação como dom do próprio Criador:

> (...) sendo que o Criador julgara conveniente construir um universo e colocá-lo em movimento, era dever do artista criar por sua vez com toda a prodigalidade possível. O autor romanesco, que inventa todo um mundo, está adorando a Deus de modo mais eficaz do que o mero realista que analisa a realidade ao seu redor.[820]

Nesse sentido, o uso da imaginação e a própria experiência religiosa cristã se vinculam mutuamente. Para Lewis, "todas as coisas, ao seu próprio modo, refletem a verdade celestial, inclusive a imaginação."[821] Em Lewis, razão e imaginação se uniam na gestação de suas histórias fantásticas. "A literatura fantástica", defende

---

818. CONCEIÇÃO, D. R., Fuga da promessa e nostalgia do divino, p. 27.

819. Em seu estudo sobre contos de fadas, intitulado Três maneiras de escrever para crianças, Lewis critica duramente o que ele considera uma literatura infantojuvenil "fabricada" ao gosto do freguês, isto é, um tipo de história feita para vender livros, com claras intenções mercadológicas. Esse modelo de narrativa, que busca oferecer às crianças leitoras, de forma artificial, aquilo que supostamente se imagina que elas desejem, acaba produzindo uma literatura pobre, insípida e incapaz de despertar a sensação do fantástico. Uma boa história infantil, ao contrário, é aquela que é avaliada por sua qualidade intrínseca de bom texto de literatura, sendo valorizada por crianças e adultos. Como diz Lewis: "Só aos trinta anos conheci O vento nos salgueiros e os livros da família Bastable, e acho que nem por isso os apreciei menos. Inclino-me quase a afirmar como regra que uma história para crianças de que só as crianças gostam é uma história ruim. As boas permanecem. Uma valsa da qual você só gosta enquanto está dançando não é uma boa valsa." (LEWIS, C. S., Três maneiras de escrever para crianças, p. 743).

820. BELL, J. S.; DAWSON, A. P, A biblioteca de C. S. Lewis, p. 305-306.

821. LEWIS, C. S., Surpreendido pela alegria, p. 173.

Gabriele Greggersen, "é a mais coerente com a preocupação que Lewis tinha em trazer para um mundo, dominado pelo efêmero e pelas incertezas, perspectivas esperançosas acerca do homem e das coisas."[822] Em linguagem simbolicamente cristã, poderíamos afirmar que, nessa perspectiva *lewisiana*, a imaginação batiza a realidade, transfigurando-a e fazendo-a brilhar como o Sol em pleno meio-dia.[823] A imagem é adequada, pois não é possível olhar diretamente para o Sol, mas por causa dele e de sua luz, se veem todas as outras coisas.[824] Dito de outra forma, a imersão na história ressignifica a realidade, tornando-a mais admirável.

> A criança aprecia comer sua carne fria (em outra situação lhe pareceria insossa) fingindo que ela é um búfalo que acabou de abater com seu próprio arco e flecha. E a criança é inteligente. A carne verdadeira retorna para ela mais saborosa por ter sido imersa em uma história; você pode dizer que somente então ela é a carne verdadeira... Ao colocarmos pão, ouro, cavalo, maçã ou as próprias estradas em um mito [por sinal, uma história fantástica], não nos afastamos da realidade, nós a redescobrimos.[825]

Enfim, toda a realidade da Fantasia – os campos verdejantes das histórias de cavalaria; os dragões ameaçadores e gananciosos; os animais, falantes ou não; a aventura das explorações espaciais; os sacrifícios dos heróis; os anéis mágicos e as feiticeiras malignas; as comidas enfeitiçadas etc. –, enfim, todos esses elementos característicos da literatura fantástica são, para Lewis, espaços de vivência de uma realidade superior, muito mais verdadeira que aquilo que percebemos com nossos sentidos e razão. A fantasia, continua Lewis, "no seu melhor desempenho pode fazer mais: ela consegue fornecer-nos experiências que jamais tivemos e, dessa forma, em vez de 'comentar sobre a vida', pode agregar a ela."[826] A pessoa – criança ou adulta – que lê um conto de fadas, encontrando-se com o fantástico de suas narrativas, se torna mais apta a enfrentar o mundo real, com todas as suas mazelas, injustiças e maldades. Para Lewis, não devemos tentar "manter a criança

---

822. GREGGERSEN, G. (Org.)., O evangelho de Nárnia, p. 54.

823. Essa imagem também evoca o episódio da Transfiguração, conforme registrado no Evangelho de Mateus 17.1-8. No relato – claramente fantástico em sua narrativa – Jesus revela-se, de forma particular a Pedro, Tiago e João, com seu corpo transfigurado, suas vestes brancas como a luz e seu rosto brilhando como o Sol. É justamente essa experiência mística dos discípulos que os possibilita ouvir a voz do Pai reconhecendo Jesus como Filho que traz alegria.

824. Lewis realiza essa mesma analogia ao falar de sua crença no cristianismo: "Creio no cristianismo assim como creio que o Sol nasceu, não apenas porque o vejo, mas porque por meio dele eu vejo tudo mais." (LEWIS, C. S., O peso da glória, p. 138). Para Lewis, a fé cristã constitui uma ressignificação do mundo à luz de Cristo, que fornece sentido e relevância à toda história humana.

825. DURIEZ, C., Manual prático de Nárnia, p. 97.

826. DURIEZ, C., Manual prático de Nárnia, p. 97.

alheia ao fato de que nasceu num mundo onde há morte, violência, ferimentos físicos, aventura, heroísmo e covardia, onde há o bem e o mal."[827] Ao contrário, o crescimento exige a imersão na realidade concreta, com todas as suas dimensões, e a literatura fantástica é um meio para isso. Ensinar ou fazer o contrário é denunciado por Lewis como escapismo, contrário ao caráter da própria literatura de fantasia.

> Esta última [manter as crianças alheias ao tipo de mundo em que vivem] é a atitude que dá às crianças uma falsa impressão e alimenta-as de escapismo, no mau sentido da palavra. Há algo de absurdo na ideia de educar desse modo as crianças de uma geração da era da OGPU e da bomba atômica. Como é muito provável que venham a encontrar inimigos cruéis, convém que pelo menos ouçam falar de audazes cavaleiros e da coragem heroica. Caso contrário, o destino delas se tornará não mais luminoso, porém mais sombrio.[828]

Esse "agregar à vida", produzido pela literatura fantástica, foi vivenciado por Lewis em suas experiências de encontro com a Alegria, que, no fim, acabou gerando sua conversão à fé em Cristo. Como vimos anteriormente,[829] Lewis não conseguia enquadrar tais experiências num quadro meramente racional, delimitada por eixos cartesianos, ainda reféns de um positivismo racionalista fechado ao Mistério. Para Lewis, a Alegria que envolveu toda sua vida constituía um apelo "por essa pátria distante, que encontramos mesmo agora dentro de nós",[830] ou seja, era sinal para algo além dela, e não um fim em si mesma. Essa combinação entre familiaridade distante e estranheza tão próxima também ocorre na própria revelação de Deus aos seres humanos. Nas palavras de Schillebeeckx:

> (...) dizemos: "Isto foi uma revelação para mim". Estamos a pensar com isso que ocorreu algo de surpreendente, algo que rompeu com experiências rotineiras, e que se evidenciou a um olhar mais exato (pois experiência é também "razão" e interpretação) como algo de "novo", algo de novo em que na verdade reconhecemos o nosso eu mais profundo. Aí se evidenciou o novo ao mesmo tempo também como o "velho familiar" ainda não expresso; pois de outra maneira não poderíamos ser levados a nós mesmos por tais fatos revelatórios. É como se esta experiência nos pusesse na boca a palavra

---

827. LEWIS, C. S., Três maneiras de escrever para crianças, p. 748.
828. LEWIS, C. S., Três maneiras de escrever para crianças, p. 748.
829. No capítulo 4.1.
830. LEWIS, C. S., O peso de glória, 2017, p. 14.

correta, que até então nunca tínhamos podido encontrar. Uma palavra que nos revela e transmite realidade. O nunca pensado por nós mesmos, eis que cai sobre nós em tal experiência como presente.[831]

O meio de articular dialogicamente essas dimensões do familiar e do estranho é, para Lewis, a imaginação; ao envolver a realidade e a criatividade, a imaginação fornece os elementos necessários à literatura fantástica. Esta se apresenta como possível veículo para transmitir a experiência de Deus, fruto de sua revelação *ao* e *no* humano; e como tal experiência se dá por meio do humano, então ela pode ser vista no cotidiano da vida.

De igual forma, J. R. R. Tolkien advoga uma relação muito próxima entre a imaginação que produz a literatura fantástica e a vida humana. De fato, para ele, a imaginação parte do racional, mas consegue ultrapassar seus limites, para então voltar-se ao mundo existente a fim de recriá-lo. Em suas palavras:

> A Fantasia é uma atividade humana natural. Certamente ela não destrói, muito menos insulta, a Razão; e não abranda o apetite pela verdade científica nem obscurece a percepção dela. Ao contrário. Quanto mais aguçada e clara for a razão, melhor fantasia produzirá. Se os homens estivessem num estado em que não quisessem conhecer ou não pudessem perceber a verdade (fatos ou evidências), então a Fantasia definharia até que eles se curassem. Se chegarem a atingir esse estado (o que não parece ser impossível), a Fantasia perecerá e se transformará em Ilusão Mórbida.[832]

O processo imaginativo se fundamenta no chão deste mundo, mas lança seus frutos para muito além dele. "A Fantasia criativa", diz Tolkien, "está fundamentada no firme reconhecimento de que as coisas são assim no mundo como este aparece sob o Sol, no reconhecimento do fato, mas não na escravidão perante ele."[833] Tolkien chama esse processo de criação imaginativa de subcriação. O termo faz referência direta à fé católica de Tolkien: uma vez que Deus é Criador, os seres humanos, criados à sua imagem e semelhança, também são vocacionados a sê-lo. Tolkien desenvolve esse tema por meio de um poema chamado *Mythopoeia*:

> "Meu caro", eu disse, "Embora alheado,
> O Homem não é perdido nem mudado.
> Sem graça sim, porém não sem seu trono,
> Tem restos do poder de que foi dono:

---

831. SCHILLEBEECKX, E., História humana, p. 41-42.
832. TOLKIEN, J. R. R., Sobre histórias de fadas, p. 62.
833. TOLKIEN, J. R. R., Sobre histórias de fadas, p. 63.

> Subcriador, o que a Luz desata
> E de um só Branco cores mil retrata
> Que se combinam, variações viventes
> E formas que se movem entre as mentes.
> Se deste mundo as frestas ocupamos
> Com Elfos e Duendes, se criamos
> Deuses, seus lares, treva e luz do dia,
> Dragões plantamos – nossa é a regalia
> (boa ou má). Não morre esse direito:
> Eu faço pela lei na qual sou feito".[834]

Mythopoeia relaciona intimamente criação e imaginação, num vínculo dialógico constante. Todas as coisas criadas foram nomeadas pela ação do ser humano, segundo o relato do Éden. Ora, nomear a criação é exercer a capacidade imaginativa, característica do humano. Os nomes de cada coisa criada são, assim, invenções humanas sobre realidades existentes. Para Tolkien, os mitos e as imagens presentes na literatura fantástica também são criações humanas sobre a verdade.[835] Obviamente, a verdade aqui é vista como por um espelho, cujo reflexo une todas as contradições humanas às suas capacidades e qualidades. Por isso, embora imperfeitas e, por vezes, desfocadas, essas criações humanas mantêm em si elementos que as relacionam ao Mistério que é Deus Criador. Assim, para Tolkien, a imaginação criadora é um direito inerente ao ser humano e a Fantasia é capaz de demonstrar isso.

A partir daí, Tolkien elabora o conceito de subcriação. Este termo resume e caracteriza a maneira pela qual Tolkien compreende o processo de criação artística. De fato, subcriação, no linguajar tolkieniano, diz respeito ao "mistério da criação literária",[836] isto é, o modo por meio do qual o artista cria um mundo novo, seguindo o exemplo do Criador, liberando-se inclusive dos meios conhecidos usados por este. Portanto, ao subcriar, o artista presta um tributo à infindável variedade potencial criadora de Deus; a imaginação rompe os limites da realidade. "O fato de as imagens refletirem coisas que não são do mundo primário (se é que isso é possível) é uma virtude, não um vício",[837] afirma Tolkien. "Creio que a

---

834. TOLKIEN, J. R. R., Sobre histórias de fadas, p. 62.
835. Esse tema foi desenvolvido também em: VASCONCELLOS, M. S., Teologia e literatura fantástica, p. 63-67.
836. TOLKIEN, J. R. R., As cartas de J. R. R. Tolkien, p. 222.
837. TOLKIEN, J. R. R., Sobre histórias de fadas, p. 55.

fantasia (nesse sentido) não é uma forma inferior de Arte, e sim superior, de fato a forma mais próxima da pura, e portanto (quando alcançada) a mais potente".[838]

Tolkien aprofunda suas reflexões em sua palestra *Sobre histórias de fadas*. Sua proposta é compreender a imaginação como essa arte subcriadora, capaz de gerar novos mundos que, em certo sentido, são completos em si mesmos. Para Tolkien, há um caráter inefável nos contos de fada que, contudo, não os tornam imperceptíveis ao ser humano. Sua presença na realidade constitui tanto o prazer da subcriação como gera o consolo do final feliz, aquilo que Tolkien chama de eucatástrofe: a "repentina 'virada' jubilosa",[839] esse elemento de esperança no final de um conto de fadas, mesmo em meio a uma existência de sofrimento, pesar e fracasso. Assim, aquilo que críticos literários definem como o clímax da história, Tolkien relaciona com o Evangelho – a transmissão das boas-novas – que faz surgir a alegria, e que consagra, definitivamente e plenamente, o "final feliz" como desfecho de toda a história humana. Nesse sentido, é verdadeiramente evangelho, boas-novas.

Tolkien afirma que, na eucatástrofe, "enxergamos numa breve visão que a resposta pode ser maior – pode ser um lampejo longínquo ou eco do *evangelium* no mundo real".[840] Esta afirmação de Tolkien é ampliada e interpretada a partir da história cristã; no epílogo de sua palestra, ele afirma que

> (...) abordando a História Cristã dessa direção, por muito tempo tive a sensação (uma sensação alegre) de que Deus redimiu as corruptas criaturas-criadoras, os homens, de maneira adequada a esse aspecto da sua estranha natureza, e também a outros. Os Evangelhos contêm uma história de fadas, ou uma narrativa maior que engloba toda a essência delas. Contêm muitas maravilhas – peculiarmente artísticas, belas e emocionantes: "míticas" no seu significado perfeito e encerrado em si mesmo – e entre as maravilhas está a maior e mais completa eucatástrofe concebível. Mas essa narrativa entrou para a História e o mundo primário. O desejo e a aspiração da subcriação foram elevados ao cumprimento da Criação. O Nascimento de Cristo é a eucatástrofe da história do Homem. A Ressurreição é a eucatástrofe da história da Encarnação. Essa história começa e termina em alegria.[841]

---

838. TOLKIEN, J. R. R., Sobre histórias de fadas, p. 55.
839. TOLKIEN, J. R. R., Sobre histórias de fadas, p. 77.
840. TOLKIEN, J. R. R., Sobre histórias de fadas, p. 77-79.
841. TOLKIEN, J. R. R., Sobre histórias de fadas, p. 80-81.

Dessa analogia, se explica a surpreendente afirmação de Tolkien em sua palestra: "Deus é Senhor, dos anjos e dos homens – e dos elfos".[842] Esse vínculo imaginativo entre lenda e realidade, entre mito e fato, é o que o próprio Evangelho realiza; a encarnação do Verbo de Deus consagra todas as histórias, redimindo-as e elevando-as à categoria de boas-novas. Na lógica cristã, o "final feliz", garantido pela ressurreição de Cristo, é o que possibilita a esperança, dando-lhe força e vigor. Nesse sentido, aliás, reafirma-se a encarnação como o elemento central à fé cristã e como aquele evento que traz a eternidade ao tempo. Como diz Rahner:

> ... continua sendo verdade que o *Logos se fez homem*, que a história do devir desta realidade humana tornou-se a *sua* própria história, nosso tempo tornou-se o tempo do Eterno, e nossa morte tornou-se a morte do próprio Deus imortal. (...) A questão de entender que o enunciado da imutabilidade de Deus não pode desviar o nosso olhar do fato de que tudo o que aconteceu no devir e na história de Jesus aqui entre nós, em nosso espaço, em nosso tempo e em nosso mundo, em nosso devir e evolução, em nossa história constitui precisamente a história da Palavra do próprio Deus, um devir que é do *próprio* Deus.[843]

Esse encontro entre eternidade e história é, num grau infinitamente menos grandioso, mas igualmente verdadeiro, possibilitado pela literatura fantástica. Tanto Tolkien quanto Lewis enxergavam essas possibilidades e grande força na literatura fantástica. A esse respeito, afirma Duriez: "Tolkien e Lewis concordavam em que imaginar bem era tão vital quanto pensar bem, e que cada uma dessas coisas ficava empobrecida sem a outra."[844] Sendo assim, perde-se em diversos sentidos quando separamos a dimensão da racionalidade da dimensão imaginativa. Ou, dito a partir de outro ponto de vista: perde-se quando se divorcia a teologia da literatura, ou ainda, a mística cristã da literatura fantástica. Tais dimensões não são blocos homogêneos, incapazes de se misturar. Ao contrário, é preciso reconhecer o caráter poroso destas atividades humanas.

> Do ponto de vista da teologia, tal porosidade pode ser construída na concepção de que aquilo que chamamos de revelação ocorre não por um princípio inaugurado nos limites escriturísticos da instituição religiosa, mas a partir de outro princípio que é da criação. Desta forma a revelação não é coisa estranha que chega na história e na cultura de forma arbitrária, mas

---

842. TOLKIEN, J. R. R., Sobre histórias de fadas, p. 81.
843. RAHNER, K., Curso fundamental da fé, p. 263. Itálico do autor.
844. DURIEZ, C., O dom da amizade, p. 263.

é dimensão conatural a tudo o que criado e, de forma mais específica a tudo o que é humano e humanizado.[845]

Essa é a base para se afirmar a literatura (incluindo-se a fantástica) como lugar da teologia: se a teologia e a literatura falam da vida, é nela que se encontram como reflexos da criação divina nas subcriações humanas. Tudo isso gera possibilidades hermenêuticas de se perceber a presença de Deus no mundo.

A importância e essencialidade da imaginação para a vida humana é ressaltada pela literatura fantástica e pela imaginação, que Lewis considerava o "órgão do significado".[846] Assim, a imaginação é capaz de gerar novos sentidos para o mundo e a realidade, superando a mera repetição, literal e insípida, de verdades dogmáticas de quaisquer naturezas, inclusive teológicas. O Real e a realidade se misturam, a partir dessa perspectiva, sem, contudo, perderem suas especificidades; ambas as dimensões fazem parte do ser humano, embora sejam vislumbradas por perspectivas distintas. Dessa forma, a imaginação revela-se como uma ponte entre a realidade existente (por vezes injusta e desigual) e a realidade desejada ou idealizada. Não faltam exemplos na literatura fantástica (incluindo-se aqui textos de ficção científica) que ilustram essa capacidade de reinventar e criticar o mundo. As utopias – e mais enfaticamente as distopias – ambas tão comuns no universo da ficção científica, trazem à tona elementos necessários para repensar a vida e as relações humanas.[847]

---

845. ROCHA, A., Por que teologias e literaturas?, p. 45.

846. DURIEZ, C., O dom da amizade, p. 262.

847. Nos romances de ficção científica do escritor russo, naturalizado norte-americano, Isaac Asimov, por exemplo, transparecem vários temas que ilustram essa afirmação. Asimov consegue relacionar ética, política, sociologia, os valores da tecnologia aliados ao risco da estagnação do conhecimento e o sentido da própria existência. Em um de seus contos intitulado O cair da noite, Asimov aborda o fanatismo religioso que se contrapõe à ciência que, contudo, se reconhece incapaz de saber tudo. Na história, um mundo que orbita ao redor de quatro sóis só experimenta a noite uma vez a cada 2049 anos. Como resultado, quando a noite chegava, toda a civilização entrava em pânico e se destruía completamente. (ASIMOV, I., O cair da noite). Naquela que é considerada a obra-prima do autor – a trilogia Fundação – Asimov une magistralmente conhecimento científico (notadamente a Física, sua área de especialização) com imaginação narrativa, ao apresentar a psico-história de Hari Seldon e suas implicações no desenvolvimento da história humana no universo. Segundo o livro, a psico-história é um tipo de sociologia expressa em fórmulas e equações matemáticas, capaz de prever o rumo das grandes massas populacionais da humanidade. Seldon a emprega na análise que faz do Império Galáctico, que reúne milhões de seres humanos espalhados em diferentes planetas e sistemas solares, e chega a uma conclusão: o Império chegará ao fim e será substituído por um período de trinta mil anos de caos, destruição e morte. Para lutar contra esse estado de coisas, Seldon cria duas Fundações de cientistas, cada uma com sua especificidade. Com seu texto, Asimov critica a estagnação do conhecimento, a burocracia crescente e paralisadora, a falta de iniciativa, o congelamento e divisão de castas, a excomunhão da curiosidade, e um racionalismo científico infrutífero e limitador, todos elementos que, segundo o autor, impedem o desenvolvimento pleno da vida humana. (ASIMOV, I.).

Por isso, podemos afirmar que há, ainda, uma importante e necessária função social na literatura fantástica que, longe de instrumentalizá-la e desfigurá-la no processo, a torna capaz de destacar cosmovisões ocultas, porém perceptíveis, nas entrelinhas de sua narrativa. De fato,

> (...) o texto fantástico subverte as relações entre o real e o simbólico, tornando fluidas as relações entre essas áreas, sugerindo, ou projetando a dissolução do simbolismo através de uma alteração súbita, ou pela rejeição do processo de formação do sujeito.[848]

A literatura fantástica serve como espelho para que seus leitores se reconheçam nos diversos protagonistas de suas narrativas. Este gênero literário, justamente por ser composto por narrativas polissêmicas, abertas às interpretações múltiplas de perspectivas diferentes – sociológicas, políticas, econômicas, literárias ou teológicas –, gera sentidos novos para perceber o mundo. Por essa razão, a literatura fantástica pode ser reconhecida como "veículo utilizado pelos escritores para exprimir suas insatisfações com a sociedade, com a natureza humana ou para estabelecer uma 'ponte' entre os mundos visível e invisível."[849]

A capacidade imaginativa do ser humano também é substrato para a produção do próprio conhecimento científico. A criatividade, elemento essencial à Ciência, localiza-se na fronteira entre a realidade e a fantasia, funcionando como horizonte que anima o trabalho do cientista e o preenche de esperança. A imaginação é lugar do conhecimento humano, alimenta-se dele ao mesmo tempo que fornece a ele um novo fôlego. Ou, ainda, como afirma Rubem Alves, "*o conhecimento depende de nossa capacidade para encher os espaços vazios deixados por fragmentos de informações.* Sem a imaginação ficaríamos nos fragmentos, no particular. Nunca daríamos o voo universal da ciência".[850]

Se isto é assim, não há razão para divórcios entre imaginação e reflexão científica e teológica. A reflexão proveniente da fé também se serve da imaginação humana para subsistir. Nesse sentido, também não se deve separar dogma e vida, pois ambos são constituintes do mesmo ser humano que é criado à imagem e semelhança de Deus. Por isso, qualquer dualismo dessa natureza será prejudicial tanto ao(à) teólogo(a) como aos demais integrantes de nossas comunidades de fé.

---

848. PENTEADO, J. R. W., Os Filhos de Lobato, p. 117.

849. PENTEADO, J. R. W., Os Filhos de Lobato, p. 120.

850. ALVES, R., Filosofia da ciência, p. 152.

Por essa razão, afirmamos a literatura fantástica como lugar teológico que ajuda na construção de um caminho de integração, capaz de devolver ao ser humano o senso de unidade, abalado (ou até mesmo perdido) pela ótica racionalista que permeou o conhecimento no Ocidente desde o século XIX.

6.3. O fantástico como forma de mística

À luz de tudo que vimos até aqui, podemos afirmar que as características do fantástico na literatura podem ser relacionadas e até identificadas com a experiência mística cristã. Essa relação não é estranha a autores que estudam o tema. David Roas, por exemplo, relaciona o maravilhoso cristão e o realismo mágico com o fantástico. A esse respeito, afirma Camarani:

> Ainda em relação ao impossível e, evidentemente, ao fantástico, Roas aponta o que considera formas híbridas: o maravilhoso cristão e o realismo mágico, que compartilhariam elementos com o fantástico, mas com funcionamentos e efeitos diferentes. O maravilhoso cristão seriam narrativas literárias, habitualmente sob a forma de lendas, em que os fenômenos sobrenaturais teriam uma explicação religiosa, isto é, entram no domínio da fé como acontecimentos extraordinários, mas não impossíveis, não constituindo, geralmente, uma ameaça (...). Como aponta Roas sobre esse tipo de narrativa, não se trata de persuadir o leitor da verdade dos eventos, mas de construir um relato coerente que permita desfrutar do prazer estético do sobrenatural, de uma posição distanciada e segura a respeito da possibilidade efetiva do que foi narrado. Assim, a enunciação distanciada do relato, o espaço rural, o afastamento temporal dos fatos e sua explicação religiosa impedem que o leitor ponha em contato os acontecimentos do texto com sua concepção de mundo.[851]

A característica da literatura fantástica, como vimos acima, é a "irrupção do anormal em um mundo aparentemente normal, não para demonstrar a evidência do sobrenatural, e sim para postular a possível anormalidade da realidade, para revelar que o mundo não funciona como se acreditava."[852] Esse "mundo que não funciona como se acreditava" constitui uma maneira de expressar o maravilhamento diante do Real, sempre maior que a realidade percebida pelos sentidos.

---

851. CAMARANI, A. L. S., A literatura fantástica, p. 170-171.
852. CAMARANI, A. L. S., A literatura fantástica, p. 174.

Ora, dessa forma, há uma íntima relação entre o fantástico na literatura e a experiência mística cristã, pois esta também reconhece uma dimensão inefável no exercício da fé. O "totalmente Outro" do Sagrado, conforme definido por R. Otto,[853] traz ao mundo racional esse elemento desagregador, espantoso e até temível. "Deus está nesse lugar e eu não sabia! Quão temível é este lugar!" (Gn 28,17); "Tira as sandálias dos teus pés, pois o lugar em que pisas é terra santa!" (Ex 3.5); "Afasta-te de mim pois sou pecador!" (Lc 5,8); "Senhor meu e Deus meu!" (Jo 20,28), são todos exemplos de expressões delineadoras da dimensão do fantástico percebido pelos sentidos e reconfigurado pela imaginação. Há inquietude em nosso coração enquanto não nos encontramos com Deus e repousamos nele, como bem afirmou Santo Agostinho;[854] mas esse encontro é permeado pelo assombro e maravilhamento – pelo fantástico – de se estar na presença do Deus Eterno, Trindade de Amor, Senhor Santíssimo que se revela, ao mesmo tempo, Emanuel, Deus Conosco, companheiro de caminhada.

O fantástico, assim como a experiência mística, une o estranho ao familiar. Analisando o termo alemão para referir-se ao tema, afirma Freud:

> (...) o mais interessante para nós é que a palavra *heimlich* ostenta, entre suas várias nuances de significado, também uma na qual coincide com o seu oposto, unheimlich. O que é *heimlich* vem a ser *unheimlich*; (...) Somos lembrados de que o termo *heimlich* não é unívoco, mas pertence a dois grupos de ideias que, não sendo opostos, são alheios um ao outro: o do que é familiar, aconchegado, e do que é escondido, mantido oculto. (...) Portanto, *heimlich* é uma palavra que desenvolve o seu significado na direção da ambiguidade, até afinal coincidir com o seu oposto. *Unheimlich* é, de algum modo, uma espécie de *heimlich*.[855]

A partir desse tema, podem ser discutidas as fronteiras entre o Real e o estranho que o invade repentinamente, seja na literatura fantástica, seja na experiência mística. Trata-se, paradoxalmente, de um estranho familiar, que, na tradição cristã, pode ser descrito como um (re)encontro amoroso, apaixonante e, de certa forma, terrível, entre o Deus-Amante e o ser humano-amado. Nas experiências místicas de Santa Teresa, esse encontro é descrito como a docemente dolorosa experiência de ser ferida pela flecha do amor de Deus.

---

853. OTTO, R., O sagrado, p. 40-41.
854. AGOSTINHO DE HIPONA, Confissões, p. 15.
855. FREUD, S., Obras completas, p.337-338.

É tão poderosa essa ação divina, que a alma se desfaz em desejos e não sabe o que pedir. Parece-lhe claramente que o seu Deus está com ela. Direis: se o percebe, o que deseja? Por que se aflige? Ou que maior bem quer? Eu não sei. Só sei que a dor parece traspassar-lhe as entranhas como uma flecha. E quando Aquele que a fere arranca a seta, verdadeiramente é como se levasse consigo as entranhas, tal o sentimento de amor experimentado.[856]

A inefabilidade da experiência mística cristã se faz acompanhar de sua inconstância: não se pode controlá-la. A dor amorosa de sentir-se abraçado ou aprisionado em liberdade por Deus, essa "dor deliciosa – que não é dor – não fica sempre no mesmo grau. Às vezes dura muito tempo, de outras acaba depressa, conforme apraz ao Senhor comunicá-la. Não é coisa que se possa adquirir por meios humanos."[857] Quando finda, permanece o desejo de experimentá-la novamente. Dela, só se pode balbuciar em imagens nunca absolutas, mas plenamente verdadeiras, que tocam o mais profundo do ser. Tais imagens revestem-se das mais variadas formas, incluindo música, pintura, escultura, dança, movimento, poesia e, mais especificamente, a literatura fantástica. Obviamente condicionada por seu próprio tempo, a arte "representa a humanidade na medida em que corresponde às ideias e às aspirações, às necessidades e às esperanças de uma determinada situação histórica".[858] Fala profundamente ao ser humano justamente por seu vínculo com a vida. Ainda assim, ela se revela capaz de ultrapassar o cotidiano, apontando novas percepções de mundo (e novos mundos!) até então desconhecidos. "A arte supera essa limitação [histórica]", continua Ernst Fischer, "e, no seu momento histórico, cria também um momento de humanidade, uma promessa de constante desenvolvimento."[859]

Ainda sobre o tema, vale ressaltar:

> (...) a ficção fantástica fabrica outro mundo com outras palavras que não são de nosso mundo, que pertencem ao un-heimlich (estranho, inquietante); mas, por um justo retorno das coisas, esse outro mundo não poderia existir em outro lugar: ele está aqui, oculto e inefável e é tão heimlich (familiar) que não é reconhecido como tal. A leitura do fantástico e a revelação de seus procedimentos mostram a pertinência do que afirmava Freud: o fantástico é o íntimo que vem à tona e que perturba. Nas palavras de Belle-

---

856. 6M 2,4.
857. 6M 2,4.
858. FISCHER, E., A necessidade da arte, p. 15.
859. FISCHER, E., A necessidade da arte, p. 15.

min-Noël, o fantástico finge jogar o jogo da verossimilhança para que se adira à sua fantasticidade, enquanto manipula o falso verossímil para fazer aceitar o que é o mais verídico, o inconcebível e inaudível.[860]

A mística cristã é capaz de superar esses paradoxos, na medida em que afirma a integralidade da criação gerada por Deus. Por tudo isso, não é tão simples, como se pode pensar a partir de uma ótica racionalista, delimitar o Real do fantástico como se "o limite entre os dois campos conceituais fosse óbvio e as 'fronteiras do real' se mostrassem definitivas".[861] Ao contrário, "hoje, não se pode mais acreditar numa realidade imutável, externa, nem em uma literatura que não fosse senão a transcrição dessa realidade."[862] Assim, "o fantástico literário começa a desenvolver-se em uma época marcada pela ideia de um universo estável ordenado por leis fixas e imutáveis; nesse sentido, o fantástico define-se pela transgressão a essas regras."[863]

> (...) o essencial para que tal conflito crie um efeito fantástico não é a hesitação ou a incerteza, elementos sobre os quais muitos teóricos insistem desde Todorov, mas a impossibilidade de explicação do fenômeno. [Esta] impossibilidade de explicação do fenômeno não se determina exclusivamente no âmbito intratextual, mas envolve o próprio leitor; isto porque a narrativa fantástica mantém, desde suas origens, um constante debate com o extratextual. O objetivo do fantástico será (...) desestabilizar os limites de segurança, problematizar as convicções coletivas, questionar a validade dos sistemas de percepção da realidade comumente admitidos.[864]

De igual forma, a experiência mística cristã também percorre caminhos semelhantes. Como afirmamos,[865] o místico é aquele que sabe que "o mundo visível não esgota a realidade",[866] e que experimenta uma "espécie de rompimento e ruptura do mundo inteiro; a vivência de algo inteiramente novo: luz ou fogo, ardor de amor, ou 'nada' ou um 'tu'".[867] Ora, esse rompimento, essa irrupção do fantástico divino no mundo humano, essa intrusão bem-vinda do insólito que

---

860. CAMARANI, A. L. S., A literatura fantástica, p. 84.
861. CAMARANI, A. L. S., A literatura fantástica, p. 146.
862. TODOROV, T., Introdução à literatura fantástica, p. 176.
863. CAMARANI, A. L. S., A literatura fantástica, p. 166.
864. CAMARANI, A. L. S., A literatura fantástica, p. 166-168.
865. No capítulo 2.
866. VELASCO, J. M., El fenómeno místico, p. 297.
867. SCHILLEBEECKX, E., História humana, p. 101.

causa espanto, temor, reverência e admiração por sua novidade inigualável, são também ressaltados pela literatura fantástica. Como afirmamos anteriormente, a fantasia desse gênero literário não gera escapismo ou alienação e nem anestesia seus leitores em relação ao mundo sensível. Ao contrário, sua principal característica é fornecer a esse mundo, percebido pelos sentidos, camadas novas de maior profundidade. Abordando o tema a partir dos contos de fada, afirma Gabriele Greggersen:

> Os contos de fada contêm insuspeitas e essenciais lições para o ser humano. Eles provocam uma espécie de *conscientização*, sem deixar de preservar certa *inocência*. Em vez da *alienação*, atribuída à sua frequente associação ao *sonho* e *divagação*, eles nos fazem ver as coisas como verdadeiramente são. Eles alimentam a esperança de realização e felicidade na vida, para além de suas dificuldades e sofrimentos cotidianos.[868]

Por isso, na fé cristã, a experiência mística e o fantástico, presente nas literaturas que buscam descrevê-la, se inter-relacionam mutuamente. De certa forma, tal relação deixa transparecer a própria união hipostática presente em Jesus de Nazaré, traço essencial da teologia cristã, a saber: o fato de que a humanidade de Jesus deve ser entendida plenamente, de que Jesus "é verdadeiramente homem com tudo o que isto comporta, com sua finitude, mundanidade, materialidade e com a sua participação na história deste nosso cosmo na dimensão do espírito e da liberdade, na história que atravessa a porta estreita da morte."[869] Nesse sentido, Jesus

> (...) não pode ser simplesmente o próprio Deus agindo no mundo, mas precisa ser parcela do mundo, momento em sua história e precisamente em seu clímax. É isso que se afirma no dogma cristológico: Jesus é verdadeiramente homem, verdadeiramente parcela da terra, verdadeiramente momento no devir biológico deste mundo, momento da história natural humana, pois "ele nasceu de uma mulher" (Gl 4,4). (...) Não se pode entender o Deus-homem como se Deus ou o seu Logos houvesse se disfarçado de certa forma para fins de seu agir salvífico, com o fito de poder emitir sua voz aqui dentro do nosso mundo para nós.[870]

Pelo contrário: Deus em Cristo não é estranho à nossa humanidade. Porque está presente tanto na criação como na redenção – pois tudo foi criado nele, por

---

868. GREGGERSEN, Gabriele (Org.), O evangelho de Nárnia, p. 67-68.
869. RAHNER, K., Curso fundamental da fé, p. 237.
870. RAHNER, K., Curso fundamental da fé, p. 235.

ele e para ele (Cl 1,15-17) –, o Deus-Homem Jesus ressignifica todo o cosmo, integrando realidades terrenas e celestes (diríamos realidades ordinárias e fantásticas) numa mesma unidade, indivisível. "Em Jesus", prossegue Rahner, "o Logos porta o elemento material da mesma forma como porta uma alma espiritual, e este elemento material é parte da realidade e história do cosmos, parte que jamais se poderá pensar como que arrancada de sua unidade com o mundo".[871] Ora, isso implica enxergar o mundo criado como vinculado ao próprio Deus, que o sustenta e anima com seu fôlego de vida. Implica também reconhecer na produção cultural humana a força subcriadora que cria novos mundos e plenifica nossa realidade por meio da magia da literatura fantástica.

Afinal, Deus também não é estranho às histórias fantásticas. Ao contrário, o Deus da fé judaico-cristã é Aquele que imaginou o universo como espaço "muito bom" para a habitação humana, conforme o relato do Gênesis. Nesse sentido, importa recuperar uma imagem divina bastante presente no texto bíblico: Deus como o grande contador de histórias,[872] o Criador que fornece sentido e narratividade à vida humana, simbolizadas pelo seu fôlego de vida soprado sobre o ser humano (Gn 2,7). "Deus não permanece nele mesmo", afirma Gesché; "o último segredo da revelação e da Encarnação é que o próprio ser de Deus é aí comunicado a nós".[873] A Encarnação em si mesma constitui numa afirmação do fantástico divino presente no mundo:

> A humanização de Deus em Jesus Cristo confirma e aprofunda essa visão de mundo. O que na verdade poderia ser "apenas" uma relação vazia, simbólica, mostra-se no "eu" Jesus Cristo como uma unidade substancial do ser: no centro pessoal do ser humano (material) Jesus vive a palavra eterna (imaterial) de Deus. Aquele que encontra Jesus nessa profundidade encontra Deus.[874]

Ora, se é assim, então como não perceber Jesus como a Palavra criadora – e contadora de histórias – assumindo a fraqueza humana e construindo sua morada entre nós? E encontrado nessa fraqueza, contando histórias acerca do Pai e seu

---

871. RAHNER, K., Curso fundamental da fé, p. 236.

872. "Deus é um poeta de vanguarda, na medida em que a Bíblia é um grande poema inovador", afirmou o crítico literário Haroldo de Campos (SILVA, J. M., O pensamento do fim do século, p. 100). Do ponto de vista da Teologia, como já vimos, Deus é Aquele que cria e convida o ser humano a cocriar com Ele, o que significa dizer que o ser humano foi vocacionado para contar histórias sobre a criação divina. Ou não é exatamente isso que faz Adão ao dar nome aos animais no Éden? (Gn 2,19-20).

873. GESCHÉ, A., Deus, p. 100.

874. SUDBRACK, J., Mística, p. 111.

reino? Nesse sentido, mito[875] e fato, fantasia e realidade se mesclam de maneira nem sempre harmoniosa, mas certamente abundantemente frutífera e doadora de sentido à história humana. A Encarnação é o meio pelo qual o mito ingressa na concretude da história. Aliás, o processo de conversão de Lewis à fé cristã culminou nessa perspectiva integradora, conforme ele mesmo descreve:

> Agora, conforme o mito transcende o pensamento, a Encarnação transcende o mito. O coração do Cristianismo é um mito que também é um fato. O velho mito do Deus que Morre, sem deixar de ser um mito, desce do céu das lendas e imaginação para a terra da história. Isso ocorre – numa data específica, num lugar específico, seguido de consequências históricas definidas. Passamos de um Balder ou um Osiris, morrendo sem que ninguém saiba quando nem onde, para uma Pessoa histórica crucificada (nessa ordem) sob Pôncio Pilatos.[876]

Para Lewis, o milagre da fé cristã é apresentar essa união perfeita entre o fato histórico e o recebimento do mito, numa interpenetração poderosa e sedutora. Prossegue Lewis:

> Aqueles que não sabem que este grande mito se tornou Fato quando a Virgem concebeu são, de fato, dignos de pena. Mas os Cristãos também precisam ser lembrados (...) que o que se tornou Fato foi um Mito, que carrega consigo para o mundo dos Fatos todas as propriedades de um mito. Deus é mais que um deus, não menos; Cristo é mais que Balder, não menos. Não devemos nos envergonhar da radiância mítica repousando em nossa teologia. Não devemos ficar nervosos com "paralelos" e "Cristos Pagãos": eles devem estar lá – seria uma pedra de tropeço se não estivessem. Não devemos, numa falsa espiritualidade, restringir nossa imaginação bem-vinda.[877]

---

875. O termo mito tem recebido releituras recentes que buscam recuperar seu sentido de ser metáfora da realidade. Assim, para uma determinada leitura, bastante influenciada pelo Positivismo racionalista dos séculos XIX-XX, o mito constituiria uma mentira a ser repudiada. Por outro lado, para vários filósofos, críticos literários, teólogos e cientistas da religião contemporâneos, o mito pode ser receptáculo de uma verdade incapaz de ser aprisionada pela linguagem. Para Joseph Campbell, por exemplo, "a mitologia não é uma mentira; mitologia é poesia, é algo metafórico. Já se disse, e bem, que a mitologia é a penúltima verdade – penúltima porque a última não pode ser transposta em palavras. Está além das palavras, além das imagens, além da borda limitadora da Roda do Devir dos budistas. A mitologia lança a mente para além dessa borda, para aquilo que pode ser conhecido mas não contado. Por isso é a penúltima verdade." (CAMPBELL, J.; MOYERS, B., O poder do mito, p. 173).

876. LEWIS, C. S., The Collected Works of C. S. Lewis, p. 343.

877. LEWIS, C. S., The Collected Works of C. S. Lewis, p. 344.

Isso vincula-se diretamente à Encarnação, à própria humanidade de Deus revelada em Jesus de Nazaré. Do ponto de vista da narrativa bíblica, na encarnação são reunidos os elementos do cotidiano e do fantástico: experiências do dia a dia da vida do próprio Jesus (o bebê descansando no colo de Maria, o menino brincando nas ruas poeirentas de Nazaré, o pregador camponês que caminha pela Galileia e que se encanta em compartilhar a sua mesa, as parábolas elaboradas a partir de elementos da vida) unem-se às manifestações do fantástico nos milagres e ações de Jesus (a Transfiguração, os milagres, as curas etc.). Dito de outra forma, o fantástico invade a terra na encarnação; esvazia-se de si mesmo, sendo encontrado na humanidade, mas mantendo ainda as suas prerrogativas fantásticas. Pois, vale lembrar, foi com pão e vinho que a Aliança foi estabelecida entre Cristo e os seres humanos; comemos e bebemos (ações do cotidiano) para nos lembrar do fantástico e do maravilhoso que vem a nós pela ação salvífica de Deus.

"O que vimos com os nossos olhos, o que contemplamos e o que as nossas mãos apalparam a respeito da Palavra da vida..." (1Jo 1,1), afirma a carta joanina usando verbos relacionados ao universo sensível, percebido pelo toque, pela visão e audição. A isso, a carta acrescenta que foi a própria vida eterna que estava com o Pai que se manifestou (1Jo 1,2). O Deus que não pode ser esgotado pela linguagem e que ninguém jamais viu manifestou-se em glória e construiu seu tabernáculo entre os seres humanos (Jo 1,14). Tal ação criadora-salvífica divina representa verdadeira "mundanização" de Deus, expressão que pode causar certo incômodo.

> A humanidade de Deus nos incomoda. Isso mesmo: a humanidade de Deus. Coisa que os primeiros cristãos descobriram com espanto. Corrijo-me. Não é que os cristãos, depois de solidamente cristãos, tivessem descoberto a humanidade de Deus como algo mais sobre o que falar, algo que se podia acrescentar às suas ideias teológicas... A verdade é o inverso. Foi quando eles entenderam que para falar de Deus é necessário deixar de falar de Deus, e falar sobre um homem, um rosto, uma vida... Foi então que eles ficaram cristãos. Deus, para falar de si, tornou-se homem. Falar sobre Deus é falar sobre um homem. A palavra se fez carne. Nosso irmão. Um de nós. Nasceu, viveu, morreu...[878]

No dizer *lewisiano*, a imaginação – que *deve* ser bem-vinda! – é essa arte plenamente humana e divina, capaz de relacionar elementos do fantástico, da fé e da teologia cristãs no cotidiano. É o que traduz a experiência mística de encon-

---

878. ALVES, R., Creio na ressurreição do corpo, p. 26.

tro íntimo com Deus em linguagem poética, capaz de tocar o mais profundo do ser. Poesia e mística tornam-se companheiras na caminhada; ambas são vivenciadas nas dimensões do ser que não cabem na mera racionalização. Ao falar dos ensinamentos de Jesus, sob a forma de parábolas poéticas, Lewis defende esse posicionamento.

> Podemos, se assim desejarmos, enxergar nisso um propósito exclusivamente prático e didático; ao conceder a verdades infinitamente dignas de lembrança tal expressão rítmica e mágica, Jesus faz com que seja quase impossível esquecê-las. E eu gosto de ir ainda mais longe em minhas suspeitas. A mim parece apropriado, quase inevitável, que quando essa grande imaginação que, no princípio, para seu próprio deleite e para o deleite dos homens, dos anjos e (a seu próprio modo) dos animais, criou e constituiu toda a natureza e permitiu-se expressar em linguagem humana, ela usasse a poesia, posto que a poesia é também uma pequena encarnação que dá corpo ao que outrora foi invisível e inaudível.[879]

Poesia como encarnação da grande imaginação divina e criadora: essa expressão carrega consigo vários elementos que se mostram presentes nos textos de Lewis, tanto ficcionais como os de não ficção. Em sua preleção proferida em 8 de junho de 1941, durante o culto vespertino na Igreja de St. Mary the Virgin, na Universidade de Oxford, Lewis defende a proximidade entre poesia e mitologia, à luz da própria imaginação. "Os poetas e as mitologias conhecem tudo a respeito disso"[880], afirma Lewis. E prossegue:

> Não desejamos meramente *ver* a beleza, embora, sabe Deus, mesmo isso já seria uma recompensa e tanto. Queremos algo mais que não pode ser posto em palavras – ser unidos à beleza que vemos, estar nela e recebê-la em nós mesmos, nos banhar nela, nos tornar uma parte dela. É por isso que povoamos o ar, a terra e a água com deuses e deusas, ninfas e elfos – para que, embora não consigamos, ainda assim essas projeções possam apreciar em si mesmas aquela beleza, graça e poder de que a natureza é a imagem. É por isso que os poetas nos contam essas falsificações tão amáveis. Falam como se o vento oeste fosse de fato penetrar uma alma humana; mas não pode.[881]

Essa impossibilidade apontada por Lewis, contudo, será derrotada pela força do imaginário presente na própria Escritura, por meio do qual os mitos antigos

---

879. LEWIS, C. S., Lendo os Salmos, p. 13.
880. LEWIS, C. S., O peso da glória, p. 47.
881. LEWIS, C. S., O peso da glória, p. 47.

e a poesia moderna se encontrarão perante a Verdade e nela reconhecerão sua origem. Nesse encontro, a plenitude da vida do próprio Cristo será mais uma vez fornecida, de graça, como amor e alegria líquidos, derramados sobre a corporeidade integral. "É necessário mencionar", alerta Lewis, "que se abandonem pensamentos ainda mais enganosos – pensamentos de que aquilo que é salvo é um mero fantasma, ou que o corpo ressurreto vive numa espécie de insensibilidade dormente. O corpo foi feito para o Senhor, e essas infelizes ideias erram o alvo por muito."[882] Para Lewis, o corpo é morada de Deus porque foi feito por Ele e Nele encontra sua plenitude; no corpo do cristão "Cristo também está *vere latitat* [verdadeiramente escondido] – o glorificador e o glorificado, o próprio Deus da Glória está verdadeiramente oculto"[883]. Essa valorização do corpo em sua relação com Deus, vale lembrar, é parte integrante da mística cristã.

O que é refletido por Lewis através de sermões é ampliado e concretizado em sua ficção. Na *Trilogia Cósmica*, por exemplo, Ransom, o protagonista, após ter experiências fantásticas em Perelandra, conclui que toda a mitologia terrestre bem poderia ser realidade palpável em outros mundos, isto é, qualquer divisão entre imaginação, mito e realidade só existiriam num mundo em que se experimentou a Queda.[884] Sua experiência nos mundos que visita revela a veracidade dessa perspectiva. Na longa conversa que trava com os Oyarsas de Malacandra e Perelandra (respectivamente, Marte e Vênus), essa inter-relação torna-se evidente: Ranson percebe que "na própria matéria de nosso mundo, os traços da comunidade celeste não estão totalmente perdidos. A memória passa através do ventre e paira no ar. A Musa é verdadeira. Como diz Virgílio, um leve sopro chega até mesmo às gerações mais recentes."[885] Dito de outra maneira, o fantástico encarna no mundo e, por isso, as inspirações da Musa são verdadeiras. E porque são verdadeiras, podem apontar para a fonte de todas as inspirações: o próprio Criador que se deixa perceber por meio delas.[886]

---

882. LEWIS, C. S., O peso da glória, p. 49.

883. LEWIS, C. S., O peso da glória, p. 51.

884. LEWIS, C. S., Perelandra, p. 272-273.

885. LEWIS, C. S., Perelandra, p. 273.

886. Vale perceber que em Além do planeta silencioso, o primeiro livro da Trilogia Cósmica, Ransom só consegue acalmar-se e rejeitar qualquer desconfiança ao relacionar-se, pela primeira vez, com um hross, uma das raças que habitavam Malacandra, quando a enxerga com os olhos da literatura fantástica, e não com o olhar meramente racionalista. "Foi apenas muitos dias depois que Ransom aprendeu a lidar com essas súbitas perdas de confiança. Elas surgiam quando a racionalidade do hross o tentava a considerá-lo um homem. Com isso, tornava-se abominável: um homem de dois metros e dez de altura, com o corpo serpeante, todo coberto, até o rosto, com um denso pelo negro de animal, e provido de bigodes de gato. Entretanto, partindo-se do outro lado, ali estava um animal com tudo o que um animal deveria ter – pelagem lustrosa, olhos luminosos, hálito agradável e dentes branquíssimos –, e a tudo isso, como se o Paraíso nunca tivesse sido

Esse imaginário humaniza o ser, pois desenvolve uma das características da humanidade: a capacidade de usar a imaginação – aliás, um dom do Criador – como meio de se enxergar a vida. Por isso, contos de fada, fantasia ou de ficção científica – a literatura fantástica em geral – podem tornar-se instrumentos para o cultivo da espiritualidade humana; os mitos geradores de sentido podem também fazer-nos defrontar com o fantástico subitamente presente no cotidiano.

> O mito persiste no imaginário dos homens. Quando menos se espera ele surge no meio de um cenário profano, dessacralizado, esterilizado da ideia do absoluto. Instaura-se sutilmente (nem sempre, às vezes, aparece com veemência) nos meandros de nossa cultura e de nossas artes.[887]

Nesse sentido, é importante possuir olhos atentos à produção cultural humana, pois ela pode revelar os lampejos da eternidade sobre o tempo. Como afirma John F. Haught: "É também a antecipação natural do mistério eterno que nos inspira a imaginar mundos alternativos, sob a forma quer de *contos de fadas*, quer de utopias, quer de escatologias."[888] Ora, nesse sentido, reafirma-se o espaço de encontro dialogal entre teologia e literatura, e, mais especificamente, partindo-se do princípio de que a teologia é fruto da experiência mística, entre literatura fantástica e mística cristã. Godoi também ressalta esse aspecto:

> O "fantástico" é a hesitação experimentada por um ser que só conhece as leis naturais, face a um acontecimento aparentemente sobrenatural. Há o real e o imaginário e esta hesitação entre eles criada pelo artista, cria o efeito do fantástico. (...) O fantástico é o mito.[889]

Com esse argumento, retornamos a Todorov e suas definições de fantástico. Para o autor, "todo fantástico está ligado à ficção e ao sentido literal. Ambos são condições necessárias para a existência do fantástico."[890] Parece-nos possível afirmar, portanto, que o fantástico na literatura, tal como ocorre com a experiência mística na fé cristã, ao unir numa mesma e indivisível experiência a espiritualidade e a doutrina, não divorcia, mas une mundos distintos: o ficcional e o literal. Na

---

perdido e os primeiros sonhos fossem realidade, acrescentava-se o encanto da fala e da razão. Nada poderia ser mais repugnante do que a primeira impressão e nada poderia ser mais prazeroso do que a impressão seguinte. Tudo dependia do ponto de vista." (LEWIS, C. S., Além do planeta silencioso, p. 75-76).

887. TRIGO, L. G. G., O mito na cultura contemporânea, p. 109.

888. HAUGHT, J. F., Cristianismo e ciência, p. 48.

889. TRIGO, L. G. G, O mito na cultura contemporânea, p. 121.

890. TODOROV, T., Introdução à literatura fantástica, p. 41.

literatura fantástica, o fantástico, sem abandonar seu caráter de maravilhamento e estupefação, permeia as experiências "mundanas" que, por isso mesmo, recebem novas leituras e significados. O fantástico é, assim, uma forma de expressar a própria experiência mística cristã.

Como bem afirma Wolfgang Iser, "A interação de fictício e imaginário revela, portanto, que as realidades referenciais do texto, por resultarem de possibilidades, são novamente nestas decompostas, liberando outras possibilidades, que servem à produção de outros mundos."[891] Nesse sentido, o fantástico possibilita um encontro bastante produtivo entre a teoria e a prática da vida; longe de ser um delirar perdido e sem rumo, o imaginar constitui uma das mais importantes ações humanas, pois por meio dele é possível conectar coisas, construir associações, viabilizar conexões.

Por isso, não se pode limitar a força da tinta sobre o papel – que, aliás, em se tratando de literatura fantástica, de fato nunca é apenas tinta sobre o papel, pois as palavras, neste gênero literário, de fato criam e recriam o mundo de seus personagens e também de seus leitores. A literatura fantástica desenvolve perspectivas da vida humana, enxergadas pela lente da imaginação, que geram novos e proveitosos para a integralidade da existência; revela-se, assim, lugar da potência, pois mostra o possível acesso ao real por meio do imaginário. Por essa razão, a vida real transmitida pela história ultrapassa (e muito!) as racionalidades sistemáticas da filosofia ou da teologia. A literatura revela-se como um *locus teológico* mais abundante e mais livre para fazer as afirmações sobre Deus e o mundo e sobre o ser humano no meio desta relação. Nesse sentido, um Jó que clama aos céus contra a injustiça de Deus (e, quiçá, contra sua perversidade[892]) tem muito mais a dizer sobre o sofrimento e o mal no mundo do que postulados dogmáticos, hermeneuticamente fechados em si mesmos.

> É por isso – e entrevemos agora o elo que pode haver entre literatura e teologia – que o romance não é uma aventura ao acaso para o teólogo, mas poderia, pelo contrário, tornar-se um *locus theologicus* – cuja teoria mais precisa está, evidentemente, por fazer. Há, na descoberta romanesca, uma analogia com o que o teólogo chama de revelação: uma visitação. O encontro de algo inesperado, súbito, "revelado" fora do real cotidiano, e, entretanto, inscrito nele.[893]

---

891. ISER, W., *O fictício e o imaginário*, p. 307.

892. Em sua dor, Jó chega a afirmar que mesmo nas tragédias que matam de forma súbita, Deus "se rirá do desespero do inocente." (Jó 9.23).

893. GESCHÉ, A., *O sentido*, p. 150.

A narrativa fantástica, portanto, mantém sua incidência sobre a vida, fato sobejamente ilustrado pelas próprias narrativas bíblicas nas quais o fantástico se faz presente. Uma sarça ardente no deserto, por exemplo, manifesta-se como algo que surpreende e, repentinamente, o lugar onde se pisa já não é chão comum, mas terra santa (Ex 3,1-14); um sonho torna uma pedra comum um altar de culto a Deus, e o espaço onde se pernoitou é reconhecido como Betel, Casa de Deus (Gn 28.10-18); uma gravidez inesperada é anunciada por um Anjo, e eis o bebê recém-nascido, envolto em trapos sujos, deitado numa manjedoura, marcando desde o início a periferia como o lugar de seu ministério entre seus contemporâneos (Lc 1,26-38; 2,1-7).

Os elementos comuns do cotidiano também são alcançados por essa espécie de redenção imaginativa que os tornam metáforas concretas de realidades ainda inalcançáveis plenamente. Ou não é exatamente assim que o pão e o vinho da Eucaristia, estabelecidos por Jesus na celebração da Nova Aliança, devem ser entendidos? Comemos e bebemos (ações do cotidiano) para nos lembrar do fantástico e do maravilhoso que vem a nós pela ação salvífica de Deus. Como lembra Ernesto Cardenal:

> Cristo escolheu o pão e o vinho para a Eucaristia porque esses eram os alimentos básicos da cultura mediterrânea, que era a mais universal, e portanto eram os alimentos mais universais (e o trigo é o cereal que mais se cultiva no planeta). Mas o pão e o vinho da eucaristia estão em representação de todos os frutos da terra: da mandioca e do cacau, do café, e do tabaco e da banana e do coco e do pulgue, e da chicha. E cada fruto é como uma síntese do cosmos, é um pedaço de matéria cósmica assimilada. De modo que o pão e o vinho da missa são síntese, e estão em representação de todo o cosmos. Estão em representação de nosso corpo, porque nosso corpo é também fruto. Somos esses frutos assimilados e transformados em corpos. Nossa carne e nosso sangue são pão e vinho. E quando o pão e o vinho se convertem no Corpo e no Sangue de Cristo, simbolizam o nosso corpo e o nosso sangue convertido no Corpo e no Sangue de Cristo.[894]

Essa correlação, esse vai e vem entre o fantástico e o cotidiano, é o que torna a literatura tão grávida de sentidos múltiplos e enriquecedores da vida humana. Daí que "a literatura pode constituir verdadeira antropologia e, assim, iluminar o teólogo em busca de uma teologia pertinente para o ser humano".[895] Inclusive a literatura fantástica.

---

894. CARDENAL, E., Vida no amor, p. 132-133.
895. GESCHÉ, A., O sentido, p. 151.

E só o imaginário (sarça ardente, combate de Jacó com o anjo, sono de Adão etc.) é capaz de suportar totalmente a ideia infinita do infinito. O imaginário não é só para manifestar uma revelação, mas é esse *cantus firmus* que acompanha a fé e seu discurso, como um ruído de fundo, colocando, assim, em jogo – fazendo, assim, entrar no jogo do ser humano –, o infinito.[896]

Compreender a literatura fantástica como lugar teológico e vinculado à experiência mística cristã implica ainda inserir seus traços essenciais (a saber: seu senso de maravilhamento e sua impossibilidade de ser reduzida apenas a um dado compreensível) na prática teológica. Isso reforça a dimensão mística da fé em Jesus. No cerne do cristianismo, vale lembrar, está uma Pessoa, não uma doutrina: Jesus de Nazaré, o contador de histórias fantásticas e realizador do fantástico na vida de seus discípulos, mas que também sempre abre espaço em si mesmo para relacionar-se intimamente com o Pai em oração, em segredo místico no monte. Aliás, que narrativa bela a da Transfiguração! Nela, encontram-se tanto o Jesus místico como o contador de histórias; o primeiro tem uma experiência com o Pai que se alegra em reconhecer nele o Filho amado; o segundo se alegra em permitir que seus discípulos mais chegados acompanhem essa narrativa. Em Jesus de Nazaré, Deus encarnado, o fantástico e a mística encontram-se harmoniosamente. Transfigurado, Jesus afirma aos discípulos: "Não tenham medo!" (Mt 17,7). Reafirma-se, mais uma vez, a experiência mística como o encontro com o Amor que lança fora todo o medo e enxerga no Deus infinito um amigo na caminhada (1Jo 4,18; Jo 15,15).

Assim, ressaltamos a necessidade de se recuperar, sempre, a força da linguagem mítica e simbólica capaz de retirar a teologia dos moldes exclusivamente racionalistas nos quais ela foi, ao longo da história, sendo colocada[897] (aliás, vale ressaltar ainda mais uma vez: a linguagem religiosa é metafórica por natureza). E reafirmamos também a necessidade da literatura fantástica, capaz de (re)criar mundos, devolvendo a beleza do espanto e do maravilhamento ao mundo. Como diz o belíssimo texto de Suso, citado por Rudolf Otto:

> Há que saber o seguinte. Uma coisa é ouvirmos nós próprios os acordes melodiosos de uma lira, outra é ouvir falar dela. Da mesma maneira, uma coisa são as palavras recebidas em estado de graça, emanando de um coração vivo e pronunciadas por uma boca viva, outra são as próprias palavras,

---

896. GESCHÉ, A., O sentido, p. 156.

897. Recuperar o mito para a produção teológica implica também reafirmar o valor da imaginação para a vida e o conhecimento humano. Não pode haver nem mesmo uma compreensão de ciência desprovida do elemento do imaginário. A este respeito, ALVES, R., Filosofia da ciência, p. 144-163.

inscritas num pergaminho morto... Aqui ficam frias, não sei como, empalidecem como rosas cortadas. A doce melodia que, sobretudo, toca o coração, desvanece-se. É então que na aridez do coração elas são recebidas.[898]

Assim, neste universo imaginário, característico da literatura fantástica, encontramo-nos com uma verdadeira "antropologia literária", para usar um termo de Gesché. Isso porque a literatura,

> *precisamente por seu recurso à ficção*, libera o campo de abordagem do ser humano graças a um desenrolar do imaginário, em que tudo é possível e em que nada é impossível, em que nada é deixado de lado do que poderia fazer ou do que poderia ser um ser humano. (...) "O romance *é a linguagem organizada para mim*. Uma construção onde posso viver" (Aragon). É uma narrativa onde me é pedido entrar e encontrar-me comigo mesmo ao sabor de situações fictícias que têm como força (*ourgia*) permitir situar-me livremente entre as personagens da narrativa inventada.[899]

Por isso, este gênero literário do fantástico revela-se como espaço de construções e (re)descobertas, inclusive teológicas e místicas. No romance, afirma Gesché, "imagino o que eu poderia fazer de mim mesmo num universo que ainda está bem em aberto. Lendo uma obra de ficção, invento-me".[900] Essa afirmação certamente também se aplica à literatura fantástica. E é justamente essa capacidade criativa que permite o desenvolvimento do ser, pois "o que a imaginação apreende como Beleza deve ser verdade – tenha existido ou não antes. A imaginação pode ser comparada ao sonho de Adão – ele acordou e descobriu que era verdade."[901] As imagens que encontramos na literatura nos permitem perceber detalhes da vida que seriam imperceptíveis por outros modos. E as experiências vivenciadas nas narrativas fantásticas encontram eco e se espelham nas experiências da mística cristã. Veremos, a seguir, como a literatura fantástica de C. S. Lewis pode nos auxiliar a refletir sobre a mística cristã.

---

898. OTTO, R., O sagrado, p. 90.

899. GESCHÉ, A., O sentido, p. 142. No texto bíblico, a relação Deus-homem revela-se como essa narrativa na qual, por não haver impossíveis para Deus (Lc 1,37), o ser humano pode se encontrar e viver em plenitude.

900. GESCHÉ, A., O sentido, p. 145. Nas palavras de Douglas Rodrigues, "as personagens de ficção recriam as possibilidades de ser no mundo." (CONCEIÇÃO, D. R., Fuga da promessa e nostalgia do divino, p. 68).

901. GESCHÉ, A., O sentido, p. 151.

6.4. Do fantástico à experiência mística: contribuições da literatura fantástica de C. S. Lewis para a compreensão da mística hoje

A literatura fantástica tem poder de revelar o homem para ele mesmo, assim como o faz a mística cristã. Se nesta, a experiência-encontro com Deus conduz a um "esquecer-se" de si mesmo diante de Deus, ato que, paradoxalmente, gera um fortalecimento do próprio eu – um eu tornado mais pleno,[902] diríamos – na literatura, igualmente, nos encontramos com outras experiências, vivenciadas por diferentes personagens, que, apesar de momentaneamente levar-nos por narrativas e lugares até então desconhecidos, reconduzem-nos de volta a nós mesmos, transformados pela força das histórias e mais capazes de enxergar a vida de maneiras distintas.

Em outras palavras: na mística cristã, ao se encontrar com o Mistério que é Deus, o ser humano recebe novo olhar sobre a vida, sobre o próximo, sobre o mundo e sobre si mesmo. O encontro com Deus frutifica em maneiras novas de enxergar a vida e agir em prol de sua defesa e manutenção. Naquela, isto é, na literatura fantástica, o ser humano se reencontra consigo mesmo à luz de novos mundos, gerados na imaginação aparentemente desenfreada – mas que atende a outras instâncias da existência – que cria e recria a realidade. Vale observar, por exemplo, como há interconexões entre as citações apresentadas abaixo. A primeira, abordando discussões referentes à narratologia, afirma as múltiplas maneiras pelas quais a literatura bíblica (e obviamente, incluem-se aqui as narrativas fantásticas presentes nas Escrituras) pode modificar seus leitores profundamente.

> Como em todo processo de comunicação, o destinador supõe, no destinatário, um estoque de conhecimentos que podemos chamar de enciclopédia pessoal. (...) Ora, a leitura não deixa intacta a enciclopédia do leitor. Não somente porque pode aumentá-la (por um contributo de informação), mas sobretudo porque ler leva a modificar, confirmar ou subverter sua própria visão do mundo, por confrontação com a do narrador. A narrativa é oferta de uma visão de mundo que questiona o leitor ao retornar ao seu mundo.[903]

A outra citação vem da obra do poeta, sacerdote e místico nicaraguense Ernesto Cardenal:

---

902. SUDBRACK, J., Mística, p. 26-28.
903. MARGUERAT, D., BOURQUIN, Y., Para ler as narrativas bíblicas, p. 161.

Para quem vive em união com Deus todas as coisas estão transfiguradas por uma luz especial, brota um manancial de gozo de todas as coisas, mesmo das mais comuns da vida cotidiana. Todos os momentos de sua vida destilam felicidade e há como uma espécie de feitiço, de sutil encantamento, em tudo que se toca ou que se faz. É o que disse Cristo à mulher junto ao poço: que teríamos o manancial das águas em nossas entranhas. (...) O Paraíso é o amor. Todo amante tem a consciência de haver estado alguns momentos no Paraíso, mas quem vive no amor de Deus vive sempre no Paraíso.[904]

O leitor da literatura fantástica, investido das tensões experimentadas pelos personagens da narrativa e pelo elemento fantástico que invade a rotina de seu cotidiano, retorna ao seu mundo para questioná-lo, cumprindo assim uma importante função de crítica da literatura, expressa social, política, econômica, religiosa, sexual e culturalmente. O místico cristão, por sua vez, após seu encontro com Deus, em intimidade matrimonial,[905] é enviado novamente ao mundo cotidiano mas com uma visão transfigurada de todas as coisas. Em ambas as situações, a experiência transforma o indivíduo e o mundo à sua volta.

Assim, reafirmamos: a literatura fantástica pode tornar-se espaço para manifestação da experiência mística e do conhecimento de si mesmo. Nesse sentido, o "era uma vez" que caracteriza o início de diversas histórias fantásticas, sobretudo os contos de fada, "pelo uso do imperfeito remetendo a um passado indeterminado, libera no leitor-ouvinte o voo da imaginação."[906] A própria experiência mística cristã, aliás, por ser fruto da graça de Deus – essa "iniciativa divina da qual o homem é beneficiário"[907] – remete também à gratuidade presente no início dos contos de fada, os quais Lewis tanto amava.[908] E os fenômenos extraordinários que marcam algumas experiências místicas dentro do cristianismo também apresentam ao ser humano novas e ricas dimensões da vida e de si mesmo. Como afirmamos no tópico anterior, o encontro da narrativa escrita com a(s) narrativa(s) interior(es) do ser humano produz sentido que confirma, transforma ou subverte a cosmovisão do próprio ser.

---

904. CADERNAL, E., Vida no amor, p. 117.

905. CADERNAL, E., Vida no amor, p. 94, 95, 117.

906. MARGUERAT, D.; BOURQUIN, Y., Para ler as narrativas bíblicas, p. 153.

907. GREGGERSEN, G., A antropologia filosófica de C. S. Lewis, p. 27.

908. GREGGERSEN, G., A antropologia filosófica de C. S. Lewis, p. 27-28. Para Greggersen, vale a pena ressaltar que o "era uma vez" que marca o início da narrativa em O Leão, a feiticeira e o guarda-roupa, é, em inglês, "once upon a time" e que "upon" tem parentesco com "happen", isto é, não importa onde ou quando, a coisa simplesmente aconteceu de forma providencial e gratuita.

Tudo que falamos até aqui pode ser ilustrado na vida e obra de C. S. Lewis. Para ele, a literatura (em especial, a fantástica) também é capaz de levar o(a) leitor(a) a reconhecer a si mesmo e ao outro por meio da narrativa.

> Consideremos o Sr. Texugo de *O vento nos salgueiros* – amálgama extraordinário de superioridade hierárquica, maneiras bruscas, mau humor, timidez e bondade. A criança que algum dia encontra o Sr. Texugo guarda para sempre, em seu íntimo, um conhecimento da humanidade e da história social inglesa que não poderia adquirir de nenhum outro modo.[909]

Mas Lewis vai além disso e considera a literatura fantástica como meio de transposição do próprio mundo, como ponte para uma nova realidade que não rejeita a percebida pelos sentidos, mas a amplia, fornecendo a ela plenitude de graça e glória. Aliás, este é o tema de um de seus sermões mais famosos: *O peso da glória*. Neste, Lewis advoga o que também apresentou em seus textos ficcionais nos quais o tema foi aprofundado pela força da literatura fantástica: a nostalgia que nos invade diante do Real para o qual as belezas que percebemos são meros lembretes ou sinais. Este desejo por algo mais, por uma matéria mais sólida que o chão que nos sustenta, ou por uma luz mais confortadora e doce do que a do Sol; esse querer uma comida mais substancial do que as que podem ser saboreadas por nosso paladar; essa sede excruciante e misteriosamente bem-vinda por uma água que mata verdadeiramente nosso desejo; ou, nas palavras de Lewis, esse "segredo que não conseguimos esconder e sobre o qual não podemos falar, embora desejemos fazer ambas as coisas (...) desejo por algo que de fato nunca apareceu em nossa experiência",[910] são todos sinais de que nossa realidade não esgota o Real, antes apenas o relembra.

> Os livros ou a música nos quais pensamos que a beleza estava localizada nos trairão, se confiarmos neles; não é isso que estava *neles*, apenas que veio *por meio* deles, e aquilo que veio por intermédio deles era apenas um anseio. Essas coisas – a beleza, a recordação de nosso próprio passado – são boas imagens daquilo que realmente desejamos, mas, se forem confundidas com a coisa em si, tornam-se ídolos mudos, partindo o coração de seus adoradores. Elas não são a coisa em si; são apenas a fragrância de uma flor que nunca encontramos, o eco de uma melodia que nunca ouvimos, notícias de um país que nunca visitamos.[911]

---

909. LEWIS, C. S., Três maneiras de escrever para crianças, p. 745.

910. LEWIS, C. S., O peso da glória, p. 35.

911. LEWIS, C. S., O peso da glória, p. 36.

Retornando ao tema da Transposição – isto é, a esperança cristã pela parusía – em outro sermão, proferido na capela do Mansfield College, em Oxford, no Dia de Pentecoste em 28 de maio de 1944, Lewis cria uma interessante analogia que merece ser destacada integralmente aqui.

> Vamos compor uma fábula. Visualizemos uma mulher jogada numa masmorra. Ali, ela dá à luz e cria um filho. Ele cresce vendo nada além das paredes da masmorra, a palha no chão, e um pequeno pedaço do céu através das grades de uma janela, que está tão alta que não mostra nada além do céu. Essa mulher infeliz era uma artista e, quando foi aprisionada, conseguiu trazer consigo um caderno de desenho e uma caixa com lápis. Como nunca perdeu a esperança de libertação, ela constantemente ensina o filho a respeito do mundo exterior, que ele nunca viu. Ela faz isso principalmente ao desenhar gravuras para ele. Com seu lápis, ela tenta mostrar a ele como são os campos, rios, as montanhas, cidades e as ondas na praia. Ele é um menino obediente e se esforça o máximo para acreditar na mãe quando ela lhe diz que o mundo exterior é muito mais interessante e glorioso que qualquer coisa na masmorra. Às vezes, ele é capaz de crer. No todo, ele convive com ela de modo tolerável, até que um dia, ele diz algo que faz sua mãe parar por um instante. Por alguns minutos eles então não conseguem se entender. Finalmente, ela percebe que ele viveu todos esses anos tendo uma ideia equivocada. "Mas", ela suspira, "você achou mesmo que o mundo real estava cheio de linhas desenhadas por um lápis de grafite?" "O quê?", diz o menino, "Não tem marcas de lápis lá?". Instantaneamente, toda a sua noção do mundo exterior se torna uma folha em branco, pois as linhas, pelas quais somente ele imaginava o mundo, estavam agora negadas a ele. Ele não tem a menor ideia daquilo que excluirá e dispensará as linhas, daquilo para o que as linhas eram meramente uma transposição – dos topos das árvores balançando, da luz dançando no açude, das realidades tridimensionais coloridas que não estão representadas nas linhas, mas definem suas próprias formas a cada momento com uma delicadeza e multiplicidade que nenhum desenho jamais seria capaz de capturar. A criança ficará com a impressão de que o mundo real é de alguma forma menos visível que os desenhos de sua mãe. Na realidade, há carência de linhas porque o mundo é incomparavelmente mais visível.
> Assim acontece conosco. "Ainda não se manifestou o que havemos de ser"; mas podemos estar certos de que seremos mais, não menos, do que éramos no mundo. As nossas experiências (sensoriais, emocionais, imaginativas) são apenas como desenhos, como linhas feitas com grafite num papel plano.

Se elas desaparecerem na vida ressuscitada, desaparecerão apenas como as linhas de lápis desaparecem do panorama real, não como uma luz de vela que é apagada, mas como uma luz de vela que se torna invisível depois que alguém abriu as cortinas, abriu as janelas e deixou entrar a intensa luz do sol que se levanta.[912]

Ou, no dizer de Ernesto Cardenal: "Veremos cara a cara a beleza, não a beleza que transparece através das coisas, mas a beleza em si mesma, diretamente, sem os intermediários das coisas. Veremos a beleza e não as coisas belas, veremos sem véus, simplesmente veremos."[913] Cumpre-se aqui o texto paulino: "No presente, vemos por um espelho e obscuramente; então veremos face a face. No presente, conheço só em parte; então conhecerei como sou conhecido." (1Cor 13,12). O "conhecer em parte" e o "ver por meio de um espelho" representam, na perspectiva lewisiana, o contato com o Real que chega até nós nas mediações culturais da Arte e, especialmente, da literatura fantástica. Lewis percebeu que uma boa história "cativa a imaginação. Pode sorrateiramente passar pelos 'dragões vigilantes' do racionalismo dogmático'",[914] é capaz de ultrapassar fronteiras de fé e espiritualidade as quais nem sempre a teologia sistemática se aventura a ir.

Na literatura fantástica de Lewis, esse dado surge em diversas passagens de muitos de seus livros. Em *A cadeira de prata*, uma das crônicas de Nárnia, as crianças Eustáquio e Jill, o príncipe Rilian e o Paulama Brejeiro, um dos mais interessantes personagens das Crônicas, são feitos prisioneiros pela Feiticeira Verde, no mundo subterrâneo. Por meio de um encantamento, a Feiticeira quer levá-los a rejeitar a existência de um mundo além dos subterrâneos, alegando que toda experiência com o mundo real e com o próprio Leão Aslam, que representa Cristo na história, não passa de ilusão.

> – Acho que o leão de vocês vale tanto quanto o sol. Viram lâmpadas, e acabaram imaginando uma lâmpada maior e melhor, a que deram o nome de sol. Viram gatos, e agora querem um gato maior e melhor, chamado leão. É puro faz de conta, mas, francamente, já estão meio crescidos demais para isso. Já repararam que esse faz de conta é copiado do mundo real, do meu mundo, que é o único mundo? Já estão grandes demais para isso, jovens.[915]

---

912. LEWIS, C. S., O peso da glória, p. 109-110.
913. CADERNAL, E., Vida no amor, p. 114.
914. McGRATH, A., Conversando com C. S. Lewis, p. 69.
915. LEWIS, C. S., As crônicas de Nárnia, p. 598. Como ocorre em outros textos de Lewis, essa passagem ilustra o risco de uma visão infantilizada que, ao rejeitar o universo infantil, demonstra falta de maturidade

O encantamento cessa graças ao ato heroico de Brejeiro ao colocar seu pé no meio da lareira ardente, pois, "não há nada como um impacto doloroso para desfazer certas espécies de magia".[916] Ao mesmo tempo, ele apresenta uma belíssima defesa da fé em Aslam:

> – Uma palavrinha, dona – disse ele, mancando de dor –, uma palavrinha: tudo o que disse é verdade. (...) Vamos supor que nós sonhamos, ou inventamos, aquilo tudo – árvores, relva, sol, lua, estrelas e até Aslam. Vamos supor que sonhamos: ora, nesse caso, as coisas inventadas parecem um bocado mais importantes do que as coisas reais. Vamos supor então que esta fossa, este seu reino, seja o único mundo existente. Pois, para mim, o seu mundo não basta. E vale muito pouco. E o que estou dizendo é engraçado, se a gente pensar bem. Somos apenas uns bebezinhos brincando, se é que a senhora tem razão, dona. Mas quatro crianças brincando podem construir um mundo de brinquedo que dá de dez a zero no seu mundo real. Por isso é que prefiro o mundo de brinquedo. Estou do lado de Aslam, mesmo que não haja Aslam. Quero viver como um narniano, mesmo que Nárnia não exista.[917]

A força da literatura fantástica, para Lewis, é sua capacidade de romper os limites impostos por uma visão de mundo deficiente e fechada em si mesma. Esse ultrapassar fronteiras também é proposto pela experiência mística cristã. Mas isso não cria um novo dualismo que ressaltaria a dimensão espiritual em detrimento da sensorial. Ao contrário, a mística cristã e a literatura fantástica, especialmente a maneira como Lewis a compreende, propõem uma integração verdadeira, uma interpenetração que compreende todas as coisas em sua relação com Deus. "Os fenômenos intermediados 'diretamente' e os processos lógicos de mundo e ser humano, até mesmo o dogma e a Bíblia, são entendidos em sua referência interna a Deus."[918] Por isso, continua Sudbrack, "toda experiência de mundo pode se abrir

---

intelectual e afetiva. Como afirma Lewis, a respeito da hostilidade aos contos de fada presente em certos críticos literários: "Os críticos para quem a palavra adulto é um termo de aplauso, e não um simples adjetivo descritivo, não são nem podem ser adultos. Preocupar-se em ser adulto ou não, admirar o adulto por ser adulto, corar de vergonha diante da insinuação de que se é infantil: esses são sinais característicos da infância e da adolescência. E, na infância e na adolescência, quando moderados, são sintomas saudáveis. É natural que as coisas novas queiram crescer. Porém, quando se mantém na meia-idade ou mesmo na juventude, essa preocupação em "ser adulto" é um sinal inequívoco de retardamento mental. Quando tinha dez anos, eu lia contos de fada escondido e ficava envergonhado quando me pilhavam. Hoje em dia, com cinquenta anos, leio-os abertamente. Quando me tornei homem, deixei para trás as coisas de menino, inclusive o medo de ser infantil e o desejo de ser adulto." (LEWIS, C. S., Três maneiras de escrever, p. 743-744).

916. LEWIS, C. S., As crônicas de Nárnia, p. 598.

917. LEWIS, C. S., As crônicas de Nárnia, p. 598-599.

918. SUDBRACK, J., Mística, p. 108.

à sua fundamentação em Deus".[919] Obviamente, isso inclui a experiência obtida pela literatura fantástica.

> Então, a mística é sobretudo a transformação disso em experiência: é "viver na presença de Deus", "encontrar Deus em todas as coisas". O que na reflexão quer dizer "comprovação de Deus" é essa experiência "mística" numa profundidade vivenciada. Na condição direta dos encontros pessoais trata-se na verdade de Deus, intermediado pelo mundo "material"; trata-se de Deus como origem, motivo e objetivo de tudo.[920]

Tal visão integradora da existência é capaz de enxergar a beleza no mundo e valorizá-la pelo fruir da própria experiência de encontro com ela, ao mesmo tempo em que a percebe como reflexo verdadeiro do Real ainda inatingido. Essa postura não desmerece as coisas criadas, antes as eleva em sua condição de criação divina. Toda a criação é incluída, nada fica de fora. Assim como um pintor deixa a marca de sua presença nos quadros que cria – de tal maneira que estudar seus quadros possibilita conhecê-lo – as coisas criadas, quando lidas pela lente da mística cristã e da literatura fantástica, ressaltam o caráter gracioso de Deus.

Para Lewis, ver a beleza não é suficiente; nosso desejo vai além, buscando união íntima com ela, beber de suas fontes, "nos tornar parte dela".[921] A produção imaginativa da literatura fantástica com seus mundos (im)possíveis é, para Lewis, o sinal de nosso anseio por um lugar ao qual pertencemos verdadeiramente. O anseio do rato espadachim Ripchip pelo País de Aslam, em *A viagem do peregrino da Alvorada* (uma das *crônicas de Nárnia*) ilustra esse fato: sua sede por esse lugar só é saciada quando ele é convidado por Aslam a visitar e permanecer em seu mundo. Sua busca pelo país de Aslam é ressaltada pela passagem a seguir:

> – Por que acha Vossa Majestade que devo falar? – respondeu o rato, numa voz que quase todos ouviram – Os meus planos estão traçados. Enquanto puder, navegarei para o oriente no Peregrino. Quando o perder, remarei no meu bote. Quando o bote for ao fundo, nadarei com as minhas patas. E, quando não puder nadar mais, se ainda não tiver chegado ao país de Aslam, ou atingido a extremidade do mundo, afundarei com o nariz voltado para o leste, e outro será o líder dos ratos falantes de Nárnia.[922]

---

919. SUDBRACK, L., Mística, p. 108.
920. SUDBRACK, L., Mística, p. 109.
921. LEWIS, C. S., O peso da glória, p. 47.
922. LEWIS, C. S., As crônicas de Nárnia, p. 499-500.

Este anseio pelo país de Aslam encontra seu paralelo no anseio que místicos cristãos têm por Deus. Nesse sentido, felicidade – isto é, possuir um sentido para a própria existência, que garante significado tanto no agora quanto na eternidade – é encontrar a Deus, pois "Deus não pode dar-nos uma felicidade e uma paz independentes d'Ele, simplesmente porque não existem."[923] No último livro da série – *A última batalha* – este anseio é plenamente satisfeito quando os personagens alcançam a Terra de Aslam, a verdadeira Nárnia, da qual a antiga era apenas uma sombra:

> Os campos da nova Nárnia eram muitos mais vivos: cada rocha, cada flor, cada folhinha de grama parecia ter um significado ainda maior. Não há como descrevê-la: se algum dia você chegar lá, então compreenderá o que quero dizer. Foi o unicórnio quem resumiu o que todos estavam sentindo. Cravou a pata dianteira no chão, relinchando, e depois exclamou:
> – Finalmente voltei para casa! Este, sim, é o meu verdadeiro lar! Aqui é o meu lugar! É esta a terra pela qual tenho aspirado a vida inteira, embora até agora não a conhecesse.[924]

Esse tema se repete em outras de suas obras. Como vimos no capítulo anterior, os prazeres inigualáveis de Ransom em *Perelandra*, os frutos provados com um sabor que "não tinha como ser classificado",[925] a força da sensação nova e impossível de ser traduzida por meio da linguagem, tudo reforça essa ideia de um lugar para o qual o ser humano foi feito e do qual essa nossa realidade não passa de uma sugestão. Ou, como o próprio Lewis afirma:

> A maioria das pessoas, se tivesse aprendido a auscultar o seu próprio coração, saberia muito bem que desejam, sim, positiva e intensamente, alguma coisa que não se consegue obter neste mundo. Há no mundo todo o tipo de coisas que se oferecem para satisfazer-nos esse desejo, mas nunca cumprem plenamente as suas promessas. (...) Portanto, se encontro em mim uma aspiração que nenhuma experiência deste mundo é capaz de satisfazer, a explicação mais plausível é que fui feito para um outro mundo. Se nenhum dos prazeres terrenos satisfaz os meus anseios, isso não prova que o universo seja uma fraude; prova apenas que, segundo todas as probabilidades, os prazeres deste mundo nunca se destinaram a satisfazer esses meus anseios, mas apenas a despertá-los, a sugerir-me os bens autênticos.[926]

---

923. LEWIS, C. S., Mero cristianismo, p. 60.
924. LEWIS, C. S., As crônicas de Nárnia, p. 730.
925. LEWIS, C. S., Perelandra, p. 48-49.
926. LEWIS, C. S., Mero cristianismo, p. 138, 139-140.

Isso não despreza nossa realidade – o universo percebido pelos sentidos *não* é uma fraude! – mas demonstra que nossos sentidos e razão são insuficientes para dar conta do Real que deseja revelar-se a nós. Segundo Lewis, é preciso ao mesmo tempo "não desprezar essas bênçãos terrenas nem mostrar-me desagradecido por elas",[927] mas de igual forma é necessário não confundi-las "com esses outros bens dos quais são apenas uma espécie de cópia, de eco ou de miragem"[928]. A imagem verdadeira encontra-se muito além da possibilidade de definição pela palavra. Esta não é capaz de enquadrar essa "imagem viva", da qual fala Santa Teresa.

> Quando Nosso Senhor é servido de favorecer com maior ternura a esta alma, mostra-lhe claramente sua sacratíssima humanidade, sob a aparência que julga melhor: ou como no tempo em que andava no mundo, ou depois de ressuscitado. E conquanto seja com a rapidez de um relâmpago, essa imagem gloriosíssima fica-lhe profundamente impressa na imaginação. De tal forma, que tenho por impossível apagar-se, até o dia em que a veja no lugar onde poderia regozijar-se eternamente com ela. Embora eu diga imagem, entenda-se que não é como uma pintura. Para quem a vê, é verdadeiramente viva. Às vezes fala com a alma. Às vezes lhe revela segredos sublimes. Ainda quando dura algum tempo, esta visão é sempre rapidíssima. É impossível fixar nela a vista mais tempo do que se pode fixar no sol. (...) Quase todas as vezes que Deus faz esta graça, a alma fica em arroubamento. Sua fraqueza não suporta espetáculo tão espantoso. Digo espantoso, porque é uma presença de tão grande majestade, que infunde temor e espanto. Excede muitíssimo tudo quanto uma pessoa poderia imaginar de mais belo e deleitável, ainda que vivesse mil anos ocupada em pensá-lo.[929]

Vale lembrar aqui da descrição que Lewis faz da realidade celeste, em *O grande abismo*: "Eu tinha a sensação de estar num espaço maior, talvez até um tipo de espaço maior que qualquer outro que eu já tivesse visto: era como se o céu estivesse muito mais distante e a amplidão verdade da planície fosse mais vasta do que a capacidade deste pequeno globo terrestre",[930] afirma Lewis no papel de protagonista de sua história. E prossegue, expressando sua incapacidade de descrever o que vivencia:

---

927. LEWIS, C. S., Mero cristianismo, p. 140.
928. LEWIS, C. S., Mero cristianismo, p. 140.
929. 6M 9,3-5.
930. LEWIS, C. S., O grande abismo, p. 38.

Eu havia "saído", num certo sentido que fazia o próprio Sistema Solar parecer algo interno. Aquilo me dava uma sensação de liberdade, mas também de exposição, talvez de perigo, que continuou a me acompanhar durante tudo o que seguiu. É a impossibilidade de comunicar essa sensação, ou mesmo de fazer você mantê-la na memória enquanto prossigo, que me faz perder todas as esperanças de transmitir o verdadeiro sentido do que vi e ouvi.[931]

Tanto as narrativas *lewisianas*, como a descrição que Santa Teresa faz de suas experiências místicas com Deus, demonstram, por um lado, a insuficiência da linguagem em apresentar e dar conta da plenitude de tais experiências, e, por outro, a validade das tentativas em descrevê-las. Uma e outra ressaltam o aspecto mistagógico que deve caracterizar o discurso teológico e também o aspecto reflexivo e dogmático que deve estar presente na prática teológica da Igreja. Um não anula o outro. Se a linguagem é incapaz de descrever a experiência em totalidade, isso não desqualifica a linguagem e não devemos menosprezá-la em nosso labor teológico. Por outro lado, se a experiência mística cristã é superior a qualquer doutrina ou dogmatização, então deve-se superar a rigidez doutrinária que, cedo ou tarde, tragicamente se mostrará impermeável à ação de Deus e ao sopro de sua *ruah*.

Este anseio por Deus é uma ilustração do conceito de Alegria que Lewis desenvolveu durante o processo de sua conversão à fé cristã.[932] O mesmo desejo que acompanhou Lewis por toda sua vida – desejo pelo céu, como parte da nossa mais íntima humanidade – transparece em sua literatura fantástica. Este desejo é expresso por Lewis nos seguintes termos:

> Todas as coisas que lhe dominaram profundamente a alma não foram senão indícios disso – vislumbres sedutores, promessas nunca de todo cumpridas, ecos que morreram tão logo lhe alcançaram os ouvidos. Se isso, contudo, realmente se tornasse manifesto; se alguma vez viesse um eco que não morresse, mas tomasse corpo no próprio som, você o saberia. Além de toda possibilidade de dúvida, você diria: "Eis enfim aquilo para o que fui feito". (...) É a assinatura secreta de cada alma, o anseio incomunicável e insaciável, a coisa que almejamos antes de encontrar nossa mulher, de conhecer nossos amigos ou de escolher nosso trabalho, que iremos ainda desejar em nosso leito de morte, quando a mente não reconhecer mais nem esposa, nem amigo, nem trabalho. (...) Se perdermos isso, perdemos tudo.[933]

---

931. LEWIS, C. S., O grande abismo, p. 38. A descrição completa dessa passagem está no capítulo 4.

932. Como vimos no capítulo 4.

933. LEWIS, C. S., O problema do sofrimento, p. 163-164.

Este anseio incomunicável do qual fala Lewis constitui a base de praticamente toda sua obra de ficção. Para Lewis, "encontrar aquilo para o qual se foi feito" é experimentar Deus simbolizado de diferentes formas em seus textos. Ouvir a voz de Maleldil e provar dos frutos saborosos de seu Éden, percebendo a interligação de todos os mundos criados, em todos os universos possíveis, na *Trilogia Cósmica*; solidificar-se na caminhada rumo às Montanhas Celestes, em *O grande abismo*; trilhar o caminho da individualidade e da alteridade que não se reduz ao individualismo egoísta, em *Cartas de um diabo a seu aprendiz*; a busca constante por Aslam e seu País, em *As crônicas de Nárnia*; em todas essas obras subsiste um elemento próprio da mística cristã, a saber: o desejo de relacionar-se com Deus em amor, ultrapassando (mas não rejeitando) formulações dogmáticas e sistemáticas da Teologia.

Nesse sentido, a partir do que vimos nesse capítulo, podemos afirmar que a literatura fantástica é um caminho para a mística, o que amplia a possibilidade da reflexão teológica com intuições que ultrapassam os limites propostos pela teologia de cada tempo. Interessante perceber que, em sua literatura fantástica, C. S. Lewis vai além em suas afirmações teológicas do que escreve em seus livros de não ficção.

Nisso tudo, transparece um dado importantíssimo para a prática teológica hoje: reconhecer que muito mais que gerar apologias de Deus, delimitando-o em múltiplos sistemas teológicos, somos vocacionados a gozar de sua presença em nós; afinal, não somos bibliotecas ambulantes de doutrinações sistemáticas a respeito de Deus, mas sim moradas do Seu Espírito.

Conclusão

> *E, à medida que Ele [Aslam] falava, já não lhes parecia mais um leão. E as coisas que começaram a acontecer a partir daquele momento eram tão lindas e grandiosas que não consigo descrevê-las. Para nós, este é o fim de todas as histórias, e podemos dizer, com absoluta certeza, que todos viveram felizes para sempre. Para eles, porém, este foi apenas o começo da verdadeira história. Toda a vida deles neste mundo e todas as suas aventuras em Nárnia haviam sido apenas a capa e a primeira página do livro. Agora, finalmente, estavam começando o Capítulo Um da Grande História que ninguém na terra jamais leu: a história que continua eternamente e na qual cada capítulo é muito melhor do que o anterior.*
>
> C. S. Lewis

A relação entre a reflexão teológica e a mística cristã é fundamental para a vivência da fé cristã na contemporaneidade. Essa relação é capaz de promover uma perspectiva mais integradora e sadia da relação com Deus e, consequentemente, com o próximo.

Como vimos, por um lado, essa relação auxilia a rejeitarmos uma compreensão limitada que transforma a doutrina cristã – originalmente fruto da vida de Jesus dada gratuitamente à Igreja – em prisão para a vida. Nessa perspectiva, a doutrina torna-se mais importante que a vida e a misericórdia e compaixão vão cedendo espaço às estruturas frias, inertes e pesadas, controladas por gente interessada em manipular o acesso ao Sagrado. A maneira de evitar isso é manter a reflexão doutrinária sobre a fé vinculada à própria experiência de fé que a originou. Por isso, é necessário não perder de vista a dimensão mística no fazer e no pensar teológico a fim de que a teologia se desenvolva, com coragem e discernimento, na complexa época em que vivemos. Caso contrário, se a teologia se render ao discurso dogmático compreendido exclusivamente enquanto expressão de poder teológico-eclesiástico, perderá sua vocação kenótica.

A fé cristã respira no ambiente gerado pela mística, pois ela se realiza na experiência. A experiência de fé não é irracional, mas certamente não pode ser pautada pelos limites cartesianos de uma racionalidade fechada ao Mistério. Na pós-modernidade, a ênfase na experiência como forma de contato com a realidade altera a lógica cognitiva moderna, de uma percepção de mundo baseada exclusivamente na racionalidade de um *cogito ergo sum* para uma percepção de caráter mais integrador, que se relacionem às demais dimensões da vida humana. Dessa forma, experimenta-se a realidade, como um mergulhar num lago que é percebido por todo o ser; somente então, a realidade pode ser compreendida como factível. Tendo a experiência como critério de validade da realidade, como geradora de um *locus* existencial doador de sentido e realização, requer-se da teologia um resgate de sua dimensão mistagógica, a fim de que seu discurso não se resuma a descrições consideradas unívocas a respeito de Deus e de sua revelação. É preciso (re)descobrir o Deus-Mistério e o mistério de Deus na dimensão da fé.

É a vida no Espírito de Jesus, Espírito de vida e amor, de união íntima com o Pai, de prática kenótica em obediência à Sua vontade, que sinaliza a experiência de fé que, por definição, é mística. Sob e a partir dessa experiência, todos os sistemas teológicos se apoiam e encontram seu sentido último. A teologia *é* por causa do encontro com o Deus-Mistério, revelado em Jesus de Nazaré que, como afirma a fé cristã, é o Deus que se fez carne e construiu sua tenda no meio dos seres humanos (Jo 1,14). Nesta perspectiva, Deus deseja sobretudo relacionar-se com sua criação, caminhar junto ao ser humano sob a luz do pôr do sol (Gn 3,8-9). Esse Deus, que se revela desde a criação, faz dos lugares onde é percebido lugares sagrados, nos quais se deve tirar as sandálias dos pés e, corajosamente, perguntar "Qual é o teu nome?" (Ex 3,13-14). Na experiência mística, essa pergunta recebe respostas que implicam, numa mesma e dinâmica relação, a fé e a vida.

Daí podemos afirmar que a experiência mística não pode ser produzida. Na verdade, a relação com Deus não pode ser reduzida a parâmetros cartesianamente mensuráveis, e nem as experiências místicas podem ser resumidas a proposições teológicas. A experiência mística é o que fornece sabor à própria reflexão e vivência teológicas. Por essa causa, a teologia não deve ser reduzida a conceitos doutrinários ou dogmas sistemáticos – por mais importante que estes sejam – mas antes deve recuperar sua fonte primária, a saber: a experiência de Deus que, por força de sua própria definição, não pode ser esgotada pela linguagem.

Obviamente, os dogmas teológicos, desenvolvidos pela teologia cristã ao longo dos séculos, são importantes na medida em que ajudam a evitar que a mística cristã se transforme em proposta esotérica, desvinculada da fé em Jesus e em Seu Espírito Santo. A ênfase da mística cristã, vale lembrar, está na interiorização da revelação trinitária e não em uma nova ou superior verdade revelada. Trata-se, portanto, de encontro com Deus na vida, de uma existência permeada pelas "intromissões" amorosas do Criador que, longe de serem estranhas, porque exteriores, vêm do mais profundo do ser: Deus vive em nosso coração, nosso Castelo Interior, como diria Santa Teresa. É apenas esta relação de amor entre o homem e Deus que pode humanizar a pessoa, tornando-a inteira, íntegra. Tal relação é a expressão da fé trinitária, pois é encontro com o Pai, com o Filho e com o Espírito Santo.

Considerar sagrado o espaço mundano constitui caminho para uma teologia mais integradora e mais vinculada à vida cotidiana e suas diversas expressões. Isso, por um lado, amplia o foco de ação da prática teológica, concretizando-o no próximo, sobretudo o que sofre e está necessitado. A melhor teologia, nesse sentido, ainda é a proposta pela carta de Tiago: "assistir os órfãos e as viúvas em suas aflições e conservar-se sem mancha neste mundo" (Tg 1,27), e o critério soteriológico que vale ainda é dar pão a quem tem fome e água a quem tem sede (Mt 25).

Por outro lado, nessa perspectiva, a cultura humana revela-se espaço teologal para refletir sobre Deus e suas manifestações. Dessa maneira, se toda produção cultural humana torna-se lugar para reflexão sobre Deus a partir da experiência com esse Deus que se dá no interior dessa mesma cultura, então as Artes são *locus* teológico. Daí afirmarmos a literatura fantástica como lugar da teologia e da mística cristã. Como vimos, porque é uma forma não teórica de teologia, a literatura (incluindo a fantástica) pode ser portal de acesso à experiência mística e esta pode expressar-se por meio daquela. Ambas relacionam-se num movimento contínuo de avanços e recuos que entrelaçam, num mesmo e múltiplo ramo, todas as dimensões do ser.

A abertura epistemológica a essa dimensão da cultura humana – a literatura – como meio de se experimentar, refletir e interpretar a experiência mística certamente enriquecerá a teologia, superando quaisquer divisões neoplatônicas entre espírito e corpo, experiência e racionalizações, o Deus que se revela e a sistematização racional sobre essa revelação. A teologia sempre será palavra segunda, pois seu cerne é a experiência indizível com o Deus de Amor que, por causa desse amor, revela-se a nós. Porque Deus nos amou primeiro e se revelou a nós, podemos amá-lo, experienciá-lo e relacionarmos com Ele. Ultrapassa-se, assim, todo reducionismo racionalista, todo resquício de dogmatismos absolutos sobre Deus. O que o Evangelho comunica não pode ser reduzido à apenas uma dimensão da vida. Antes, é encontro que nos move por completo, que nos anima a caminhada, que nos torna mais conscientes de nós mesmos e do mundo que nos cerca. Esquecer essa proposta evangélica implica desfigurá-lo.

Pensar ou repensar a relação teologia e mística cristã ajuda na descoberta – ou no reencontro – de novas maneiras de refletir teologicamente. Nesse sentido, mística cristã e literatura fantástica podem ter muito a dizer uma à outra. A literatura fantástica serve como lugar teológico para a expressão e experiência mística do encontro com Deus. O fantástico da experiência de Deus também pode se revestir da literatura para ser expresso. Como porta de entrada para novos mundos e realidades, a literatura fantástica propõe novas possibilidades que constituem caminhos hermenêuticos para a compreensão da própria vida. As imagens que encontramos nos romances de ficção nos permitem perceber detalhes da vida que seriam imperceptíveis por outros modos.

A literatura tem poder de revelar o homem para ele mesmo. O encontro da narrativa escrita com a(s) narrativa(s) interior(es) do ser humano, geradas pelas experiências místicas com Deus, produz sentido que confirma, transforma ou subverte a cosmovisão do próprio ser. Há, portanto, íntima e frutífera relação entre literatura fantástica, mística e teologia. E a experiência mística cristã é capaz de resgatar essa dimensão integralmente humana da vivência com Deus. Como vimos, justamente por ser uma experiência de imediaticidade mediada, a mística cristã depende da linguagem metafórica.

A literatura fantástica é, portanto, lugar teológico e espaço criativo para a expressão mística do encontro com Deus de maneira a superar qualquer reducionismo racionalista que, porventura, se faça presente na prática teológica. Dito de outra maneira, a literatura fantástica toca em aspectos que se relacionam intimamente com experiências místicas, de encontro com Deus, e que, por essa razão, assim como a mística, torna-se caminho experiencial de um novo nível de realidade. As questões-limite que com as quais nos defrontamos na vida – morte, sofrimento, dor, tragédias etc. – e as experiências-limite que ampliam o nosso horizonte são, ambas, envolvidas pela mística da literatura fantástica. Esta, por isso, é capaz de nos relembrar de um nível de experiência que ultrapassa os limites do cotidiano.

O Deus que se autocomunica ao mundo em Jesus de Nazaré é amor. Se é assim, qualquer compreensão que rejeite ou distorça essa definição neotestamentária, que é o cerne da fé cristã, deve ser recusada como afastamento do Pai. Deus não é estranho que culpabiliza, tornando estéril qualquer relação amorosa, e depois abandona seus filhos ao relento. Ao contrário, Deus é Pai amoroso. É Aquele em cuja presença toda culpa é perdoada, toda prisão é quebrada, e todo medo se vai. Como lembra a carta joanina: "No amor não há temor, pois o amor perfeito joga fora o temor. Temor supõe castigo, e quem teme não é perfeito no amor." (1Jo 4,18). Deus é amor, e o fundamento de toda teologia sadia deveria ser a conjugação divina do verbo amar: Deus amou, Deus ama, Deus é amor (1Jo 4,8).

Perdão, libertação e amor são todas dimensões da vida vinculadas à experiência mística cristã. A linguagem, aqui, é não apenas verbal, mas integral e integradora. É todo o ser que é amado por Deus e, como consequência direta disso, é todo o ser que é chamado a amar. Mas quem ama se oferece aberto, fragilizado e vulnerável ao outro. Abrir-se a Deus requer coragem, mas gera uma qualidade relacional desconhecida para quem permanece no nível abstrato das reflexões teológicas. Vale repetir: estas devem existir, mas tão somente se forem consequências do encontro com Deus diante do qual a melhor maneira de se estar é em silêncio adorador. Afirma Cardenal:

> A gente quer que a voz de Deus seja clara, mas sucede que não é. Não é, porque não pode ser clara para os sentidos. Mas é profunda. É uma voz funda e sutilíssima e inexplicável. É como uma profunda angústia no fundo do ser, ali onde a alma tem sua raiz. É uma voz na noite. Vocação quer dizer chamada e uma voz na noite. Uma voz chama e chama. A gente ouve e não vê. É profunda e clara, mas a sua claridade é escura como a dos raios-X. E chega até os ossos. Porque a voz do amado é existencial e não é verbal. (...) Não é superficial, e por isso nos parece que não é clara, porque estamos acostumados a viver no mais superficial de nós mesmos, onde nos comunicamos uns com os outros por palavras; o chamado é profundo porque Deus habita no fundo do ser. E sua voz é um silêncio.[934]

O encontro e o diálogo entre teologia e literatura (especificamente, a literatura fantástica) revelam uma profunda rede de significados, ainda a ser explorada por muitos teólogos e teólogas. Na obra de C. S. Lewis, ainda existe um imenso oceano de possibilidades hermenêuticas de acesso a seus textos. Em Lewis, a experiência mística revestiu-se da saudade pela Alegria. Essa saudade, como sentimento nostálgico, mas esperançoso, é o que faz germinar nova maneira de ver e ser no mundo. A experiência dos místicos cristãos ao longo da história tem ilustrado esse sentimento-ação de diversas maneiras: experiência-encontro com Deus mais íntimo do ser do que o próprio ser, que faz voltar os olhos para dentro de si, encantado com recônditos do coração que, há muito, eram desconhecidos. Mas experiência-encontro também com o outro que nos cerca, que compartilha da vida como dom do Deus-Criador, que caminha respirando essa mesma pre-

---

934. CARDENAL, E., Vida no amor, p. 68-69.

sença divina em todas as coisas, essa *ruah* derramada sobre toda carne, não por lógica panteísta, mas por percepção que enxerga Deus animando a vida a partir de dentro da criação.

Uma relação com Deus dessa natureza é capaz de levar o ser a reconhecer a si mesmo, seus pecados e mazelas, erros e tristezas, cinismos e marasmos, mas também suas qualidades e vitórias, alegrias e acertos, disposições e ânimos, tudo confessado diante do Deus que nos conhece melhor que nós mesmos. Diante da beleza de Deus, o que restaria fazer senão cair a seus pés e desabafar sobre nossa solidão enquanto raça humana, como fez Ransom em *Perelandra* diante do Rei e da Rainha daquele mundo? Ou, como não desejar o País de Aslam mais que a própria vida, como faz Ripchip, em *As crônicas de Nárnia*? Ou ainda, como resistir ao convite da Alegria de permanecer nos Lugares Celestiais, auxiliado por Espíritos Luminosos, até que os pés se tornem duros o suficiente para caminhar sozinho pelas trilhas rumo ao próprio Deus, Amante que nos aguarda? Os exemplos *lewisianos* poderiam se multiplicar indefinidamente.

Obviamente, o texto bíblico, igualmente fantástico em sua natureza, tem os melhores exemplos. O encontro místico com Deus encarnado gera em nós expressões como as dos apóstolos: "Afasta-te de mim, pois sou pecador!" (Lc 5,8); "Mestre! Tu és o Filho de Deus! Tu és o Rei de Israel!" (Jo 1,49); "Raboni! Mestre!" (Jo 20,16). O encontro final – que, na verdade, corresponderá ao Novo Início ("as férias chegaram, diz Aslam") – reforça nossa própria identidade; recebemos um novo nome, escrito numa pedrinha branca, segredo compartilhado com o Pai das Luzes (Ap 2,17). Afirmação da identidade em seu mais íntimo grau e com toda a força de seu impacto. Vida encontrada quando se perde nos braços de Deus. Tesouro precioso pelo qual vale a pena dar tudo o que se tem para adquirir o campo em que encontra e pérola preciosa plantada pela graça divina no coração. Tal é nossa vocação: provar a Deus, fruir da presença do Seu Espírito em nós. "Não sabeis", questiona Paulo, "que sois templo de Deus e que o Espírito Santo habita em vós?" (1Cor 3,16).

Esta tese pretendeu demonstrar que a amplitude da experiência mística, vital à nossa relação com Deus, às nossas teologias e à própria vida, pode também ser encontrada nas narrativas fantásticas da literatura *lewisiana*. A literatura fantástica é lugar da experiência teológica e mística cristã. Em seus textos fantásticos, Lewis foi muito além da mera reprodução de sistemas teológicos que, embora importantes, têm a frequente pretensão de se tornarem absolutos em sua descrição sobre Deus e sua revelação. Nesse sentido, a literatura fantástica de Lewis nos auxilia a enxergar novos caminhos para a reflexão teológica, atalhos quem sabe escondidos pela beleza das ninfas ou pelo encantamento de novos Édens descobertos em outros mundos, ou ainda pela expectativa do nascer do Sol sobre as terras sombrias.

Recuperar essa certeza em nossas reflexões teológicas nos ajudaria a vivenciarmos a fé em Cristo com integridade e inteireza. Como diz Lewis: "todo o nosso ser, por sua própria natureza, é uma grande carência: incompleto, preparatório, vazio e ao mesmo tempo desordenado, clamando por Aquele que é capaz de desatar os nós e atar o que estiver em dispersão".[935]

---

935. LEWIS, C. S., Os quatro amores, p. 4.

Bibliografia

Textos de C. S. Lewis:

LEWIS, C. S. *Surpreendido pela alegria*. 2ª ed. São Paulo: Mundo Cristão, 1999.

LEWIS, C. S. *Além do planeta silencioso*. São Paulo: Martins Fontes, 2010.

LEWIS, C. S. *Perelandra*. São Paulo: Martins Fontes, 2011.

LEWIS, C. S. *Uma força medonha*. São Paulo: Martins Fontes, 2012.

LEWIS, C. S. *Um experimento na crítica literária*. São Paulo: Unesp, 2009.

LEWIS, C. S. *Alegoria do amor*: um estudo da tradição medieval. São Paulo: Realizações Editora, 2012.

LEWIS, C. S. *A imagem descartada*: para compreender a visão medieval do mundo. São Paulo: Realizações Editora, 2015.

LEWIS, C. S. *Mero cristianismo*. São Paulo: Quadrante, 1997.

LEWIS, C. S. *O grande abismo*. São Paulo: Vida, 2006.

LEWIS, C. S. *Oração*: cartas a Malcolm. Reflexões sobre o diálogo íntimo entre homem e Deus. São Paulo: Vida, 2009.

LEWIS, C. S. *A anatomia de uma dor*: um luto em observação. São Paulo: Vida, 2006.

LEWIS, C. S. *O regresso do peregrino*. Rio de Janeiro: Ichtus Editorial, 2011.

LEWIS, C. S. *Cartas de um diabo a seu aprendiz*. São Paulo: Martins Fontes, 2005.

LEWIS, C. S. *Cristianismo puro e simples*. São Paulo: Martins Fontes, 2005.

LEWIS, C. S. *Os quatro amores*. São Paulo: Martins Fontes, 2005.

LEWIS, C. S. *A abolição do homem*. São Paulo: Martins Fontes, 2005.

LEWIS, C. S. *As crônicas de Nárnia*: volume único. 2ª ed. São Paulo: Martins Fontes, 2009.

LEWIS, C. S. *Cartas a uma senhora americana*. São Paulo: Vida, 2006.

LEWIS, C. S. *Além do planeta silencioso*. Rio de Janeiro: Edições GRD, 1958.

LEWIS, C. S. *Perelandra*. Minas Gerais: Betânia, 1978.

LEWIS, C. S. *Aquela força medonha*. Volume 1. Portugal: Europa-América, 1991.

LEWIS, C. S. *Aquela força medonha*. Volume 2. Portugal: Europa-América, 1991.

LEWIS, C. S. *O problema do sofrimento*. São Paulo: Vida, 2006.

LEWIS, C. S. *Milagres*: um estudo preliminar. São Paulo: Mundo Cristão, 1984.

LEWIS, C. S. *O peso da glória*. Edição Especial. Rio de Janeiro: Thomas Nelson Brasil, 2017.

LEWIS, C. S. *Lendo os Salmos*. Viçosa: Ultimato, 2015.

LEWIS, C. S. *Of other worlds*: essays and stories. USA: Harvest Book, 1975.

LEWIS, C. S. *The collected works of C. S. Lewis*: The pilgrim's regress, Christian reflections, God in the dock. New York: Inspirational Press, 1996.

LEWIS, C. S. *The inspirational writings of C. S. Lewis*: Surprised by joy; Reflections on the psalms; The four loves; The business of heaven. New York: Inspirational Press, 1987.

LEWIS, C. S. *Spirits in bondage*: a cycle of lyrics. London: Heinemann, 1919.

LEWIS, C. S. *Narrative poems*. Organizado por Walter Hooper. London: Geoffrey Bles, 1969.

LEWIS, C. S. *Of other worlds*: essays and stories. New York: Harvest Book, 1975.

LEWIS, C. S. *Till we have faces*. Grand Rapids: Eerdmans, 1956.

LEWIS, C. S. *The Lewis papers*: the memoirs of the Lewis family, 1850-1930. Oxford: Leeborough Press, 1933.

LEWIS, C. S. *Rehabilitations and other essays*. London: Oxford University Press, 1939.

LEWIS, C. S. *The personal heresy*: a controversy. London: Oxford University Press, 1939.

LEWIS, C. S. *English literature in the sixteenth century, excluding drama*. London: Oxford University Press, 1954.

LEWIS, C. S. *Studies in words*. Cambridge: Cambridge University Press, 1960.

LEWIS, C. S. *De Descriptione Temporum*. Inaugural Lecture from The Chair of Mediaeval and Renaissance Literature at Cambridge University. 1954. Disponível em: https://files.romanroadsstatic.com/old-western-culture-extras/DeDescriptione Temporum-CS-Lewis.pdf (acesso em: 13/06/2017).

LEWIS, C. S. *They asked for a paper*: papers and addresses. London: Geoffrey Bles, 1962.

LEWIS, C. S. *Letters of C. S. Lewis*. Organizado por W. H. Lewis. London: Harper Collins, 1988.

LEWIS, C. S. *Selected literary essays*. Organizado por Walter Hooper. Cambridge: Cambridge University Press, 1969.

Textos sobre C. S. Lewis:

BAUTISTA, O. D. G. *Palabra creadora y visión poética del mundo*. Los comienzos de la fantasía épica en C. S. Lewis. Ocnos, 7, 29-42. ISSN: 1885-446X.

BELL, J. S.; DAWSON, A.P. (Orgs.). *A biblioteca de C. S. Lewis*: seleção de autores que influenciaram sua jornada espiritual. São Paulo: Mundo Cristão, 2006.

CASSIDY, J. P. *Sobre o discernimento*. In: MACSWAIN, R.; WARD, M. (Orgs.). C. S. Lewis: além do universo mágico de Nárnia. São Paulo: Martins Fontes, 2015. p. 165-181.

CUTSINGER, J. S. *C. S. Lewis*: apologista y místico. Barcelona, ESP: Jose Olañeta Editor, 2008.

DOWNING, D. C. S. *Lewis*: o mais relutante dos convertidos. São Paulo: Vida, 2006.

DURIEZ, C. *Tolkien e C. S. Lewis*: o dom da amizade. Rio de Janeiro: Nova Fronteira, 2006.

DURIEZ, C. *Manual prático de Nárnia*. São Paulo: Novo Século, 2005.

GREGGERSEN, G. *Antropologia Filosófica de C. S. Lewis*. São Paulo: Mackenzie, 2001.

DURIEZ, C. *Pedagogia cristã na obra de C. S. Lewis*. São Paulo: Editora Vida, 2006.

DURIEZ, C. *O Senhor dos Anéis*: da fantasia à ética. Viçosa: Ultimato, 2003.

GREGGERSEN, G. (Org.). *O evangelho de Nárnia*: ensaios para decifrar C. S. Lewis. São Paulo: Vida Nova, 2006.

JASPER, D. The Pilgrim's Regress e Suprised by Joy. In: WARD, M; MacSWAIN, R. (Orgs.). *C. S. Lewis*: além do universo mágico de Nárnia. São Paulo: Martins Fontes, 2015. p. 279-295.

MacDONALD. G. *Phantastes*: a terra das fadas. São Paulo: Dracaena, 2015.

MACSWAIN, R.; WARD, M. (Orgs.). *C. S. Lewis*: além do universo mágico de Nárnia. São Paulo: Martins Fontes, 2015.

McGRATH, A. *A vida de C. S. Lewis*: do ateísmo às terras de Nárnia. São Paulo: Mundo Cristão, 2013.

McGRATH, A. *Conversando com C. S. Lewis*. São Paulo: Planeta, 2014.

MAGALHÃES G. F., *O imaginário em As crônicas de Nárnia*. São Paulo: Mundo Cristão, 2005.

NICHOLI, A. M., *Deus em questão*: C. S. Lewis e Freud debatem Deus, amor, sexo e o sentido da vida. Viçosa: Ultimato, 2005.

SANTOS, J. L. *Atravessando o grande abismo*: ensaio sobre a vida além da vida na obra de C. S. Lewis. São Paulo: Fonte Editorial, 2010.

VASCONCELLOS, M. S. *Teologia e literatura fantástica*: a redenção na Trilogia Cósmica de C. S. Lewis. São Paulo: Reflexão, 2017.

VASCONCELLOS, M. S. *O canto de Aslam*: uma abordagem do mito na obra de C. S. Lewis. São Paulo: Reflexão, 2010.

VEITH, G. *A alma de o leão, a feiticeira e o guarda-roupa*. Rio de Janeiro: Habacuc, 2006.

WALLS, J. L. The great divorce. In: MACSWAIN, R.; WARD, M. (Orgs.). *C. S. Lewis*: além do universo mágico de Nárnia. São Paulo: Martins Fontes, 2015. p. 315-331.

WARD, M. Lewis as mystic. In: https://www.booksandculture.com/articles/2006/janfeb/5.18.html, January/February 2006.

Textos sobre mística cristã:

ALMEIDA, E. F. A espiritualidade da beleza. In: BINGEMER, M. C. L.; PINHEIRO, M. R. (Orgs.), *Mística e Filosofia*. Rio de Janeiro: PUC-RJ, 2014. p. 181-186.

AMADO, J. P.; RUBIO, A. G. (Orgs.). *Fé cristã e pensamento evolucionista*: aproximações teológico-pastorais a um tema desafiador. São Paulo: Paulinas, 2012.

BENKE, C. *Breve história da espiritualidade cristã*. São Paulo: Santuário, 2011.

BERNARD, C. A. *Teologia mística*. São Paulo: Loyola, 2011.

BEZERRA, C. C. *Dionísio Pseudo-Areopagita*: mística e neoplatonismo. São Paulo: Paulus, 2009.

BINGEMER, M. C.; CABRAL, J. S. (Orgs.). *Finitude e mistério: mística e literatura moderna*. Rio de Janeiro: PUC-RJ; Mauad, 2014.

BINGEMER, M. C.; PINHEIRO, M. R. (Orgs.). *Mística e Filosofia*. Rio de Janeiro: PUC-RJ, 2010.

BINGEMER, M. C. *A argila e o Espírito: ensaios sobre ética, mística e poética*. Rio de Janeiro: Garamond, 2004.

BINGEMER, M. C. *O mistério e o mundo*: paixão por Deus em tempos de descrença. Rio de Janeiro: Rocco, 2013.

BINGEMER, M. C. *Jesus Cristo*: servo de Deus e messias glorioso. São Paulo: Paulinas; Valência, ESP: Siquém, 2008.

BOFF, L. *Espiritualidade*: um caminho de transformação. Rio de Janeiro: Sextante, 2001.

BOFF, L. *Tempo de transcendência: o ser humano como um projeto infinito*. 4ª ed. Rio de Janeiro: Sextante, 2000.

BOFF, L. *Mística e espiritualidade*. Petrópolis: Vozes, 2010.

BOFF, L. *Experimentar Deus*: a transparência de todas as coisas. 3ª ed. Campinas: Verus, 2002.

BOUYER, L. *Mysterion*: dal mistero alla mistica. Cidade do Vaticano: Libreria Editrice Vaticana, 1998.

CARDENAL, E. *Vida no amor*. Rio de Janeiro: Editora Civilização Brasileira, 1979.

CASTILLO, J. M. *Deus e nossa felicidade*. São Paulo: Loyola, 2006.

CASTILLO, J. M. *Espiritualidade para insatisfeitos*. São Paulo: Paulus, 2012.

CASTRO, V. J. *Espiritualidade cristã*: mística da realização humana. 2ª ed. São Paulo: Paulus, 1998.

CHARDIN, T. *O fenômeno humano*. São Paulo: Cultrix, 2005.

CHARDIN, T. *O meio divino*. Petrópolis: Vozes, 2010.

CONGAR, Y. *Revelação e experiência do espírito*. São Paulo: Paulinas, 2005.

CORREIA JÚNIOR, J. L. *A espiritualidade e a mística de Jesus*: um olhar a partir dos Evangelhos. In: *Estudos Bíblicos, Bíblia e Mística*, Vol. 32, N. 127, jul/set 2015.

EUVÉ, F. *Pensar a criação como jogo*. São Paulo: Paulinas, 2006.

FERNANDÉZ, V. M. *A força restauradora da mística*: a libertação espiritual para todos. São Paulo: Paulus, 2013.

GONZALEZ B. B. *Ver ou perecer*: mística de olhos abertos. Rio de Janeiro; São Paulo: PUC-RJ; Loyola, 2012.

GUTIÉRREZ, G. *Beber em seu próprio poço*: itinerário espiritual de um povo. São Paulo: Loyola, 2000.

HAIGHT, R. *Dinâmica da Teologia*. São Paulo: Paulinas, 2004.

HAUGHT, J. F. *Cristianismo e ciência*: por uma teologia da natureza. São Paulo: Paulinas, 2009.

METZ, J. B. *Mística de olhos abertos*. São Paulo: Paulus, 2013.

McGINN, B. *As fundações da mística*: das origens ao século V. Tomo I. A presença de Deus: uma história da mística cristã ocidental. São Paulo: Paulus, 2012.

MOLTMANN, J. *O Espírito da vida*: uma pneumatologia integral. 2ª ed. Petrópolis: Vozes, 2010.

MOLTMANN, J. *Deus na criação*: Doutrina ecológica da criação. São Paulo: Vozes, 1992.

MOLTMANN, J. *Ciência e sabedoria*: um diálogo entre ciência natural e teologia. São Paulo: Loyola, 2017.

MURAD, A.; MAÇANEIRO, M. *A espiritualidade como caminho e mistério*: os novos paradigmas. São Paulo: Loyola, 1999.

NOUWEN, H. J. M. *Crescer*: os três movimentos da vida espiritual. 5ª ed. São Paulo: Paulinas, 2011.

NOUWEN, H. J. M. *A voz íntima do amor*: uma jornada através da angústia para a liberdade. São Paulo: Paulinas, 1999.

OTTO, R. *O sagrado*. Petrópolis: Vozes, 2010.

PEDROSA-PÁDUA, L.; CAMPOS, M.B. (Orgs.). *Santa Teresa*: mística para o nosso tempo. Rio de Janeiro: Reflexão; PUC-Rio, 2011.

PEDROSA-PÁDUA, L. *O humano e o fenômeno religioso*. Rio de Janeiro: PUC-Rio, 2010.

PEDROSA-PÁDUA, L. *Santa Teresa de Jesus*: mística e humanização. São Paulo: Paulinas, 2015.

PEDROSA-PÁDUA, L. Santa Teresa de Ávila: dez retratos de uma mulher "humana e de Deus". In: PEDROSA-PÁDUA, L.; CAMPOS, M. B. (Orgs.). *Santa Teresa*: mística para o nosso tempo. Rio de Janeiro: Reflexão; PUC-Rio, 2011. p. 103-129.

PEDROSA-PÁDUA, L. Mística, mística cristã e experiência de Deus. In: *Atualidade Teológica*, Ano VII – 2003, fasc. 15, p. 344-373.

PEDROSA-PÁDUA, L. *Espiritualidade e Bíblia*. Integração e humanização geradas por um Livro vivo. In: *Atualidade Teológica*, Rio de Janeiro, v. 46, p. 60, jan/abr. 2014.

PANIKKAR, R. *Ícones do mistério*: a experiência de Deus. São Paulo: Paulinas, 2007. Coleção algo a dizer.

PSEUDO-DIONÍSIO, O AREOPAGITA. *Teologia mística*. Rio de Janeiro: Fissus, 2005.

RAHNER, K. *La gracia como libertad*. 3ª ed. Barcelona: Herder, 2008.

ROCHA, A. *Caminhos da experiência rumo à morada mística*. In: PEDROSA-PÁDUA, L.; CAMPOS, M. B. (Orgs.). Santa Teresa: mística para o nosso tempo. Rio de Janeiro: Reflexão; PUC-Rio, 2011, p. 55-77.

ROCHA, A. *Mística e angústia na obra de Fernando Pessoa, Dossiê Religião e Literatura*. Horizonte, Belo Horizonte, v. 10, n. 25, p. 93-103, jan./mar.2012.

RUBIO, A. G. A teologia da criação desafiada pela visão evolucionista da vida e do cosmo. In: AMADO, J. P.; RUBIO, A. G. (Orgs.). *Fé cristã e pensamento evolucionista*: aproximações teológico-pastorais a um tema desafiador. São Paulo: Paulinas, 2012, p. 15-54.

SANTA TERESA DE JESUS. *Obras completas*. Texto estabelecido por Tomas Alvarez. São Paulo: Carmelitanas, Loyola, 1995.

SANTA TERESA DE JESUS. *Castelo Interior ou Moradas*. 3ª ed. São Paulo: Paulinas, 1984.

SÃO JOÃO DA CRUZ. *Cântico espiritual*: resposta às angústias do homem de hoje. São Paulo: Paulinas, 1980.

SÃO JOÃO DA CRUZ. *Noite escura*. Petrópolis: Vozes, 2001.

SCHILLEBEECKX, E. *História humana*: revelação de Deus. São Paulo: Paulus, 1994.

SHELDRAKE, P. *Espiritualidade e teologia, vida cristã e fé trinitária*. São Paulo: Paulinas, 2005.

STRIEDER, I. Aspectos místicos no Corpus Paulino. In: *Estudos Bíblicos*: Bíblia e mística, Vol. 32, n. 127, jul/set 2015

SUDBRACK, J. *Mística*: a busca do sentido e a experiência do absoluto. São Paulo: Loyola, 2007.

TEIXEIRA, F. (Org.). *Caminhos da mística*. São Paulo: Paulinas, 2012.

TEIXEIRA, F. *No limiar do mistério: mística e religião*. São Paulo: Paulinas, 2004.

TERESA DE JESUS. *Castelo interior ou moradas*. São Paulo: Paulinas, 1982.

VANNINI, M. *Introdução à mística*. São Paulo: Loyola, 2005.

VASCONCELOS, A. M. Nos êxitos e nos fracassos humanos: a mística da terra na cosmovisão de Pierre Teilhard de Chardin. In: *Atualidade Teológica*, ano XV, nº 39, setembro a dezembro/2011.

VELASCO, J. M. *A experiência cristã de Deus*. São Paulo: Paulinas, 2001.

VELASCO, J. M. *El fenómeno místico*. Madri: Editorial Trolla, 1999.

VELASCO, J. M. *Doze místicos cristãos, experiência de fé e oração*. Petrópolis: Vozes, 2003.

Textos sobre a relação entre teologia e literatura e sobre literatura fantástica:

ALCARAZ, R. C. *Literatura fantástica Borgiana e realismo mágico latino-americano*. Fragmentos, números 28/29, p. 021/028, Florianópolis, jan-dez / 2005.

BARCELLOS, J. C. Literatura e teologia: perspectivas teórico-metodológicas no pensamento católico contemporâneo. In: *Numem*: revista de estudos e pesquisa da religião, Juiz de Fora, v. 3, n. 2.

BOAS, A. V. *Teologia e poesia*: a busca de sentido em meio às paixões em Carlos Drummond de Andrade como possibilidade de um pensamento poético teológico. São Paulo: Crearte Editora, 2011.

BOAS, A. V. *Teologia em diálogo com a literatura*: origem e tarefa poética da teologia. São Paulo: Paulus, 2016.

CALDAS, C. R. (Org.). *O evangelho da Terra-Média*: leituras teológico-literárias da obra de J. R. R. Tolkien. São Paulo: Universidade Presbiteriana Mackenzie, 2011.

CAMARANI, A. L. S. *A Literatura Fantástica*: caminhos teóricos. São Paulo: Cultura Acadêmica, 2014. Coleção Letras n. 9.

CESERANI, R. *O fantástico*. Curitiba: UFPR, 2006.

CONCEIÇÃO, D. R. *Fuga da promessa e nostalgia do divino*: a antropologia de Dom Casmurro de Machado de Assis como tema no diálogo teologia e literatura. Rio de Janeiro: Horizonal, 2004.

CHESTERTON, G. K. *Ortodoxia*. São Paulo: Mundo Cristão, 2004.

ESTEVES, M. L. G. M. O fantástico em Edgar Allan Poe e Machado de Assis: um estudo comparado. São Carlos, 2017. Dissertação. Programa de Pós-Graduação em Estudos de Literatura da Universidade Federal de São Carlos (UFSCar). Disponível em: https://repositorio.ufscar.br/bitstream/handle/ufscar/9093/DissMLGME.pdf?sequence=1&isAllowed=y (acesso em 14/03/2018).

FARIA, H; GARCIA; P.; FONTELES, B.; BARON, D. *Arte e cultura pelo reencantamento do mundo*. Cadernos de Proposições para o Século XXI. São Paulo: Instituto Polis, 2009.

FERRAZ, S. (Org.). *Pólen do Divino*: textos de teologia e literatura. Blumenau: Edifurb; Florianópolis: FAPESC, 2011.

FERRAZ, S.; MAGALHÃES, A.; CONCEIÇÃO, D.; BRANDÃO, E.; TENÓRIO, W. (Orgs.). *Deuses em poéticas*: estudos de literatura e teologia. Belém: UEPA; UEPB, 2008.

FISCHER, E. *A necessidade da arte*. 9ª ed. Rio de Janeiro: Guanabara, 1987.

GASPARI, S. Tecendo comparações entre literatura e teologia (disponível em http://www.dhi.uem.br/gtreligiao/pdf8/ST4/013%20-%20Silvana%20de%20Gasp ari.pdf, acesso em: 3/12/2017).

ISER, W. *O Fictício e o Imaginário: perspectivas de uma antropologia literária*. 2ª ed. revista. Rio de Janeiro: EdUERJ, 2013.

MAGALHÃES, A. *Deus no espelho das palavras*: teologia e literatura em diálogo. São Paulo: Paulinas, 2000.

MAGALHÃES, A. *A Bíblia como obra literária*. Hermenêutica literária dos textos bíblicos em diálogo com a teologia. In: FERRAZ, S.; MAGALHÃES, A.; CONCEIÇÃO, D.; BRANDÃO, E.; TENÓRIO, W. (Orgs.). Deuses em poéticas: estudos de literatura e teologia. Belém: UEPA; UEPB, 2008, p. 13-24.

MANZATTO, A. *Teologia e literatura*: reflexão teológica a partir da antropologia contida nos romances de Jorge Amado. São Paulo: Loyola, 1994.

MANZATTO, A. *Em torno da questão da verdade*. Dossiê: Religião e Literatura. Horizonte, Belo Horizonte, v. 10, n. 25, p. 12-28, jan./mar.2012.

MENDONÇA, J. T. *A leitura infinita*: a Bíblia e sua interpretação. São Paulo: Paulinas; Pernambuco: Universidade Católica de Pernambuco, 2015.

PENTEADO, J. R. W. *Os filhos de Lobato*: o imaginário infantil na ideologia do adulto. Rio de Janeiro: Qualitymark/Dunya ed., 1997.

POSTIC, M. *O imaginário na relação pedagógica*. Rio de Janeiro: Jorge Zahar Editor, 1993.

REBLIN, I. A. *Para o alto e avante*: uma análise do universo criativo dos super-heróis. Porto Alegre: Asterisco, 2008.

ROCHA, A., Por que teologias e literaturas? A trajetória do singular ao plural desde a retórica à epistemologia. In: YUNES, E.; ROCHA, A.; CARVALHO, G. (Orgs.). Teologias e literaturas: considerações metodológicas. São Paulo: Fonte Editorial, 2011, p. 25-47.

TODOROV, T. *Introdução à literatura fantástica*. 4ª ed. São Paulo: Perspectiva, 2010.

TOLKIEN, J. R. R. *Sobre histórias de fadas*. São Paulo: Conrad do Brasil, 2006.

YUNES, E.; ROCHA, A.; CARVALHO, G. (Orgs.). *Teologias e literaturas*: considerações metodológicas. São Paulo: Fonte Editorial, 2011.

YUNES, E. (Org.). *Pensar a leitura*: complexidade. São Paulo: Loyola, 2002.

YUNES, E. *Tecendo um leitor*: uma rede de fios cruzados. Curitiba: Aymará, 2002.

VAX, L. *Arte y Literatura Fantasticas*. Buenos Aires: Editora Universitaria de Buenos Aires, 1965.

VON FRANZ, Marie-Louise. A sombra e o mal nos contos de fada. 2ª ed. São Paulo: Paulinas, 1985.

Bibliografia geral:

ADELMAN, M. A. *Visões da pós-modernidade*: discursos e perspectivas teóricas. Revista Sociologias, Porto Alegre, ano 11, n. 21, jan/jun. 2009, p. 184-217, disponível em: www.Scielo.br/pdf/soc/n21/09.pdf (acesso em: 02/05/2017 às 22:00h).

AGOSTINHO DE HIPONA. *Confissões*. 17ª ed. São Paulo: Paulus, 2004.

ALVES, R. *Filosofia da ciência*: introdução ao jogo e suas regras. 12ª ed. São Paulo: Editora Brasiliense, 1981.

ALVES, R. *O que é religião?* 8ª ed. São Paulo: Loyola, 2007.

ALVES, R. *Creio na ressurreição do corpo*: meditações. Rio de Janeiro: CEDI, 1982.

ANJOS, M. F. (Org.). *Teologia aberta ao futuro*. São Paulo: Loyola, 1997.

AQUINO, M. F. (Org.). *Jesus de Nazaré*: profeta da liberdade e da esperança. São Leopoldo: Unisinos, 1999.

ASIMOV, I. *O cair da noite*. São Paulo: Hemus, 1981.

ASIMOV, I. *Fundação*: trilogia. Fundação, Fundação e Império, Segunda Fundação. São Paulo: Hemus, 1978.

BABUT, É. *O Deus poderosamente fraco da Bíblia*. São Paulo: Loyola, 2001.

BAUMANN, Z. *Modernidade líquida*. Rio de Janeiro: Jorge Zahar Editora, 2001.

BAUMANN, Z. *Tempos líquidos*. Rio de Janeiro: Jorge Zahar Editora, 2002.

BERGER, P. *O dossel sagrado*: elementos para uma teoria sociológica da religião. 5ª ed. São Paulo: Paulus, 2004.

BERGER, P. A dessecularização do mundo: uma visão global. In: *Religião e Sociedade*, vol. 21, n. 1, CER/ISER, Rio de Janeiro, p. 9-23, 2001.

BERGER, P. *Um rumor de anjos*. Petrópolis: Vozes, 1973.

BERGER, P.; LUCKMANN, T. *A construção social da realidade*. 21ª ed. Petrópolis: Vozes, 2002.

BETTENSON, H. *Documentos da Igreja cristã*. 4ª ed. São Paulo: Aste, 2001.

BLOCH, E. *O princípio esperança*. Vol. 1. Rio de Janeiro: EdUERJ; Contraponto, 2005.

BOFF, C. *Teoria do método teológico*. Petrópolis: Vozes, 1998.

BOFF, L. *Igreja: carisma e poder.* 2ª ed. Petrópolis: Vozes, 1981.

BOFF, L. *O despertar da águia.* 4ª ed. Petrópolis: Vozes, 1998.

BONHOEFFER, D. *Ética.* 6ª ed. São Leopoldo: Sinodal, 2002.

BOSCH, D. J. *Missão transformadora*: mudanças de paradigma na teologia da missão. São Leopoldo: Sinodal, 2002.

CALVANI, C. E. *Teologia da arte*: espiritualidade, igreja e cultura a partir de Paul Tillich. São Paulo: Fonte Editorial, 2010.

CALVANI, C. E. *Teologia e MPB.* São Paulo: Loyola, Umesp, 1998.

CAMPBELL, J. *O herói de mil faces.* São Paulo: Cultrix/Pensamento, 2003.

CAMPBELL, J.; MOYERS, B. *O poder do mito.* São Paulo: Palas Athenas, 1990.

CASTRO, A. C. *A sedução da imaginação terminal* – Uma análise das práticas discursivas do fundamentalismo americano. Rio de Janeiro: IEARSAL, Horizontal Editora e Consultoria LTDA., 2003.

CHESTERTON, G. K. *O homem eterno.* Porto Alegre: Edições Globo, 1934.

CHESTERTON, G. K. *Ortodoxia.* São Paulo: Mundo Cristão, 2008.

CROATTO, J. S. *As linguagens da experiência religiosa*: uma introdução à fenomenologia da religião. 2ª ed. São Paulo: Paulinas, 2004.

CROATTO, J. S. *Hermenêutica bíblica.* São Paulo: Paulinas, 1986.

DESCARTES, R. *Discurso do método.* Rio de Janeiro: LPM Pocket, 2005.

DELUMEAU, J. *O pecado e o medo*: a culpabilização no Ocidente (séculos 13-18). Vol. 1. São Paulo: EDUSC, 2003.

DELUMEAU, J. *O pecado e o medo*: a culpabilização no Ocidente (séculos 13-18). Vol. 2. São Paulo: EDUSC, 2003.

DELUMEAU, J. *À espera da aurora*: um cristianismo para o amanhã. São Paulo: Loyola, 2007.

DUQUE, J. M. *Para o diálogo com a pós-modernidade.* São Paulo: Paulus, 2016.

FISH, S. Como reconhecer um poema ao vê-lo. In: *Palavra nº 1*, Rio de Janeiro: PUC, Departamento de Letras, 1993

FOUCAULT, M. *A ordem do discurso.* São Paulo: Loyola, 2018.

FREUD, S. *Obras completas.* São Paulo: Companhia das Letras, 2010.

GARCIA R. A. *O encontro com Jesus Cristo vivo*: um ensaio de cristologia para nossos dias. 10ª ed. São Paulo: Paulinas, 2005.

GARCIA R. A. *Unidade na pluralidade*: o ser humano à luz da fé e da reflexão cristãs. 4ª ed. São Paulo: Paulus, 2006.

GARCIA R. A. *A caminho da maturidade na experiência de Deus.* São Paulo: Paulinas, 2008.

GESCHÉ, A. *O mal.* Coleção Deus para pensar: vol. 1. São Paulo: Paulinas, 2003.

GESCHÉ, A. *O ser humano.* Coleção Deus para pensar: vol. 2. São Paulo: Paulinas, 2004.

GESCHÉ, A. *Deus.* Coleção Deus para pensar: vol. 3. São Paulo: Paulinas, 2004.

GESCHÉ, A. *O cosmo*. Coleção Deus para pensar: vol. 4. São Paulo: Paulinas, 2004.

GESCHÉ, A. *A destinação*. Coleção Deus para pensar: vol. 5. São Paulo: Paulinas, 2004.

GESCHÉ, A. *O Cristo*. Coleção Deus para pensar: vol. 6. São Paulo: Paulinas, 2004.

GESCHÉ, A. *O sentido*. Coleção Deus para pensar: vol. 7. São Paulo: Paulinas, 2005.

GILBERT, P. *Introdução à teologia medieval*. São Paulo: Loyola, 1999.

GIRARD, R.; VATTIMO, G. *Cristianismo e relativismo*: verdade ou fé frágil? São Paulo: Santuário, 2010.

GRÜN, A.; HALÍK, T. *Livrar-se de Deus?* Quando a crença e a descrença se encontram. Petrópolis: Vozes, 2017.

HILBERATH, B. J. Pneumatologia. In: SCHNEIDER, T. (Org.). *Manual de Dogmática*. Volume I. 3ª ed. Petrópolis: Vozes, 2008, p. 403-497.

HOEFELMANN, V. "Tudo faço por causa do evangelho". In: AQUINO, M. F. (Org.). *Jesus de Nazaré*: profeta da liberdade e da esperança. São Leopoldo: Unisinos, 1999. p. 73-88.

KONINGS, J. *Evangelho segundo João*: amor e fidelidade. Petrópolis: Vozes; São Leopoldo: Sinodal, 2000.

KONINGS, J. *A Bíblia, sua origem e sua leitura*. 7ª ed. Petrópolis: Vozes, 2011.

KUHN, T. *A estrutura das revoluções científicas*. São Paulo: Perspectiva, 1991.

KÜMMEL, W. G. *Síntese teológica do Novo Testamento de acordo com as testemunhas principais*: Jesus, Paulo, João. 4ª ed. São Paulo: Editora Teológica, 2003.

KÜNG, H. *Teologia a caminho*: fundamentação para o diálogo ecumênico. São Paulo: Paulinas, 1999.

KUZMA, C. A ação de Deus e sua realização na plenitude humana: uma abordagem escatológica na perspectiva de Jürgen Moltmann. In: MIRANDA, M. F.; KUZMA, C.; SANCHES, M. A. (Orgs.). *Age Deus no mundo?* – Múltiplas perspectivas teológicas. Rio de Janeiro: PUC-RJ, 2012, p. 225-248.

LIBÂNIO, J. B. *Deus e os homens*: os seus caminhos. São Paulo: Loyola, 1999.

LIBÂNIO, J. B. *Teologia da revelação a partir da Modernidade*. São Paulo: Loyola, 2003.

MAFFESOLI, M. *Elogio da razão sensível*. Petrópolis: Vozes, 1998.

MARGUERAT, D.; BOURQUIN, Y. *Para ler as narrativas bíblicas*: iniciação à análise narrativa. São Paulo: Loyola, 2009.

MENDOZA-ÁLVAREZ, C. *O Deus escondido da pós-modernidade*: desejo, memória e imaginação escatológica. Ensaio de teologia fundamental pós-moderna. São Paulo: É Realizações, 2011.

MESTERS, C.; OROFINO, F. *Apocalipse de São João*: a teimosia da fé dos pequenos. Petrópolis: Vozes, 2003.

MESTERS, C., Descobrir e discernir o rumo do Espírito. Uma reflexão a partir da Bíblia. In: TEPEDINO, A. M. (Org.). *Amor e discernimento*: experiência e razão no horizonte pneumatológico das Igrejas. São Paulo: Paulinas, 2007, p. 23-51.

MIRANDA, M.F. *A salvação de Jesus Cristo*: a doutrina da graça. São Paulo: Loyola, 2004.

MIRANDA, M.F. *Inculturação da fé*: uma abordagem teológica. São Paulo: Loyola, 2001.

MIRANDA, M. F. *Age Deus no mundo?* Múltiplas perspectivas teológicas. Rio de Janeiro: PUC-RJ, 2012.

MIRANDA, M. F.; KUZMA, C.; SANCHES, M. A. (Orgs.). *Age Deus no mundo?* Múltiplas perspectivas teológicas. Rio de Janeiro: PUC-RJ, 2012.

MO SUNG, J.; SILVA, J. C. *Conversando sobre ética e sociedade*. Petrópolis: Vozes, 1995.

MONDONI, D. *Teologia da espiritualidade cristã*. São Paulo: Loyola, 2000.

MORAES, E. A. R. A experiência do Espírito Santo vivida pelo Concílio Vaticano II e por Yves Congar. In: TEPEDINO, A. M. (Org.). *Amor e discernimento*: experiência e razão no horizonte pneumatológico das Igrejas. São Paulo: Paulinas, 2007. p. 183-207.

MORAIS, R. (Org.). *As razões do mito*. São Paulo: Papirus, 1988.

MORIN, E. *Ciência com consciência*. Rio de Janeiro: Bertrand Brasil, 1996.

MORIN, E. *Os Sete saberes necessários à Educação do futuro*. São Paulo: Cortez, 2000.

NIETZSCHE, F. *A gaia ciência*. Rio de Janeiro: Companhia de Bolso, 2012.

OLIVEIRA, P. A. R.; MORI, G. (Orgs.). *Deus na sociedade plural*: fé, símbolos, narrativas. São Paulo: Paulinas, 2013.

PAGOLA, J. A. *Jesus*: aproximação histórica. 3ª ed. Petrópolis: Vozes, 2011.

PANNENBERG, W. *Teologia sistemática*: vol. 2. Santo André; São Paulo: Academia Cristã, Paulus, 2009.

PIAZZA, O. F. *A esperança*: lógica do impossível. São Paulo: Paulinas, 2004. Coleção teologia filosófica.

QUEIRUGA, A. T. *Recuperar a salvação*: por uma interpretação libertadora da experiência cristã. São Paulo: Paulus, 1999.

QUEIRUGA, A. T. *Recuperar a criação*: por uma religião humanizadora. São Paulo: Paulus, 1999.

RAHNER, K. *Curso fundamental da fé*. 4ª ed. São Paulo: Paulus, 2008.

RICOEUR, P. *Percurso do reconhecimento*. São Paulo: Loyola, 2006.

ROCHA, A. *Teologia sistemática no horizonte pós-moderno*: um novo lugar para a linguagem teológica. São Paulo: Vida, 2007.

ROCHA, A. *Razão e experiência*: por uma teologia da percepção da realidade. Rio de Janeiro: Novos Diálogos, 2014.

ROCHA, A. *Introdução à Teologia*. São Paulo: Reflexão, 2017.

ROCHA, A. *Uma introdução à Filosofia da Religião*. São Paulo: Vida, 2010.

ROCHA, A. *Celebração dos sentidos*: itinerário para uma espiritualidade integradora. São Paulo: Paulinas, 2009.

ROCHA, A. *Experiência e discernimento*: recepção da palavra numa cultura pós-moderna. São Paulo: Fonte Editorial, 2010.

ROCHA, A. *Espírito Santo*: aspectos de uma pneumatologia solidária à condição humana. São Paulo: Vida, 2008.

ROCHA, A. *O corpo nosso de cada dia*. São Paulo: Garimpo, 2016.

SÃO JOÃO DA CRUZ, *Cântico espiritual*: resposta às angústias do homem de hoje. São Paulo: Paulinas, 1980.

SEGUNDO, J. L. *O dogma que liberta*: fé, revelação e magistério dogmático. São Paulo: Paulinas, 2000.

SCHILLEBEECKX, E. *História humana*: revelação de Deus. São Paulo: Paulus, 1994.

SCHNEIDER, T. (Org.). *Manual de dogmática*. Vol. I. 3ª ed. Petrópolis: Vozes, 2008.

SCHNEIDER, T. (Org.). *Manual de dogmática*. Vol. II. 5ª ed. Petrópolis: Vozes, 2012.

SCOPINHO, S. C. D. *Filosofia e sociedade pós-moderna*. Crítica filosófica de G. Vattimo ao pensamento moderno. Porto Alegre: EDIPUCRS, 2004.

SICRE, J. L. *Profetismo em Israel*. Petrópolis: Vozes, 2002.

SILVA, J. M. *O pensamento do fim do século*. Porto Alegre: L&PM, 1993.

TAVARES, S. S. (Org.). *Inculturação da fé*. Petrópolis: Vozes, 2001.

TRASFERETTI, J.; GONÇALVES, P. S. L. (Org.). *Teologia na pós-modernidade*. São Paulo: Paulinas, 2003.

TEPEDINO, A. M.; ROCHA, A. (Orgs.). *A teia do conhecimento*: fé, ciência e transdisciplinaridade. São Paulo: Paulinas, 2009.

TEPEDINO, A. M. (Org.). *Amor e discernimento*: experiência e razão no horizonte pneumatológico das Igrejas. São Paulo: Paulinas, 2007.

TILLICH, P. *Teologia da cultura*. São Paulo: Fonte Editorial, 2009.

TILLICH, P. *Dinâmica da fé*. 7ª ed. São Leopoldo: Sinodal, 2002.

TILLICH, P. *Textos selecionados*. São Paulo: Fonte Editorial, 2006.

TILLICH, P. *História do pensamento cristão*. 3ª ed. São Paulo: Aste, 2004.

TILLICH, P. *Perspectivas da teologia protestante nos séculos XIX e XX*. 2ª edição. São Paulo: Aste, 1999.

TILLICH, P. *Teologia sistemática*. 5ª ed. São Leopoldo: Sinodal, 2005.

TOLKIEN, J. R. R. *As cartas de J. R. R. Tolkien*. Curitiba: Arte e Letra Editora, 2006.

TOLKIEN, J. R. R. *O senhor dos anéis*. Vol. I: a irmandade do anel. 4ª ed. Portugal: Europa-América, 1987.

TOLKIEN, J. R. R. *O Silmarillion*. Portugal: Europa-América, 1988.

TRIGO, L. G. G., O mito na cultura contemporânea. In: MORAIS, R. (Org.). *As razões do mito*. São Paulo: Papirus, 1988, p. 109-121.

UNAMUNO, M. Do sentimento trágico da vida. Porto: Editora Educação Nacional, 1953.

VATTIMO, G. *Acreditar em acreditar*. Lisboa: Relógio D'Água Editores, 1998.

VATTIMO, G. *A sociedade transparente*. Lisboa: Relógio D'Água Editores, 1992.

VATTIMO, G. *Depois da cristandade*: por um cristianismo não religioso. Rio de Janeiro: Record, 2004.

VATTIMO, G.; RORTY, R. *O futuro da religião*: solidariedade, caridade e ironia. Rio de Janeiro: Relume Dumará, 2006.

WETHERBEE, W. The cosmographia of Bernardus Silvestris. A translation with introduction and notes. New York: Columbia University Press, 1990. Disponível em: https://epdf.pub/the-cosmographia-of-bernardus-silvestris.html (acesso em: 14/04/2017).

POSFÁCIO

Como dizer o indizível? Ou expressar o inexprimível? Refletir sobre a Mística é uma tarefa desafiadora e, ao mesmo tempo, instigante. Estar diante do inefável, do Mistério, é uma experiência para a qual não existem palavras capazes de descrevê-la plenamente. É simplesmente se aquietar e contemplar algo tão envolvente que nos conduz de modo suave e fascinante. É ao mesmo tempo, e ainda que por um momento, encontrar-se com o que há de mais essencial e simples; é um encontro com o divino e também um encontro com a nossa própria humanidade e com a vida em seu aspecto mais poético.

Diante de tal experiência, não bastaria apenas a leitura e o interesse de escrever um livro, pois ela requer o envolvimento de quem tem dedicado sua vida em busca de tal experiência e reflexão. É exatamente por isso que a leitura deste livro gera encantamento: o encanto existencialmente vivenciado de encontrar-se com o Mistério que é Deus!

O autor Marcio Simão de Vasconcellos tem se dedicado vitalmente a esta tarefa desafiadora e fascinante. Tem, ao longo de sua vida, se entregado à contemplação do Mistério mais essencial da realidade e, por isso, este assunto despertou tanto o seu interesse e foi traduzido em uma escrita tão apaixonada e criteriosa.

Marcio não apenas dedicou os seis anos de sua caminhada de pós-graduação (mestrado e doutorado) ao tema. Na verdade, este tema em sua pós-graduação é um assunto que o tem acompanhado há muitos anos e isso revela o que de fato é a Mística: algo que nos leva à contemplação do que está além, mas também é o que nos convida ao encontro com o que está aquém. É o contemplativo, mas também o ordinário, o cotidiano, os encontros diários que a vida nos permite e aos quais devemos nos abrir para acolher com entusiasmo. É a contemplação do que, mesmo sendo tão difícil de encontrarmos palavras que o descreva, possui um significado tão transformador.

Ao longo desta obra, recebemos um convite para nos fascinarmos juntamente com o autor e nos enveredarmos nas trilhas em busca da reflexão e da experiência mística. A escrita clara e envolvente de Marcio Simão de Vasconcellos é uma importante condutora nesta fascinante viagem.

A Mística é algo que despertou a paixão de tantos homens e mulheres ao longo da história, pessoas que perceberam que a fé e a realidade não fazem sentido sem o aspecto mistagógico, sem o encontro com o inefável! Tal experiência foi transformadora em suas vidas e, até os dias atuais, tais experiências continuam a inspirar e encantar.

Pessoas como Santo Agostinho, Santa Teresa d'Ávila, Santa Catarina de Siena, São João da Cruz, Mestre Eckart e tantos outros nos mostram que o encontro místico deve ser buscado e pode acontecer em qualquer tempo e espaço. Desta forma, o autor começou sua obra nos apresentando um cenário muito peculiar: nosso próprio tempo, com suas características e desafios específicos. Também revelou que tal cenário também é um espaço deste encontro místico, que só fará sentido ao se expressar em nossa própria realidade, pois só assim poderemos ter uma experiência realmente nossa.

Ao longo desta obra, abordamos definições sobre a Mística cristã percebendo que ela nos leva a uma prática iluminada pela experiência do Mistério. A Mística vai além das barreiras contextuais e dos desafios que cada tempo traz.

O autor também propõe que a literatura é um espaço simbólico a nos conduzir na caminhada mística. Aliás, Marcio Simão de Vasconcellos diz isso de modo muito existencial, pois, ao longo de sua vida, tem desfrutado da experiência contemplativa através da literatura que tanto significado tem em sua jornada cristã e acadêmica.

Diante de um tema tão rico, é necessária uma fonte de leitura, pesquisa e inspiração. Marcio encontra essa fonte na obra e vida de C. S. Lewis, autor cristão norte irlandês, que muito o influenciou desde a infância. É admirável perceber o quão fascinante e encantador é para o autor se debruçar sobre a literatura de C. S. Lewis e o quanto de significado o mesmo extrai das páginas e reflexões de Lewis.

Marcio Simão de Vasconcellos nos conduz a uma incrível viagem pelas obras de C. S. Lewis e nos mostra o quanto este assunto essencial esteve presente no pensamento e na vida do autor do século XX. Marcio nos apresenta obras não tão conhecidas do grande público brasileiro, passa pela *Trilogia Cósmica* de Lewis (que inclusive foi a fonte de outros textos de Márcio), pelo *O grande abismo* e chega às páginas das marcantes *Crônicas de Nárnia*.

O texto que acabamos de ler é completo e absolutamente enriquecedor; é uma envolvente reflexão sobre a contemporaneidade, sobre a Mística em nosso tempo e o seu papel na fé cristã, e, também, um despertamento a que conheçamos as obras de C. S. Lewis. Quando lemos alguém que escreve com tanta afinidade sobre um outro autor, nos sentimos estimulados a querer conhecê-lo também; este encantamento de Marcio com Lewis e seu profundo conhecimento das obras em questão são um verdadeiro estímulo ao saber e ao aprofundamento literário.

Naturalmente, o último capítulo desta obra é a apresentação da literatura fantástica como lugar da mística cristã e as obras de C. S. Lewis dão testemunho disso. A Mística é algo essencial à fé cristã e, mais que isso, à própria vida humana. Devemos nos abrir a esta busca e sermos, a cada dia, inspirados pelo mistério divino, pelo mistério vital. Sigamos em frente sob a leveza do vento que nos conduz onde quer e como quer.

Dr. Jansen Racco Botelho de Melo
Teólogo e historiador

Série Teologia PUC-Rio

- *Rute: uma heroína e mulher forte*
Alessandra Serra Viegas

- *Por uma teologia ficcional: a reescritura bíblica de José Saramago*
Marcio Cappelli Aló Lopes

- *O Novo Êxodo de Isaías em Romanos – Estudo exegético e teológico*
Samuel Brandão de Oliveira

- *A escatologia do amor – A esperança na compreensão trinitária de Deus em Jürgen Moltmann*
Rogério Guimarães de A. Cunha

- *O valor antropológico da Direção Espiritual*
Cristiano Holtz Peixoto

- *Mística Cristã e Literatura Fantástica em C. S. Lewis*
Marcio Simão de Vasconcellos

- *A cristologia existencial de Karl Rahner e de Teresa de Calcutá – Dois místicos do século sem Deus*
Douglas Alves Fontes

- *O sacramento-assembleia – Teologia mistagógica da comunidade celebrante*
Gustavo Correa Cola

EDITORA VOZES

Editorial

CULTURAL
- Administração
- Antropologia
- Biografias
- Comunicação
- Dinâmicas e Jogos
- Ecologia e Meio Ambiente
- Educação e Pedagogia
- Filosofia
- História
- Letras e Literatura
- Obras de referência
- Política
- Psicologia
- Saúde e Nutrição
- Serviço Social e Trabalho
- Sociologia

CATEQUÉTICO PASTORAL

Catequese
- Geral
- Crisma
- Primeira Eucaristia

Pastoral
- Geral
- Sacramental
- Familiar
- Social
- Ensino Religioso Escolar

TEOLÓGICO ESPIRITUAL
- Biografias
- Devocionários
- Espiritualidade e Mística
- Espiritualidade Mariana
- Franciscanismo
- Autoconhecimento
- Liturgia
- Obras de referência
- Sagrada Escritura e Livros Apócrifos

Teologia
- Bíblica
- Histórica
- Prática
- Sistemática

REVISTAS
- Concilium
- Estudos Bíblicos
- Grande Sinal
- REB (Revista Eclesiástica Brasileira)

VOZES NOBILIS
Uma linha editorial especial, com importantes autores, alto valor agregado e qualidade superior.

PRODUTOS SAZONAIS
- Folhinha do Sagrado Coração de Jesus
- Calendário de mesa do Sagrado Coração de Jesus
- Agenda do Sagrado Coração de Jesus
- Almanaque Santo Antônio
- Agendinha
- Diário Vozes
- Meditações para o dia a dia
- Encontro diário com Deus
- Guia Litúrgico

VOZES DE BOLSO
Obras clássicas de Ciências Humanas em formato de bolso.

CADASTRE-SE
www.vozes.com.br

EDITORA VOZES LTDA.
Rua Frei Luís, 100 – Centro – Cep 25689-900 – Petrópolis, RJ
Tel.: (24) 2233-9000 – Fax: (24) 2231-4676 – E-mail: vendas@vozes.com.br

UNIDADES NO BRASIL: Belo Horizonte, MG – Brasília, DF – Campinas, SP – Cuiabá, MT
Curitiba, PR – Fortaleza, CE – Goiânia, GO – Juiz de Fora, MG
Manaus, AM – Petrópolis, RJ – Porto Alegre, RS – Recife, PE – Rio de Janeiro, RJ
Salvador, BA – São Paulo, SP